Neue ökonomische Theorie

Vinzenz von Holle

Neue ökonomische Theorie

Wie die Realität unsere Theoriemodelle
überholt

 Springer Gabler

Vinzenz von Holle
Genf, Schweiz

ISBN 978-3-658-42057-4   ISBN 978-3-658-42058-1 (eBook)
https://doi.org/10.1007/978-3-658-42058-1

Die Deutsche Nationalbibliothek verzeichnet diese Publikation in der Deutschen Nationalbibliografie; detaillierte bibliografische Daten sind im Internet über https://portal.dnb.de abrufbar.

Planung/Lektorat: Isabella Hanser
Springer Gabler ist ein Imprint der eingetragenen Gesellschaft Springer Fachmedien Wiesbaden GmbH und ist ein Teil von Springer Nature.
Die Anschrift der Gesellschaft ist: Abraham-Lincoln-Str. 46, 65189 Wiesbaden, Germany

Das Papier dieses Produkts ist recyclebar.

Widmung

Dieses Buch ist all jenen gewidmet, die auf der Suche nach Erkenntnis und der Wahrheit sind und dabei gegen Ignoranz, unverrückbare Ansichten und vorgefertigte Meinungen ankämpfen – bzw. politisch und gesellschaftlich ungewollte, unerwünschte, unangenehme, „politisch unkorrekte" oder gar durch Obrigkeiten festgelegte Sichtweisen und Ergebnisse hinterfragen und so eine „vorgegebene Richtigkeit" infrage stellen.

Wissenschaft und Forschung müssen immer frei sein. Frei sein vom Kommerz, von Ideologien, von Politik, vom Zeitgeist, von religiösen Ansichten und von sozialen oder gesellschaftlichen Strömungen.

Die Neugier des Menschen und sein Recht auf Erkenntnis sind naturgegeben, sind ein Grundrecht und müssen respektiert werden. Es zu missbrauchen oder zu manipulieren darf nicht geduldet werden. Denkverbote darf es nicht geben, genauso wenig wie alle vorgeschriebenen Denk-, Glaubens- und Ansichtsweisen.

Meinungs-, Anschauungs-, Interpretations- und Deutungsdiktatur kann es in einer freien und aufgeklärten Gesellschaft niemals geben.

Der Mensch ist ein freies und denkendes Wesen
mit eigenem freien Geist. Er darf denken,
forschen, prüfen, hinterfragen und infrage stellen,
was er will und wann er will.
Wie sehr diese wichtige und selbstverständliche
Freiheit heute gefährdet ist, wie labil und fragil sie
ist und wie schnell und einfach sie beschnitten,
ausgehebelt oder sogar eliminiert werden kann,
zeigt die jüngste Vergangenheit nur zu gut. Diese
Tendenz der Manipulation und des Aufzwingens
von Denkmustern, Meinungen und Ideologien
durch Medien, Mainstream, Lobbygruppen,
Kommerz oder Politik ist nicht zu verkennen.
All jenen, die dieser grundlegenden Rechte
beraubt, in ihnen beschnitten oder unter Druck
gesetzt werden, ist dieses Buch gewidmet.

Vorwort

Ob wir es wollen oder nicht – und ob wir es akzeptieren können oder nicht –, die Welt um uns herum befindet sich in einem Umbruch: Dieser Umbruch findet auf allen möglichen Ebenen statt. gesellschaftlich, technologisch, kulturell, demografisch und auch ökonomisch. Solche Zeiten der großen Veränderungen und Umbrüche in der Geschichte der Menschheit sind aber nichts Neues. Es hat sie schon immer gegeben und es wird sie auch weiterhin in der Zukunft immer wieder in unbestimmten Zeitabständen geben. Die Veränderungen kommen unregelmäßig und sie kommen in Schüben, meistens nach langen Zeitperioden die relativ stabil waren und eher wenig Veränderungen brachten. Beispiele hierfür gibt es viele: Die Renaissance brachte beispielsweise ein komplett anderes und neues Weltbild, neue Weltanschauung, Denkweise, Kultur und Gesellschaft hervor, als es zuvor jahrhundertelang im Mittelalter der Fall war. Oder die industrielle Revolution hat nach der Erfindung der Dampfmaschine komplett neue Fertigungsprozesse, Arbeitsweisen und Möglichkeiten der Produktion hervorgebracht mit Massenproduktion von Waren durch den erstmaligen Einsatz von Maschinen anstelle von menschlicher Arbeit oder der Nutzung der Kraft von Tieren. Das veränderte nicht nur die Arbeitsprozesse selbst, sondern auch die Art der Arbeit, die Arbeitsmärkte und damit die Lebensweise von Menschen, ihren Konsum von Gütern, die Gütermärkte sowie den Handel, die Politik und letztendlich die ganze Gesellschaft als solche. Und diese selbst hat sich dann mit ihrer Kultur, ihren sozialen Strukturen und in ihrer ganzen Denk-, Anschauungs- und Lebensweise weiterentwickelt und komplett verändert.

Solche grundlegenden Veränderungen, die uns heutzutage alle betreffen und manch einen in Staunen und viele sogar in Angst versetzen, sind also in der Evolutionsgeschichte der Welt und der Menschheit nichts Neues. Denn die Evolution verläuft selten linear, sondern in den allermeisten Fällen auch in Schüben. Die Zeitdimensionen sind hier trotzdem nicht zu unterschätzen. Aus der Sicht der lebenden Menschen können solche Schübe an Veränderungsperioden auch mehrere Generationen lang dauern, was natürlich aus der Sicht des einzelnen Menschen sehr lange ist. Aus der Gesamtsicht der Menschheit, oder der Weltgeschichte, ist jedoch diese Zeitperiode mit einem Wimpernschlag vergleichbar zu. Genau aus diesem Grund ist bei der betroffenen Generation der Umgang mit den immer neuen und neu aufkommenden Änderungen, Erfindungen und Neuigkeiten so schwierig. Denn sie kennt nichts anderes in ihrem ganzen Leben als ständige Veränderungen: diese empfundene Ungewissheit, Unsicherheit und Instabilität, wird oft auch als Chaos empfunden. Wer sich sozusagen mittendrin befindet und betroffen ist, kann kaum eine objektive Sicht haben. Er kennt aufgrund der zeitlichen Dimension nichts anderes.

Anhand dieser ganzheitlichen Entwicklung ist sehr interessant zu sehen, wie in der Realität alle Bereiche zusammenhängen, voneinander abhängig sind und wie sie sich ständig gegenseitig beeinflussen. So kann man beispielsweise nicht nur den technologischen Stand innerhalb einer Gesellschaft verändern, ohne dass sich diese Veränderung unmittelbar auch auf die Arbeitsweise und auf den Konsum auswirkt. Diese Bereiche wiederum werden die Ökonomie, Politik, Ökologie und die Wertesysteme dieser Gesellschaft verändern, dann die Kunst und Kultur und Bereiche wie Medizin, Lehre, Forschung, sogar das ganze Wertesystem, bis hin zur Religion – bleiben nicht von der Entwicklung unberührt.

Für Wissenschaftler, die sich mit sozialen Disziplinen beschäftigen, bedeutet dies, dass sie das Spektrum der Forschung wesentlich erweitern müssen und auch benachbarte Disziplinen bei ihren Forschungstätigkeiten mitberücksichtigen müssen. Denn in der Realität hängt alles zusammen und alles ist von allem abhängig. Eine ganzheitliche – holistische – Sichtweise ist also in der Wissenschaft unerlässlich, wenn man die Welt um uns herum versuchen möchte zu verstehen.

Genf, Schweiz   Vinzenz von Holle

Inhaltsverzeichnis

Einführung

1

Schon die alten Kulturen wie Ägypter, Griechen oder Römer in der Antike machten sich Gedanken über die Welt, die Zusammenhänge in dieser und über die Funktionsweisen von Systemen und forschten, wie alles im Kosmos, in der Natur und in der Gesellschaft funktioniert und welche Gesetzmäßigkeiten wann und wo vorliegen. Sie machten sich grundlegende logische Gedanken, haben nach Erklärungen gesucht und haben zahlreiche Schlussfolgerungen und Theorien aufgestellt.

So forschten sie seit jeher auch schon über das Wesen und die Eigenschaften des Menschen, der ein zentrales Element in vielen Forschungsdisziplinen darstellt. Dadurch versucht der Mensch sozusagen hinter die Kulissen der Natur und des Universums zu schauen, um die Gesetzmäßigkeiten, Zusammenhänge und die Funktionsweise der Welt, in der er selber eine zentrale Rolle einnimmt, zu verstehen und zu erkennen.

1.1 Die Frage nach der Erkenntnis

Jede wissenschaftliche Arbeit oder Abhandlung eines bestimmten Themas soll im Idealfall neues Wissen oder eine neue Erkenntnis bringen. Doch was genau ist eine Erkenntnis? Und was ist der Unterschied zwischen einer Erkenntnis und einer Überzeugung bzw. dem Wissen? Wenn man über diese Fragen nachdenkt, so muss man zu dem Schluss gelangen, dass eine Erkenntnis (so schwer es auch sein mag, sie zu erlangen) eigentlich gar keine so große Errungenschaft ist und sein darf. Eine Erkenntnis ist lediglich das, was ist und was schon immer existierte und da war und jetzt erst *erkannt* (also gesehen und (hoffentlich) verstanden) wird. Damit erkennt also der Mensch endlich etwas, was er so kurz zuvor noch nicht gekannt, nicht erkannt oder nicht gewusst hat. Daher sollte es eigentlich auch keine besondere Leistung sein, etwas, was ist, zu sehen und zu erkennen. Man hat nichts

V. von Holle, *Neue ökonomische Theorie*, https://doi.org/10.1007/978-3-658-42058-1_1

Neues und nichts tolles oder Nützliches kreiert, erfunden oder verbessert, sondern nur das erkannt, was eben ist. Erkenntnis kommt vom Erkennen. Und trotzdem haben schon immer Menschen und ganze Gesellschaften die größten Probleme mit neuen Erkenntnissen gehabt.

Eines der Probleme bei der Gewinnung von neuen Erkenntnissen ist die Tatsache und die logische Folge daraus, dass jedes Mal, wenn also etwas Neues erkannt wird, dies mit einem impliziten Eingeständnis einhergeht, dass man bis zu dieser neuen Erkenntnis offensichtlich „nichterkennend" oder gar „dumm" gewesen sein muss, oder zumindest unwissend. Und somit auch alle anderen, die es auch nicht gesehen und auch nicht erkannt haben. Jeder, der also eine neue Erkenntnis macht und so neues Wissen für sich und für die Gesellschaft generiert, führt damit automatisch allen anderen Menschen direkt vor Augen, wie „dumm" – oder zumindest wie unwissend – alle bis zu diesem Zeitpunkt der Erkenntnis waren. Und das mag natürlich niemand – und am allerwenigsten die jeweiligen Spezialisten, Fachleute, Gelehrten und Experten der von der neuen Erkenntnis betroffenen Disziplinen. Dies ist einer der Gründe dafür, warum sich neue Erkenntnisse auch so langsam verbreiten und warum sie sehr oft so große Widerstände überwinden müssen, bevor sie sich dann letztendlich (trotz all der Widerstände) durchsetzen, weil man sie auf die lange Sicht schlicht nicht leugnen, widerlegen und verhindern kann.

> „Eine neue wissenschaftliche Wahrheit pflegt sich nicht in der Weise durchzusetzen, dass ihre Gegner überzeugt werden und sich als belehrt erklären, sondern dass ihre Gegner allmählich aussterben und dass die heranwachsende Generation von vornherein mit der Wahrheit vertraut gemacht ist" (Planck, 1948).

Beispiele hierfür gibt es unzählige. Denn so war es schon seit Menschengedenken in der menschlichen Historie. Sehr oft wurden Menschen mit neuen Erkenntnissen verfolgt, geächtet, verunglimpft und nicht selten sogar umgebracht. Auch heute ist es vielerorts leider immer noch so, auch wenn man es nicht wahrhaben möchte. Doch die Wirklichkeit ist, wie sie ist. Und es ist nicht relevant, wie Menschen etwas sehen oder wie sie über etwas denken und wie sie etwas interpretieren. Das einzig Relevante ist, was wirklich ist.

1.2   Die Frage nach dem Stand der Wissenschaft

Wir müssen uns auch immer darüber im Klaren sein, dass jede Theorie zu jedem Zeitpunkt in der Geschichte der Menschheit auch immer nur ein Abbild dieser jeweiligen Zeit sein kann und auch des jeweiligen Wissensstandes dieser Zeit ist. Nicht mehr. Die Folge ist: Keine Theorie ist für die Ewigkeit, weil das Wissen und die Erkenntnisse seit Jahrtausenden voranschreiten und sich kontinuierlich weiterentwickeln. Mit zunehmendem Wissen und mit zunehmenden Erkenntnissen werden dann Theorien geändert, alte verworfen und ganz neue aufgestellt.

Nur weil der Mensch so wenig über die Wirklichkeit um ihn herum weiß, benötigt er Theorien als Hilfe, um Komplexes zu beschreiben und um es zu verstehen. Wüsste der

Mensch alles, dann bräuchte er keine Theorien. Dann würde er auch genau erklären kön-nen, wie die Dinge tatsächlich sind und warum sie so sind, wie sie sind, und wie sie sich jeweils verhalten. Dann gäbe es auch keine Widersprüche, keine Unregelmäßigkeiten, keine Überraschungen und keine unterschiedlichen Interpretationen und Ansichten über das, was ist und was man beobachtet. Es gäbe keine Annahmen, sondern nur Wissen. Da er aber dieses Wissen nicht besitzt, behilft sich der Mensch mit Theorien, um Unbekanntes und Komplexes zumindest zu beschreiben, damit er sich in der Welt zurechtfindet und damit auch seine Neugier zumindest grundlegend befriedigt wird und er kognitiv keine zu großen Dissonanzen ertragen muss.

Genau aus diesen Gründen wurden schon in der frühen Menschheit ganz natürliche Dinge die man sich nicht erklären konnte, wie zum Beispiel Astrologie, Wetter (Regen, Sturm, Blitze oder Donner) oder Krankheiten, mit Göttern und deren Zorn oder Launen erklärt. Das, was man um sich sah, wollte man verstehen und brauchte eine plausible Er-klärung dafür. Und die Erklärung, welche für die Allgemeinheit am plausibelsten war, wurde als Überzeugung, als Tatsache und schließlich als Wissen akzeptiert. Individuen, die diese allgemein anerkannten Erklärungen und Überzeugungen nicht teilten oder an-dere Erklärungen hatten, wurden schon immer als Spinner, Geisteskranke, Ketzer, Hexen oder Verrückte angesehen. So wurden zahlreiche Vordenker, Forscher und sogar angese-hene Wissenschaftler, deren Wissen und Erkenntnisse nicht in das jeweils aktuelle Welt-bild und die Anschauung der Allgemeinheit passten, verfolgt, verunglimpft und manchmal auch umgebracht. An diesem Mechanismus hat sich trotz der Aufklärung bis heute nicht viel geändert.

Schon der deutsche Philosoph Arthur Schopenhauer hat dieses Problem sehr früh er-kannt und hat Überlieferungen zufolge scharfsinnig analysiert: „Eine neue Erkenntnis wird in der ersten Phase belächelt, in der zweiten Phase bekämpft, in der dritten Phase waren alle immer schon begeistert von ihr."

1.3 Die Frage nach der Wissenschaftlichkeit

Die Wissenschaft soll den Menschen dabei helfen, möglichst neutral und objektiv die Welt und alles, was sie beinhaltet, zu verstehen. Mithilfe der Wissenschaft soll der Mensch das, was ist, objektiv erkennen. Die Wissenschaft ist somit eine Art Instrument, mit dem man Wissen und Erkenntnisse erlangt und generiert. Abstrakt ausgedrückt, soll das Verhalten eines beobachteten Systems (z. B. des Universums, der Physik, der Gesellschaft, des mensch-lichen Körpers oder der Ökonomie) mit allen seinen zahlreichen Faktoren und komplexen Zusammenhängen in seiner Funktionsweise beschrieben und erklärt werden.

Das Verstehen und Erklären-Können setzt als Erstes die genaue Beobachtung voraus. Und hier existiert bereits für die Menschen das erste Problem: Es ist das Problem der be-schränkten menschlichen Wahrnehmung. Wir nehmen die Welt, unsere Umgebung und das Universum nur durch unsere stark beschränkten Sinne wahr. Nur durch diese Sinne und die Wahrnehmung zeigt sich dann ein Abbild des Wahrgenommenen in unseren Köpfen.

Ist aber dieses Bild objektiv, vollständig oder gar korrekt? Es ist nur die durch unsere beschränkte Wahrnehmung gesehene und daher stark reduzierte Wirklichkeit. Denn in der Tat gibt es sehr viele Reize, die wir Menschen überhaupt nicht oder die wir nicht ausreichend genau oder ausreichend genug wahrnehmen können. Optisch, akustisch, haptisch, durch unseren Geruchs- oder Geschmackssinn – das Spektrum dessen, was wir Menschen wahrnehmen können, ist minimal in Relation zu dem, was tatsächlich um uns herum existiert und was wir aber nicht wahrnehmen können. Daher ist dann auch das durch uns Menschen wahrgenommene Abbild der Wirklichkeit nur ein sehr kleines und reduziertes Abbild dieser Wirklichkeit.

Wenn beispielsweise ein Objekt bestimmtes Licht in einem Wellenbereich ausstrahlt, welches unsere Augen nicht wahrnehmen/empfangen können, dann ist das Objekt real da, ohne dass wir es jedoch sehen können. Wir nehmen dieses Objekt – also sein Licht – nicht wahr. Für uns existiert also das Objekt (oder das von diesem Objekt ausgesendete Licht) solange nicht, bis wir dieses Licht mithilfe eines entsprechenden technischen Instruments empfangen und identifizieren können.

Offensichtlich gibt es außerdem auch verschiedene Arten der Wahrnehmung der Welt: Fledermäuse oder Wale beispielsweise benutzen vorwiegend Ultraschallwellen und nicht Lichtwellen wie wir, um ihre Umgebung abzutasten und wahrzunehmen. Delphine auch. Viele Tiefseebewohner brauchen gar keine optische Wahrnehmung und finden sich trotzdem in ihrer immer dunklen Welt bestens zurecht. Sie nehmen eben ihre Umgebung und ihr Umfeld anders wahr als wir Menschen.

Aus dieser Überlegung heraus leiten sich interessante Fragen ab, die das wissenschaftliche Arbeiten und die Suche nach der wirklich absolut objektiven Wahrheit und damit nach wahrer Erkenntnis etwas relativieren sollen:

Woher wissen wir Menschen also, wenn wir etwas Bestimmtes beobachten, dass es wirklich auch so ist, wie es uns erscheint? Kann man denn jemals überhaupt sicher wissen, dass man richtig liegt mit dem, was man beobachtet (was man mit den Augen erkennt) und deswegen dann auch entsprechend intellektuell interpretiert und annimmt? Denn möglicherweise existieren auch noch ganz andere „Dinge" um uns herum, außer den uns bekannten Lichtwellen, Schallwellen, der Gravitation und der elektromagnetischen Kraft, und wir kennen einfach diese „Dinge" noch nicht, weil wir sie noch nicht gelernt haben wahrzunehmen. Etwas also, was zwar da ist, was wir jedoch aufgrund von unserer beschränkten „Bauart" und unserem heutigen Wissen noch nicht sehen, hören, fühlen und messen können.

Dieses Argument ist gar nicht so weit hergeholt: Denn erst vor einigen hundert Jahren wurde beispielsweise Elektrizität und Elektromagnetismus entdeckt. Und jahrtausendelang zuvor haben trotzdem Menschen ganz normal gelebt und geforscht, ohne zu wissen, dass es diese physikalischen Kräfte gibt. Genauso verhält es sich mit der Radioaktivität, mit Röntgenstrahlung, mit Radarwellen, Radiowellen, Mikrowellen und vielem mehr. Die Menschheit hat jahrtausendelang nichts vermisst, denn sie kannte diese Dinge einfach nicht. Und woher wollen wir heute also wissen, dass es nicht noch zig weitere physikalische Kräfte und Phänomene gibt, von denen wir jetzt und heute noch nicht die geringste

Ahnung haben und welche trotzdem da sind und möglicherweise erst in Jahrhunderten oder Jahrtausenden entdeckt werden?

Das, was für uns heute existiert und was wir sehen, messen und verstehen können, ist demzufolge höchstwahrscheinlich bei Weitem nicht alles, was uns tatsächlich umgibt. Also im Umkehrschluss ist das, was wir heutzutage wissen und kennen, nur ein kleiner Ausschnitt aus der ganzen real existierenden Wirklichkeit. Und aus diesem kleinen Ausschnitt der Wirklichkeit machen wir uns mithilfe von Modellen und Theorien ein Bild, welches wir zu verstehen versuchen. Eine Theorie ist nur eine Beschreibung der Realität, eine komplexreduzierte Vereinfachung der Wirklichkeit.

Eine weitere Anmerkung zum wissenschaftlichen Arbeiten ist die Frage des Standpunktes. Beobachtet man ein bestimmtes System (z. B. Ameisenhaufen, Börse, Universum, menschlicher Körper …) als ein externer Beobachter von außen oder ist man selber ein Teil dieses Systems, welches man beobachtet und welches man verstehen will? Im ersteren Fall wäre also Externes und (zumindest in den meisten Fällen) eine nicht beeinflussbare Anordnung gegeben, im zweiten Fall wäre das beobachtete System vom Beobachter selbst abhängig und damit durch seine Anwesenheit oder Beobachtung automatisch in der Wirkung und im Ergebnis beeinflusst. Und dies lässt sich häufig gar nicht vermeiden.

Eine dritte Anmerkung sind die Beschaffenheit und die Art des Systems, welches man beobachtet und zu verstehen versucht: Handelt es sich dabei um etwas Materielles, Sichtbares, wie z. B. die Materie selbst, das Universum und seine Planeten mit den einzelnen Wechselwirkungen. Oder handelt es sich bei dem, was man beobachtet, um etwas, was immateriell ist, wie z. B. Mathematik, soziale Prozesse, Philosophie, Ökonomie oder das Verhalten des Menschen?

Um hier etwas konkreter zu werden, kann man durchaus sagen, dass der Mensch wohl keinen Einfluss auf den Kosmos und das ganze Universum (wahrscheinlich) haben dürfte. Er ist zwar ein Bestandteil dieses riesigen Systems, trotzdem aber hat das, was er tut, keinen Einfluss auf das Ergebnis seiner Beobachtung der astrophysikalischen Zusammenhänge. Bei der Beobachtung und Forschung in ökonomischen oder sozialen Disziplinen hingegen würde der Beobachter sehr wohl durchaus einen direkten Einfluss auf das System haben, welches er beobachtet, wenn er selber darin interagiert. Die so generierten Ergebnisse aus der Beobachtung wären somit aufgrund der Interaktion des Beobachters mit dem System, welches er beobachtet, verfälscht und deshalb nicht ganz korrekt. Es ist davon auszugehen, dass aus genau diesen Gründen viele Beobachtungen und Ergebnisse aus der Vergangenheit nicht korrekt sind und/oder eine Fehlinterpretation aufweisen.

1.4 Die Frage nach der Forschung und der Methodik

Das Forschungsdesign und die Forschungsmethodik
In der Methodik-Beschreibung von wissenschaftlichen Forschungsarbeiten wird genau erklärt, wie die Forschung durchgeführt wurde und wie man zu den Ergebnissen in der Forschungsarbeit kommt. In der hiesigen Arbeit geht es um die Forschungsfragen, warum die

ökonomische Standardtheorie die reale Ökonomie nur unzureichend abbildet, wo die Differenzen zwischen der ökonomischen Theorie und der realen Ökonomie (der Praxis) genau liegen, was die Ursachen für diese Differenzen sind und welche Konsequenzen aus dieser Diskrepanz zwischen der realen Ökonomie und der theoretischen Ökonomie entstehen. Es soll die Hypothese getestet werden, dass das menschliche Verhalten ein zentrales Element der realen ökonomischen Tätigkeit ist und daher auch eine zentrale Rolle in der ökonomischen Theorie einnehmen müsste. Wird das menschliche Verhalten nicht adäquat in einer ökonomischen Theorie berücksichtigt, dann kann folglich diese Theorie die reale Ökonomie nicht ausreichend genau beschreiben.

Empirische Untersuchungen, Analysen von bisherigen anerkannten theoretischen Modellen sowie von wissenschaftlichen Experimenten und logisch abgeleitete Schlussfolgerungen und Zusammenhänge sind die primären Methoden, welche in der hier vorliegenden Arbeit die methodische Grundlage bilden. Teilweise werden die experimentellen Ergebnisse zu spezifischen Fragen und Fragekomplexen, bei welchen die experimentelle Forschung ausreichend genaue und valide Ergebnisse und Daten liefert, einbezogen und verwendet. Um eine objektive, überprüfbare und schlüssige Antwort auf die Forschungsfragen zu finden, sind das die hier präferierten und verwendeten Methoden.

Jeder andere, der dieselbe Untersuchung mit der gleichen Methodik durchführt, sollte daher unweigerlich zu den identischen Ergebnissen kommen. Es ist für die Richtigkeit der gemachten Aussagen essenziell, dass diese Forschungsarbeit mit den verwendeten Methoden jederzeit reproduzierbar ist und überprüfbar bleibt.

Diese Reproduzierbarkeit von Forschungsarbeiten ist Bestandteil der sogenannten Gütekriterien. Diese unterscheiden sich nach qualitativer (hier vorliegend) oder nach quantitativer Forschung.

Welche wissenschaftliche Methode in einer Arbeit verwendet werden sollte, hängt sehr stark von der Art der Forschung ab, die betrieben wird. In der hier vorliegenden Arbeit handelt es sich um eine sozioökonomische Forschung mit der erweiterten Forschungsfrage, eine ökonomische Theorie aufzustellen, welche besser die reale Ökonomie beschreibt als die derzeit gängige ökonomische Standardtheorie. Dabei soll zugleich aufgezeigt werden, wo genau und warum die gängige Standardtheorie Defizite aufweist und welche Auswirkungen diese Defizite in der Realität haben.

Das Forschungsdesign der Arbeit hilft den methodischen Rahmen zu formulieren und genau zu bestimmen.

In der sozialwissenschaftlichen Forschung gibt es gegenüber der naturwissenschaftlichen Forschung den großen Nachteil, dass eine Quantifizierung von Faktoren sehr oft nicht möglich ist. Oft ist auch ein experimentelles Vorgehen oder sogar eine exakte Validierung unmöglich. Zur Veranschaulichung dieser Problematik ist es beispielsweise nicht möglich, quantitativ exakt zu bestimmen, ob ein Familienvater sein Kind zwei- und halbmal lieber hat als die Kinder seiner Freunde. Oder genauso wenig ist es möglich, experimentell ein neues Wirtschaftssystem auszuprobieren, nur um seine Leistungsfähigkeit oder Stabilität zu testen. Aus diesen Gründen muss daher bei sozioökonomischen Forschungsarbeiten sehr oft auf andere Forschungsmethoden zurückgegriffen werden, ohne dabei jedoch die Objektivität, die Überprüfbarkeit oder die Korrektheit der Aussagen und Ergebnisse zu verfälschen. Die präferierte Forschungsart in den sozioökonomischen Disziplinen sollte daher nicht die quantitative, sondern die qualitative Forschung sein. Und nur dort, wo punktuell auch Experimente und quantitative Ergebnisse sinnvoll und aussagefähig generiert werden können, könnte eine Kombination der beiden Methoden, ein sogenannter Mixed-Methods-Ansatz, verwendet werden.

Diese Arbeit stellt eine ganz neue und ergebnisoffene Forschung zu dem zuvor beschriebenen Themenkomplex dar. Aus den generierten Erkenntnissen und Forschungsergebnissen wird dann eine neue Theorie abgeleitet. Somit kann man von einem induktiven Vorgehen sprechen. Trotzdem bleibt dabei auch das deduktive Vorgehen nicht ganz unberücksichtigt, denn wichtige Inhalte dieser Arbeit bildet auch das Testen der vorhandenen und heute aktuellen ökonomischen Standardtheorie.

Die Erhebung der hier verarbeiteten Daten erfolgt durch Felduntersuchungen, Feldstudien, Literaturrecherchen und die Kombination von diesen. Die hier verwendeten Daten aus der quantitativen Forschung basieren auf der Analyse der Erkenntnisse aus beispielsweise durchgeführten Experimenten. So wurden bei der quantitativen Felduntersuchung Umfragen und Interviews durchgeführt, Experimente gemacht und Beobachtungen mit signifikanten Daten verarbeitet. Die Datenerhebung der qualitativen Teile dieser Forschung basiert auf einer umfangreichen Sammlung von Fachliteratur mit qualitativen Inhaltsanalysen und beispielhafter Untersuchung von ganz spezifischen exemplarischen Fällen. Bei der durchgeführten qualitativen Felduntersuchung wurde teils experimentell vorgegangen und teils empirisch durch Beobachtungen. Empirische Daten und Untersuchungen, insbesondere aus der ökonomischen Literatur, bilden dabei die Basis.

Die Ein- und Ausschlusskriterien in dieser Arbeit sind die aktuell bekannten und gängigen Arbeiten zum ökonomischen Standardmodell einerseits und die beschriebenen und genau bezeichneten Arbeiten und Experimente der Verhaltensökonomen zu einzelnen Fragestellungen, die mit der Standardtheorie im Widerspruch stehen. Um eine maximal hohe Objektivität und Aussagekraft dieser Arbeit zu gewährleisten, wurden keine Grundannahmen gemacht und auch keine relevanten und bekannten Daten zur ökonomischen Theorie ausgeschlossen oder nicht berücksichtigt. Das gewährleistet eine maximale Objektivität.

Die Analyse der vorliegenden Daten erfolgte durch einen interpretativen wie auch beschreibenden Vergleich der vorhandenen Daten. Eine wichtige Rolle bei der Analyse spielte eine genaue Untersuchung des aktuellen ökonomischen Standardmodells und der Vergleich dieses theoretischen Modells mit empirischen Ergebnissen aus der Praxis, sowie mit experimentellen Ergebnissen aus der Forschung, die unter realen Bedingungen generiert wurden. Die Methode der Datenanalyse basiert somit auf der logischen Ableitung von Fakten, auf quantitativen und qualitativen Vergleichen sowie auf einer genau durchgeführten und beschriebenen Deduktion.

Durch die möglichst genau und umfangreich durchgeführten Analysen unter strenger Einhaltung aller wissenschaftlichen Kriterien sind die Ergebnisse und Aussagen dieser Arbeit maximal reliabel, valide und objektiv. Die Diskussion der verschiedenen Aussagen,

Argumente und Interpretationsmöglichkeiten findet als qualitative Analyse direkt bei den jeweiligen Themen und Fragestellungen statt.

Die Beschreibung des wissenschaftlichen Vorgehens soll einerseits aufzeigen, nach welcher wissenschaftlichen Methodik und nach welchen festgelegten wissenschaftlichen Kriterien diese Arbeit entstanden ist. Gleichzeitig jedoch soll damit aber auch offen und ehrlich gezeigt werden, dass selbst in der Wissenschaft und beim sauberen wissenschaftlichen Arbeiten immer mehrere Quellen für potenzielle Fehler existieren können.

Eine gut und sauber wissenschaftlich durchgeführte Forschungsarbeit sollte neue Erkenntnisse generieren. Diese sind notwendig, um Verständnis und auch neues Wissen zum vorliegenden Forschungsthema zu generieren. Erst mit dem Verstanden-Werden einer Forschungsfrage oder eines Problems entsteht neues Wissen. Mit immer neuem Wissen verändert der Mensch dann auch seine Glaubenssätze. Diese müssen im Laufe der Zeit permanent nachjustiert werden. Denn das Wissen ist nichts Starres, es entwickelt sich fortlaufend weiter. Vieles (oder sogar das meiste) in der Welt und im Universum wissen wir Menschen noch gar nicht, ganz egal, ob wir es wahrhaben wollen oder nicht. Wir glauben, etwas zu wissen, wissen es aber in Wirklichkeit nicht. Wie ist das möglich? Warum glaubt jemand, etwas zu wissen, obwohl das nicht stimmt? Was bedeutet also, etwas „zu wissen"?

Um etwas zu wissen, bedarf es zwei Faktoren:

a) Jeglicher Zweifel muss ausgeschlossen sein
b) Die Behauptung an die man glaubt, muss wahr sein

Subjektiv gesehen gibt es keinen Unterschied zwischen Wahrheit und falschem Glauben! Das ist wichtig zu verstehen, um auch die Entstehung von Konflikten aller Art zu verstehen: Dabei denkt jeder der beiden Streitparteien, dass nur er vernünftig ist und jeweils der andere, der mit der anderen Meinung, unvernünftig sei. Dabei gibt es in Wirklichkeit sehr viele falsche Wahrheiten! So glauben dann Menschen vieles sicher zu wissen, was aber in Wahrheit nicht der Fall ist.

Es gibt auch viele Arten, „etwas zu wissen": Religionen und die Wissenschaft sind hier die besten Beispiele. Denn psychologisch gesehen gibt es für den „wissenden" Menschen keinen Unterschied zwischen „religiösem Wissen" und „wissenschaftlichem Wissen". Denn der Grund des Glaubens an etwas ist, dass man es gesagt bekommen hat und das Gesagte von einer vertrauenswürdigen Quelle kommt. So ist es in der Wissenschaft und so ist es in der Religion – um bei den vielleicht wichtigsten und gegensätzlichsten Beispielen zu bleiben: Denn die wenigsten Menschen haben jemals Atome und Moleküle gesehen, die runde Erde aus dem Weltall betrachtet oder Bakterien, Blutzellen, DNA-Stränge oder gar die Erde, wie sie die Sonne umkreist, gesehen. Das alles glauben wir Menschen zu wissen, weil wir durch unsere Bildung und Ausbildung dies erklärt und gesagt bekommen haben und wir die Quelle dieser Informationen als glaubwürdig ansehen. Es erübrigt sich zu erwähnen, dass dieser Mechanismus allgemein so funktioniert und alle Bereiche des Lebens abdeckt (Politik, Soziologie, Geschichte, Anthropologie usw.).

Somit existiert fast nur rein subjektives Wissen.

Interessant in diesem Zusammenhang ist die Frage, wie Glaube ohne Zweifel erzeugt wird (also subjektives Wissen). Es liegt der Schluss nahe, dass Begründungen und logische Kohärenz bei der jeweiligen Aussage die Voraussetzungen sind (beispielsweise wenn A wahr ist, dann muss auch B wahr sein). Doch muss man bei diesen Zusammenhängen sehr genau differenzieren. Denn das menschliche Gehirn arbeitet nicht nur logisch! Es gibt Assoziationen, Emotionen und Wahrnehmungsverzerrungen aller Art, wie beispielsweise emotionale Kohärenzen. Dabei wird etwas als kohärent wahrgenommen, wenn es primär ins Bild „passt", und nicht unbedingt, wenn es rein logisch ist! Ein oft zitiertes Experiment hierfür, das jeder einfach für sich ausprobieren kann, ist, wenn Probanden ein leeres Glas mit frischem Orangensaft füllen sollen. Im Anschluss bekommen sie einen Stift und Aufkleber, wo sie „Cyanid" draufschreiben und den Aufkleber auf das Glas kleben sollen. Obwohl jeder weiß, dass es sich um ein Glas mit Orangensaft handelt, haben die Probanden danach ein ungutes Gefühl beim Austrinken des Safts. Der Grund liegt in dem künstlich gestörten Denkablauf und der Emotion, etwas zu trinken, wo Cyanid draufsteht. Es entsteht so eine Inkohärenz bzw. Verwirrtheit des Gedankengangs, verbunden mit dem unguten Gefühl.

Kohärenz wird aber auch künstlich durch das menschliche Gehirn erzeugt durch (oft unbewusste) Unterdrückung von Unklarheit. Dadurch werden kognitive Dissonanzen reduziert, die der Mensch allgemein nicht mag und bei deren Vorliegen er sich sehr unwohl fühlt. Durch diesen Mechanismus der Kohärenz (also durch die unbewusste Unterdrückung von Unklarheit) erfolgt eine unbewusste Festlegung auf nur eine favorisierte Interpretation der jeweiligen Situation, des Problems oder der Fragestellung. Diese unbewusste Festlegung auf nur eine favorisierte Interpretation der jeweiligen Situation wird in der Psychologie und in der Verhaltenswissenschaft auch als Priming bezeichnet. Ein anschauliches Beispiel oder einfach durchzuführendes Experiment für Priming ist, Probanden zu bitten, sich folgenden Code zu merken:

O123456789.

Experimente mit zufällig ausgewählten Probanden zeigen eindeutig, dass fast alle Probanden bei der wiederholten Eingabe diesen Code als eine reine Zahlenfolge von Null bis Neun „interpretieren". In Wirklichkeit handelt es sich aber am Anfang nicht um die Ziffer Null, sondern um den Buchstaben „O". Durch die aufsteigende Reihenfolge und durch die Tatsache, dass es sich bei allen anderen Zeichen um Ziffern handelt, wird so ein Priming erzeugt – also eine unbewusste Unterdrückung von Unklarheit. Das Gehirn hat unterbewusst aufgrund des Kontextes der übrigen aufsteigenden Zahlen das „O" als eine Null („0") interpretiert und hat so angebrachte Zweifel unterbewusst beseitigt. Die Probanden waren sich bei der wiederholten Eingabe des Codes absolut sicher, dass es sich um eine reine Zahlenreihe handelt. Es gab für sie keinen Zweifel. Sie haben es subjektiv „gewusst", es war aber in Wirklichkeit kein „Wissen", sondern falsche Interpretation und somit falscher Glaube, etwas zu wissen.

Priming erfolgt also immer im Zusammenhang mit einem bestimmten Kontext und Zweifel werden unbewusst unterdrückt. Die Menschen sind sich dann sicher, dass sie etwas wirklich wissen, wobei die empfundene Sicherheit nicht von einer objektiven Beurteilung herrührt, sondern von einem subjektiven Gefühl, ob das, was gerade passiert, in den Kontext passt oder nicht. Wenn also ein Ergebnis, eine Beobachtung oder eine Information ins eigene „Bild", in die Situation oder zu der vorliegenden Weltanschauung passt, dann werden die Zweifel unbewusst eliminiert. So entsteht (subjektives) Wissen. Für den Betroffenen jedoch ist es Wissen, denn er kann nicht zwischen objektivem Wissen und subjektivem Wissen unterscheiden. Wenn er dies könnte, müsste er dadurch auch Zweifel haben.

Menschen allgemein glauben, dass ihre Überzeugungen und Meinungen von Beweisen und logischen, objektiven Argumenten herrühren. In Wirklichkeit jedoch glauben wir Menschen nicht so sehr an Beweise, sondern an die Folgerungen daraus! Das heißt konkret, dass unsere Meinung und unser Glaube an etwas zuerst gebildet werden und dann erst die entsprechenden Beweise und Argumente hinzukommen, die aus psychologischen Gründen kohärent sind mit den Schlussfolgerungen, die wir haben. Unbewusst glauben wir Menschen also den Argumenten und Beweisen, die unsere Meinung bestätigen. Indem wir aber eher an Schlussfolgerungen glauben, validieren wir oft fälschlicherweise die Argumentation als richtig. Und das ist falsch! Man nennt das auch „rückwärtige Begründung" und sie ist die Ursache von ganz vielen menschlichen Fehlannahmen und Fehlern.

Der Verhaltensforscher und Nobelpreisträger Daniel Kahneman nennt oft in seinen Vorträgen hierzu eine interessante Untersuchung unter Studenten an den besten Universitäten in den USA: Er konfrontierte die Studenten mit der Frage, ob folgende Schlussfolgerung richtig sei:

Rosen sind Blumen.
Manche Blumen welken schnell.
Deswegen welken auch manche Rosen schnell.

80 % der befragten Studenten gaben an, dass der Zusammenhang hier richtig ist und die Aussage daher stimmt. Das ist jedoch eindeutig falsch! Denn der Zusammenhang in diesem Beispiel ist nicht gegeben: Es ist nicht gesagt, dass die Blumen, welche schnell welken, Rosen sein müssen. Es ist auch nicht gesagt, dass Rosen zu den Blumen gehören, welche langsam welken. Und es ist auch nicht gesagt, dass manche Rosen schnell und manche Rosen langsam welken.

Das Ergebnis dieses einfachen und leicht wiederholbaren Tests bestätigt einerseits die Problematik des tendenziösen Glaubens an Folgerungen und andererseits die der „rückwärtigen Begründung".

Generell muss man feststellen, dass Menschen viel weniger rational sind, als sie glauben, es zu sein. Sie haben ihre Glaubenssätze und sie haben ihre Begründungen für diese.

Sie glauben das, was ihnen glaubwürdige Quellen sagen, und sie glauben, dass sie vernünftig sind. Daher glauben sie auch folglich, dass andere, die etwas anderes glauben, unvernünftig sind, weil auch deren Argumente unvernünftig erscheinen.

Das wirklich gesicherte Wissen ist also viel kleiner als der Glaube, dass etwas tatsächlich gewusst wird! Im Grunde genommen ist Wissen für die meisten Menschen lediglich der Ausschluss von Zweifeln. Das muss man so als Fakt akzeptieren. Diese Tatsache ist sehr gefährlich und man muss mit dieser Problematik sehr vorsichtig umgehen. In der Wissenschaft, in der Gesellschaft, in der Religion, Mathematik, Physik, Politik und selbstverständlich auch in der Ökonomie. Denn der Glaube, etwas zu wissen, hat eine direkte Auswirkung auf die vorgenommenen Handlungen der Menschen:

Mit dem, was man glaubt, und dem, was man weiß, werden immer bestimmte Erwartungen generiert. Diese bilden die Grundlage für Präferenzen, aus welchen dann direkt Entscheidungen und so auch die Verhaltensweisen folgen. Der Glaube und Wissen sind also die Ursache für bestimmte Verhaltensweisen und so auch für die mit der Zeit gebildeten Verhaltensmuster.

Die Präferenzen stehen im direkten Zusammenhang mit den Entscheidungen des Individuums.

Die Wissenschaftlichkeit generiert Erkenntnisse. Neue Erkenntnisse bringen Verständnis für viele Fragestellungen, die zuvor nicht (oder nicht ausreichend gut) beantwortet waren. Das neue Verständnis über die jeweiligen Fragestellungen und Themen erweitert so und bereichert so das vorhandene Wissen der Menschen. Und so trägt auch die Wissenschaftlichkeit zu bestimmten Verhalten oder Verhaltensänderungen bei. Das neu generierte Wissen – wie zuvor erläutert – wirkt sich automatisch dann auf die Erwartungen aus. Durch die so generierten Erwartungen wird dann über gebildete Präferenzen und Entscheidungen das Verhalten gesteuert.

Entscheidungen und Handlungen von Menschen bilden die Funktionsweisen von gesellschaftlichen Systemen und auch die der Ökonomie.

Versteht man erst diese kausalen Zusammenhänge zwischen Wissenschaftlichkeit, Wissen und den menschlichen Handlungen als Konsequenz aus vermeintlichem Wissen, oder anders und verkürzt ausgedrückt, die Auswirkungen der Wissenschaftlichkeit auf das menschliche Verhalten und somit auch auf die Funktionsweise von Systemen – wie beispielsweise die Ökonomie –, dann wird deutlich, wie wichtig eine realitätsnahe und korrekt durchgeführte Forschung ist und welche Effekte und Konsequenzen diese in der realen Welt hat.

Unter Einbeziehung der zuvor dargelegten Argumente wird in dieser Arbeit der Standpunkt formuliert, dass das ökonomische System in der Realität keinen Gleichgewichtscharakter hat, sondern die Funktionsweise viel mehr einem dynamischen Kreislaufcharakter ähnelt mit größeren oder kleineren Unwuchten und daher auch mit entsprechenden volatilen Ausschlägen. Diese existierenden Unwuchten des dynamischen Kreislaufmodells und seine Ausschläge werden durch die menschliche Irrationalität, durch die Varianz einzelner Faktoren, durch komplexe direkte und indirekte Abhängigkeiten und natürlich auch durch

Zufälle, die es überall in der Welt gibt, sowie durch Mangel an Informationen erzeugt. Ein so komplex und scheinbar zufällig funktionierendes System kann in seiner Gesamtheit durch keine derzeit bekannte mathematisch basierte Berechnung ausreichend genau beschrieben werden. Analog zu anderen Wissenschaftsdisziplinen, wie beispielsweise auch in der Physik, gibt es keine allumfassende mathematische Formel, welche valide die existierende und beobachtete Realität beschreibt. So stehen, um bei diesem Beispiel aus der Physik zu bleiben, die Quantenmechanik und die Relativitätstheorie gleichberechtigt nebeneinander und beschreiben jede für sich sehr genau und mathematisch korrekt die beobachtete Realität. Möchte man also auch in der wirtschaftswissenschaftlichen Disziplin eine für die Praxis besser anwendbare und die Realität exakter beschreibende Theorie entwickeln, so wird man sich mit der Tatsache abfinden müssen, dass es dafür (derzeit) keine mathematische Gesamtgleichung gibt, die das gesamte Spektrum der Probleme abdeckt.

Dieser Standpunkt wird dadurch gebildet und immer wieder dadurch bestätigt, was man in der ökonomischen Wirklichkeit tatsächlich empirisch beobachtet, misst und wahrnimmt. Es gibt eine ökonomische Realität und es gibt heute die eine oder andere bestimmte ökonomische Theorie. Somit gibt es sozusagen mindestens zwei Wirklichkeiten, die nicht kongruent sind. Die ökonomische Standardtheorie stimmt nicht mit der Realität überein und bildet diese nicht ausreichend genau ab, weil sie von künstlich gemachten Voraussetzungen ausgeht, die es so in der Realität nicht gibt und nicht geben kann. Bei der ökonomischen Theorie gibt es zahlreiche unterschiedliche Sichtweisen, die auf unterschiedliche Standpunkte zurückzuführen sind. So gibt es beispielsweise die jeweilige Sicht von Adam Smith, von Karl Marx, von John Maynard Keynes, von Milton Friedman oder vom Richard Thaler. Doch Vorsicht: Nicht alle Ökonomen haben gleich eine eigene oder neue Theorie entwickelt, sondern nur partielle Probleme innerhalb einer Theorie gelöst oder aufgezeigt.

Mit dem Aufkommen der experimentellen Forschung in der ökonomischen Wissenschaft – insbesondere mit Experimenten unter Realbedingungen – wurde immer mehr deutlich, dass behaviorische Aspekte bei den Probanden einen der Hauptfaktoren für deren Präferenzbildung, also für die gemachten Entscheidungen, darstellen. Empirisch kann auch eindeutig belegt werden, dass Wirtschaftssubjekte nicht immer rational und vorhersehbar entscheiden. So sind für die Entscheidungsfindung sehr oft nicht die ökonomischen Faktoren ausschlaggebend, sondern die psychologischen und/oder psychischen Faktoren, wie beispielsweise der emotionale Zustand zum Zeitpunkt der Entscheidungsfindung (d. h. konkret, der Erregungsgrad („hot"/„cold") oder die Frage, ob an der jeweiligen Entscheidungsfindung eher das linke oder das rechte Gehirnareal beteiligt ist).

Der Wissenschaftler und Nobelpreisträger Prof. Daniel Kahneman konnte wissenschaftlich nachweisen, dass die menschliche Entscheidungsfindung durch zwei unterschiedliche Regionen im Gehirn determiniert ist, wobei diese komplett unterschiedlich funktionieren und daher sehr oft zu unterschiedlichen Ergebnissen führen. Er nennt diese Funktionsweisen System 1 und System 2 (Kahneman, 2011).

Das System 1 macht normalerweise die ausschließliche Arbeit ganz automatisch und unterbewusst. Es kann mit einem Autopiloten verglichen werden. Es steuert die Automatismen im Alltag des Menschen und arbeitet „automatisch" (also ohne dass der Mensch über bestimmte Dinge nachdenken muss) den Großteil aller Alltagstätigkeiten ab. Solange es keine Widersprüche oder keine kognitiven Dissonanzen oder Irritationen gibt (wie z. B. kognitive Dissonanz oder emotionale Inkohärenz), wenn also alles „passt", dann wird im Gehirn auf diese Weise durch ständig neue Erfahrung auch neues „Wissen" generiert.

Dieser Prozess der „Wissensbildung" ist jedoch nicht ganz ungefährlich! Da die Menschen in der Regel nicht Wissenschaftler sind und nicht jede tägliche Fragestellung mit wissenschaftlichen Methoden analysiert und erörtert wird, wird das allgemeine menschliche Wissen nach dem zuvor erläuterten Prinzip generiert: Wissen ist die Absenz von Zweifeln. Wenn also wiederholt im täglichen Alltag und Leben etwas nach dem gleichen Muster, Sichtweise oder Prinzip funktioniert, dann wird es vom menschlichen Gehirn entsprechend verarbeitet und als sichere Kenntnis und Wissen abgespeichert und archiviert. Die Verhaltensforschung und die Psychologie belegen zugleich, dass das menschliche Gehirn auch darauf programmiert ist, Zweifel tendenziell zu unterdrücken – um nicht zu sagen zu beseitigen –, um so kognitive Dissonanzen und Störungen zu vermeiden. Es verarbeitet die Erinnerungen und Erfahrungen aus der Vergangenheit unter Einflussnahme der Bildung und Ausbildung sowie der genetischen Dispositionen. Gleichzeitig spielen die im Augenblick aktuelle Situation und der Zustand der Emotionen und das Umfeld (Kontext) eine entscheidende Rolle für das Ergebnis der Entscheidung. Das Ergebnis sind Schlussfolgerungen, Beurteilungen, Interpretationen, Präferenzen und schließlich Entscheidungen der Willensbildung und zur Handlung. So entsteht das Verhalten des Menschen.

Das Abrücken von so gewonnenen Überzeugungen, Meinungen und Wissen fällt dem Menschen im Allgemeinen deswegen entsprechend schwer. Deutlich kommt diese Schwierigkeit für jedermann sichtbar ans Tageslicht, wenn Verhaltensänderungen oder die Entwicklung und Annahme von neuen Verhaltensmustern notwendig werden: beispielsweise die Aufgabe einer lieb gewonnen Gewohnheit (Rauchen) bzw. das Umstellen der Ernährung hin zur gesunden Nahrung und wenig Zucker oder das regelmäßige Ausüben von mehr Sport.

Nicht nur Gewohnheiten zu ändern ist schwer. Auch Wissen, Meinungen und Überzeugungen zu ändern ist sehr komplex. Die Schwierigkeit der Korrektur von vorgefestigten Meinungen hat insbesondere in der Wissenschaft gravierende Folgen. Neue Erkenntnisse und Wissen müssen unter Berücksichtigung der strengen wissenschaftlichen Methoden viele Hürden und Widerstände überwinden, um sich durchzusetzen und um anerkannt zu werden. Denn auch in der Wissenschaft gibt es vorgefestigte Meinungen. Die Wissenschaft determiniert zudem oft, wie zuvor erörtert, signifikant die Denkrichtung der ganzen Gesellschaft.

So entsteht eine Art Konkurrenz oder Spannungsfeld zwischen dem Glauben an Argumente bzw. Behauptungen einerseits und dem Glauben an Schlussfolgerungen und Ergebnisse andererseits. Ein Spannungsfeld zwischen Theorie und Realität. Ein Spannungsfeld zwischen neuen Erkenntnissen und altem Wissen.

In der Ökonomie hat diese Diskrepanz zwischen der Realität und der ökonomischen Theorie besonders deutliche Auswirkungen. Sie führt zu Fehlentscheidungen, Fehlplanungen, Problemen in der Realwirtschaft, Krisen und manchmal auch zu Zusammenbrüchen von Märkten. Denn die ökonomische Theorie beschreibt in ihrem Modell nicht die reale Ökonomie. Der Mensch ist darin nur ein Akteur, der nach festgelegten Gesetzen agiert und die Ökonomie selbst nicht beeinflusst. Diese gleicht im Modell einem starren mechanischen System mit vordefinierter Funktionsweise.

In der realen Ökonomie ist der Mensch jedoch derjenige, der durch seine Handlungen und durch sein Verhalten das System selbst (was sich dann Ökonomie nennt) generiert. Er wird zugleich durch das Umfeld beeinflusst und geprägt. Und weil die „Ökonomie" keine mechanisch starre „Maschine" ist, sondern ein immaterielles komplexes System von Handlungen, Abhängigkeiten, gegenseitigen Interaktionen, Beeinflussungen und von anderen zahlreichen internen und auch angrenzenden Prozessen, die alle mit dem Menschen und mit seinem Verhalten zusammenhängen, dann muss demzufolge auch der Mensch im Mittelpunkt des Fokus der ökonomischen Forschung stehen, wenn es wirklich darum gehen soll, die Ökonomie richtig zu erklären und ihre Funktionsweise zu verstehen. Dieses komplexe System, was man allgemein etwas unspezifisch „Ökonomie" nennt, soll hier deswegen ganzheitlich betrachtet und analysiert werden, denn wie bereits zuvor erwähnt, werden bei einer ganzheitlichen Ebene oft andere Ergebnisse generiert als auf einer punktuellen, isolierten Ebene, auf der man nur bestimmte Bestandteile eines ganzen Systems analysiert.

Aus diesen Gründen sind die in dieser Arbeit gemachten Vorgaben die, genau zu definieren, was allgemein als „Ökonomie" bezeichnet wird, und zugleich die Funktionsweise der Ökonomie oder des „ökonomischen Systems" zu analysieren mit dem Ziel, es besser zu verstehen, um in der Folge eine ökonomische Theorie aufzustellen, die möglichst realitäts- und praxisnah ist. Dabei soll auch untersucht werden und die Unterschiede herausgearbeitet werden, die es zu der aktuellen ökonomischen Theorie und zum sogenannten ökonomischen Standardmodell gibt.

Die Hauptkritik an dem ökonomischen Standardmodell besteht in der Tatsache, dass die gesamte Theorie auf künstlichen Annahmen beruht:

- ein ausschließlich nach egoistischen wirtschaftlichen Gesichtspunkten einheitlich denkender und handelnder Mensch (rationales Handeln),
- der ausschließlich nach dem ökonomischen Prinzip vorgeht (eigennütziges Handeln),
- alle für die Entscheidung wichtigen Informationen sind bekannt (vollständige Markttransparenz),
- alle Einflussgrößen und Begleitumstände im Modell bleiben unverändert (Ceterisparibus-Methode).

Diese Annahmen wurden nur deshalb gemacht und definiert, damit man eine daraus abgeleitete Theorie aufbauen konnte. Die Annahmen machen also die Theorie mathematisch erst möglich und machen diese Theorie zudem auch mathematisch leicht überprüfbar, modellierbar, sehr logisch, verständlich und daher in der Folge entsprechend auch wissenschaftlich sehr robust. Das sind die Gründe dafür, dass sich diese Theorie gegenüber allen möglichen ökonomischen Strömungen so gut durchgesetzt hat und sie sich schon so lange hält und bis heute immer noch aktuell ist. Sie wurde so zur sogenannten ökonomischen Standardtheorie. Leider ist die Theorie aber nur sehr bedingt auf die ökonomische Realität der Praxis übertragbar. Der Grund für diese eingeschränkte Anwendbarkeit in der Praxis liegt in den zuvor erwähnten künstlichen und leider auch sehr realitätsfremden Annahmen. Dadurch hat sie eher den Charakter, mehr einer „geistigen Übung" zu dienen, als dass sie auch einen praktischen Nutzen in der Realität hätte. Das Modell dieser quantitativ so schönen und scheinbar reinen Theorie ähnelt einer virtuellen und sehr präzisen Maschine, bei der alles klar konstruiert und genau definiert, vorgeben und miteinander verbunden ist. Verändert man darin einen bestimmten Faktor, dann hat es per Definition immer den gleichen Effekt und die gleiche Auswirkung und führt immer zu einem bestimmten Ergebnis. Immer wieder, immer wieder gleich, immer gleich genau und immer wieder nach dem gleichen Muster. So, wie mathematische Gleichungen sind.

Die Welt, in der wir Menschen leben, ist jedoch keine Maschine und hat auch bei Weitem nicht die Funktionsweise wie eine Maschine oder wie Mathematik. Der Mensch, der im Zentrum steht, ist in seiner Ausprägung und in seinem Verhalten so unterschiedlich, dass keine zwei Personen sich weltweit in allen Aspekten gleichen. Daher gleicht dementsprechend das daraus resultierende System, welches Ökonomie genannt wird, mehr einem sich ständig verändernden Organismus als einer starren Maschine. Das macht eine Mathematisierung und Standardisierung des Verhaltens des Menschen und auch des Systems, welches sein Verhalten und seine Handlungen bildet, so gut wie unmöglich. Sollen also theoretische Ansätze gefunden werden, welche diese komplexe Realität reduziert und verständlich beschreiben, dann müssen sie qualitativer und nicht quantitativer Natur sein.

Die aktuelle Definition der Ökonomie besagt, dass sie eine Wissenschaft ist, die sich mit dem Haushalten und der Produktion von knappen Gütern, welche nur der Befriedigung menschlicher Bedürfnisse dienen, sowie mit deren Tausch auf Märkten und der Verteilung beschäftigt.

Dabei muss darin zwingend auch der Fakt beinhaltet sein, dass das menschliche Verhalten, die Gesetzmäßigkeiten der menschlichen Bedürfnisse und der Entscheidungsprozesse und die menschlichen Interaktionen die Ökonomie als solche und ihre eigentliche Funktionsweise determinieren.

Das beste Beispiel hier ist das Verhalten des Menschen in rein ökonomischen Prozessen. Das Verhalten – oder auch das Kaufverhalten des Konsumenten:

Wird beispielsweise nur punktuell ein bestimmtes Kaufverhalten untersucht, kommt sehr oft ein komplett anderes Ergebnis zustande, als wenn man das Kaufverhalten von sehr vielen (von einer Gruppe) untersucht, wo es bei der Einbeziehung von ganzheitlichen Faktoren (hier z. B. das Herdenverhalten des Menschen) zu anderen Ergebnissen führt als bei der isolierten Betrachtung und isolierten Analyse.

Wenn also der Mensch selbst dadurch, wie er ist (durch sein Leben, Arbeiten, Konsumieren, Entscheiden und sein generelles Verhalten), das ökosoziale Gesamtsystem (welches wir Ökonomie nennen) in Wirklichkeit produziert, so muss es dann die zwingende Folge sein, auch den Menschen in den Mittelpunkt der Forschung und der Theorie zu stellen. Erst so kann man versuchen eine Theorie zu erstellen, welche die Funktionsweise dieses ökosozialen Gesamtsystems (Ökonomie) beschreibt. Die Theorie muss dann eine objektive Beschreibung dieses komplexen Systems ermöglichen.

1.5 Die Frage nach dem Diskurs – Der Umgang mit konträren Ansichten in der Öffentlichkeit und beim wissenschaftlichen Arbeiten

Es ist zu unterscheiden zwischen

a) verschiedenen Sichtweisen, Meinungen und Ansichten bei guter Kenntnis der Problematik/des Themas (beispielsweise innerhalb der Wissenschaft)
und
b) willkürlicher Meinungsbildung bei Unwissenheit und Nichtkenntnis der genauen Sachlage/des Themas (beispielsweise innerhalb der breiten Gesellschaft).

Doch warum soll diese Unterscheidung so wichtig sein? In der Realität werden auf den verschiedensten gesellschaftlichen Ebenen Diskussionen zu den unterschiedlichsten Themen und Problemstellungen geführt. Die Erfahrung zeigt, dass in den allermeisten Fällen – bedingt durch die Massenmedien und ihre ganz spezifische Funktionsweise (siehe Abschn. 12.5.2) – nicht die wirklich wissenden Menschen mit fundiertem Fachwissen Gehör finden und überzeugen können, sondern eher diejenigen, die es gelernt haben, sich gut zu präsentieren, die rhetorisch geschickter sind und die, die eine bessere „Show" für die Zuschauer und Zuhörer bieten. Heute sind es sehr oft auch „Influencer" von den verschiedensten Plattformen. Sie werden so bezeichnet, weil sie andere Menschen beeinflussen. Und zwar ganz unabhängig davon, ob ihr Wissen und ihre Ansichten auch tatsächlich fundiert sind oder nicht. Dadurch entsteht ein nicht unerhebliches gesamtgesellschaftliches Risiko. Bedingt durch die Funktionsweise von Massenmedien und ihre Einflussnahme auf die Gesellschaft, erfolgt die großflächige Meinungsmache so zunehmend nicht auf Basis von Fakten und fundiertem Wissen, sondern immer mehr nur auf Basis von Einschaltquoten, Omnipräsenz der Protagonisten und Beliebtheitswerten. Diese Situation ist höchst gefährlich, weil die Wahrheit sehr oft unbequem oder kompliziert ist und das Interesse daher sehr hoch ist, diese unbequeme oder komplizierte Wahrheit durch eine bequemere und gewünschte, „kreierte" alternative Wahrheit oder Realität zu ersetzen.

Wo die Grenze des wissenschaftlichen Arbeitens verläuft, ist für außenstehende Beobachter, Massenpublikum und Konsumenten von Massenmedien nicht immer ganz eindeutig. Die Demagogen haben es gelernt, auf pseudowissenschaftlicher Basis zu argumentieren, und sie ziehen auch sehr oft angebliche wissenschaftliche Studien und Erkenntnisse in ihre Argumentation ein. Diese werden dann in den meisten Fällen geglaubt und ungeprüft übernommen. Die Fehlannahme, dass faktenbasiertes Wissen vorliegt, wird so geboren.

Eine weitere Problematik des Diskurses ergibt sich daraus, dass zwingend zwischen einem fachlichen Diskurs unter „Experten" des jeweiligen Themas unterschieden werden muss und einem Diskurs unter Personen, die sich in der jeweiligen Materie nicht so gut auskennen und deren Informationen, Wissen und Meinungsbildung aus Quellen wie Stammtisch, Medien oder Freundeskreis herrühren (wie weiter oben beschrieben). Dieser Unterschied ist deshalb so wichtig, weil unterschiedliche Meinungen sehr oft mit nur dem jeweiligen unterschiedlichen Wissensstand der Beteiligten zusammenhängen. Konkret bedeutet diese Problematik, dass zwei Personen mit gleichen Voraussetzungen und gleicher Einstellung nur aufgrund von einem unterschiedlichen Wissensstand zu unterschiedlicher Ansicht gelangen. Streitgespräche, die auf dieser Problematik beruhen, sind vollkommen sinnlos. Auch in ideologische Einfärbungen und dadurch verursachten Präferenz für die Aufnahme von bestimmten Informationen sind die Unterschiede des Kenntnisstandes zu suchen, der dann zu den verschiedenen Sichtweisen führt. Die Wissenschaftlichkeit muss immer auf Basis von allen zur Verfügung stehenden Fakten ruhen und darf niemals ideologischen oder ökonomischen Beeinflussungen bzw. Interessen unterliegen. Denn jede Ideologie ist ein diametraler Gegensatz zur Wissenschaft, zum Pragmatismus und zur Objektivität.

Und auch hier lehrt uns die Geschichte im Nachhinein, dass die Wissenschaft selbst schon immer durch gesellschaftliche, politische oder auch durch religiöse Ideologien geprägt, beeinflusst und manchmal auch missbraucht wurde. Denn jede Beobachtung kann auf eine bestimmte Art und Weise beschrieben und interpretiert werden. Jede Interpretation unterliegt Faktoren wie Zeitgeist, Wissensstand, politische oder religiöse Zugehörigkeit und vor allem Emotionalität und dem Kontext des Interpretierenden. Daher spielen auch ökonomische Interessen des oder der Forschenden eine nicht zu unterschätzende Rolle, genauso wie auch ganz banale menschliche Schwächen, wie beispielsweise menschliche Eitelkeit, Komplexe, übertriebene Zielstrebigkeit, Geltungsbedürfnis und nicht zuletzt die Kompensation von allen möglichen menschlichen Defiziten. Dass in dieser Gemengelage der Raum für Inakzeptanz, Intoleranz, Ideologie und manchmal auch Missbrauch von Macht und Wissen existiert, lässt sich nicht abstreiten.

Man muss in der Wissenschaft aber stets einem kritischen Diskurs ausgesetzt bleiben, der dazu dient, Einseitigkeiten und kognitive Verzerrungen zu vermeiden und aufzubrechen. Das ist eine der Funktionen einer kritischen Diskussion.

1.6   Die Frage nach der Wirklichkeit und der Realität

Abstrakt betrachtet muss man festhalten: Es gibt eine Realität und diese eine Realität wird durch den Menschen auf seine ganz eigene spezifische Weise immer eingeschränkt und subjektiv wahrgenommen. Es wird dann eine oder mehrere Theorien zu der einen Realität (dem jeweils betrachteten Forschungsthema) aufgestellt, beispielsweise in der Physik, in der Medizin oder in der Ökonomik. Eine oder mehrere Theorien beschreiben dann die jeweilige Realität. Und es gibt dann eben die Praxis – also das Alltagsleben –, wo die Theorie einfließt mit dem Ziel, bessere Ergebnisse durch das generierte Wissen und durch die gewonnenen Erkenntnisse zu erzielen. Aus dem Alltagsleben und aus der Praxis heraus wird die jeweilige Theorie selbst im Laufe der Zeit immer wieder verifiziert oder falsifiziert. Dadurch wird die Theorie selbst ständig beeinflusst, verändert und weiterentwickelt. Es gibt deshalb auch keine einzige wissenschaftliche Theorie, die bisher unverändert und ewig Bestand hatte.

Alle Messungen, statistischen Erhebungen und Berechnungen, Feld- und Laborexperimente sowie wissenschaftliche Ableitungen müssen und werden durch den Menschen interpretiert. Ohne eine Interpretation sind Daten und Zahlen nutzlos. Und diese Interpretation wiederum unterliegt auch immer dem jeweiligen Blickwinkel, dem Zeitgeist und insbesondere auch der menschlichen Irrationalität. Ob man es wahrhaben will oder nicht.

Auch können unterschiedliche Ergebnisse von Messungen und Beobachtungen zustande kommen, je nachdem, ob der Blick auf den untersuchten Gegenstand aus einer ganzheitlichen, globalen Sicht erfolgt oder punktuell und abgegrenzt isoliert vom Umfeld. Deswegen gibt es einen weiteren Grund zum Unterscheiden von beobachteten Ergebnissen:

a) die ganzheitliche wissenschaftliche Methode
       und
b) das Zerlegen in einzelne Bestandteile und das Analysieren dieser Bestandteile unabhängig voneinander (= Partialanalyse).

In der Ökonomie wurden meistens bestimmte Bereiche isoliert betrachtet und wissenschaftlich beschrieben, ganz gleich, ob es einzelne Märkte sind, einzelne Volkswirtschaften oder der Mensch und sein Verhalten. Meistens wird aus Gründen der Vereinfachung isoliert analysiert und mit standardisierter Modellierung gearbeitet. So werden dann die beobachteten Ergebnisse der isolierten Einzelbetrachtung auf die Gesamtheit extrapoliert und mit diesen dann sogenannten Aggregaten wird dann gearbeitet. Dabei wird aber völlig ausgeblendet, dass im isolierten Zustand einzeln sehr oft komplett andere Ergebnisse generiert werden als bei der Interaktion mit dem Gesamtsystem. Das beste und anschaulichste Beispiel für diese Problematik ist das Herdenverhalten: Die Herde als Ganzes verhält sich meistens ganz anders als ein einzelnes Individuum ohne die anderen Mitglieder der Gruppe. Einzelteile eines Systems verhalten sich also sehr oft einzeln ganz anders als die Gesamtheit aller dieser Einzelteile in diesem System (Das ist der Herdeneffekt).

Die so erzielten Ergebnisse weichen dann teilweise erheblich von der beobachtbaren Realität ab. Die Realität wird demzufolge sehr ungenau, unvollständig oder manchmal auch ganz falsch erklärt, abgebildet oder durch die so aufgestellte Theorie ungenau oder falsch beschrieben.

Bei empirischen Untersuchungen treten manchmal auch Effekte ein, die offensichtlich nur durch die Untersuchungen selbst verursacht werden und augenscheinlich konträr zu der Logik des untersuchten Gegenstandes und zu den Erwartungen stehen.

In einem verkehrsberuhigten Stadtteil werden pro Jahr 100 Verkehrsverstöße registriert. Man möchte die Situation für die Anwohner verbessern und die Autofahrer dazu
bringen, die Geschwindigkeit nicht so häufig zu überschreiten und verstärkt deswegen
die Kontroll- und Überwachungsmaßnahmen. Die naheliegende Erwartung wäre hier:
Verstärkte Kontrollen müssten zu vorsichtigerer Fahrweise und somit zu weniger Verkehrsverstößen pro Jahr führen. Doch nur durch diese Maßnahme der verstärkten
Überwachung und Kontrolle werden dann im gleichen Zeitraum doppelt so viele Ver-
stöße registriert.

Es wäre jedoch falsch, hier zu argumentieren, dass die Verstärkung der Überwachung und Kontrolle zur vermehrten Nichteinhaltung von Verkehrsregeln und zu einer
möglichen Zunahme von Verkehrsverstößen führt und somit infolge zu mehr Verstößen und zu mehr Problemen. Auch ist allein durch diese Maßnahme (der Kontrollen)
nicht belegbar oder messbar, dass sich das Verhalten der Verkehrsteilnehmer in irgend-
einer Weise überhaupt geändert hätte. Die einzig valide Interpretation dieses Ergebnisses ist, dass allein durch die häufigeren und intensiveren Kontrollen/Messungen mehr
von den existierenden Verstößen registriert wurden im Vergleich zum Zeitraum vor dieser verstärkten Kontrollierung. Eine Erhöhung der Anzahl von Messungen und Kontrollen führt automatisch zur Identifikation einer größeren Anzahl von Verstößen. Das
nennt man Ursache-und-Wirkung-Prinzip. ◄

Man kann sagen, dass je genauer ein bestimmtes Problem untersucht, betrachtet, analysiert und/oder gemessen wird, desto besseres Verständnis wird tendenziell auch von
diesem Problem und von der tatsächlichen Größe/vom Ausmaß gewonnen. Die genauere
Analyse und Messung können in der Praxis durchaus zur Folge haben, dass Ergebnisse allein aufgrund von verstärkten/häufigeren oder genaueren Messungen plötzlich signifikant
abweichen gegenüber der Situation vor der genaueren Untersuchung oder Messung. Dies
kann man besonders häufig beobachten, z. B. bei der Untersuchung von Wirtschaftskrimi-
nalität in der Ökonomie, von Krankheiten in der Medizin oder von Verstößen gegen Gesetze und Vorschriften in der Gesellschaft. Somit wird an diesem Beispiel anschaulich gezeigt, wie wichtig eine gute, begründete und der Logik folgende Interpretation von wissenschaftlichen Daten ist. Daten und Ergebnisse bedürfen einer richtigen Interpretation,
um die Realität auch richtig zu verstehen.

Literatur

Kahneman, D. (2011). *Thinking, fast and slow*. Macmillan Verlag.
Planck, M. (1948). *Wissenschaftliche Selbstbiographie* (S. 22). Johann Ambrosius Barth Verlag.

Teil I

Ökonomische Standardtheorie und die Gründe ihres Versagens in der realen Welt

Die Defizite der aktuellen ökonomischen Standardtheorie sollen hier auf einer wissenschaftlichen Basis ausführlich und vollumfassend behandelt werden. Hierbei sind insbesondere die Auswirkungen dieser Defizite interessant.

Die ungelösten Defizite des klassischen ökonomischen Standardmodells und das Versagen des theoretischen Modells in der Praxis

Die klassische wirtschaftswissenschaftliche Forschung fokussiert sich in ihrer Sichtweise nur auf bestimmte ausgesuchte Teilbereiche der Ökonomie. So werden beispielsweise in dem gesamtökonomischen System spezifische Märkte definiert und diese Märkte dann einzeln separat analysiert und beschrieben. Ein Markt ist ein Ort, an dem Menschen miteinander interagieren (handeln). Aus diesen Interaktionen ergeben sich bestimmte Muster, bestimmte Gesetzmäßigkeiten oder bestimmte Mechanismen für den Markt und für seine Akteure. Diese Gesetzmäßigkeiten gilt es zu erkennen und zu beschreiben. Wie und nach welchen Mustern und aus welchen Gründen sich die Menschen verhalten und welche Präferenzen und Entscheidungen sie wann treffen, erst das determiniert dann letztendlich die wahren Gesetze des jeweiligen Marktes. Und das ist nur ein kleiner Ausschnitt aus der gesamten Ökonomie.

Die klassische ökonomische Standardtheorie definiert aber zuallererst als Prämisse, dass der Mensch sich stets wie ein Homo oeconomicus verhält. Er agiert immer a) rational und b) egoistisch, nur zu seinem eigenen Vorteil. Darüber hinaus wird festgelegt, dass er c) im Besitz aller Informationen ist und alle Alternativen vergleichen kann. Durch diese Grundannahme werden von Anfang an alle unkontrollierbaren und unkalkulierbaren Eventualitäten der Realität ausgefiltert und eliminiert. Aus dieser gemachten komplexreduzierten Annahme ist dann eine Ableitung des Verhaltens für alle Marktteilnehmer und damit folglich auch für den gesamten Markt relativ einfach.

Wenn jedoch untersucht werden soll, wie ein Markt sich nicht in der komplexreduzierten Theorie, sondern in der Praxis, also in der Wirklichkeit, verhält, dann muss auch der Untersuchung das reale Verhalten der Menschen zugrunde gelegt werden und nicht eine realitätsfremde Annahme. Diese Kausalität kann nicht geleugnet werden.

Eine weitere Schwierigkeit ergibt sich dadurch (und alle Untersuchungen beweisen dies), dass ein einzelner Mensch sich oft allein ganz anders verhält, als er es in einer

V. von Holle, *Neue ökonomische Theorie*, https://doi.org/10.1007/978-3-658-42058-1_2

Gruppe tut. Er ist ein soziales Wesen und zugleich auch ein „Herdentier" und lässt sich durch das Verhalten der Gruppe signifikant beeinflussen (z. B. durch Gruppendynamik oder Gruppenzwang). Allein schon aus diesem Grund darf man aus dem beobachteten oder angenommenen Verhalten eines einzelnen Menschen (oder weniger Menschen in einem Experiment) niemals auf die Gesamtheit der Gruppe aus vielen Menschen schließen und umgekehrt. Auch folgt der Mensch weder allein noch in einer Gruppe den gleichen Prinzipien wie ein Homo oeconomicus. Vielmehr werden seine Präferenzen und Entscheidungen in der Wirklichkeit durch komplexe psychologische Faktoren, durch das jeweilige Umfeld und durch seine momentane emotionale Situation wie auch durch seine Veranlagung und Erfahrung determiniert. Ein Mensch, als Hauptbestandteil des Systems Ökonomie, wird bei seinem Handeln und dem Setzen von Präferenzen außerdem ganz individuell beeinflusst durch variable Faktoren, wie z. B. seine aktuellen Notwendigkeiten, seine Triebe, seine individuelle Entwicklung, seine sozialen rechtlichen und finanziellen Abhängigkeiten, sein soziales Umfeld, seine Werte und Erziehung, seinen psychischen Zustand, in dem er sich zum Zeitpunkt der Entscheidung befindet.

Wichtig hierbei zu verstehen ist der direkte Zusammenhang von allen diesen schwer berechenbaren Faktoren des einzelnen Menschen und der Funktionsweise des ökonomischen Systems. Denn die Funktionsweise des ökonomischen Systems ist ja das Ergebnis des Verhaltens jedes ökonomischen Akteurs. Akzeptiert man diese Tatsache, dann müssen die Berechenbarkeit und Existenz von gesamtökonomischen Gleichgewichten – so wie sie in der Standardtheorie postuliert wird – als eine Unmöglichkeit betrachtet werden.

Die Annahmen der ökonomischen Standardtheorie und ihre Schlussfolgerungen müssen daher allein schon aus diesen zuvor genannten Gründen als widerlegt betrachtet werden.

Die klassische ökonomische Standardtheorie mit dem Postulat des Gleichgewichtsmodells muss durch ein organisches, sich ständig veränderndes dynamisches Modell mit sich ständig verändernden Variablen und entsprechenden Abhängigkeiten, welche die Realität berücksichtigen, ersetzt werden.

Gütermarkt

3

Der Gütermarkt wird in der aktuellen Volkswirtschaftslehre als ein eigenständiger Markt angesehen, auf dem nur Güter und Dienstleistungen gehandelt werden. Auf dem Gütermarkt treffen also Angebote und Nachfragen nach Gütern und Dienstleistungen aufeinander.

3.1 Allgemeines zum Gütermarkt

Der Gütermarkt in der Mikroökonomie besteht (im Gegensatz zum Faktormarkt in der Makroökonomie) nur aus einzelnen Gütern und nicht aus der Gesamtheit aller Güter einer Volkswirtschaft. Daher wird immer nur ein spezieller Gütermarkt betrachtet, zum Beispiel der Markt für Mikroprozessoren. Hierbei kann es durchaus auch weitere Eingrenzungen geben, zum Beispiel Mikroprozessoren mit bestimmten Leistungsmerkmalen oder Eigenschaften/Charakteristika.

Der Gütermarkt in der Makroökonomik hingegen umfasst alle Märkte (alle speziellen Gütermärkte) einer Volkswirtschaft. Auf diesen Märkten werden alle Güter/Waren und Dienstleistungen der Volkswirtschaft gehandelt. Hier werden beide, das komplette „aggregierte" Angebot und die komplette „aggregierte" Nachfrage der Volkswirtschaft zusammengefasst. Das Angebot auf diesem Markt umfasst alle in einer Volkswirtschaft angebotenen Güter. Aggregierte Nachfrage umfasst dementsprechend die gesamte Nachfrage nach Gütern in einer Volkswirtschaft. In diesem Zusammenhang spricht man dann deshalb auch von Produktmärkten.

V. von Holle, *Neue ökonomische Theorie*, https://doi.org/10.1007/978-3-658-42058-1_3

3.2   Faktoren, die den Gütermarkt beeinflussen

Es gibt verschiedene Faktoren, die starken Einfluss auf den Gütermarkt haben. Einer der wichtigsten davon ist in der aktuellen Theorie das Bruttoinlandsprodukt. Der Grund hierfür liegt im Postulat des Handelns des Marktteilnehmers nach dem Muster des Homo oeconomicus und dem Zusammenhang zwischen der ökonomischen Prosperität und der daraus resultierenden Nachfrage nach Gütern und Dienstleistungen.

Der dominierende Faktor bei der Preisbildung am Gütermarkt ist die Nachfrage. Das Nachfrageverhalten von Konsumenten wiederum wird in der Realität durch ein ganzes Bündel von subjektiven und daher nicht mathematisierbaren Einflussfaktoren beeinflusst. Somit wird im Endeffekt der Gütermarkt selbst, welcher erst durch die Existenz dieser Prozesse und Interaktionen der Marktteilnehmer zustande kommt, nicht exakt berechenbar. Ein stabiles Gleichgewicht dieses Marktes ist unter diesen Bedingungen realistisch kaum möglich.

Die häufigsten Faktoren, welche das Konsumentenverhalten determinieren, kann man in die folgenden Cluster einteilen:

a. ökonomisch-rationale Faktoren,
b. sozialkulturelle Faktoren,
c. psychologische Faktoren,
d. idealistische Faktoren.

Eine isolierte Betrachtungsweise des jeweiligen Marktes muss zwangsläufig in der Realität zu fehlerhaften Ergebnissen führen, weil in der Realität eine starke gegenseitige Abhängigkeit der einzelnen Märkte untereinander ein organisch funktionierendes Gesamtsystem bildet. Diese Abhängigkeiten werden bei der isolierten Betrachtungsweise des einzelnen Marktes nicht berücksichtigt. Diese Nichtberücksichtigung von gegenseitigen Abhängigkeiten führt zwangsläufig zu fehlerhaften Ergebnissen.

Ein weiterer Grund für fehlerhafte Ergebnisse ist die Nichtberücksichtigung von Erwartungen der Marktteilnehmer. Es ist unstrittig, dass Erwartungen das menschliche Verhalten und die Präferenzsetzung maßgeblich beeinflussen. Werden Erwartungen bei der Entscheidungsfindung nicht berücksichtigt, so wie sie beim Homo oeconomicus nicht berücksichtigt werden, können keine richtigen Ergebnisse vom Modell erwartet werden, in welchem der Homo oeconomicus das Verhaltensmuster aller realen Marktteilnehmer repräsentiert.

Ein weiterer Hauptfehler liegt darin, dass auch der Arbeitsmarkt bei der Betrachtungsweise keine adäquate Berücksichtigung findet. Der Arbeitsmarkt ist dabei ein Schlüsselmarkt in der Ökonomie. Nicht nur weil er ein Markt ist für den wichtigsten Produktionsfaktor, nämlich für menschliche Arbeit, sondern noch viel mehr deswegen, weil er ein Verbindungsglied ist zwischen Geld, Arbeit, Produktion und er somit die Schlüsselstelle zwischen Wirtschaft und Gesellschaft bildet. Er ist auch viel mehr abhängig vom menschlichen Verhalten und hat auf die Menschen selbst auch empfindliche und direkte Auswirkungen. Somit gibt es signifikante gegenseitige Abhängigkeiten und Beeinflussungen.

Die aktuelle ökonomische Standardtheorie geht jedoch gar nicht auf diese Problematik der Abhängigkeiten und gegenseitigen Beeinflussung ein. Für sie existiert diese Problematik schlicht nicht, weil das Modell dieser Theorie auf starren mathematischen Gleichungen aufgebaut ist, welche nur die komplexreduzierten Verhaltensweisen des Homo oeconomicus abbilden.

3.3   Das Güterangebot

Der Theorie zufolge richtet sich das Güterangebot nach der Güternachfrage und nach deren Variablen (= nachfrageorientierte Ökonomie). Die Güternachfrage ist somit die Ursache und der Grund für die Produktion und für das aus der Produktion resultierende Güterangebot. Die wichtigsten Variablen und Faktoren, von welchen die Güternachfrage abhängig ist und welche diese beeinflussen, sind

- die sogenannte marginale Konsumquote,
- das Einkommen,
- die Investitionen,
- die Staatsausgaben und
- die Exporte und Importe.

Die Güternachfrage berechnet sich daher wie folgt:

$$Z = C + I + G + X - IM$$

Z = Güternachfrage: Diese ergibt sich aus den folgenden Bestandteilen:

C = Konsum: Der Konsum hängt auch von anderen Faktoren ab, jedoch der gängigen Theorie zufolge am stärksten nur von dem Einkommen. C wird berechnet aus

1. dem **Mindestkonsum** (ein angenommener Konsum beim Einkommen gleich 0,-). Das Individuum muss trotz eines Einkommens in Höhe von null konsumieren – z. B. muss es essen und überleben.
2. der **Steuerbelastung** des Individuums.
3. der **marginalen Konsumquote** (oder auch Konsumneigung genannt). Diese Konsumquote zeigt an, wie viel des verfügbaren Einkommens des Individuums zu Konsumzwecken verwendet wird.

Hier wird die nächste Schwachstelle der Theorie deutlich, indem dem Individuum eine lineare Konsumneigung unterstellt wird, welche keinesfalls der Realität entspricht. In der Realität verändert sich bei jedem Individuum selbstverständlich die Konsumneigung mit steigendem oder fallendem Einkommen!

I = Investitionen: Diese Variable I wird als exogen betrachtet. Das bedeutet, dass sie als ein bestimmter unveränderlicher Wert angenommen wird. Sonst wäre es in der Theorie nicht möglich, die Veränderungen des Einkommens auf die Güternachfrage richtig darzustellen, weil jede Veränderung des Einkommens und damit auch des Konsumverhaltens eine Veränderung der Investitionen nach sich ziehen würde.

Das offenbart natürlich eine weitere große Schwachstelle der Theorie. Denn in der Realität findet sehr wohl oft eine Veränderung der Investitionen statt, wenn sich das Einkommen verändert. Diese Tatsache wird aber aus Gründen der Komplexitätsreduktion und aus Mangel an deren Beherrschung in der Theorie einfach ausgeblendet.

G – Staatsausgaben: Auch die Staatsausgaben werden als gegeben angenommen (exogen). Der Grund liegt darin, dass die Ausgaben des Staates keinen Regelmäßigkeiten unterliegen.

X – Exporte: Die Variable X auf dem Gütermarkt bezeichnet die Exporte.

IM – Importe: Die Variable IM bezeichnet die Importe auf dem Gütermarkt.

Angebotsorientierte Ökonomen glauben (im Gegensatz zu den nachfrageorientierten Ökonomen!), dass nicht die Nachfrage, sondern das Angebot im Zentrum steht und dieses Angebot automatisch die Nachfrage nach sich zieht. Deshalb fokussieren sich angebotsorientierte Ökonomen darauf, möglichst gute Angebotsbedingungen, also Rahmenbedingungen, zu schaffen, um die Produktion von Gütern und Dienstleistungen optimal zu gestalten, damit diese durch entsprechend hohe Anreize/Motivation auch gute Leistung und somit Arbeitsplätze, Einkommen, Produkte und letztendlich Wohlstand generiert.

3.4   Die Interdependenz zwischen Produktion und Nachfrage, oder auch das „Henne-und-Ei-Problem" in der Ökonomik

Die oben beschriebene Betrachtungsweise kann man auch als die sogenannte nachfrageorientierte ökonomische Sichtweise bezeichnen. Nachfrageorientierte Ökonomen glauben, dass durch eine gezielte Steuerung oder Beeinflussung der Nachfrage die Produktion und das Angebot automatisch nachziehen und deshalb die Ökonomie und Wachstum auf diese Weise am besten zu stimulieren sind. Sie setzen deshalb bei den zuvor genannten Faktoren an, von welchen die Güternachfrage abhängig ist: Steigerung der marginalen Konsumquote, Erhöhung des Einkommens, Steigerung von Investitionen, Erhöhung der Staatsausgaben und Steigerung von Exporten.

Auf der anderen Seite stehen bei den angebotsorientierten Ökonomen die Steuerung und Beeinflussung des Angebots im Fokus. Soll sich das Angebot an Gütern verbessern, so muss mehr und besser produziert werden. Dazu müssen gute Rahmenbedingungen für Firmen geschaffen werden, damit die Rentabilität verbessert wird, die Produktion steigt und so verbessert sich die Wirtschaft und wächst. Ungleichgewichte haben ihre Ursachen in zu teuren Angebotsbedingungen. In der Folge müssen bei angebotsorientierten Ökonomen die Produktionskosten gesenkt werden durch angebotsorientierte Maßnahmen.

Dies sind z. B. Steuersenkungen, Personalreduktion und Mindestlohnreduktionen, Abschaffung von Vorschriften, Absenkung oder Abschaffung von Mindeststandards, die für Unternehmen kostspielig sind. Durch diese Maßnahmen werden Produktionskosten gesenkt und günstigere Produkte werden infolge für Konsumenten interessanter. Dadurch wird wieder Gleichgewicht hergestellt.

Aus den neuesten Forschungsergebnissen der Verhaltensökonomie wissen wir heute, dass der Mensch bei Weitem kein Homo oeconomicus ist und er sich sogar sehr signifikant in seinen Handlungen von diesem unterscheidet. Die wichtige Folge aus dieser Tatsache – also aus diesem Unterschied der Handlungs- und Verhaltensweise zwischen dem Homo oeconomicus und dem Menschen in der Realität – ist somit auch ein wichtiger Unterschied zwischen den oben beschriebenen Zusammenhängen beim Güterangebot: Lässt man die Voraussetzung, dass sich der Mensch in der Ökonomie nach den Annahmen des Homo oeconomicus verhält, beiseite, so wird man akzeptieren müssen, dass eine gewisse ökonomische Produktion in der Realität auch dann stattfindet, wenn keine Nachfrage nach den produzierten Gütern vorliegt. Nachfrage ist somit keine ausschließliche Voraussetzung für die Existenz von Produktion. Eine Produktion ohne eine konkrete Nachfrage findet in der Realität unwiderlegbar tatsächlich gleich aus zahlreichen inneren und durchaus wichtigen Motiven der Menschen statt. Dies ist an zahllosen Beispielen überall in der realen Welt zu beobachten: Ob es das Gärtnern ist oder das Züchten von Obst oder Gemüse im eigenen Garten, das Bauen von Eisenbahnen oder Rennbahnen mit aufwendigen und naturgetreuen Landschaftsnachbildungen im Keller, das Reparieren oder Schrauben an alten Geräten, Autos, Traktoren oder Motorrädern, das Sammeln von Bierdeckeln, Briefmarken oder Streichholzschachteln, das Reparieren von alten Radios, Fotoapparaten oder Kuckucksuhren, das Malen von Bildern usw. Das alles sind in der Realität weitverbreitete und überall zu beobachtende Aktivitäten und Produktionsprozesse. Sie sind für die Menschen wichtig und sie kosten Zeit, Aufwand und Arbeit. Sie stellen eine Produktion innerhalb der Gesellschaft dar, die aber keine Produktion von rein ökonomischer Natur ist. Es ist eine Produktion, weil Produkte und Werte geschaffen werden. Doch die Ursache für diese Produktion ist nicht der Mangel und das Ziel ist nicht der Tausch oder Verkauf, um diesen Mangel zu beseitigen. Die Ursache für diese Produktion ist der Wunsch nach schöpferischer Tätigkeit und die Auslebung der eigenen menschlichen Kreativität.

Kreativität und schöpferische Tätigkeit sind für den Menschen und für seine Psyche sehr wichtige Bedürfnisse und stellen signifikante Faktoren in seinem Verhalten dar. Dies ist in der Psychiatrie bekannt und wurde auch durch die Verhaltensökonomie wiederholt bewiesen: Der Mensch strebt nach Selbstverwirklichung, ist daher von sich aus kreativ, schöpferisch und produktiv, und zwar ohne dass es dafür immer einen ökonomischen Zwang geben muss. So sind in der Realität auch nicht alle seine Präferenzen und Entscheidungen immer nur auf eine Gewinnmaximierung ausgerichtet und aus der ökonomischen, sozialen oder künstlich vernunftbasierten Sicht manchmal, aber sicherlich nicht immer rational. In der Realität hat somit die Güternachfrage einen kleineren Einfluss auf das Güterangebot, als allgemein angenommen wird.

Ein weiterer Kritikpunkt im Zusammenhang mit den realen Verhaltensweisen des Menschen ist die Tatsache, dass der Mensch ein sich ständig veränderndes, in den Bedürfnissen schwankendes und sich kontinuierlich weiterentwickelndes und vor allem sich anpassendes Wesen ist. Verändern sich daher die Rahmenbedingungen für ihn, passt er seine Verhaltensweisen den neuen Gegebenheiten an. Mit einer kontinuierlichen Änderung des Verhaltens (der Entscheidungen, der Präferenzen, der Motive) müsste sich also auch bei einer grafischen Darstellung, welche diese Realität berücksichtigt und beschreibt, auch diese dementsprechend verändern. Denn starre lineare Funktionen existieren nur in der starren theoretischen Welt des Homo oeconomicus aber kaum in der organischen, flexiblen und manchmal auch chaotisch anmutenden Realität.

Der mögliche Einwand einer angeblich nicht abbildbaren Komplexität der Realität kann hier argumentativ auch nicht geltend gemacht werden: Denn allein die Tatsache, dass ein geeignetes Instrumentarium für eine exakte mathematisch-statistische Abbildung der Realität derzeit möglicherweise noch nicht entwickelt wurde, darf nicht als Rechtfertigung für das Verwenden belegbar falscher Modelle und Theorien gelten. Die Nutzung von nicht geeigneten Instrumenten in der Wissenschaft und auch in der Realität darf nicht so pauschal, wie es heute der Fall ist, akzeptiert werden. Die Konsequenzen dieser Fehler haben Millionen von unschuldigen und hart arbeitenden Menschen zu tragen. Die ganze Gesellschaft, bestehend aus den Arbeitern, Angestellten, Selbstständigen, Sparern, Investoren und Unternehmern, zahlt durch die verursachten Krisen und/oder aufgrund von fehlerhaften politischen und ökonomischen Entscheidungen und Versagen den Preis, indem Jobs, Ersparnisse und Wohlstand immer wieder und wieder in unterschiedlichen Zeitspannen vernichtet werden.

Wenn man versucht, sich aus den gängigen Sichtweisen zu befreien, und versucht, eine globale, also wirklich übergeordnete und allumfassende Sicht auf die Dinge zu werfen, dann könnte man die Ökonomie (und die Welt im Universum) als ein völlig in sich geschlossenes System betrachten. Alles, was vorhanden ist, alles, was produziert oder nicht produziert wird, und alles, was Menschen schaffen, verändern oder zerstören – das alles befindet sich auf einer winzig kleinen Kugel im Universum. Alle Ressourcen auf dieser Kugel sind ausnahmslos begrenzt und können nicht erweitert werden. Das Einzige, was in diesem in sich geschlossenen System verändert werden kann, ist die Möglichkeit, Dinge durch Erkenntnis, Erfahrung und Know-how besser zu machen, besser zu produzieren, besser oder klüger zu konsumieren, besser zu investieren und gerechter zu verteilen.

Es geht also um die Verbesserung von Prozessen, Verbreitung von Wissen und Weiterentwicklung von Technologie. Und es geht um Erkenntnis und um das Verhalten des Menschen selbst. Nur dadurch allein können Menschen aus dem, was ihnen durch die Natur gegeben wurde, „mehr" im qualitativen Sinne machen, um glücklicher, sicherer und zufriedener zu sein. Durch Kooperation und Wissen kann der Wohlstand am besten gesteigert werden, indem vorhandene Ressourcen vernünftiger eingesetzt werden in möglichst guten Prozessen. Menschen können so besser und/oder angenehmer leben, obwohl sich auf der Kugel, wo sie leben, kein einziges Atom vermehrt hat. Nur die „Organisation", also der Einsatz der Ressourcen und die Verbesserung der „Prozesse", ist verändert worden.

Vergleichbar ist diese sehr konkrete und uns leider meistens komplett unbewusste Situation auch mit Robinson Crusoe auf der einsamen und komplett isolierten Insel. Er hat gegebene und deutlich begrenzte Ressourcen in Form von Know-how und seiner Arbeitskraft. Und er hat die Insel mit der ganzen Fauna und Flora und muss möglichst klug, vernünftig und effizient die vorhandenen (Produktions-)Faktoren so einsetzen, damit für ihn die Situation möglichst günstig wird und er mit dem, was er hat, überlebt. Genau das kann man auch als Ökonomie bezeichnen.

In diesem Beispiel geht es zum jetzigen Zeitpunkt noch nicht um das Thema ökonomische Werte und Preise, weil es noch bei dieser reduzierten Sichtweise unwesentlich ist. Das Thema Werte bekommt erst Bedeutung, wenn es um Interaktion und Tausch zwischen mehreren Menschen geht. In diesem Beispiel also, wenn ein zweiter Mensch auf die Insel kommt … Freitag. Erst dann kommt es zu Tauschaktivitäten, indem der eine eigene Güter, die er weniger benötigt, gegen die Güter des anderen eintauscht, welche er mehr benötigt. Beim Tausch kommen dann Faktoren wie Marktmacht, Verhandlungsgeschick und Wissensvorteil ins Spiel und die Güter bekommen durch den jeweiligen „Umtauschkurs" untereinander einen bestimmten „Tausch-Wert" zugesprochen. Erst bei der Interaktion zwischen mehreren Individuen werden „Tausch-Werte" als Maß generiert (= Preise), um Unterschiede der gehandelten Dinge zu messen. So entsteht dann ein Gütermarkt. „Die Dinge haben nur den Wert, den man ihnen verleiht" (Jean Baptiste Molière).

Beispiel

Investor hat Bauland und Baustoffe vom Wert X. Arbeiter hat Know-how und Arbeitskraft vom Wert Y.

- **Variante 1:**
  Sie kooperieren und schaffen ein Gebäude mit Wohnungen vom Wert > X + Y. Dadurch schaffen sie neue Werte.
- **Variante 2:**
  Sie kooperieren nicht. Die Werte X und Y bleiben im Idealfall erhalten und unverändert oder sie verlieren sogar langsam, aber unaufhaltsam an Wert (durch Alterungsprozesse, Verschleiß, Verwitterung …).
- **Variante 3:**
  Sie arbeiten gegeneinander/bekämpfen sich, sie verschwenden so die vorhandenen Ressourcen völlig. Dadurch reduzieren oder vernichten sie aktiv die vorhandenen Werte und Ressourcen. ◄

Anhand dieses einfachen Beispiels sollen die Signifikanz des menschlichen Verhaltens und seine Auswirkung auf Produktion und Wertsteigerung (= Wohlstand) verdeutlicht werden. Wie und warum sich der Mensch in einer bestimmten Art und Weise verhält, darf durch die ökonomische Theorie nicht definiert werden (Grundannahme des rationalen Verhaltens). Denn jede Grundannahme, die mit der Wirklichkeit nicht übereinstimmt, hat zwangsläufig zur Folge, dass die Theorie bedingt durch die falsche Grundannahme auch falsche Ergebnisse liefert. Diese falschen (oder besser ausgedrückt: realitätsfremden) Ergebnisse werden dann in der realen Wirtschaft als Basis für Planungen und Produktionen von Gütern verwendet. Am Ende stellt man fest, dass Ressourcen verschwendet wurden, am Bedarf vorbeiproduziert wurde und Fehlinvestitionen gemacht wurden. Die Folgen sind Konkurse, Anstieg an Arbeitslosigkeit und im schlimmsten Fall Marktkrisen und/oder Wirtschaftskrisen. Diese könnte man auch als natürliche Korrekturen des Marktes nennen.

Finanzmarkt

4

Im Gegensatz zum Gütermarkt, wo Güter gehandelt werden, werden auf dem Finanzmarkt Finanzinstrumente gehandelt. Finanzmärkte gehören der Finanzwirtschaft an, Gütermärkte gehören zur Realwirtschaft. Beide Märkte stehen in einer direkten Abhängigkeit zueinander, weil die Realwirtschaft nicht ohne das vom Finanzmarkt stammende Geld (= Tauschmittel) existieren kann und die Finanzmärkte andererseits in der Realwirtschaft ihre Existenzgrundlage haben.

Der Finanzmarkt besteht aus vier Teilmärkten:

1) Geldmarkt,
2) Kapitalmarkt,
3) Devisenmarkt,
4) Kreditmarkt.

Auf den Finanzmärkten findet der Handel durch Tausch der Finanzinstrumente gegen Geld (oder durch Tausch von Finanzinstrumenten untereinander) statt. Marktteilnehmer sind alle Wirtschaftssubjekte. Dies können Privathaushalte, Unternehmen und auch staatliche Stellen sein. Finanzmärkte bringen so Kapitalnehmer und Kapitalgeber zusammen. Als Marktpreise fungieren je nach Art des Teilmarktes Börsenkurse oder Zinsen.

Das Verhalten der Märkte ist nicht willkürlich. Es ist eine direkte Folge – oder auch ein Spiegelbild – des Verhaltens von Menschen, die auf diesen Märkten agieren. Das Verhalten von Menschen ist nachweislich höchst irrational. Diese Irrationalität spiegel und potenziert sich dann sogar teilweise auf den Märkten.

© Der/die Autor(en), exklusiv lizenziert an Springer Fachmedien Wiesbaden GmbH, ein Teil von Springer Nature 2023
V. von Holle, *Neue ökonomische Theorie*, https://doi.org/10.1007/978-3-658-42058-1_4

4.1 Geldmarkt

Der Geldmarkt ist derjenige Teilmarkt des Finanzmarktes, auf dem

- kurzfristiges Geldangebot und
- kurzfristige Geldnachfrage

mit dem hieraus gebildeten Geldmarktzins zusammentreffen.

4.1.1 Allgemeines zum Geldmarkt

Dem Geldangebot steht auf dem Geldmarkt die Geldnachfrage gegenüber. Handelsobjekte auf dem Geldmarkt sind:

- Zentralbankgeldguthaben,
- Tages- und Termingelder,
- Repogeschäfte und Leihegeschäfte,
- kurzfristige Wertpapiere (Geldmarktpapiere),
- Fazilitäten der Zentralbank (z. B. Hauptrefinanzierungsinstrument der EZB),
- Geldmarktderivate (Forward Rate Agreements, Overnight Index Swaps, Geldmarkt-Futures),
- Schatzanweisungen,
- Wechsel.

Als Marktteilnehmer auf dem Geldmarkt fungieren:

- die Zentralbanken (Geldangebot),
- Kreditinstitute (Geldangebot/Geldnachfrage) und
- andere Finanzintermediäre,
- Großunternehmen aus dem Nichtbankensektor oder
- der Staat mit seinen Untergliederungen (öffentliche Verwaltung, Staatsunternehmen, Kommunalunternehmen; Geldnachfrage).

Auch Transaktionen des sogenannten Interbankenhandels und des internationalen Kreditverkehrs finden teilweise auf dem Geldmarkt statt. Anleger gehören als Geldnachfrager zu den Marktteilnehmern eines erweiterten Geldmarktbegriffs.

Geldmarktzins ist der Preis des Geldes, der auf dem Geldmarkt gebildet wird.

Der Kapitalmarkt unterscheidet sich vom Geldmarkt vor allem durch die Fristigkeit der Handelsobjekte. Diese Einteilung führte bereits im Jahr 1909 der Ökonom Arthur Spiethoff ein. Diese Einteilung beinhaltet auf dem Geldmarkt Laufzeiten oder Fälligkeiten von weniger als zwei Jahren, wobei die Abgrenzung unterschiedlich vorgenommen wird. Die mittlere Fristigkeit (2–4 Jahre) wird in der Fachliteratur entweder dem Geldmarkt oder dem Kapitalmarkt zugeordnet.

Die in der Theorie aufgestellten Gesetzmäßigkeiten und Gesetze, wie auf dem Geldmarkt das Geldangebot und die Geldnachfrage funktionieren und sich verhalten, basiert ausschließlich auf der Grundannahme, dass die Akteure auf diesem Markt nach dem Verhaltensmuster des Homo oeconomicus agieren. Also rational, ökonomisch eigennützig und in vollständiger Kenntnis aller relevanten Faktoren dieses Marktes.

Diese Grundannahmen und Voraussetzungen entsprechen in keiner Weise der Realität. Wissenschaftlich belegt und unstrittig ist der Fakt, dass Menschen nicht handeln und entscheiden wie ein Homo oeconomicus, auch nicht Banker, Broker und Investoren. Wichtig an dieser Stelle sind deshalb die Analyse und das Verständnis des Marktverhaltens und seiner Funktionen, wenn diese Grundvoraussetzungen nicht gegeben sind und wenn das Verhalten der einzelnen Individuen am Markt mit allen seinen Irrationalitäten vorliegt. Dieses Verhalten ist in der Gesamtheit (also in der aggregierten Form) mit den heutigen Berechnungsmethoden nicht darstellbar. Infolgedessen kann eine exakte Berechnung des Marktes auch nicht möglich sein. Für die ökonomische Praxis bedeutet dieses Ergebnis aber in keiner Weise, dass eine Analyse und Steuerung nicht möglich sein sollten.

Vielmehr stellt sich hier die Frage, was für die jeweilige Situation und den Zweck besser oder geeigneter ist:

a. eine exakte mathematische Berechnung auf der Basis von Annahmen, welche nicht stimmen und wo dementsprechend das mathematisch exakt berechnete Ergebnis nur eine zweifelhafte Aussage haben kann, oder
b. eine tendenzielle qualitative Einschätzung und Analyse der signifikanten Faktoren, Zusammenhänge und Wechselwirkungen, die in der Summe ein objektives belastbares, jedoch im mathematischen Sinne nicht eindeutiges Ergebnis liefern.

Die erste zu klärende Frage ist die nach den wirklichen Interessen der einzelnen Marktteilnehmer.

Auf der Seite des *Geldangebots* sind es:

• die Zentralbanken,
• Kreditinstitute,
• andere Finanzintermediäre.

Auf der Seite der *Geldnachfrage* sind es:

• Kreditinstitute,
• andere Finanzintermediäre,
• Großunternehmen aus dem Nichtbankensektor,
• der Staat mit seinen Untergliederungen (öffentliche Verwaltung, Staatsunternehmen, Kommunalunternehmen).

4.1.2   Das Geldangebot in der Geldmarkt-Theorie

Als Ergänzung lohnt hier ein Blick auf den Abschn. 6.2.2.

Geld ist im Bankensystem bilanziell ein Passivum, denn es steht in Form von Bargeld bei der Zentralbank und als Sichteinlagen bei Geschäftsbanken auf der Passivseite der Bilanzen. Geldangebot ist also bilanziell so zu sehen, als die Bereitschaft des Bankensystems, Geld darstellende Passiva zu akzeptieren.

Angeboten, also „produziert" oder „geschöpft", wird Geld in modernen Volkswirtschaften von der Zentralbank und den Geschäftsbanken. Deswegen unterscheidet man auch beim Geldangebot zwischen Zentralbankgeld und Geschäftsbankengeld. Das Zentralbankgeld besteht aus Bargeld und Reserven auf das nur die Geschäftsbanken zugreifen können. Das Geschäftsbankengeld, welches dann für Unternehmen, Verbraucher und Sparer im Umlauf ist, entsteht erst im Rahmen der aktiven Giralgeldschöpfung. Hier stellen die Geschäftsbanken über Konten das Geld den Kunden zur Verfügung. Sie versorgen so die Wirtschaft mit Geld, was deren wichtigste Funktion ist. Die Zentralbank kontrolliert der Theorie zufolge das Geldangebot auf dem Markt direkt (durch die Höhe des Zentralbankgelds) oder indirekt (beim Geschäftsbankengeld) durch Zinssätze, durch Offenmarktgeschäfte und durch die vorgeschriebene Höhe der Mindestreserven.

4.1.3   Die Geldnachfrage in der Geldmarkt-Theorie

Als Ergänzung lohnt hier ein Blick auf den Abschn. 6.2.1.

Als Geldnachfrage wird die Geldmenge betrachtet, die auf dem Geldmarkt von den Wirtschaftssubjekten nachgefragt wird. Der existierende und nachgefragte Geldbedarf wird erst dann zur Geldnachfrage, wenn die Wirtschaftssubjekte als Marktteilnehmer auf dem Geldmarkt auftreten und dort das angebotene Geld (Bargeld, Buchgeld) nachfragen.

Die Geldnachfrage entsteht nach der gängigen Theorie aus der Notwendigkeit, die zeitlichen Abstände zwischen den Einnahmen und den Ausgaben zu überbrücken. Um Geldnachfrage handelt es sich also, wenn Zahlungen z. B. beim Kauf von Gütern und/oder Dienstleistungen (egal ob für Konsum oder Investitionen) zur Geldanlage oder zur Tilgung von Schulden anstehen (Transaktionskasse). Existiert eine gewisse Unsicherheit über die tatsächliche Höhe des Transaktionsbedarfs, so entsteht dann Geldnachfrage zum Schutz vor Zahlungsunfähigkeit (= Illiquidität). Dies wird als Vorsichtskasse bezeichnet. Auch Geld für sogenannte Hortungszwecke (wegen unterschiedlicher Preiserwartungen und Zinserwartungen) lässt Geldnachfrage entstehen. Dies wird als Spekulationskasse bezeichnet. Nimmt nach der gängigen Theorie in der Volkswirtschaft das nominale Bruttoinlandsprodukt zuzüglich des Handels mit Gebrauchtgütern (= Transaktionsvolumen) bei konstanter Umlaufgeschwindigkeit des Geldes zu, so steigt proportional die Geldnachfrage. Die Geldnachfrage sinkt der Theorie zufolge bei steigendem Zinsniveau.

Geldangebot kann langfristig nicht ausschließlich nur aufgrund von Geldnachfrage existieren. Die Gründe dafür sind, dass eine Gesellschaft nur mit Tausch oder mit Gold (als Substitution fürs Geld) auch wirtschaften und überleben kann und dass alle Kapitalgeber ein Interesse daran haben, Geld gegen Zinsen für sich arbeiten zu lassen. Dieses Interesse ist immer da – selbst dann, wenn die Nachfrage nach Geld gleich null sein sollte! Geldnachfrage = 0 ist in einer Wirtschaft in Ausnahmesituationen theoretisch durchaus möglich und ist sogar historisch belegt. Am Gütermarkt jedoch ist es nicht möglich, dass die Güternachfrage = 0 ist, denn Menschen müssen überleben und dafür werden immer Mindestmengen von lebensnotwendigen Gütern gebraucht (für die Sicherung der Minimalexistenz). Die logische Folge aus dieser Beobachtung und Ableitung in der Theorie ist, dass die Nachfrage nach Gütern unelastischer sein muss als die Nachfrage nach Geld. Damit muss auch die Signifikanz der Nachfrage nach Geld am Finanzmarkt für die ökonomische Theorie niedriger sein als die nach Gütern am Gütermarkt. Ohne Geld kann eine Wirtschaft (z. B. durch Tauschhandel) relativ gut funktionieren. Ohne Güter jedoch nicht.

Der Theorie zufolge ist die Geldnachfrage direkt abhängig vom Zinssatz und vom Einkommen. Nachdem aber die Theorie nur mit aggregierten Werten arbeitet, kann nicht unterschieden werden, ob eine Einkommenserhöhung in der Volkswirtschaft aufgrund von Einkommensveränderungen von einigen wenigen Wirtschaftssubjekten zustande kommt oder von der Allgemeinheit der Einkommen. Dass diese beiden Alternativen einen signifikanten Unterschied bei der Geldnachfrage ausmachen, liegt auf der Hand.

Auch geht die Theorie von einer direkten Abhängigkeit der Geldnachfrage vom Zinssatz aus. Dieser Zusammenhang mag zwar logisch erscheinen, Untersuchungen jedoch zeigen, dass die Mehrheit der Marktteilnehmer in der realen Ökonomie andere Faktoren für wichtiger für ihre Entscheidungen betrachten als den Zinssatz. Demzufolge ist auch die tatsächliche Abhängigkeit der Geldnachfrage vom Zinssatz in der Realität wesentlich kleiner als in der Theorie.

4.1.4 Zinssteuerung durch die Zentralbank

Zu den wichtigsten geldpolitischen Aktivitäten von Zentralbanken gehört die Steuerung von Geldmarktzinsen. Die Europäische Zentralbank (EZB) steuert Geldmarktzinsen über drei verschiedene „Stellmechanismen":

1) Hauptrefinanzierungssatz,
2) Spitzenrefinanzierungssatz und
3) Einlagesatz.

In der Regel bewegt sich der Geldmarktzins stets zwischen den beiden letztgenannten Zinssätzen. Diese bilden zusammen den sogenannten Zinskorridor.

Die FED (= US-amerikanische Zentralbank) steuert die Geldmarktzinsen neben der quantitativen Methode der Diskontpolitik über ein Zielband für die Federal Funds Rate. Die Schweizerische Nationalbank verfolgt eine ähnliche Strategie. Ihre quantitative Steuerung erfolgt über Rückkaufvereinbarungen. Das ist eine direkte Steuerung des Zinses über ein Zielband für den Dreimonats-Libor.

Innerhalb dieses oben erwähnten Zinskorridors richtet sich der Geldmarktzins nach dem Verhältnis von Zentralbankgeldangebot und Zentralbankgeldnachfrage. Hier richtet sich der zu entrichtende Geldmarktzins nach der kürzest möglichen Kündigungsfrist, an der der Geldmarktkredit zurückgezahlt werden muss.

4.1.5   Das sogenannte Marktgleichgewicht in der aktuellen Geldmarkt-Theorie

Die Makroökonomie beschäftigt sich unter anderem mit dem Marktgleichgewicht und versucht dieses zu erklären. Die daraus gewonnenen Erkenntnisse werden auch auf den Geldmarkt übertragen. Auf dem Geldmarkt wird dann vom Geldmarktgleichgewicht gesprochen. Dort stellt sich nach der aktuellen Theorie das Geldmarktgleichgewicht ein, wenn die Geldnachfrage L mit dem Geldangebot M übereistimmt:

$$L = M$$

Diese sogenannte LM-Funktion führt in der Theorie weder zu Inflation noch zu Deflation auf dem Gütermarkt. Stimmen Geldnachfrage und Geldangebot aber nicht überein, dann liegt entweder eine Geldlücke

$$L > M$$

oder im umgekehrten Fall ein Geldüberhang vor. Solche Geldlücken oder Geldüberhänge erzeugen dann inflatorische oder deflatorische Wirkungen. Aus diesem Grund versucht man sie im Rahmen einer geschickten Geldpolitik der Zentralbanken durch eine aktive Steuerung des Geldangebots zu beseitigen.

4.1.6   Die Funktionsweise von Geldmärkten

Auch Geldmärkte funktionieren theoretisch nach dem gleichen Prinzip wie jeder andere Markt auch: durch Geldangebot und die Nachfrage nach Geld. Zu unterscheiden ist hier zwischen der

- Allokationsfunktion,
- Informationsfunktion,
- Bewertungsfunktion und
- Koordinationsfunktion.

Die *Allokationsfunktion* auf dem Geldmarkt betrifft die Verteilung von Geldangebot und Geldnachfrage. Diese Geldallokation gilt als effizient dann, wenn diejenigen Geldnachfrager die angebotenen Finanzierungsinstrumente erhalten, die mit dem investierten Geldeinsatz auch den höchsten Nutzen erzielen können. Hier ist der Effizienzmaßstab der Geldmarktzins.

Die *Informationsfunktion* ist für die Funktionsfähigkeit der Geldmärkte relevant. Denn die Marktteilnehmer müssen ihre Entscheidungen auf der Grundlage ihrer individuell verfügbaren Informationen treffen. Geldanbieter müssen daher irgendeinen Zugang zu Informationen erhalten, um ihr Kreditrisiko abschätzen und bewerten zu können. Aufgrund der rechtlichen und regulatorischen Vorschriften erfolgt dies meistens durch die Jahresabschlüsse der Geldnachfrager, die diese nach festgelegten Regeln erstellen und veröffentlichen müssen. Wie die Praxis in der jüngeren Vergangenheit wiederholt deutlich zeigte, liegt genau hier eine potenzielle Schwachstelle vor. Denn fehlerhafte Risikobewertungen haben wiederholt zu teilweise schweren Krisen geführt, die sich sogar weltweit ausbreiten konnten.

Die *Bewertungs- und Preissetzungsfunktion* der meist außerbörslich gehandelten Finanzkontrakte manifestiert sich in erster Linie durch Ratings der Ratingagenturen über die Geldanbieter sowie über die Risikoklassen der Finanzkontrakte. Die hier angesprochene Rolle der Ratingagenturen und deren völliges Versagen vor der Weltwirtschaftskrise 2008 mit gravierenden Folgen für Weltwirtschaft und Gesellschaft sollen hier nicht weiter analysiert werden. Es ist jedoch von entscheidender Bedeutung, diese Schwäche und ihre Ursachen in der Realität zu kennen und entsprechend bei der kritischen Betrachtung der Theorie zu berücksichtigen. Eine unbedenkliche Übertragbarkeit der Theorie auf die Praxis, also auf die reale Welt, ist nur mit starken Einschränkungen möglich!

Die erwähnte theoretische *Koordinationsfunktion* soll dafür sorgen, dass die einzelnen, dezentral erstellten und meist nicht miteinander harmonierenden Wirtschaftspläne der Geldmarktteilnehmer soweit wie möglich miteinander in Einklang gebracht werden. Die Konzentration der Geldmarktteilnehmer lässt die Theorie jedoch unberücksichtigt – obwohl oft insbesondere hier fast monopolistische oder oligopolistische Strukturen vorherrschen und hier ein vom normalen Markt unterschiedliches Handeln vorliegt.

Auf Geldmärkten findet eine Risikoverschiebung statt, wenn Finanzintermediäre zwischen die Marktteilnehmer mit unterschiedlicher Risikobereitschaft treten und das Ausfallrisiko verändern. Es ist in der Realität offensichtlich, dass hier Informationen, Desinformationen, asymmetrische Informationen, Insiderinformationen usw. die Situation extrem intransparent machen. Auch wenn auf diesem Gebiet in den letzten Jahren der Gesetzgeber stark nachgebessert hat, bilden Insiderwissen und Insiderinformationen ein schwer beherrschbares Problem. Die Beeinflussbarkeit und Veränderlichkeit der Informationen von Risikobewertungen im Zusammenhang mit der Interessenslage und mit dem Verhalten von einzelnen Marktteilnehmern müssen unbedingt in einer realitätsvaliden Theorie mitberücksichtigt werden.

In der Theorie ist der Geldmarkt für den Liquiditätsausgleich zwischen Geschäftsbanken und deren Refinanzierung von zentraler Bedeutung. Wichtigstes Element dieses Marktes bildet die Geschäftsbeziehung zwischen den Geschäftsbanken und der Zentralbank.

Die Geschäftsbanken haben verschiedene Möglichkeiten und Methoden, ihren notwendigen Bedarf an kurzfristiger Liquidität zu decken:

- Aufnahme von Zentralbankgeld,
- Hauptrefinanzierungsgeschäfte (in der Eurozone über das sogenannte Hauptrefinanzierungsinstrument

oder in der Schweiz über die

- Rückkaufvereinbarungen mit der Schweizerischen Nationalbank.

Außerdem bieten darüber hinaus einige Zentralbanken auch weitere kurzfristige Refinanzierungsinstrumente an:

- In der Eurozone ist dies die Spitzenrefinanzierungsfazilität;
- in den Vereinigten Staaten Diskontgeschäfte mit den Federal Reserve Banks.

Neben diesen Transaktionen mit der jeweiligen Zentralbank können Geschäftsbanken aber auch ihren Bedarf an Zentralbankgeld über den Geldmarkt optimieren.

Im Falle vom Bedarf an Zentralbankgeld seitens einer Geschäftsbank, der die durch die Zentralbank gewährte Fazilität übersteigt, versucht dann im Normalfall diese Geschäftsbank ihren Bedarf an Liquidität auf dem Geldmarkt zu decken. Das erfolgt auf die Art und Weise, dass sie das überschüssige Zentralbankgeld von anderen Geschäftsbanken, welche dieses Geld gerade nicht benötigen, im Interbankenhandel ausleiht. Diese Möglichkeit des gegenseitigen Geldausleihens unter den Geschäftsbanken ist in der Praxis immer von der Glaubwürdigkeit der jeweiligen Geschäftsbank sowie natürlich von der Erwartung des Marktes und des Umfelds maßgeblich abhängig. Die Problematik, welche mit diesem Vorgehen des Geldausleihens unter den Geschäftsbanken untereinander zusammenhängt, und ihre gravierenden Folgen haben sich während der Weltwirtschaftskrise in den Anfangsjahren der 2000er-Jahre deutlich gezeigt. Der hier ausschlaggebende Faktor „Erwartungshaltung" und das damit zusammenhängende und von diesem direkt abhängige Verhalten der jeweiligen Marktteilnehmer im Markt werden durch die aktuelle ökonomische Lehre, Denkweise und Theorie viel zu wenig berücksichtigt.

4.1.7 Das Wesen des Geldes

Es gibt einige Güter, die es den Marktteilnehmern ermöglichen, die Beschränkungen des direkten Tausches zu umgehen. Diese speziellen Güter übernehmen dann quasi eine „Vermittlungsfunktion". Wichtige Eigenschaften sind z. B. die Transportfähigkeit, Teilbarkeit, Einheitlichkeit, allgemeine Akzeptanz, vorteilhafte Kaufkraft oder lange Haltbarkeit des Wertes. Aufgrund der unterschiedlichen physischen Eigenschaften und Beschaffenheit von Waren ist nicht jede Ware für diese „Vermittlungsfunktion" geeignet, während andere Güter, beispielsweise Edelmetalle, sich als Substitut für Geld sehr gut eignen.

Was ist eigentlich Geld?

Geld ist nichts anderes als ein allgemein akzeptiertes Tauschmittel, welches einen indirekten Tausch ermöglicht. Dieser indirekte Tausch ist in der Wirtschaft sehr wichtig. Denn mit dessen Hilfe müssen nicht Güter gegen andere Güter getauscht werden, sondern gegen Geld. Mit Geld lassen sich direkt alle Güter erwerben, was die Effizienz des Tausches bei der Bedarfsdeckung enorm erhöht.

Es gibt viele Arten von Geld. Geld kann in vielen unterschiedlichen Formen auftreten, so gibt es beispielsweise

- Sachgeld,
- Kreditgeld und
- Zeichengeld.

Das *Sachgeld* besteht nur aus echten Gütern und Güterzertifikaten.

Das *Kreditgeld* besteht aus übertragbaren Forderungen und allen darauf basierten Umlaufsmitteln.

Das *Zeichengeld* besteht nur aus Symbolen. Diese können digital, gedruckt oder geprägt sein. Das Zeichengeld ist eine Geldart, die reine Konvention ist. Sie wird auch als „Fiat-Geld" bezeichnet. Das Fiat-Geld wird nur durch bestimmte Zeichen, Aufdrucke, digitale Spezifikationen oder Prägungen bestimmt und ist vollkommen beliebig festsetzbar. Beispiele für Fiat-Geld sind Scheidemünzen, Gutscheine (wenn diese keine einklagbaren Forderungen darstellen), Essensmarken, Bonuspunkte und Bonusmeilen (wenn diese übertragbar sind) usw.

Die meisten Währungen heutzutage sind eine aus Sachgeldsubstituten hervorgegangene Zwischenform zwischen Kreditgeld und Zeichengeld.

Was ist aus ökonomischer Sicht „gutes Geld"?

„Gutes Geld" muss im Prinzip drei Funktionen erfüllen:

1. die Tauschfunktion (reiner Wertträger, der zwei sich nicht kennende Marktteilnehmer verbindet),
2. die Wertaufbewahrungsfunktion (erlaubt es als Wertspeicher, über eine längere Zeit Werte zu erhalten/zu parken),
3. die Wertmessfunktion/Standardfunktion (ermöglicht wirtschaftliche Kalkulation und so effiziente Verwendung knapper Ressourcen).

Lange Zeit in der Geschichte der Menschheit waren für diese drei Aufgaben am besten Edelmetalle oder auf Edelmetallen beruhende Werttitel geeignet.

Wohlstand und Geld

Die gesamtwirtschaftliche Situation (z. B. eines ganzen Landes) kann nicht verändert werden und der Wohlstand nicht einfach dadurch erhöht werden, indem man den Geldbestand erhöht, also indem die Zentralbank mehr Geld druckt und in den Markt hineingibt. So wäre auch Robinson Crusoe kein bisschen reicher gewesen, wenn er eine Goldmine oder einen Aktenkoffer voller Geld, Münzen oder Banknoten auf seiner Insel gehabt hätte.

Ein zu beobachtendes Phänomen der heutigen Zeit ist eine Verschiebung der Werte hin zu materiellen und weg von immateriellen Werten. Nachdem wir eine hochentwickelte Technologie der Märkte haben, ist ein Tauschen von Waren (die einen materiellen Wert darstellen) beliebig und de facto weltweit möglich. Der Tausch wird durch Geld erleichtert, denn Geld entwickelte sich im Laufe der Zeit zugleich als eine „Maßeinheit" für materielle Werte. Es ermöglicht dadurch einen fast unbegrenzten und sicheren Tausch aller Güter untereinander. Es kann für alles Beliebige jederzeit und problemlos eingetauscht werden und kann außerdem auch Werte relativ lange und sicher in sich aufbewahren und das, ohne zusätzliche Lagerkosten zu verursachen, so wie andere Güter. Durch die Tastsache, dass sich aber Geld selbst zu einem Substitut für materielle Werte entwickelt hat und es so selbst zu einem eigenständigen Gut wurde, wird es auch zum ökonomischen Selbstzweck und es gibt dadurch für das Geld kaum eine Sättigungsgrenze. Und daher ist auch das Geld immer mehr und mehr ein Maß geworden nicht nur für Werte, sondern auch für Erfolg, Sicherheit, Status und soziale Stellung in der marktorientierten, kapitalistischen Gesellschaft. Es ist somit selbst zu einem wertvollen „Gut" für seine Besitzer geworden, von dem man niemals genug bekommen kann.

Um sich den Zusammenhang zwischen Wert, Geld, Tausch, Waren, Produktion, Arbeit und soziale Strukturen bzw. sozialen Status besser vorstellen zu können, kann man ein Gedankenexperiment – das sogenannte Inselexperiment – machen.

Exkurs: Das Inselexperiment

Angenommen, eine Gruppe von Menschen strandet auf einer unbewohnten Insel mitten im Ozean und ohne jegliche Verbindung nach außen.

Angenommen, die Insel bietet ihnen Bedingungen, die das Überleben der Menschen ermöglichen.

Angenommen, diese Gruppe ist von ihrer Zusammensetzung her – biologisch, fachlich, sozial usw. – repräsentativ für ein durchschnittliches europäisches Land.

Wie wird es höchstwahrscheinlich mit dieser einsamen und nur allein auf sich gestellten Gruppe weitergehen?

Sie haben am Anfang nichts. Sie haben gerade nur das eigene Leben gerettet. Sie haben kein Geld und keinen Wohlstand. Sie haben zum Überleben nur das eigene Wissen, die eigene Arbeitskraft und die Natur mit dem Boden der Insel als Kapital. Diese Faktoren können sie einsetzen, um das Überleben zu gewährleisten und auch um Wohlstand (Wohnhütten, Infrastruktur, Instrumente, Vorräte usw.) langsam aufzubauen, für ein besseres, sorgenfreieres und sichereres Weiterleben.

Sie beginnen also höchstwahrscheinlich sofort damit, gemeinsam für die notwendigsten Voraussetzungen zu sorgen, die für das Überleben notwendig sind. Sie kooperieren.

Dabei werden sie automatisch ihre Kräfte nach den Möglichkeiten und Fähigkeiten der einzelnen Personen so einsetzen, dass keine Zeit und keine Arbeitskraft verschwendet wird.

Sie werden automatisch sofort eine Arbeitsteilung vornehmen: Der Arzt unter ihnen wird sich um die Verletzten und um die Gesundheit aller kümmern, während der Schreiner und Baumeister beim Bau von Unterkünften seine Arbeitskraft einsetzt und der Landwirt wird sich um Nahrungsbeschaffung bzw. den Anbau kümmern, der ungelernte Arbeiter wird zum Aushelfen flexibel eingesetzt, wo es gerade am nötigsten ist usw.

Je gefährlicher und kritischer die Situation ist, desto effizienter werden die verfügbaren Kräfte eingesetzt, desto besser ist die Kommunikation untereinander und desto höher ist die Bereitschaft aller, „anzupacken", um das Überleben zu sichern. Mit der Gefahr steigen automatisch auch die Kooperation und der Zusammenhalt der Gruppe.

Es ist davon auszugehen, dass sich relativ schnell eine Art von sozialer Hierarchie bildet, bei der die Gebildeteren, Kompetenteren und Erfahreneren bei schwierigen und wichtigen Entscheidungen durch die anderen konsultiert werden und im Zweifelsfall die wichtigen Entscheidungen treffen. Sie werden von den anderen respektiert, weil alle von richtigen Entscheidungen und der Effizienz der ganzen Gemeinschaft profitieren.

Nach kurzer Zeit wird es so auch Personen geben, die automatisch durch die eigene Autorität und Kompetenz Führungspositionen einnehmen und andere führen werden.

Diese neu entstandene soziale Hierarchie wird sich auf verschiedene Arten manifestieren: Die sozial „höhergestellten" Personen werden höchstwahrscheinlich mit besserer Nahrung versorgt, sie werden eine bessere Behausung haben und überwiegend mit Entscheidungen der unterschiedlichsten Dinge beschäftigt sein, während andere mit weniger Erfahrung, Bildung und Kenntnissen überwiegend mit dem Abarbeiten der ihnen anvertrauten Aufgaben beschäftigt sein werden.

Je länger diese Gesellschaft dann funktioniert, desto stärker etablieren sich die sozialen Strukturen und desto mehr Wohlstand und Kapital werden durch die Gruppe gebildet, erschaffen, akkumuliert und vorgehalten. Und desto arbeitsteiliger, spezialisierter und effizienter ist auch die Gemeinschaft.

Diese Entwicklung der gesellschaftlichen und ökonomischen Strukturen erhöht aber andererseits auch die Wahrscheinlichkeit für mögliche Konflikte innerhalb der Gesellschaft.

Solche gruppendynamischen Prozesse sind auch der Grund für die allmähliche automatische Bildung von sozialen Unterschieden und für die Bildung von gesellschaftlichen Gruppen. Zeigen sich die Führer der gesamten Gruppe intelligent, dann werden sie es nicht zulassen, dass sich die Gemeinschaft zu sehr zersplittert und die einzelnen Gruppen sich voneinander zu sehr entfernen oder gar beginnen gegeneinander zu arbeiten. Durch die Abwehr solcher Tendenzen werden langfristig ein friedliches Miteinander sowie eine starke Gemeinschaft mit gutem Zusammenhalt erhalten. Die Gruppe bleibt vereint und stark – auch gegen eventuelle Angriffe durch eventuelle Fremde oder Eindringlinge.

Erweisen sich hingegen die Führer der Gemeinschaft als zu eigennützig, egoistisch, gierig oder nicht strategisch denkend, dann erlauben sie es, dass sich die gebildeten sozialen Gruppen zu sehr voneinander entfernen, die Unterschiede werden immer größer und mit ihnen auch die Spannungen innerhalb der Gemeinschaft. Mehr und mehr Zeit und Energie werden dafür aufgewendet, um Konflikte auszutragen und Streit zu schlichten. Die Gruppe wird mehr und mehr zerrissen und geschwächt, bis eine richtige Lagerbildung eintritt mit feindseligen Handlungen untereinander. Solidarität und gegenseitige Hilfe existieren nicht, man arbeitet nicht mehr miteinander, sondern gegeneinander. Jede Gruppe versucht, das Maximum nur für sich herauszuholen, wobei die höhergestellten (und in der Regel kleineren) Gruppen durch ihre Machtposition im Vorteil sind und somit immer weitere Vorteile akkumulieren können. Die sozialen Unterschiede nehmen zu und damit auch die Feindschaft untereinander.

Wird diese Spirale nicht durchbrochen, kommt es unumgänglich zu gewaltsamen Auseinandersetzungen zwischen den unteren und den oberen gesellschaftlichen Gruppen. Diese werden durch das Gefühl von Ungerechtigkeit, Wut, Hass und Verzweiflung befeuert.

Angenommen, man findet auf dieser einsamen Insel unerwartet größere Goldvorkommen, und angenommen, dass die Menschen dieses Gold untereinander gerecht und gleichmäßig aufteilen. Wird die Gesellschaft durch das gefundene Gold auf einmal sehr viel wohlhabender? Jeder einzelne Mensch aus der Gruppe wird (durch die gerechte Aufteilung des Goldes) um genau dieselbe Menge an Gold „reicher". Doch wird man dadurch auf dieser einsamen Insel auch automatisch gleich wohlhabender? Gold nützt auf einer einsamen Insel niemandem. Die gesellschaftlichen Strukturen bleiben sicher trotz des gefundenen Goldes unverändert, niemand verbessert oder verschlechtert seine eigene Stellung gegenüber den anderen. Auch muss niemand weniger für das Überleben arbeiten, denn das Gold selbst verändert überhaupt nichts an der Situation und an den Problemen, welche durch die Gruppe täglich gelöst werden müssen.

Dieses Beispiel wird erst durch eine Erweiterung sehr interessant, indem beispielsweise eine andere Insel mit neuen Einwohnern entdeckt wird und man dadurch zu gegenseitigen Interaktionen, also zu einem gemeinsamen Handel und zum Austausch kommt. Der Markt wird dadurch größer. Neue Einnahmequellen erschließen sich und möglicherweise wird eine Währung gebraucht, um den Handel besser treiben zu können. Diese „Währung" muss dann aber von beiden Gruppen anerkannt werden. Am besten eignen sich Dinge, die durch beide Gruppen benötigt werden und knapp sind. Gold eignet sich hierfür sehr gut und deshalb wird jetzt eine erhöhte Nachfrage nach dem gefundenen Gold entstehen. Die Währung „Gold" steigt im Wert, weil dieses für das Wirtschaften benötigt wird, um neue Waren zu kaufen und um Handel zu treiben. Beide Inseln profitieren voneinander zunehmend durch den gemeinsamen Handel. Der Wohlstand steigt, neue Werte werden so generiert.

Eine weitere Effizienzsteigerung des Handelns und Zahlens lässt sich dadurch erreichen, dass das Zahlungsmittel „Gold" nicht mehr in der Form vom Metall mitgeführt, transportiert und bei der Bezahlung der Waren physisch übergeben wird. Man einigt sich auf verbriefte „Versprechen", die entsprechende Menge an Gold zu liefern. Diese verbrieften „Versprechen" zur Lieferung einer entsprechenden Menge Gold sind standardisierte Papierstücke/Papierscheine, die jeder akzeptiert und gegen das physische Gold jederzeit eintauschen kann. Diese Papierscheine sind wesentlich praktischer als das physische Gold und daher gewinnen sie zunehmend an Bedeutung. Somit ist Papiergeld entstanden, welches durch hinterlegtes Gold gedeckt ist. Das Gold selbst muss nicht mehr herumgetragen werden, sondern kann irgendwo sicher gelagert werden.

Dieses Beispiel lässt sich beliebig weiter fortsetzen. Es ist direkt auf die Entwicklung und das Wirtschaften von einzelnen Regionen, Ländern, Kontinenten und letztendlich auch auf die ganze Welt übertragbar. Denn die ganze Menschheit ist in Wirklichkeit bei einer genauen Betrachtung nichts anderes als eine Gruppe von Individuen, die Mitten im Universum auf einer winzig kleinen Insel (die man Erde nennt) leben und ums Überleben kämpfen. Es gibt eine begrenzte Menge an Ressourcen und diese werden untereinander getauscht, gehandelt und eingesetzt, um die besten Bedingungen fürs Leben und Überleben zu schaffen. Die Bezahlung und ihre Form sind daher nur die technische Abwicklung eines optimierten Tausches. Die Zusammenhänge, Prozesse und Bedingungen sind im Grunde identisch mit denen im zuvor beschriebenen Inselexperiment.

Die Gesetzmäßigkeiten dieses „Systems" sind auf jeder Größenskala identisch, weil im Grunde genommen die Marktteilnehmer nichts anderes sind als eine Gruppe von Menschen, die auf einer fruchtbaren Insel mitten im Ozean des Universums gestrandet ist und dort lebt.

Das Allerdümmste, was die Menschen machen könnten, wäre, sich die Insel, auf der sie leben, selber zu zerstören. Deshalb sind sie auf einer immerwährenden Suche, das Leben und Wirtschaften ständig zu verbessern und zu optimieren. Die Währung und die Zahlungsart sind ein wichtiges Instrument beim Wirtschaften – also bei der Existenzsicherung der Menschen. Das Geld hat somit einen signifikanten Einfluss auf die Ökonomie und so auf die Lebensumstände und den Wohlstand der Menschen.

> **Fazit**
> Gesamtgesellschaftlicher Wohlstand ist nur durch das Erzielen besserer Kooperation, besseren Ressourceneinsatz und so durch Verbesserung der Lebensverhältnisse erreichbar und nicht durch mehr Geld.

Die sozialen Strukturen in der Gesellschaft sind nur veränderbar, aber in der Realität nicht eliminierbar. Selbst bei langanhaltendem Wachstum und Wohlstandszuwächsen über alle Gesellschaftsschichten hinweg, bleiben immer die grundlegenden sozialen Strukturen innerhalb der Gesellschaft im Prinzip bestehen.

Sozialer Aufstieg einzelner Individuen ist immer nur in Relation zum Rest der Gesellschaft möglich. Daher ist es nicht möglich, dass beispielsweise die unterste Schicht zur Mittelschicht einer Gesellschaft aufsteigt.

Echter Reichtum für alle ist daher unmöglich, weil der Reichtum immer als Unterschied definiert wird zwischen dem, was ein wohlhabender Akteur hat, und dem, was ein armer Akteur hat.

Geld ist in der Ökonomie ein wichtiges Instrument, um die Wirtschaft zu optimieren. Bezahlung, Handel und Aufbewahrung von Werten werden durch „gutes" Geld ermöglicht. Daher ist auch „gutes" Geld für jede Ökonomie sehr wichtig.

Betrachtet man die historische Entwicklung des Tausches, des Geldes – oder der Zahlungsmittel allgemein –, so sind eine ganz klare Entwicklung und Tendenz ersichtlich:

1. Tauschwirtschaft: Hier werden Güter mit einem bestimmten Wert gegen andere Güter mit einem bestimmten Wert getauscht;
2. Wirtschaft, wo Güter gegen Wertmetalle (Gold oder Silber) als Tauschmittel gehandelt wurden;
3. Wirtschaft, in der Staaten eine Währung in Form von Papierurkunden zur Verfügung stellten und diese mit Goldreserven (also mit reellen Werten) deckten;
4. Wirtschaft, in der Staaten durch Zentralbanken zu großen Teilen ungedecktes Geld in Papierform zur Verfügung stellen;
5. Wirtschaft, in der Geld nur in digitaler Form existiert und zu großen Teilen unabhängig von Zentralbanken ist.

Kryptowährungen, wie beispielsweise Bitcoin, Ether, Polkadot, sind virtuelle Währungen. Diese Währungen werden durch ihre Nutzer als Währung anerkannt, obwohl hinter diesen Währungen keinerlei Werte als Sicherheit stehen und nicht einmal die Währungen selbst in fester Form einer Urkunde oder einer Münze existieren. Sie werden für Zahlungen und andere Finanztransaktionen mithilfe der Blockchain-Technologie eingesetzt und sie spielen heute (2022) eine immer wichtigere Rolle. Sie können auch zu Investitionszwecken gekauft werden. Das Krypto-Musterportfolio bietet die Möglichkeit, diversifiziert in diese neue und rasant aufstrebende Anlageklasse zu investieren. Bitcoin ist die bekannteste Kryptowährung und dient in diesem Musterportfolio als Basis.

Kryptowährungen sind rein digitale Währungen mit einem meist dezentralen Aufbau. Sie beruhen auf Netzwerken. In diesen Netzwerken werden alle Informationen untereinander getauscht. Transaktionen werden gespeichert und öffentlich verarbeitet. Die Digitalwährungen ermöglichen so eine schnelle und bargeldlose Bezahlung. Im Gegensatz zu den herkömmlichen Märkten wie Aktien, Devisen oder Anleihen werden Digitalwährungen durchgängig gehandelt.

Der Begriff Kryptografie bezeichnet die Wissenschaft, Informationen bzw. Daten zu verschlüsseln und dadurch zu schützen. Kryptowährungen stellen eine Alternative zum klassischen Bankensystem dar.

Eine Verschlüsselung auf allen Ebenen ist die gesamte Basis von digitalen Währungen. Die virtuellen Vermögenswerte sind durch die stringente Anwendung von Kryptografie abgesichert. Jede Transaktion wird in einem Datenblock zusammengefasst und an eine Blockchain angehängt. Die Blockchain ist durch die kryptografische Verkettung gegen nachträgliche Manipulation gesichert.

Kryptowährungen werden auf Handelsplattformen gehandelt. Für ihren Besitz wird eine entsprechende Zahlungsstelle (ein elektronisches Wallet) benötigt. Mit dieser virtuellen Brieftasche kann man das kryptische Geld handeln oder es versenden und empfangen. Die Grundlage eines Wallet besteht in einem öffentlichen und einem privaten Schlüssel. Neben der Möglichkeit, Kryptowährungen zu einem aktuellen Kurs über spezielle Börsen zu kaufen und zu handeln, besteht auch die Möglichkeit, durch das Mining neue Coins zu erschaffen.

Die virtuellen Währungen sind nicht durch reale Werte abgesichert. Es stehen auch keine Institutionen oder Banken hinter ihnen, die haften würden. Daher basieren solche Währungen ausschließlich auf dem Glauben und auf dem Vertrauen der Besitzer, dass sich in der Zukunft immer eine andere Person findet und diese Währung gegen einen anderen Wert eintauscht.

Spekulation, Risiko, Irrationalität, Kurzfristigkeit, die mit virtuellen Währungen immer in Verbindung stehen, sind langfristig keine gute Basis von Wohlstand und Stabilität. Deshalb muss man virtuelle Währungen lediglich als Komplementärwährungen betrachten, denn in der Ökonomie sind Stabilität, Beständigkeit, Verlässlichkeit und Sicherheit wichtige Faktoren für Prosperität und Wohlstand.

Digitales Geld übernimmt jedoch heute immer mehr die Funktion als Zahlungsmittel. Das nimmt dem Staat die Kontrolle der Steuerung der Geldmenge (und somit auch die der Wirtschaft) aus der Hand. Auf der anderen Seite bedeutet digitales Geld aber auch mehr Kontrolle, denn es basiert auf elektronischen Transaktionsprotokollen. Der Staat kann durch eine entsprechende Überwachung der Daten sehr leicht eine komplette Überwachung der Bürger erreichen. So ist eine allgemeine Überwachung von wirklich allem innerhalb der Gesellschaft technisch durchaus möglich. Überwachung der Menschen, Überwachung der sozialen Gesellschaft und Überwachung der Ökonomie. Die Gefahr, diese Macht für eigene Zwecke zu missbrauchen, ist sehr groß. Die Politik muss auf diese Gefahr noch eine Antwort finden. Denn Vertrauen darf nicht zerstört werden.

Die Signifikanz des Faktors „Vertrauen" in der ökonomischen Theorie (und seine wichtige Rolle beim Einfluss auf das menschliche Verhalten)

Es gibt in der Ökonomie nicht nur den Zusammenhang zwischen Vertrauen und Geld. Verliert eine Währung das Vertrauen der Marktteilnehmer, dann verliert sie ganz automatisch auch an ihrem Wert. Denn niemand vertraut mehr, dass für diese Währung ohne Wert Güter und Dienstleistungen getauscht (also gekauft) werden können. Das ist allgemein einleuchtend.

Vertrauen ist ein zentrales Element in der Ökonomie. Vertrauen ist ein ökonomischer Faktor.

Der Faktor Vertrauen hat in der Ökonomie allgemein eine wichtige Bedeutung, die nicht hoch genug bewertet werden kann: Das Vertrauen generiert Erwartungen bei Menschen und ist somit ursächlich für die Präferenzbildung und die Entscheidungsprozesse, infolgedessen also für konkret zustande kommende Ergebnisse. Vertrauen ist auch ein Motivator und somit ebenfalls eine wichtige „Stellschraube" bei der Produktion und der Leistungsfähigkeit. Vertrauen ist darüber hinaus in der Ökonomie auch ein echter geldwerter Vorteil, denn beispielsweise Banken bepreisen Kreditvergaben und Investitionen bei ihren Vertragspartnern analog dem jeweiligen Risiko, also nach dem entsprechenden Vertrauen, welches sie in das Geschäft setzen. Vertrauen bildet so die Sicherheit und die Sicherheit schlägt sich immer auch im Preis nieder.

Deswegen existiert auch ein direkter Zusammenhang zwischen Vertrauen und der Verteilung von Ressourcen im ökonomischen System. Denn je kleiner das Vertrauen ist, umso höher ist das Bedürfnis für eine Absicherung. Und je mehr Absicherung benötigt wird, umso mehr Ressourcen werden benötigt und für die Absicherung aufgewendet, was einen erhöhten Ressourcenverbrauch zur Folge hat und in einer Verknappung der Ressourcen resultiert.

> **Fazit**
> So kann in einem ökonomischen System, in welchem unter normalen Umständen die Ressourcen für alle Teilnehmer ausreichend vorhanden wären, allein aufgrund eines Vertrauensverlustes eine ernsthafte Ressourcenknappheit entstehen!

Der ökonomische Zusammenhang und Mechanismus sieht folgendermaßen aus:

Vertrauen – > Sicherheit – > Erwartung – > Verteilung – > Knappheit.

Vertrauen ist in der Ökonomie ein essenzieller Faktor, weil Misstrauen und Unsicherheit Kosten verursachen und Ressourcen verbrauchen und dadurch zur Ressourcenknappheit führen kann.

Ein weiterer Grund, warum Vertrauen in der Ökonomie eine so zentrale Bedeutung hat, sind die negativen Folgen von Unehrlichkeit und ihre Eigenschaft, sich zu potenzieren.

Sowohl experimentelle wie auch empirische Erkenntnisse zeigen uns ganz klar und unstrittig ein interessantes und sehr deutliches und insbesondere für die Ökonomie sehr wichtiges Ergebnis:

▶ **Ergebnis:** Unehrlichkeit im Allgemeinen wächst signifikant dann an, wenn die Umgebung als unehrlich wahrgenommen wird.

Dies hat insbesondere in der Ökonomie höchste Signifikanz, weshalb hier eine experimentelle Untersuchung dieses Zusammenhangs durch den Verhaltensforscher Dan Ariely von der Duke University in North Carolina/USA erläutert werden soll.

Um den Zusammenhang zwischen unehrlichem Verhalten einzelner Individuen in einer Gruppe und den Folgen für die restlichen Mitglieder der Gruppe zu untersuchen, machte Prof. Dan Ariely mit Studenten folgendes Experiment (Ariely, 2012):

Eine ganze Klasse von Probanden sollte innerhalb einer bestimmten Zeit leichte Mathematikaufgaben lösen. Die Zeit war jedoch absichtlich so bemessen, dass es unmöglich war, alle Aufgaben zu lösen. Für die Anzahl der gelösten Aufgaben bekamen die Probanden einen bestimmten Geldbetrag ausbezahlt.

Am Ende wurde nicht geprüft, wie viele der Aufgaben tatsächlich gelöst wurden, die Probanden mussten lediglich die Anzahl der gelösten Aufgaben angeben und bekamen pro angegebene gelöste Aufgabe den vereinbarten Betrag ausbezahlt.

Man wusste aus früheren Untersuchungen, wie viele Aufgaben im Durchschnitt gelöst werden konnten, und so konnte statistisch genau festgestellt werden, wie hoch die „normale Schummelrate" liegt. Denn erwartungsgemäß geben Probanden eine höhere Anzahl gelöster Aufgaben an, wenn das tatsächliche Ergebnis nicht geprüft wird und wenn für die jeweilige Aufgabe Geld ausbezahlt gibt.

Das Ergebnis dieses Experiments war – wie erwartet – eine etwas erhöhte (aber nicht sehr hohe) Angabe der angeblich gelösten Aufgaben. Diese Abweichung vom Durchschnitt kann auch als die „natürliche Schummelrate" bezeichnet werden. Diese „natürliche Schummelrate" ist die Bereitschaft, unwahre Angaben zu machen, um einen finanziellen Vorteil für sich zu generieren.

In einem zweiten Schritt wurde der Aufbau des Experiments dahingehend erweitert, dass man einen Studenten innerhalb der Klasse platzierte, der die Aufgabe hatte, kurze Zeit, nachdem die Aufgabenblätter an die Probanden ausgeteilt wurden, aufzustehen und für alle sichtbar und hörbar zu sagen, er sei mit der Lösung aller Aufgaben schon fertig, nach vorne zu gehen, seinen Geldbetrag abzuholen und den Raum zu verlassen.

Die Situation war also absichtlich so konzipiert, dass es für jedermann absolut klar sein musste, dass dieser Student unmöglich auch nur ansatzweise die Aufgaben gelöst haben konnte und daher also dreist – und für alle Anwesenden offensichtlich – gelogen und betrogen haben musste.

Mit dieser Modifikation des Experiments wurde dann gemessen, wie sich die Rate des Schummelns (also die Bereitschaft, falsche Angaben zu machen) durch die anderen Probanden verändert, nachdem diese mitbekommen haben, dass so dreist und ohne irgendwelche Folgen von anderen Beteiligten betrogen und geschummelt wird.

Das Ergebnis war ein drastischer und sofortiger Anstieg des Schummelns durch die übrigen Teilnehmer.

Sobald also offenbar wird, dass bestimmte Kriterien (Fairness, Wahrheit, Einhaltung von Regeln) ohne Folgen durch andere Teilnehmer nicht eingehalten werden und Menschen von dieser Nichteinhaltung eigennützig und persönlich profitieren, so ist die Signalwirkung auf die anderen Mitglieder der Gemeinschaft – und zwar auch auf die, die normalerweise nicht betrügen würden – verheerend.

Wenn sich also ganz allgemein der Mensch, welcher normalerweise nicht unehrlich wäre, in einem unehrlich geprägten Umfeld befindet, in welchem Unehrlichkeit und Betrug offensichtlich stattfinden, dann beginnt auch der ehrliche Mensch sich dem unehrlichen Umfeld „anzupassen". Er beginnt auch unehrlich zu sein.

Verallgemeinert zeigt das durchgeführte Experiment, dass ein als unehrlich wahrgenommenes Umfeld für die Ehrlichkeit oder Unehrlichkeit der darin existierenden Akteure ausschlaggebend ist. Ob also Menschen ehrlich sind oder nicht, hängt von der wahrgenommenen Umgebung und vom Umfeld der Handlungen und Handelnden ab.

Die Funktionsweise des Systems hängt maßgeblich mit dem Vertrauen der Beteiligten zusammen. So wie die Umgebung wahrgenommen wird, so sind die Erwartungshaltung, das Vertrauen und das Sicherheitsbedürfnis der Menschen ausgeprägt. Und so wie diese Ausprägungen sind, so verhalten sich die Menschen auch tendenziell in dieser Umgebung. Das eine spiegelt das andere wider. Das Verständnis dieses Zusammenhangs ist wichtig.

Folge: Ist das Vertrauen in die Umgebung – oder anders ausgedrückt in das System, in welchem sich Menschen bewegen – gegeben, sind die Menschen tendenziell ehrlich. Die Kosten sind für alle niedrig und die Ressourcen können daher auch effektiv verteilt werden. Ist jedoch dieses Vertrauen in das System nicht gegeben, neigen die Menschen zu Unehrlichkeit und fangen an zu betrügen. Ein sich verstärkender Effekt tritt ein. Die Kosten für alle steigen, die Effizienz des Systems sinkt und die Ressourcen werden verknappt.

Fazit
Das Vertrauen ist der entscheidende Faktor für die Stabilität eines Systems und für dessen Funktionsfähigkeit. Vertrauen ist somit die Schlüsselkomponente für Werte und für deren Erhaltung, nicht nur für ideelle, virtuelle oder moralische, sondern auch für ökonomische und insbesondere für monetäre Werte!

Diese Erkenntnis wird sehr anschaulich, wenn man beispielsweise die Diskontierung von Wechseln oder die Bewertung von Pachtgütern analysiert. Ein Wechsel, eine Anleihe oder ein Bond ist nichts anderes als ein Zahlungsversprechen in der Zukunft. Man kann Güter mit Wechseln bezahlen. Dadurch findet ein Tausch statt: Güter gegen Versprechen.

Genauer noch: gegenwärtige Güter gegen zukünftige Güter. Ähnlich einem Gutschein, welcher erst ab einem bestimmten Datum in der Zukunft eingelöst werden kann.

Bei diesem Beispiel wird sofort offensichtlich, dass die Preise für die heutigen Güter nicht exakt den Preisen der Gutscheine mit Versprechungen entsprechen können. Die Differenz im Wert ist einem immer existierenden Vertrauensproblem und einer Ungewissheit/ einem Risiko in der Zukunft geschuldet. Doch selbst bei einem theoretischen Ausschließen dieser Ungewissheit in der Zukunft wäre ein Gutschein im Wert von X € heute am Markt bestimmt nicht auch X € in der Zukunft wert. Denn der Mensch bewertet viel mehr intuitiv, als wir es wahrhaben wollen. Und die Verhaltensökonomie hat mittlerweile unstreitig nachgewiesen, dass Güter und Werte heute viel höher bewertet werden als die in der Zukunft (und zwar auch unabhängig des Risikos).

Ein weiterer Grund für diese Wertdifferenz ist die zeitliche Präferenz der Menschen, ihre Bedürfnisse nicht verschieben zu wollen und nicht zurückzustellen. Den Aufschub der Befriedigung ihrer Bedürfnisse oder sogar ihren Konsumverzicht lassen sich Menschen immer bezahlen. Die Zeitpräferenz ist daher ein Faktor, der konkret auf die Spareigung der Menschen einen enormen Einfluss hat. Daher ist die zeitliche Präferenz ein weiterer Grund für die Wertdifferenz eines Gutes zwischen dem Jetzt und der Zukunft – also einer der Gründe für die Existenz von Zinsen.

Somit besteht folglich auch ein klarer Zusammenhang zwischen Kapitalaufbau und Zeitpräferenz. Der Kapitalaufbau benötigt einen längeren Zeit- und Handlungshorizont. Kurzfristigkeit ist deshalb ein Symptom verarmender Gesellschaften und armer Wirtschaftsakteure. Dieser Zusammenhang lässt sich in jedermanns Erfahrung immer wieder eindrucksvoll beobachten und ist eine Art Naturgesetz, welches jeder im Laufe seines Lebens lernt: Wenn man eine künftige materielle Besserstellung wünscht, müssen zuerst in der Gegenwart unbequeme Entscheidungen (z. B. Konsumverzicht, Arbeit, Risiko) getroffen werden.

Deswegen müssen bei hoher Zeitpräferenz sehr viel mehr zukünftige Güter bzw. Versprechen geboten werden, damit ein Konsumverzicht heute akzeptiert (= erkauft) wird. In kapitalarmen Systemen/Märkten mit einer hohen Zeitpräferenz herrschen deshalb auch hohe Zinssätze. Hohe Zinsen bedeuten allgemein, dass es weniger attraktiv ist, zu konsumieren und zu verbrauchen. Gleichzeitig aber ist es umso attraktiver, diese Güter anzubieten und sich den Konsumverzicht (teuer) bezahlen zu lassen.

Exkurs
Der allgemeine Zinssatz auf heutigen Märkten wird nicht mehr durch Angebot und Nachfrage von Ersparnissen bzw. Kapital bestimmt. Zinssätze werden heute durch die gezielte Geldpolitik von Staaten (Zentralbanken) manipuliert (festgesetzt).

Die Signifikanz von *Erwartungen* in der ökonomischen Theorie
Erwartungen haben einen direkten Einfluss auf die Realität und auf Ergebnisse. Ein gutes Beispiel, welches diesen Zusammenhang deutlich macht und zugleich eine experimentelle Bestätigung dieser Annahme dokumentiert, ist der pawlowsche Versuch mit Hunden: Die-

ser zeigte bereits im letzten Jahrhundert, dass durch einen Reiz hervorgerufene Erwartung direkt zu einem bestimmten Ergebnis (in dem Fall war es der Speichelfluss der Hunde) führt. Das heißt, dass eine Erwartung allein schon einen direkten Einfluss auf die Realität – und sogar auf physische Veränderungen – haben kann.

Auch der Pygmalioneffekt muss in diesem Zusammenhang hier Erwähnung finden. Er wird oft auch als Rosenthal-Effekt oder Versuchsleiter-Erwartungseffekt genannt und geht auf die klassischen Untersuchungen der Wissenschaftler Rosenthal und Jacobson im Jahr 1966 zurück.

Die beiden Sozialpsychologen Robert Rosenthal und Lenore Jacobson hatten für ihre Forschungen im Rahmen eines Experiments Grundschulkinder zufällig ausgewählt. Den Lehrkräften hatten die Wissenschaftler mitgeteilt, dass sich diese ausgesuchten Kinder im Verlauf des nächsten Jahres intellektuell hervorragend entwickeln würden. Ein Jahr später schnitten diese zuvor zufällig ausgesuchten Kinder bei dem durchgeführten Intelligenztest tatsächlich besser ab als zu Beginn des Experiments.

Auch in späteren Studien wurden diese Ergebnisse immer wieder bestätigt. Insbesondere in den unteren Schulklassen wirkt der Pygmalion-Effekt sehr stark. Durchgeführte Videoanalysen zeigten, dass Lehrkräfte den „intelligenten" Schülern mehr Aufmerksamkeit schenken, sie mehr anlächeln, mit ihnen mehr Augenkontakt haben und ihre Kommentare auch mehr loben. Dieses meist unbewusste Verhalten der Lehrer beeinflusst die tatsächlichen Leistungen der betreffenden Schulkinder. Dies gilt selbst dann, wenn die Schulkinder von den erzeugten Erwartungen nichts wissen und die Lehrer glauben, sich neutral zu verhalten. Wenn die Betroffenen aus benachteiligten oder stigmatisierten Gruppen kommen, können die aufbauenden oder demoralisierenden Effekte deutlich größer sein. Dies lässt sich beispielsweise bei ethnischen Minderheiten oder bei sozial schwachen Schichten beobachten und statistisch signifikant nachweisen. Der Pygmalion-Effekt mit solchen negativen Wirkungen wird auch als Golem-Effekt bezeichnet.

Die Folge ist ganz klar und deutlich: Durch die Bildung von Erwartungen können direkte Veränderungen in der Realität herbeigeführt werden.

Dies hat eine signifikante Relevanz für alle Arten von gesellschaftlichen und ökonomischen Prozessen: Changeprozesse, Transformationsprozesse, Bildungs-, Wachstums-, Produktions-Verteilungsprozesse usw.

> **Fazit**
> Erwartung beeinflusst Realität. Erwartung bildet neue Realität. Erwartung beeinflusst und bildet somit auch die Zukunft.

Wer Erwartungen beeinflussen und bilden kann, hat Macht und Einfluss über das, was kommt (Zukunft). Erwartung hängt von Glaubwürdigkeit ab. Glaubwürdigkeit ist hier daher der Schlüssel, weil Glaubwürdigkeit die Erwartung bildet und diese bildet die Zukunft.

Damit kommt die Rolle der Medien, insbesondere der Massenmedien, und ihre enorme Macht ins Spiel. Verstärkt durch die neuen Technologien und unzählige Kommunikationskanäle haben die Medien heutzutage die Meinungsbildungshoheit. Die Medien entscheiden praktisch über das, was als wahr und unwahr, was als richtig und falsch und was als gut und schlecht angesehen wird. So generieren Medien heutzutage Meinungen, Glauben und Erwartungen im großen Stil und erschaffen so eine öffentliche Meinung, öffentlichen Glauben und somit automatisch auch allgemeine Erwartungen. Und genauso schnell, wie sie diese erschaffen, können sie sie auch zerstören. Auf diese Weise bilden oder zerstören Medien das Vertrauen.

Die Signifikanz von Verantwortung in der ökonomischen Theorie
Die Verantwortungssituation hat einen direkten Einfluss auf das Vertrauen und die Erwartungen. Daher ist die Problematik der Verantwortlichkeit für die Gesellschaft und für die Ökonomie auch hoch relevant. Beim Thema Verantwortung sollten zuerst zweierlei Ausprägungen unterschieden werden:

a) Die Konsequenzen trägt das die Entscheidung tragende Individuum

oder

b) die Konsequenzen tragen andere (z. B. Gesellschaft, Aktionäre, Allgemeinheit, Gemeinschaft …).

Beispiele

- Steigt ein Passagier in ein Flugzeug, dann muss er ein absolutes Vertrauen haben zum Piloten und zur Maschine (Pilotenausbildung, Trainings, Zustand der Technik, Equipment …). Er muss die Erwartung und Sicherheit haben, dass alles in Ordnung ist und dass das Flugzeug mit den Passagieren nicht abstürzt. Der Pilot trägt die direkte Verantwortung für sich und für die Passagiere.

  Der Passagier weiß nichts über Technik, Pilotenausbildung oder über den Piloten und kann in Wirklichkeit auch nichts objektiv beurteilen. Er muss vertrauen und glauben.
- Ein Patient unterzieht sich einer OP in der Klinik und muss absolutes Vertrauen haben zu den Ärzten (Ausbildung, Erfahrung, Expertise, Gewissenhaftigkeit …). Er muss die Erwartung und Sicherheit haben, dass alles in Ordnung ist und dass der behandelnde Arzt und das Krankenhaus die besten Voraussetzungen für die Operation erfüllen. Der Arzt trägt die direkte Verantwortung für den Patienten.

  Der Patient weiß nichts über Medizin, Ärzteausbildung oder über die Anästhesie und kann in Wirklichkeit auch nichts objektiv beurteilen. Er muss vertrauen und glauben.
- Ein Investor/Sparer tätigt eine Geldanlage beim Finanzinstitut. Er muss Vertrauen haben zum Berater und zur Bank (Sicherheit, Liquidität, Know-how, Profitabilität …). Er muss die Erwartung und Sicherheit haben, dass die Bank und die Mitarbeiter das Richtige tun und dass er sein Geld nicht verliert. Der Bankberater trägt die direkte Verantwortung für das Investment.

  Wie es sich immer wieder zeigt, wissen die meisten Kunden nichts über die Bankprodukte und können diese auch nicht objektiv beurteilen. Sie müssen vertrauen und glauben. ◄

Es gibt zahllose weitere Beispiele, welche uns zeigen, wie der einzelne Mensch praktisch machtlos Experten und Fachleuten ausgeliefert ist. Manchmal finanziell und oft genug mit seinem Leben. Vertrauen und Sicherheit müssen daher in der Gesellschaft funktionieren und gegeben sein.

Diese Sicherheit und dieses Vertrauen müssen aber auch gegeben sein, wenn die verantwortliche Person selber weit weg ist und die betroffenen Menschen gar nicht kennt. Sei es bei Konstruktion und Bau von Brücken, Fahrstühlen, Hochhäusern, Herzschrittmachern oder Autos: Überall werden wir auf die Problematik der Verantwortung stoßen, von welcher Menschenleben abhängen und wo sich die Verantwortlichen und die Betroffenen gar nicht kennen, sich niemals begegnen und auch sonst nicht in Verbindung zueinander stehen.

Für das Funktionieren der Gesellschaft sind aber diese Verantwortung, Vertrauen und Erwartung von essenzieller Bedeutung.

Bei allen diesen Beispielen entscheiden daher ganz harte und objektive Kriterien und Fakten über die Kompetenz und die Übertragung dieser Verantwortung. Unabhängig der Sympathie für die Person! Denn jeder würde mit einem unsympathischen Piloten fliegen, solange man von seiner Kompetenz überzeugt wäre. Aber wahrscheinlich niemand würde in ein Flugzeug steigen, das von dem besten Freund geflogen werden sollte, der aber keinen Pilotenschein hat!

Somit ist zwischen Sympathie und Kompetenz zu differenzieren: Wenn man also selbst direkt von der Leistung des Leistenden (Arztes, Piloten, Bankberaters …) betroffen ist und sonst niemand, dann legt man als das wichtigste und offenbar einzige Entscheidungskriterium „die Kompetenz" des Leistenden zugrunde. Andere Kriterien wie beispielsweise Sympathie, Bekanntschaft, oder gar Political Correctness (beispielsweise Frauenquote) erscheinen nicht relevant.

Dieses Kriterium verändert sich, sobald von den Leistungen des Leistenden nicht man selbst, sondern eine Gruppe, eine Gemeinschaft oder die Gesellschaft betroffen ist. Ganz gleich, ob es um den örtlichen Bürgermeister, den Landesminister, den Präsidenten oder gar um den Bundeskanzler geht: Alle diese Personen tragen auch eine große Verantwortung für das, was sie tun. Und das, was sie tun, hat auch eine große Tragweite. Trotzdem wird in diesen Fällen nicht nur nach der Kompetenz entschieden, sondern viel mehr nach der Sympathie. Hier achtet man auch wieder auf Parteizugehörigkeit, Quotenregelung, Freundschaft usw. Kompetenz spielt auf einmal eher eine Nebenrolle.

Die „versteckte" bzw. „unsichtbare" Verantwortung

Das Thema „Verantwortung" ist ein relativ komplexes Thema, welches man in seiner Signifikanz in der Ökonomie nicht genau ein- und abgrenzen kann. So existiert beispielsweise manchmal Verantwortung für eine getroffene Entscheidung zu einem bestimmten Thema, welche dann direkt in Verbindung steht mit anderen Themen und dortigen Auswirkungen, die unter Umständen auch viel gravierender sein können als die ursprüngliche Thematik. Die so ausgelösten Ereignisse können unter Umständen auch große Ausmaße annehmen. Die Verantwortung für diese Konsequenzen ist jedoch nicht auf den ersten Blick ersichtlich und ist oft ungewollt. Daher muss immer mitberücksichtigt werden, dass je größere Tragweite eine Entscheidung hat, umso höhere Wahrscheinlichkeit trägt sie in sich, dass auch andere mit dieser Entscheidung nicht im direkten Zusammenhang stehende Aspekte von ihr betroffen sein werden.

Ein gutes und anschauliches Beispiel für diese Problematik ist der verursachte finanzielle Bankrott von Argentinien in den 1980er-Jahren.

> **Beispiel**
>
> Argentinien hatte Schulden in US-Dollar aufgenommen, was für ein Land per se nichts Ungewöhnliches ist. Diese Schulden und die daraus generierten Zinsen konnten durch das Land bedient werden.
>
> Erst durch die Entscheidung der damaligen Premierministerin von Großbritannien Margaret Thatcher und des US-Präsidenten Ronald Reagan, ihre eigenen Ökonomien durch Deregulierungsmaßnahmen zu stimulieren, wurde in den USA und Großbritannien ein ökonomisches „keynesianisches Strohfeuer" entfacht. Die Ökonomien zogen deutlich an und fingen an leicht zu überhitzen. Die Zinsen für US-Dollar stiegen als Folge. Da Argentinien seine Schulden in US-Dollar hatte, wurde auf einmal die zu zahlende Zinslast um ein Vielfaches höher. Die argentinischen Schulden in US-Dollar wurden so für das Land unbezahlbar. Das Land ging bankrott durch eine im ganz anderen Zusammenhang und am anderen Ende der Welt getroffene Entscheidung. ◄

Dieses Beispiel zeigt zugleich sehr anschaulich, wie die Wirtschaftspolitik von großen Ökonomien (USA/EU/China) instrumentalisiert werden kann, um kleinere (und insbesondere verschuldete) Staaten zu kontrollieren.

Folge: Die Verantwortung durch eine bestimmte Entscheidung besteht nicht nur für die mit dieser bestimmten Entscheidung unmittelbaren Folgen, sondern auch für alle anderen durch diese Entscheidung verursachten Folgen! Deswegen ist auch die Verantwortung von weitreichenden Entscheidungen so enorm hoch und komplex.

Die Signifikanz des Rechtssystems in der Ökonomie

Das Rechtssystem ist aus ökonomischer Sicht sehr wichtig und hängt direkt mit dem zuvor analysierten Faktor „Vertrauen" zusammen. Von einem gut funktionierenden Rechtssystem hängt die Durchsetzbarkeit von Rechten ab, was sich direkt auf die Verlässlichkeit und Planbarkeit von Prozessen und Handlungen in der Ökonomie auswirkt. Die Funktionsweise des Rechtssystems in der Gesellschaft – und somit auch in der Ökonomie – ist die Grundlage für den Aufbau von *Vertrauen*.

Die Folge dieses Zusammenhangs: weil Rendite und Risiko in einem direkten Zusammenhang zueinanderstehen (je höher das eingegangene finanzielle Risiko ist, umso höher muss die offerierte Rendite für Kapitalgeben sein, um das benötigte Kapital für die Investition zu erhalten). Somit existiert auf den Märkten ein Wettbewerb, um Kapital anzuziehen. Bei diesem Wettbewerb ist die Rendite/Risiko-Ratio entscheidend. Herrscht im Land (oder auf einem bestimmten Markt) eine hohe Sicherheit, dann ist es für die Investoren in diesem Land/auf diesem Markt interessant zu investieren, auch wenn nur kleine Renditen realisierbar sind. Dieser direkte Zusammenhang zwischen Risiko und Rendite eröffnet einen Spielraum für Regierungen im internationalen Wettbewerb, um international Kapital anzuziehen. So verfügen sichere Märkte mit hoher Rechtssicherheit über den Vorteil gegenüber unsicheren Ländern, internationale Investitionen zu einem niedrigen Preis (niedrige Rendite) anzuziehen. Unsichere Länder/Märkte müssen dann höhere Renditen anbieten, um Kapital anzuziehen.

Deswegen sind in der Realität tendenziell daher sichere Länder auch wohlhabende Länder und unsichere Länder eher ärmere Länder.

Faktoren, die Sicherheit und Vertrauen determinieren:

- Klarheit und Eindeutigkeit der Gesetze,
- Durchsetzbarkeit der Gesetze/Ansprüche,
- Schnelligkeit der Verfahren,
- Kosten der Verfahren und Durchsetzung von Ansprüchen,
- Korruptionssicherheit,
- Transparenz und Kontrolle,
- Faire und transparente Möglichkeit zur Einflussnahme durch Betroffene,
- Teilnahme am System durch die Bürger,
- Stabilität vor Veränderungen (politisch, rechtlich, ökonomisch, gesellschaftlich).

Diese Faktoren sind allesamt nicht ökonomischer Natur. Trotzdem sind sie für die Ökonomie und somit auch für die ökonomische Theorie essenziell. In der Realität können wir diese Signifikanz an zahlreichen Beispielen beobachten: Viele Länder haben in diesen Punkten teils sehr ernsthafte Probleme, mit all den negativen Folgen für die jeweilige Ökonomie.

Geeignete nichtökonomische Maßnahmen zur Verbesserung der ökonomischen Situation:

- Schaffung und Erhöhung der Verantwortung und Zurechenbarkeit. Wer Fehler macht, der muss für die gemachten Fehler auch haften.
- Transparente und durchsetzbare Zugangsvoraussetzungen müssen geschaffen werden (z. B. Qualifikation statt Korruption).
- Das Justizsystem muss immer unabhängig, transparent und fair sein (Vereinfachung und Transparenz).

Sicherheit hängt direkt zusammen mit Wohlstand. Wohlstand ist nur in Sicherheit möglich und Sicherheit ist der wichtigste Faktor für Vertrauen. Vertrauen ist für eine gut funktionierende Ökonomie unerlässlich.

Vertrauen kann durch die zuvor beschriebenen Maßnahmen verbessert, erhöht und aufgebaut werden.

Es gibt mehrere Formen von Vertrauen:

- persönliches Vertrauen gegenüber einer Person,
- Vertrauen gegenüber der Gesellschaft und deren Funktionsweise (soziales Vertrauen),
- kulturell bedingtes Vertrauen oder Misstrauen,
- systemisches Vertrauen in Prozesse, Institutionen und Verfahren (z. B. in die Judikatur oder Gesetzgebung),
- ökonomisches Vertrauen.

Alle das Vertrauen beeinflussenden Faktoren hängen voneinander ab und beeinflussen sich gegenseitig. Sie reagieren zudem sehr sensitiv auf Störungen. Daher lehrt auch die Erfahrung, dass Vertrauen sehr schnell zerstört werden kann, aber nur sehr langsam aufgebaut oder gewonnen wird. So reicht es beispielsweise aus, wenn nur einer dieser vertrauensbildenden Faktoren beschädigt ist, um auch alle anderen Faktoren negativ zu beeinflussen.

Das Vertrauen gewinnt man langsam – aber man verliert es sehr schnell. Der daraus entstandene Schaden ist kaum wiedergutmachbar. Auch hierzu gibt es viele Beispiele, die jedem sofort einfallen. Interessant ist die Tatsache, dass für einen Vertrauensverlust nicht unbedingt die Höhe oder der Umfang des Schadens entscheidend ist, sondern die Art und Weise, wie es zu dem Verlust kam.

So hat der Faktor „Vertrauen" einen direkten Einfluss auf die

- Zivilgesellschaft und den Staat sowie seine Funktionsweise,
- Erziehung und Kultur,
- sozialen Normen und Lebensweise,
- Judikatur und Funktionsweise der Institutionen und der Ökonomie.

Die Stärke und das Ansehen eines Landes oder einer Gesellschaft einerseits und das Vertrauen und die Sicherheit dieses Landes oder dieser Gesellschaft andererseits sind zwei sich direkt beeinflussende Pole, die gegenseitig voneinander abhängen. Ökonomisch, militärisch und politisch. Dieser Zusammenhang wird oft unterschätzt. Dabei legt er ganz deutlich an den Tag, wie wichtig auch die militärische Stärke eines Landes ist für die Stärke und Robustheit seiner Ökonomie. Denn nur eine unabhängige und korrekte Judikatur mit effektiver Durchsetzung des Rechts garantiert Vertrauen in das System. Das Vertrauen in ein Land oder in ein System ist wiederum die Grundlage für eine ökonomische Prosperität, für Investments, für Geschäft, Produktion und Wachstum. Wohlstand und ökonomischer Erfolg können global dauerhaft nur durch entsprechende militärische Stärke geschützt werden und eventuelle Ansprüche gegenüber dem Ausland können auch nur mit dieser Voraussetzung effektiv geschützt bzw. durchgesetzt werden. Diese Tatsache wirkt sich dann direkt wieder auf das Vertrauen und auf die Stabilität aus. Diese Zusammenhänge verdeutlichen anschaulich die Abhängigkeit und Balance zwischen Judikatur, Ökonomie, Politik und Militär. Oder anders betrachtet, Recht, Wirtschaft, Funktionsweise und Stabilität des Systems und Sicherheit/Stärke.

Der Wert des *Vertrauens* und der Wert der *Erwartung* in der Ökonomie

Das Vertrauen und Sich-Verlassen auf andere wurden durch die Evolution des Menschen über Jahrtausende hinweg entwickelt. Eine Aufteilung der Aufgaben z. B. bei der Jagd ergab wesentlich bessere Erfolgschancen auf Beute und erhöhte so die Überlebenschancen der ganzen Gruppe. Eine Aufteilung der Aufgaben und das Sich-Verlassen auf andere führten auch zu einer Erleichterung (Effizienz) der komplexen Aufgabe (z. B. Jagd), zu einer erhöhten Erfolgsquote (Effektivität) und somit zu wesentlich besseren Endergebnissen und damit letztendlich zur besseren Versorgung der Gruppe oder des Stammes.

Das Vertrauen hat dabei eine zentrale Bedeutung. Der Einzelne muss sich auf den oder die anderen verlassen können. Er muss sich während der Ausführung der Tätigkeit (z. B. der Jagd oder der Produktion) auf die Tätigkeit und Arbeit der anderen verlassen können – er muss sich aber auch bei der Aufteilung der Beute auf sie verlassen können, indem auch jeder berücksichtigt wird. Das Vertrauen muss einerseits bei der Jagd vorhanden sein, andererseits auch später bei der Verwertung des Ergebnisses der gemeinsam durchgeführten Handlung, also bei der Verteilung der Beute. Nur wenn das „Sich-auf-andere-verlassen-Können" existiert und in der Gruppe vorhanden ist, funktioniert das effektive System der Arbeitsteilung und Spezialisierung. Davon profitieren dann alle, also die ganze Gruppe als Gemeinschaft.

Ebenso funktioniert es mit dem Vertrauen und dem Sich-aufeinander-verlassen-Können auch heute in unserer hochkomplexen Gesellschaft. Von dieser werden bestimmte Güter angeboten, die auch auf Vertrauen basieren und von welchen alle profitieren.

So bezeichnet man Güter, die auf Vertrauensbasis für jeden zur Verfügung gestellt werden, als öffentliche Güter (Public Goods). Sie funktionieren jedoch nur dann, wenn einzelne Menschen nicht egoistisch ihre eigenen Ziele maximieren und diese Güter nicht maximal konsumieren, sondern nur in dem Maß, in dem sie auch tatsächlich benötigt werden.

Exkurs

Ein Beispiel dafür, wie „öffentliche Güter" funktionieren und was ihre Schwachstellen sind im Zusammenhang mit Vertrauen, verdeutlicht folgendes Experiment (Ariely et al., 2009):

Eine Gruppe von Probanden (z. B. 20 Probanden) bekommt eine bestimmte Menge Geld ausbezahlt, z. B. 10 € pro Person.

Nun hat jeder in der Gruppe folgende Möglichkeiten, wie er handeln kann:

a) Er kann das Geld einstecken und nach Hause gehen

   oder

b) er kann das Geld in einen gemeinschaftlichen Topf anonym einwerfen. Die Summe des eingeworfenen Geldes aus diesem Topf wird anschließend gezählt, verfünffacht und dann zu gleichen Teilen an *alle* Teilnehmer ausbezahlt (also ohne zu berücksichtigen, wer einbezahlt hat und wer nicht, weil das Einwerfen des Geldes anonym geschieht und nicht nachtverfolgt werden kann, wer eingeworfen hat und wer nicht).

Das Ergebnis aus dem Experiment:

In der ersten Runde bezahlt jeder der 20 Teilnehmer seine 10,- €. Es werden insgesamt in den Topf 20 × 10 € = 200 € eingeworfen. Diese werden nach der Auszählung verfünffacht (200 € × 5 = 1000 €) und dann zu gleichen Teilen auf alle 20 Teilnehmer aufgeteilt (1000 €: 20 = 50 €). Jeder Proband bekommt also das Fünffache des einbezahlten Betrags zurück: Einbezahlt hat jeder 10 €, herausbekommen hat jeder nach der Auszählung 50 €. Es ist ein gutes „System" für jeden und alle profitieren davon. Es entsteht eine Art Gleichgewicht für die optimale Lösung für alle.

Bald aber geschieht etwas, das mit der egoistischen Maximierung von einzelnen Individuen erklärbar ist: Wenn nämlich einer sein Geld behält und nicht in den Topf einzahlt, dann profitiert er trotzdem von der Verfünffachung des durch die anderen eingezahlten Geldes – und hat *zusätzlich* noch das Geld, das er selber nicht eingezahlt hat. Wenn also 19 Teilnehmer ihre 10 € einzahlen, dann werden 190 € in den Gemeinschaftstopf eingeworfen. Diese 190 € werden dann verfünffacht (190 € × 5 ergibt 950 €). Die Auszahlung für jeden ist dann 950 € geteilt durch 20 = 47,50 € pro Teilnehmer. Jeder der 20 Teilnehmer im Experiment erhält dann 47,50 €. Einer, der aber seine 10 € nicht in den Topf eingezahlt hat, profitiert dadurch, dass er am Ende 47,50 € von der Ausschüttung bekommt *und* zusätzlich die 10 € behalten hat, somit hat er am Ende insgesamt 57,50 €. Er hat seinen Gewinn auf Kosten der anderen Teilnehmer maximiert.

Dies merken und verstehen die anderen Teilenehmer des Experiments, auch wenn sie nicht wissen, wer von ihnen es war, da alles anonym durchgeführt wird. Die sofortige Folge ist, dass in der nächsten Runde niemand mehr einzahlt und jeder lieber seine 10 € behält. Das Vertrauen ist verloren und die Gruppe insgesamt hat ein neues Gleichgewicht erreicht, bei dem zwar jeder 10 € bekommt, aber nicht mehr 50 € generieren kann.

Somit gibt es bei dieser Konstellation zwei Equilibriums: eines, bei dem jeder mitmacht und sein Geld einzahlt. Dieses Equilibrium ist aber relativ schwach und geht verloren, sobald Einzelne aus der Gruppe beginnen, egoistisch zu handeln und ihre Interessen zu maximieren. Und ein zweites, ein stabiles und robustes Equilibrium, bei dem niemand mitmacht – und die Gemeinschaft somit auch keinen Vorteil mehr hat. Das Vertrauen wurde zerstört, der Vorteil für alle ging durch das unsoziale Handeln einzelner Mitglieder der Gruppe verloren.

Diese Erkenntnis ist der Schlüssel für die Konzipierung und Implementierung gesellschaftlicher Maßnahmen. Grundlegend für eine effektive Funktionsweise ist der Zusammenhang zwischen Vertrauen in etwas – die daraus erzeugte Erwartung – und schließlich durch diese Erwartung bedingte Entscheidungen und Handlungen, die zu dem erwünschten Ergebnis führen.

In der Wissenschaft ist es bekannt, dass sogar Placebos durch Glauben und daraus resultierende Erwartung zu gewünschten Ergebnissen führen.

In der Ökonomie haben diese Zusammenhänge eine große Relevanz. So hat beispielsweise bei Geld und Währung das Thema Vertrauen eine entscheidende Bedeutung. Da die Entwicklung des Handels ihren Ursprung in der Tauschwirtschaft hat, musste die erste Währung oder das erste Geld auch den wirklichen Wert in sich tragen, welchen es darstellte. So waren die Münzen aus Gold und das Gold allein in der jeweiligen Münze war der Garant für den auf der Münze stehenden Wert. Später wurde das Geld zu Papier, welches wiederum eine Bestätigung darstellte, dass der Besitzer dafür den entsprechenden Wert in Gold oder Silber erhält, welches an einem sicheren Ort als Garantie gelagert wurde. Mit zunehmender Zeit und zunehmendem Vertrauen wurden dann die gelagerten und als Sicherheit dienenden Reserven der Edelmetalle sukzessive reduziert, weil das Papiergeld im Umlauf allgemein akzeptiert wurde und niemand ein echtes Interesse hatte, sein Papiergeld gegen Gold oder Silber einzutauschen. Als Nächstes gaben die Zentralbanken kaum gedecktes Geld heraus, das so genannte Fiat-Geld (Geld ohne einen inneren Wert). In der heutigen Zeit entstehen zunehmend neue digitale Währungen, wie beispielsweise Bitcoin. Dieses Geld existiert nicht einmal mehr in einer physischen Form, sondern nur noch als ein Datensatz auf Rechnern. Hier sieht man ganz deutlich, dass Vertrauen die maßgebliche Größe dafür ist, ob etwas anerkannt wird als Geld oder Währung oder nicht. Ganz unabhängig vom eigentlichen inneren Wert.

Diese Entwicklung ist auch auf den heutigen Börsen nicht zu übersehen. Früher waren die Bewertungen der Unternehmen direkt gekoppelt an deren Leistungsfähigkeit und Profitabilität. Eine Firma, die stabil gute Gewinne erwirtschaftete, hatte entsprechend den Assets und der Gewinne einen bestimmten Wert. So spiegelte auch die Börse den entsprechenden Wert der gehandelten Unternehmen. Heute haben sich diese Fundamentaldaten völlig abgekoppelt. Unternehmen werden auf Börsen kaum noch nach diesen Daten bewertet, sondern immer mehr nach den Erwartungen. Das hat zur Folge, dass Unternehmen, die noch niemals Gewinne ausgewiesen haben oder profitabel gearbeitet haben, Höchstwerte bei ihren Aktien erzielen (siehe Tesla). So haben sich auch die Börsen mittlerweile von der realen Wirtschaft völlig abgekoppelt, spiegeln in keinerlei Relation mehr die Leistungsfähigkeit der Unternehmen wider.

Auf die lange Sicht sind also die entscheidenden Faktoren, um in entwickelten Gemeinschaften zu guten oder sogar optimalen Ergebnissen zu gelangen:

• die Bildung von guter Reputation,
• die Bildung von Vertrauen,

- angemessene Bestrafung (hier hat die Evolution beim Menschen das Gefühl der „Rache" entwickelt, um die wichtige Komponente „Vertrauen" zu schützen; siehe auch unter „Ultimatum-Spiel"),
- nach Möglichkeiten Bildung von objektiven Bewertungsmaßnahmen (z. B. Bewertung und Veröffentlichung einzelner Geschäftspartner nach durchgeführten Transaktionen, etwa so wie die Bewertung der Transaktionen bei Amazon oder eBay),
- Bildung von langanhaltenden Partnerschaften (darin ist der Anreiz für einen Betrug niedriger, weil das Aufrechterhalten der Partnerschaft gewünscht ist und im Fokus steht und diese durch einen Betrug zerstört werden würde).

Der Aspekt der langanhaltenden Partnerschaft mit gegenseitigem Vertrauen ist freilich umso stärker/verlässlicher und stabiler, je ähnlicher die beiden Partner sich sind, und hängt davon ab, ob sie aus der gleichen oder zumindest aus einer ähnlichen Gruppe stammen und ob sie dementsprechend über einen möglichst identischen Hintergrund (Erziehung, Kultur, Sitten, soziale Konventionen usw.) verfügen. Je größere Unterschiede es hier gibt, umso instabiler sind solche langanhaltenden Partnerschaften. Dies gilt für den ökonomischen ebenso wie für den sozialen oder privaten Bereich, z. B. in zwischenmenschlichen Beziehungen.

Die aktuelle ökonomische Standardtheorie, die von einem ganz anderen Modell des menschlichen Verhaltens ausgeht, welches sich von dem Homo oeconomicus ableitet, kommt hier zu einem eindeutigen Ergebnis: Der Homo oeconomicus ist rational (nach der Definition, was Rationalität ist (!)) und er kennt das Umfeld. Er kennt daher auch die anderen Teilnehmer im Umfeld und da es sich bei allen anderen (der Definition zufolge) auch um solche mit dem Verhalten des Homo oeconomicus handelt und jeder daher nur an seinem eigenen Vorteil interessiert ist, weiß er, dass niemand in dieser Konstellation sein Geld einzahlen würde. Er selber würde es natürlich demzufolge auch nicht tun. Eine soziale Gemeinschaft käme daher niemals zustande. Bessere Ergebnisse aufgrund von Vertrauen und Arbeitsteilung wären also nach der Theorie, welche auf den Annahmen vom Homo oeconomicus beruht, nicht möglich. Die reale Welt lehrt uns hingegen etwas ganz anderes:

Im Gegensatz dazu – und zwar experimentell nachweisbar – zeigt die Realität, dass echte Menschen bei dieser Konstellation tatsächlich Geld einzahlen. Dies widerlegt wieder einmal mehr die klassische ökonomische Standardtheorie und belegt ihre falschen Grundannahmen und auch die falschen Ergebnisse und Schlussfolgerungen.

Analog dazu beweisen wissenschaftlich und experimentell auch das in der Forschung bekannte „Diktator-Spiel" (Engel, 2010) und das „Ultimatum-Spiel" (Croson, 1996) diese mit der ökonomischen Standardtheorie nicht in Übereinstimmung zu bringende, real existierende menschliche Handlungsweise. Die dazugehörige Komponente mit der Bestrafung des Partners unter der Bedingung, dafür eigene Verluste/Nachteile in Kauf nehmen zu müssen, aus Gründen der Rache für gebrochenes Vertrauen, ist mit dem Ultimatum-Spiel eindeutig belegbar und widerspricht somit diametral der ökonomischen Standardtheorie.

Die Logik und die Erklärung hinter dem Phänomen der „Rache" sind einerseits der moralische Kodex des Menschen selbst bzw. die gesellschaftliche Konvention und andererseits auch die Empörung der Allgemeinheit oder zumindest die der anderen Teilnehmer/ Partner und deren soziale Sanktionen (z. B. Entzug der Freundschaft, Kontaktabbruch).

So ist, ökonomisch gesehen, beispielsweise altruistisches Verhalten in der klassischen ökonomischen Standardtheorie gar nicht abgebildet. In der Wirklichkeit jedoch spielt Altruismus in der Evolution ökonomisch und sozial eine nicht zu unterschätzende Rolle. Altruismus ist ein wichtiges gesellschaftliches Thema und hat mit Ansehen, mit Motiven für konkrete Handlungen und damit auch direkt mit ökonomischen Prozessen sehr viel zu tun. Vieles in der Anthropologie, in der Biologie, in der Gesellschaft und auch in der Ökonomie ist nur durch die Existenz von Altruismus möglich und erklärbar. Deswegen wird auch viel in Strafmaßnahmen investiert. Auch dies zeigt einen Gegensatz zur ökonomischen Standardtheorie und zum Handlungsmuster des Homo oeconomicus.

Altruismus spielt übrigens nicht nur in der menschlichen hochentwickelten Gesellschaft eine wichtige Rolle. Sogar in der Natur und bei Tieren gibt es erstaunliche Beobachtungen von altruistischem Verhalten. So ist beispielsweise von den Vampirfledermäusen bekannt, dass diese ihre Beute nach der Rückkehr von der Nahrungssuche mit anderen Tieren, die keine Beute machen konnten, teilen.

Diese Vampirfledermäuse besitzen ein hochentwickeltes Sozialverhalten. So praktizieren sie eine gegenseitige Fellpflege, was ein unter primitiven Tieren unübliches soziales Verhalten ist. Vor allem aber teilen sie sich mit ihren hungrigen Artgenossen ihre erbeutete Nahrung. Diese würgen sie hoch und füttern andere Tiere damit, die keine Nahrung bei der Nahrungssuche finden konnten.

Eine Vampirfledermaus stirbt, wenn sie in zwei oder drei aufeinanderfolgenden Nächten keine Nahrung zu sich nimmt. Zwischen 7 % und 30 % der Tiere scheitern jedoch in einer Nacht bei ihrer Nahrungssuche. Die Gründe dafür sind Krankheit, Verletzung, Geburt oder ganz einfach Erfolglosigkeit beim Beuten. Aufgrund des dringenden (Nahrungs-)Blutbedarfs und der Schwierigkeiten, Beute zu finden, spielen das Heraufwürgen und Teilen der eigenen gefundenen Nahrung mit anderen Tieren der Gruppe eine wichtige Rolle für das Überleben der ganzen Gruppe und somit auch für das Überleben der ganzen Spezies. Ohne Teilen der Nahrung läge die jährliche Todesrate der Tiere hochgerechnet bei 82 %, tatsächlich aber beträgt sie nur 24 %.

Wenn ein solches Tier eine nach menschlichen Maßstäben „selbstlose" Handlung ausführt, kann dies nur aus zweierlei Gründen geschehen: Entweder ist es zum Nutzen seiner Verwandten, insbesondere der Nachkommen, oder zum Nutzen seiner selbst – damit ihm also selbst ebenfalls entsprechend geholfen wird, wenn es in die Lage kommt und Hilfe benötigt. Diesen Mechanismus bezeichnet man auch als „reziproken Altruismus". Das Blutteilen/Nahrungsteilen der Vampirfledermäuse ist das beste Beispiel für diesen „reziproken Altruismus". Schätzungen zufolge gewinnt ein hungriges Tier durch eine Nahrungsspende 18 h bis zum Hungertod, während das Spendertier nur rund 6 h verliert. In Summe profitieren also beide Tiere von diesem Verhalten. Somit erhöht sich die Effizienz des Gesamtsystems durch eine funktionierende Kooperation und Vertrauen gegenüber egoistischem Verhalten signifikant. Es scheint durch die Evolution zu dieser Optimierung der Überlebenswahrscheinlichkeit gekommen zu sein, denn dieses Verhalten der Tiere ist angeboren. Aus diesen beobachteten und messbaren Fakten lässt sich mit relativ einfachen Mitteln ein mathematisches Optimum berechnen.

Abgesehen von der Versorgung des eigenen Nachwuchses – was im Tierreich absolut üblich ist – hängt die Frage, ob eine Vampirfledermaus zum Teilen ihrer Nahrung bereit ist, auch von der Wahrscheinlichkeit ab, diese Leistung auch einmal zurückzubekommen, bzw. von der Tatsache, ob das bittende Tier früher schon einmal mit dem jetzt Angebettelten geteilt hat. Voraussetzung dafür ist, dass die Tiere einander individuell erkennen und ein Vertrauen und Fairness zwischen ihnen existieren (= soziale Norm).

Die gegenseitige Fellpflege (= soziales Verhalten) spielt eine wichtige Rolle beim Identifizieren der einzelnen Artgenossen. Wenn ein hungriges Tier einem anderen das Fell pflegt, so kann der angebettelte Artgenosse dieses identifizieren und erkennen, ob es selbst schon einmal geteilt hat. Dies verdeutlicht die Wichtigkeit und die Funktion des Social Proof sogar im Tierreich und die Tatsache, dass auch primitive Lebewesen Gerechtigkeit und Fairness innerhalb bestimmter Grenzen verstehen müssen. Bestimmte angeborene Verhaltensweisen lassen sich auch beim Menschen gut beobachten. (Ein gutes Beispiel für eine Art „sozialer Anerkennung", die in heutiger Zeit extrem populär ist und für ganze Massen von Menschen außerordentlich wichtig zu sein scheint, ist beispielsweise das große Verlangen nach Likes in den sozialen Medien. Diese Likes können durchaus auch als eine neue Währung angesehen werden, da mittlerweile spezialisierte Anbieter gegen Bezahlung eine bestimmte Anzahl dieser Likes zum Kauf künstlich für die Kunden generieren und anbieten.)

Entscheidend für den reziproken Altruismus sind die sehr stabilen Gruppen, die die Tiere bilden, in denen die einzelnen Individuen sehr lange, möglicherweise lebenslang zusammenbleiben. Dies könnte als eine Art soziale Gemeinschaft angesehen werden.

Verhaltensmuster wie der reziproke Altruismus, soziales Verhalten oder Teamwork erhöhen also meistens die Effizienz des Gesamtsystems, was die Wahrscheinlichkeit für das Überleben des Einzelnen und auch der Gemeinschaft erhöht. Die Evolution hat diese Verhaltensweisen, über die der heutige Mensch nur staunen kann, über Jahrmillionen hervorgebracht. Die Tiere wissen instinktiv, wie sie sich verhalten müssen, wie sie jagen, wann sie angreifen, was sie fressen sollen und wann sie flüchten müssen. Diese Verhaltensweisen sind genetisch vorgegeben, weil sie sich während der Evolution bewährt und über einen langen Zeitraum als nützlich gezeigt haben und sich deswegen gegenüber anderen Verhaltensweisen, die sich nicht so nützlich gezeigt haben, durchsetzen konnten.

Identisch verhält es sich auch mit dem Herdentrieb. Dieser ist vielen Tieren – und auch dem Menschen – angeboren und er ist auch für eine bessere Überlebenssicherung verantwortlich, weil er die Effizienz der Tiere beim Verteidigen erhöht. Ein anderes anschauliches Beispiel ist ein Fischschwarm, wo jeder Fisch intuitiv weiß, wohin er sich zu bewegen hat, um Räubern in der großen Gruppe keine Chance zu bieten. Das alles ist eine Folge von Evolution, Perfektionierung und Weitergabe von Informationen über viele Generationen hinweg bzw. eine Frage von Genetik.

Warum ist gerade Vertrauen so wichtig?

Das Vertrauen war nicht nur in der Evolution wichtig, wo sich die Menschen bei der Jagd aufeinander verlassen mussten, um größere und schnellere Tiere zu erlegen. Das Vertrauen war ein wichtiger Faktor für eine effektivere und effizientere Jagd und somit ursächlich für eine bessere Versorgungssituation jedes einzelnen Menschen und so auch der ganzen Gemeinschaft.

Je höher der Entwicklungsstand der menschlichen Gesellschaft ist, desto wichtiger ist der Faktor Vertrauen: Denn auch die Arbeitsteilung kann ohne Vertrauen nicht existieren. Die soziale und hocheffiziente Gesellschaft heute würde ohne Vertrauen und ohne Verlässlichkeit sofort komplett zusammenbrechen. Das Vertrauen ist aber auch der entscheidende Faktor bei der Bildung und dem Aufbau von Wissen und Know-how. Vertrauen ist die Basis der fairen Zusammenarbeit, die sich für jeden auszahlen muss. Vertrauen in die Ergebnisse und Aussagen von wichtigen Institutionen generiert tatsächlich auch das Wissen einer Gesellschaft. Ein einfaches Beispiel hierfür ist das Wissen über die Tatsache, dass unsere Welt die Form einer Kugel hat. Dieser Fakt widerspricht jeder menschlichen Intuition, die davon ausgehen muss, dass die Welt flach ist. Denn wir bewegen uns das ganze Leben lang auf einer Ebene. Nur die Wissenschaft und der Glaube und das Vertrauen in die Erkenntnisse und Forschungen geben uns Menschen die Sicherheit darüber, dass die eigene Intuition falsch und die Erde tatsächlich eine Kugel ist.

Es ist sehr schwierig, eine starke *Intuition* des Menschen zu verändern. Intuition entsteht einerseits durch Fokussierung auf bestimmte Themen, die für den Menschen interessant oder wichtig sind, und andererseits durch Vertrauen in andere. Vertrauen in sogenannte Opinion-Leader, in Wissenschaft und Forschung, in Religion und oft auch in Medien. Dass hier eine enorme Gefahr des Missbrauchs gegeben ist, um beispielsweise die Fokussierung der Menschen auf bestimmte Themen zu leiten oder von anderen Themen abzulenken und die Menschen dadurch zu manipulieren, liegt auf der Hand.

So spielen in der Ökonomie beispielsweise das Vertrauen in die Währung und der damit entstehende Effekt der sogenannten Geldillusion eine extrem große Rolle:

Es ist die psychologisch begründete Einstellung der Marktteilnehmer zum Geldwert, also zu dem Tauschwert des Geldes, um damit andere Güter erwerben zu können. Diese Einstellung ist mit besonderem Vertrauen in die scheinbar objektive Gegebenheit und Stabilität des Geldes verbunden. Man kann sie verallgemeinert auch als das Vertrauen der Marktteilnehmer und Haushalte zum umlaufenden Geld bezeichnen. Es ist somit auch das Vertrauen der Bevölkerung in die durch den Staat geschaffene und durch seine Autorität scheinbar abgesicherte Geldordnung. Zu einer Geldillusion kommt es beispielsweise dann, wenn Menschen in Zeiten von Inflation die Nominaleinkommenssteigerungen irrtümlich als Realeinkommenserhöhungen wahrnehmen. Dieser Irrtum hat zur Folge, dass es zu einem anderen Ausgabeverhalten der Menschen kommt als bei fehlender Geldillusion.

Der Zusammenhang zwischen Vertrauen und Geld

Bargeld ist nichts anderes als bedrucktes Papier – es ist eine Art „Urkunde". Virtuelles Geld ist nichts anderes als Daten und Zahlen auf Rechnern. Nur der Glaube und das Vertrauen machen dieses bedruckte Papier oder die Daten zum echten Wert. Daher sind generell Glaube und Vertrauen essenziell für den Wert des Geldes und somit in der Folge auch für den Wohlstand der Ökonomie, die dieses Geld benutzt. Hierbei zeigt sich sehr anschaulich der Zusammenhang zwischen Wert, Reichtum und Glauben im Sinne von Vertrauen. Dieser Zusammenhang ist maßgeblich mitverantwortlich für das Phänomen der Akkumulation von Kapital, also warum Geld neues Geld automatisch anzuziehen scheint.

Ein Beispiel zur Veranschaulichung dieses Zusammenhangs:

Beispiel

Ein Mitteloser gibt einen Wechsel aus – mit der Folge, dass dieser Wechsel nichts wert ist, weil niemand glaubt und auch niemand erwartet, jemals für diesen Wechsel bei der Einlösung etwas zu bekommen.

Ein Staat/eine Bank/ein wohlhabender Unternehmer gibt einen Wechsel aus – mit der Folge, dass dieser fast als normales Geld angesehen wird, weil jeder weiß/glaubt zu wissen und erwartet, dass der Wert des Wechsels durch das Vermögen/den Reichtum des Ausstellers gedeckt ist. Der ausgestellte Wechsel entwickelt sich zu einem De-facto-Zahlungsmittel. Wird dieser Wechsel zum Handeln und Zahlen benutzt und wird er nicht zum Einlösen eingereicht, dann ist dies für den Aussteller dieses Wechsels gleichbedeutend mit Erhöhung seines Vermögens um den Betrag des Wechsels, und zwar ohne eine entsprechende Gegenleistung. Denn die Gegenleistung wird erst zum Zeitpunkt der Einlösung dieses Wechsels erbracht (= bezahlt). Fungiert also ein ausgestellter Wechsel eine Zeit lang als Zahlungsmittel und werden für diesen Wechsel Waren und/oder Dienstleistungen bezahlt, ohne dass er eingelöst wird, dann kann dies als eine temporäre Erhöhung der Geldmenge in der Wirtschaft angesehen werden und ist gleichzeitig eine (temporäre, aber „kostenlose") Erhöhung des Vermögens des Ausstellers um den gleichen Betrag. ◀

Auf diese Weise kann also nicht nur der Staat durch die Zentralbank, sondern es können genauso auch vermögende und mächtige Organisationen oder Personen praktisch neue „Geldmittel aus dem Nichts" kreieren und dadurch immer mehr Vermögen für sich selbst anhäufen.

Beispiele:

- Die Herausgabe von Wechseln/Schuldscheinen/Gutscheinen/Punktekarten/Meilen …
- Der Kauf von Realgütern (insbesondere an wichtigen Schlüsselstellen in der Wirtschaft und Gesellschaft) – wobei ab einem bestimmten Kaufvolumen die Preise für diese Realgüter steigen (bedingt durch die erhöhte Nachfrage). Und weil viele Güter nicht vermehrbar sind (das Angebot ist limitiert), wirkt sich eine erhöhte Nachfrage überproportional aus. Durch die so gestiegenen Preise sind dann auch die gekauften Wertanlagen automatisch mehr Wert und ihre Eigentümer somit wohlhabender und dadurch noch mehr ökonomisch glaubwürdig/vertrauenswürdig und können weitere und mehr neue

Wechsel/Schuldscheine ausgeben und so weiteres Geld/Mittel generieren, für welches sie erneut Realgüter kaufen, und so weiter. Eine positive Rückkopplung entsteht, die zu enormer Kapitalakkumulation führen kann.

- Das Herausgeben von virtuellen Währungen, von Kreditkarten oder das Anbieten von Zahlungsdiensten (PayPal, Alipay …)

Der Wert des Geldes bemisst sich also aus dem durch die Marktteilnehmer in das Geld gelegten Vertrauen, aus seiner Kaufkraft und aus dem Marktprodukt von Angebot und Nachfrage nach dem Geld. Werden die Märkte aufgrund von zu hoher Liquidität mit zu viel Geld überflutet, dann besteht auf dem Geldmarkt ein Überangebot an Geld und es verliert automatisch an Wert.

In der modernen Gesellschaft und ihrer Ökonomie gibt es mit zunehmender Zeit ohne eine Kapitalvernichtung (zum Beispiel durch Naturkatastrophen oder Kriege) sukzessive immer mehr Geld und Liquidität. Grund dafür sind nicht nur die neuen Kryptowährungen, sondern auch die Zinseszinsproblematik und die jahrelange permanente Intervention von Zentralbanken, um Wirtschaftsaufschwung zu generieren. Die Preise für Realgüter (z. B. für Immobilien, Commodities, Firmen (= Aktienkurse)) steigen dadurch kontinuierlich. Dieser Prozess lässt sich nicht verhindern und/oder aufhalten. Die einzig wirksame Bremse ist das Verhindern oder zumindest Verlangsamen des Ankommens des stetigen Liquiditätsflusses aus Zentralbankgeldern bei der Bevölkerung. Kommt bei der Bevölkerung, im Mittelstand, bei Kleinunternehmern, bei den Arbeitern und Angestellten, nichts oder nur sehr wenig an, bleiben die Preise für Lebenshaltung relativ lange stabil. Durch stabile Preise für Lebenshaltung und steigende Preise für Investitionen, Immobilien und Unternehmen kommt es aber mit der Zeit zu einer wirtschaftlich-sozialen Schieflage. Die Durchschnittsbevölkerung wird nach und nach einem immer größeren existenziellen Druck ausgesetzt, weil für sie die Preise von Rohstoffen, Immobilien und für Investitionen steigen, sie aber weder von Lohnzuwächsen noch von den Gewinnen profitieren. Auf der anderen Seite profitieren von dieser Entwicklung die wohlhabenden Teile der Gesellschaft. Das sind die Immobilienbesitzer, Investoren, Unternehmen, Banken und Spekulanten. Die soziale Schere klafft somit immer weiter auseinander.

Dies verdeutlicht anschaulich, dass es ökonomisch und auch sozial von entscheidender Bedeutung ist, ob ein bestimmter Durchschnittswert (z. B. Durchschnittseinkommen) aufgrund von zwei sehr auseinanderklaffenden Werten in der Realität herrührt oder ob dieser Wert dem tatsächlichen Wert der Mehrzahl der Menschen in der entsprechenden Ökonomie entspricht.

Das IS-LM-Modell in der ökonomischen Theorie (siehe Kap. 6), welches aber nur mit den ökonomisch aggregierten Werten arbeitet, bekommt durch diese zuvor beschriebene Entwicklung in der realen Ökonomie eine komplett „verfälschte Sicht". Weil Aggregate Durchschnittswerte darstellen, sieht in der aggregierten Form alles gut und stabil aus, weil ja das durchschnittliche Einkommen und der durchschnittliche Wohlstand sehr wohl und auch stetig ansteigen. Doch in Wirklichkeit verarmen große Teile der Gesellschaft und somit auch die Gesellschaft insgesamt, weil die große Mehrheit viel ärmer wird und eine kleine Minderheit sehr viel wohlhabender. Alle Maßnahmen, die abgeleitet sind aus dem theoretischen Modell, welches mit Aggregaten arbeitet, können daher nicht greifen und müssen versagen. Sie berücksichtigen nicht die Realität der Verteilung des Wohlstands der Einkommen innerhalb der Gesellschaft und innerhalb der Ökonomie. So kann nicht die Ursache der Probleme in der realen Ökonomie und in der Gesellschaft selbst erkannt werden und deswegen kann auch weder die wahre Situation erklärt noch gelöst werden.

4.1.8 Risiken der Marktteilnehmer an den Geldmärkten

Alle Marktteilnehmer sind einem Ausfallrisiko ausgesetzt. Dieses besteht darin, dass der jeweilige Geschäftspartner (auch Kontrahent genannt) seine Vertragsverpflichtung nicht erfüllt oder nicht erfüllen kann. Dieses sogenannte Settlement-Risiko kann theoretisch über die Einräumung von gegenseitigen Kreditlinien kontrolliert werden. Die Marktteilnehmer sind dann demzufolge also bis zu dem festgelegten Höchstbetrag (Kreditlinie) bereit, einem anderen Marktteilnehmer Geld zur Verfügung zu stellen. Hier ist aber unbedingt zu berücksichtigen, dass die Transaktionen im Interbankenhandel meist ohne eine Kreditsicherung durchgeführt werden (sie werden als Blankokredit durchgeführt). Darüber hinaus resultiert aus den Geldmarktaktivitäten auch ein Zinsänderungsrisiko. Dieses ist aber aufgrund der sehr kurzen Fristen bei diesen Geschäften vergleichsweise gering.

Die Bereitschaft des gegenseitigen Geld-Verleihens hängt jedoch – und dies zeigen alle wissenschaftlichen Untersuchungen wie auch Erfahrungen aus der Vergangenheit – am stärksten von dem Glauben an die Rückzahlung des Geldes ab. Die Glaubwürdigkeit des Schuldners und die Erwartungen der Gläubiger sowie die äußeren Bedingungen und Umstände zum Zeitpunkt der Entscheidung zum Verleih sind hier die entscheidenden Faktoren. Und alle diese Komponenten werden maßgeblich von der menschlichen Präferenzbildung, also vom menschlichen Verhalten und somit von der menschlichen Irrationalität, beschränkten Wahrnehmung und limitierten Informationslage determiniert. Sie sind daher für das ökonomische Ergebnis (und für die Ökonomie selbst!) maximal relevant. In der aktuellen Theorie werden diese Faktoren jedoch bei Weitem nicht entsprechend ihrer Signifikanz ausreichend berücksichtigt.

Der Geldmarkt ist ein wichtiges Instrument zur Steuerung des Liquiditätsrisikos in dem aktuellen ökonomischen Standardmodell, weil über den Geldmarkt bei Bedarf kurzfristig Liquidität aufgenommen werden kann. Geldmarktaktivitäten können natürlich auch eigenständige Liquiditätsrisiken begründen, was insbesondere bei der Bankenkrise gegen Ende der 2000er-Jahre deutlich zum Vorschein kam. Damals kam es zu einem De-facto-Zusammenbruch des Geldmarktes, weil Kreditinstitute das Vertrauen untereinander verloren und sich gegenseitig aus Risikogründen nicht mehr Geld verliehen haben. Kurzfristige Aufnahme von Liquidität war für die Finanzdienstleistungsinstitute somit nicht mehr möglich. Diese Situation führte dann zu ernsten Schwierigkeiten und Liquiditätsengpässen bei einigen, teils systemrelevanten Finanzinstituten. Der Staat musste mit Stabilisierungsmaßnahmen eingreifen.

Diese Entwicklung konnte nur deshalb so in Gang kommen, weil viele relevante Faktoren des menschlichen Verhaltens in der Ökonomie nicht berücksichtigt wurden. Es sind Faktoren wie die Irrationalität der Marktteilnehmer bei Risiken oder bei Angst, Fehleinschätzung von Risiken, Nichtberücksichtigung der Gain-Loss-Ratio-Aspekte, Entscheidung bei Angst oder die Risikoaversion des Menschen. Nur bei einer entsprechenden Berücksichtigung dieser verhaltens- und entscheidungsrelevanten Faktoren hat man ein Instrumentarium, mit dem man solche Entwicklungen frühzeitig erkennt, versteht und sie dann auch viel effektiver handhabt.

Die Erkenntnisse und Beobachtungen aus der Verhaltensökonomie zeigen ganz eindeutig, wie durch menschliches Handeln, das durch bestimmte externe Ereignisse oder Einflüsse beeinflusst wird, vorhersehbare Fehlentscheidungen zustande kommen. Dadurch können in der Folge Konflikte oder Krisen entstehen, welche durch weitere neue Fehlentscheidungen in der Lage sind, sogar das ganze ökonomische System zu destabilisieren.

Hierzu bedarf es ganz bestimmter Abhängigkeiten und Zusammenhänge, deren Kombination dann infolge zur Destabilisierung des ganzen Systems führen kann. Die einzelnen Faktoren und Zusammenhänge sind:

1. emotionaler Zustand der Individuen zum Zeitpunkt der Entscheidung,
2. Verlustaversion/Unsicherheit/Ungewissheit,
3. Herdentrieb,
4. Wahrnehmungsverzerrungen (Bias) und Verstärkungseffekte durch Medien,
5. Hype/Überreaktion (selektive Wahrnehmung),
6. Angst als Manipulator und Produzent von Irrationalität,
7. Loss-Aversion- und Gain-Loss-Ratio-Überlegungen.

Zu 1. Die Signifikanz des Zustands des Individuums bei seiner Präferenzsetzung/Entscheidung ist entscheidend für die Handlung. Die Verhaltensökonomie zeigt ganz eindeutig, dass Menschen je nachdem, ob sie emotional aufgewühlt sind oder nicht, ganz unterschiedliche Entscheidungen treffen. Sie zeigen komplett anderes Verhalten. Der emotionale Zustand wird in den Versuchen und in der Literatur entweder als „hot" oder als „cold" bezeichnet. Dieser bedeutet nichts anderes als die Beschreibung dafür, ob ein Mensch aufgeregt, erregt, aufgewühlt, wütend usw. ist oder nicht. Der emotionale Zustand determiniert, welche der beiden Gehirnhälften im menschlichen Gehirn für die Entscheidungsfindung überwiegend verantwortlich ist. Die beiden unterschiedlichen Regionen arbeiten unterschiedlich, was oft in der Folge auch zu zwei unterschiedlichen Ergebnissen führt. Entweder kommt die Entscheidung aus dem Teil des Gehirns, der für das rationale Denken zuständig ist, oder sie kommt aus dem anderen Teil, der für die Emotionen zuständig ist. Diese beiden Funktionsbereiche arbeiten nach ganz unterschiedlichen Kriterien und sind je in einer der beiden Gehirnhälften lokalisiert. Der durch externe Faktoren bestimmte Grad der Erregung ist somit verantwortlich dafür, welcher Bereich im Gehirn die Steuerung der Präferenzen übernimmt. Diese externen Faktoren, die den Grad der Erregung determinieren, können z. B. sein: Gefahr, Angst, Hass, Hunger, sexuelle Erregung, Liebe,

Wut. Alle diese Faktoren sorgen also ganz automatisch dafür, dass ein emotionaler automatischer Mechanismus die Steuerung der Handlungen übernimmt und der Mensch intuitiv und sehr schnell handelt. Im gegenteiligen Zustand handelt der Mensch nicht emotional, sondern analytisch, überlegt, langsam und denkt über die Handlungen und deren Folgen genau nach. Als Beispiel aus der Praxis kann hier der Versuch in den USA angeführt werden, wo Teenager in Schulen ausführlich aufgeklärt und über Verhütung und Gesundheit geschult wurden. Jeder wusste Bescheid, wie man sich richtig verhält und was wichtig ist zu tun. In der Praxis jedoch, im erregten Zustand verhielten sich die meisten Probanden so, als hätten sie keine Aufklärung gehabt. Ähnlich starke Wirkung wie externe sexuelle Reize haben Reize, die Ängste verursachen. Dabei spielt es weniger eine Rolle, ob es existenzielle Ängste oder finanzielle Ängste sind. Ängste führen immer dazu, dass das emotionale Entscheidungssystem aktiviert wird und dass automatisch ablaufende Mechanismen und weniger die Rationalität und Vernunft entscheiden. Unerwartete Ereignisse in der Ökonomie, Schocks, Naturkatastofen, Epidemien usw. führen also immer automatisch dazu, dass die darauffolgenden Reaktionen und Entscheidungen tendenziell eher der emotionalen Entscheidungsebene zuzurechnen sind als der rationalen Ebene.

Zu 2. Die in der Psychologie gut erforschte Verlustaversion, insbesondere in Verbindung mit dem Zustand der Unsicherheit und Ungewissheit, verstärkt signifikant die Emotionen des Entscheiders und beeinflusst somit direkt seine Präferenzsetzung. Die in einer emotional angespannten Situation zu erwartende Handlungsweise (bzw. Reaktion auf ein externes Ereignis) wird tendenziell eher extremer ausfallen, als es der Fall wäre bei einer Entscheidung im neutralen und nicht emotional angespannten Zustand.

Zu 3. Das Individuum entscheidet unterschiedlich, je nachdem, ob die Entscheidung allein gefällt wird oder in einer Gruppe. So können diametral unterschiedliche Entscheidungen zustande kommen.

Zu 4. Allgemein bekannte Bias führen zu falschen Entscheidungen: Verlustaversion, Vermessenheitsverzerrung, Framing, Priming, Ankereffekt, Status-quo-Verzerrung, Default-Effekt, Nähe-Verzerrung, falsche Prioritäten, Gewinn- und Verlustverzerrung usw.

Zu 5. In der Gesellschaft herrschende „Hypes" sorgen beispielsweise im Zusammenhang mit dem Bias der selektiven Wahrnehmung oder dem Herdentrieb zur Falscheinschätzung von Realitäten und führen so zu signifikanten Fehlentscheidungen oder zu Extrempositionen.

Zu 6. Durch Angst hervorgerufene oder motivierte Entscheidungen sind nicht objektiv und sehr oft irrational. Sie können zu verheerenden Konsequenzen führen.

Zu 7. Egoistische Abwägungen an Schlüsselpositionen in der Wirtschaft mit Verflechtung von Privat- und Eigeninteressen führen in den meisten Fällen zu schlechten Entscheidungen in der Sache selbst. So besteht unter Umständen die Gefahr, dass mögliche Eigenverluste durch das Abwälzen auf die Allgemeinheit minimiert werden und so für die Ökonomie ein noch größerer Schaden entsteht.

Eine entsprechende Kombination dieser Faktoren bei einer wichtigen Gruppe von Wirtschaftsakteuren, verstärkt und potenziert noch durch die Medienberichterstattung, führt leicht bei einer ursprünglich beherrschbaren Problematik zu einem Aufschaukeln und so zur möglichen Destabilisierung des ganzen ökonomischen Systems.

Effektive Risikomanagementsysteme müssen daher diese Faktoren unbedingt berücksichtigen und durch Maßnahmen wie ausreichende Diversifizierung und regulatorische Vorschriften für die Beherrschbarkeit der Mechanismen hinter den Ausfallrisiken sorgen.

4.2   Kapitalmarkt

Der Kapitalmarkt ist ein Teilmarkt des Finanzmarktes. Hier trifft der mittelfristige und langfristige Kapitalbedarf auf das Kapitalangebot. Das sind Finanzinstrumente mit einer Laufzeit von zwei Jahren und mehr. Kurzfristigere Transaktionen mit einer Laufzeit von weniger als zwei Jahren erfolgen im Gegensatz dazu auf dem Geldmarkt.

4.3   Devisenmarkt

Der Devisenmarkt wird auch Fremdwährungsmarkt oder FX-Markt genannt. Er ist ein Teilmarkt des Finanzmarktes, an dem ausschließlich Devisen gehandelt und so Devisenkurse gebildet werden. Auf dem Devisenmarkt trifft das Devisenangebot auf die Devisennachfrage und wird zum ausgehandelten Devisenkurs getauscht. Der Devisenmarkt lässt sich geografisch nicht lokalisieren. Denn der Devisenhandel findet zwischen den Marktteilnehmern direkt im Interbankenhandel statt.

4.4   Kreditmarkt

Auf dem Kreditmarkt werden ausschließlich Kredite gehandelt. Dort trifft das Kreditangebot auf die Kreditnachfrage. Der Marktpreis für Kredite ist der Kreditzins.

Aus der Eigenschaft der Knappheit des Geldes und des Kapitals entsteht der Zins. Zinsen sind sozusagen eine „Nutzungsgebühr" für das zur Verfügung gestellte Geld oder Kapital. Geld und Kapital werden nur gegen diese „Nutzungsgebühr" (= Zins) verliehen. Zins ist also der Preis für das Verleihen und für das Zur-Verfügung-Stellen des Geldes.

Zinsen kann man aber auch als Bewertungsunterschiede betrachten, die mit dem Faktor Zeit zusammenhängen. Der Verleiher verzichtet auf die Nutzung seines Geldes oder seines Kapitals, welches er verleiht. Und diesen Verzicht lässt er sich in Form des Zinses bezahlen.

Ein weiterer Grund für die Existenz von Zinsen ist das Risiko des Ausfalls. Ein Verlustrisiko besteht immer und überall. Ein eingegangenes Risiko lässt sich jeder Akteur entsprechend der eingeschätzten Ausfallwahrscheinlichkeit bezahlen.

Zinsen sind also nicht nur der „Preis" für das Verleihen von Geld und Kapital. Zinsen sind darüber hinaus auch als eine Entlohnung zu sehen für einen Konsumverzicht des Verleihers. Denn dieser verzichtet auf das Ausgeben des Geldes, welches er verleiht, um seine eigenen Wünsche und Bedürfnisse mit dem Konsum zu befriedigen. Gibt er das Geld aus, kann er es nicht mehr verleihen. Gibt er es nicht aus und verzichtet auf den Konsum, kann er es verleihen und erst nach der Rückzahlung in der Zukunft wieder ausgeben und konsumieren. Somit muss er den Konsum bis zur Rückzahlung des Geldes verschieben und dies lässt er sich in Form des Zinses bezahlen bzw. entschädigen. Er lässt sich sozusagen das Warten auf die Befriedigung seiner eigenen Bedürfnisse bezahlen mit den Zinsen, die er verlangt.

Fazit
Alle Produktionsfaktoren in der Ökonomie werden auf Faktormärkten gehandelt:

- die Arbeit auf dem Arbeitsmarkt,
- der Boden auf dem Immobilienmarkt,
- das Geld auf dem Geldmarkt und
- das Kapital auf dem Kapitalmarkt.

Um die Ökonomie richtig verstehen zu können, muss man daher zuerst verstehen, wie die einzelnen Märkte selbst funktionieren und was deren Funktionsweise maßgeblich bestimmt: Es ist primär das menschliche Verhalten – oder besser und genauer ausgedrückt, die Präferenzsetzung der Menschen (die auf den jeweiligen Märkten agieren). Es ist sekundär auch immer das Umfeld des jeweiligen Marktes. Doch auch das Umfeld wird durch das Verhalten der betreffenden Akteure determiniert. Die Folge also ist, dass erst dann, wenn das menschliche Verhalten und das Bilden und Setzen der menschlichen Präferenzen verstanden und entsprechend berücksichtigt werden, wird man über das Verhalten der Märkte und über ihre Funktionsweise valide Aussagen machen können und infolgedessen dann auch über die Funktionsweise der Ökonomie.

Schließlich muss noch konstatiert werden, dass der Begriff „Markt" ein äußerst abstrakter Begriff ist. Da es sich nicht um einen bestimmten Ort (wie beispielsweise Marktplatz oder Börse) handelt, findet der „Markt" heute praktisch überall statt. Und diese Omnipotenz generiert zahlreiche „Unschärfen". Diese entstehen durch unterschiedliche Umfeldbedingungen, welche sich automatisch auf den am Markt gebildeten Preis auswirken. So ist beispielsweise der Preis für eine standardisierte Arbeitskraft auf dem „Arbeitsmarkt Deutschland" in München ein anderer als in Schwerin. Das Umfeld bestimmt maßgeblich die Faktoren und ihre Preise – der Begriff des Marktes kann daher immer nur als ein Oberbegriff verstanden werden.

Literatur

Ariely, D. (2012). *The (honest) truth about dishonesty: How we lie to everyone – Especially oursel-ves*. HarperCollins. Chapter 8.

Ariely, D., Bracha, A., & Meier, S. (2009). Doing good or doing well? Image motivation and mone-tary incentives in behaving prosocially. *The American Economic Review, 99*(1), 544–555. Publis-hed By: American Economic Association.

Croson, R. T. A. (1996). Information in ultimatum games: An experimental study. *Journal of Econo-mic Behavior & Organization, 30*(2), 197–212.

Engel, C. (2010). *Dictator games: A meta study*. Preprints of the Max Planck Institute for Research on Collective Goods. 2010/07.

Arbeits- bzw. Dienstleistungsmarkt

5

Der Arbeitsmarkt ist ein Schlüsselmarkt in der Ökonomie, nicht nur, weil dort der wichtigste Produktionsfaktor, Produktionsfaktor, nämlich für die menschliche Arbeit, gehandelt wird. Noch viel wichtiger ist seine Funktion als Verbindungsglied zwischen den Faktoren und Kreisläufen von Geld, Arbeit und Produktion. Somit bildet er die Schlüsselstelle zwischen Wirtschaft und Gesellschaft, die Schlüsselstelle zwischen den Menschen und der Ökonomie. Diese sozioökonomische Signifikanz macht den Arbeitsmarkt daher auch zu einer wichtigen „Stellschraube" und zum wichtigen Forschungsfeld sowohl in der Ökonomie wie auch in der Soziologie. Er ist noch mehr als andere Märkte abhängig vom menschlichen Verhalten und hat gleichzeitig auf die Menschen selbst und auch auf die Ökonomie empfindliche und direkte Auswirkungen.

Aus der Sicht der Arbeitnehmer, die auf diesem Markt ihr Können, ihr Know-how, ihre Kenntnisse, Kunstfertigkeiten, Arbeitskraft oder schlicht nur ihre Zeit anbieten, spiegelt dieser Markt direkter als alle anderen Märkte die ökonomische Realität und Situation wider. Da das wirtschaftliche Überleben und ökonomischer Wohlstand für die Menschen oberste Priorität haben und von den Möglichkeiten des Geldverdienens durch Arbeit direkt abhängen, wirken Schwankungen empfindlicher und verstärkter als die von anderen Märkten. Da Sicherheit für die meisten Menschen eines der wichtigsten Güter darstellt, reagieren sie übermäßig empfindlich, wenn sie diese gefährdet sehen, beispielsweise dadurch, dass ihre Arbeit und somit ihr Einkommen durch eine Marktveränderung in Gefahr sind. Die Reaktionen von Arbeitnehmern auf die Schwankungen des Arbeitsmarktes müssen daher auf jeden Fall unter dem Gesichtspunkt der Verhaltensökonomie betrachtet werden. Sie müssen real und möglichst exakt sein, um die Funktionsweise dieses Marktes zu verstehen und zu beschreiben. Künstliche Annahmen, die der Realität nicht entsprechen, führen an dieser Stelle zu Fehlern, Ineffektivität und zu Verlusten durch falsche Lösungsansätze.

© Der/die Autor(en), exklusiv lizenziert an Springer Fachmedien Wiesbaden GmbH, ein Teil von Springer Nature 2023
V. von Holle, *Neue ökonomische Theorie*, https://doi.org/10.1007/978-3-658-42058-1_5

Aus der Sicht der Arbeitgeber und Unternehmer, die Güter produzieren, ist der Arbeits-markt ein Ort, an dem sie nur einen für ihre Produktion benötigten Faktor kaufen. Denn in die Produktion von Gütern fließt einerseits Material ein und andererseits die menschliche Arbeit in Form einer bestimmten Leistung. Somit müssen Unternehmen und Firmen nicht nur auf dem Arbeitsmarkt, sondern auch auf anderen Märkten (z. B. auf Rohstoffmärkten oder Energiemärkten) ihre benötigten Faktoren zusammenkaufen und dabei den optimalen Mix dieser Faktoren beachten. Das ist wichtig, denn die Faktoren lassen sich innerhalb von gewissen Grenzen substituieren. Durch diese Substitution haben Firmen den Vorteil, dass sie den Märkten gegenüber nicht so machtlos ausgeliefert sind wie die Arbeitnehmer. Denn diese haben nur ihre Arbeitskraft, die sie anbieten können, und sind von dieser zu-gleich mit ihrer ganzen Existenz abhängig. Sollten sie kein Kapital gebildet oder geerbt haben, dann können sie auch nichts substituieren, haben dadurch keinerlei Marktmacht und sind gezwungen alle Konditionen zu akzeptieren – mit allen Folgen, die eine solche Abhängigkeitssituation mit sich bringt.

Die Reaktionen von Firmen wie auch von Arbeitnehmern unter dieser Konstellation und die damit einhergehenden Schwankungen des Arbeitsmarktes müssen daher auch auf jeden Fall unter dem Gesichtspunkt der Verhaltensökonomie betrachtet werden. Auch sie müssen real und möglichst exakt sein, um die Funktionsweise dieses Marktes zu verstehen und zu beschreiben. Künstliche Annahmen, die der Realität nicht entsprechen, führen auch an dieser Stelle zu Fehlern, Ineffektivität und zu Verlusten durch falsche Lösungsansätze.

Aus diesen Gründen müssen der Arbeitsmarkt und seine Funktionsweise gut analysiert und verstanden werden. Fehlannahmen, Fehlinterpretationen, falsche Schlüsse und nicht richtig verstandene Abhängigkeiten im Zusammenhang mit der Funktionsweise und seine direkten Auswirkungen auf die Ökonomie und auf die Gesellschaft haben aufgrund seiner zentralen Stellung und Bedeutung weitreichende Konsequenzen, auch in der öko-nomischen Theorie.

5.1   Die Fehlannahmen zum Arbeitsmarkt im aktuellen ökonomischen Modell und die Konsequenzen

Die gängigen relevanten ökonomischen Annahmen im Zusammenhang mit der mensch-lichen Präferenzsetzung (also dem Verhalten des Menschen), in der Anreiz- und Motivationstheorie und dem Markt für Arbeit sind nicht praxisnah. Genauer ausgedrückt: Die Annahmen über die menschliche Motivation und Beweggründe zur Arbeit einerseits wie auch die Annahmen und die daraus resultierende (abgeleitete) theoretische Funktions-weise des Marktes für Arbeit (Arbeitsmarkt) entsprechen nicht annähernd der Realität. Deshalb beschreibt auch die auf diesen falschen oder unrealistischen Annahmen auf-gebaute Theorie nicht korrekt die ökonomische Realität und deshalb entstehen auch die bekannten Verwerfungen und Verzerrungen in der Realität, welche es der Theorie zufolge gar nicht geben dürfte, wie beispielsweise Arbeitslosigkeit trotz Vollbeschäftigung. Die aktuelle Theorie ist somit für die reale Wirtschaft eigentlich unbrauchbar.

Die Tatsache, dass die in der ökonomischen Theorie gemachten künstlichen Annahmen nicht der Realität entsprechen, ist der Hauptgrund dafür, dass es so eine massive Diskrepanz zwischen dieser ökonomischen Standardtheorie und der Realität gibt. Der Arbeitsmarkt selbst ist darin zwar nur ein Baustein, jedoch ein sehr wichtiger. Diese Diskrepanz ist allein daran zu erkennen, dass Empfehlungen oder Vorhersagen, welche auf dem standardtheoretischen Modell basieren, so oft und so sehr fehlerhaft sind (um nicht zu sagen falsch). Das trifft auf alle Bereiche der Ökonomie zu. Die Folge davon sind Friktionen, Verwerfungen und Spannungen zwischen Angebot und Nachfrage (also in allen Märkten der Wirtschaft), die sich dann in Form von Fehlentscheidungen, Fehlinvestitionen, Kapitalvernichtung, Krisen, Konkurswellen und Zusammenbrüchen von einzelnen Märkten oder sogar dem Kollaps der gesamten Wirtschaft entladen. Diese sogenannten Marktkorrekturen oder auch das Marktversagen sind Korrekturmechanismen von Fehlentscheidungen. Man kann auch sprechen von Fehlallokationen von Ressourcen, die zu diesen Reaktionen der Märkte führen.

Die aktuelle ökonomische Standardtheorie geht von folgenden (unrealistischen oder falschen) Annahmen aus:

1 Der Mensch will nicht von sich aus arbeiten und muss immer erst bezahlt oder belohnt werden, damit er arbeitet. Die Bezahlung stellt also eine Art Kompensation dar für seine Abneigung zur Arbeit bzw. für den „Schmerz" oder die „Qual", um arbeiten zu müssen. Die ökonomische Folgerung aus diesem Zusammenhang ist: Je höher die Bezahlung (= Kompensation), desto höher ist die Bereitschaft zur Arbeit und somit auch die Arbeitsleistung.
2 Je härter und intensiver die Anstrengung bei der Arbeit ist, desto mehr Leistung wird erzielt. Doch unberücksichtigt bleibt, dass das Erzielen von „mehr Leistung" nicht unbedingt bedeutet, dass dadurch auch bessere Ergebnisse erzielt werden! Denn man kann auch hohe Arbeitsleistung für sinnlose oder unnütze Zwecke erbringen und somit verschwenden.
3 Vollständige Markttransparenz
4 Einflussgrößen und Begleitumstände, die im Modell unverändert bleiben (die sogenannte Ceteris-paribus-Methode). Damit sollen Aussagen getroffen werden, wie unter sonst gleichen Bedingungen verschiedene ökonomische Einflussgrößen (beispielsweise der Nutzen, den verschiedene Güter stiften, oder Preise und Konsummengen) den Output verändern. Nur so lässt sich auch die Neutralität des Geldes in der Theorie erklären, welche besagt, dass Geldmengenänderungen keinen Einfluss auf reale Größen wie Konsum oder Arbeitslosigkeit haben, sondern lediglich die Geldpreise und -löhne beeinflussen. Der Cantillon-Effekt beispielsweise wird bei dieser Betrachtung völlig außer Acht gelassen.
5 Wissenschaftliche Untersuchungen aus der Verhaltensökonomie belegen eindeutig, dass Geld nur sehr bedingt als alleiniger Motivator für menschliche Arbeitsleistung zu sehen ist und dass sich diese mit kontinuierlicher Steigerung des Lohns ab einer bestimmten Höhe sogar zum Stressfaktor entwickelt und somit *leistungshemmend* wirkt. Vergleicht man die Kostenbetrachtung bei bezahlter Arbeit von Opportunitäten und den

jeweiligen Alternativen zur Arbeit (wie beispielsweise Freizeit, Hobby, Nichtstun …)
mit der Performancekurve des Menschen, so erhält man als Ergebnis, dass ab einer bestimmten Höhe dieser Kosten (= Höhe des Reizes für den Menschen) seine Arbeits-
Performance zu sinken beginnt. Menschen neigen bei zu viel Aufregung und Stress
dazu, sukzessive *weniger* Leistung zu erbringen. Ein gutes und anschauliches Beispiel
dafür ist das Lampenfieber.

6   Ab einer bestimmten Lohnhöhe fangen Menschen an, den (hohen) Lohn für mehr Freizeit einzutauschen (zu substituieren). Die Leistungskurve fängt an, sich in den negativen Bereich zu drehen.

**Exkurs: Yerkes-Dodson-Experiment zur Abhängigkeit zwischen Leistung und
Erregungszustand**

Am Anfang des letzten Jahrhunderts untersuchten die beiden Wissenschaftler Yerkes
und Dodson den Zusammenhang, der zwischen der Leistung und dem Zustand der
Erregung besteht (Yerkes & Dodson, 1908). Dazu experimentierten sie mit Tieren,
indem sie deren Lernleistung unter verschieden starken Stromschlägen (Schmerz/
Erregungszustand) testeten. Sie konnten nachweisen, dass die Leistungsbereitschaft
anfangs mit einem steigenden Zustand der Erregung steigt, dann jedoch abflacht und
bei Überreizung stark absinkt, bis sie schließlich den Wert 0 erreicht.

(Es erübrigt sich zu erwähnen, dass Versuche, die Schmerzen bei Tieren verursachen, inakzeptabel sind.)

Ergebnis des Yerkes-Dodson-Experiments grafisch dargestellt:

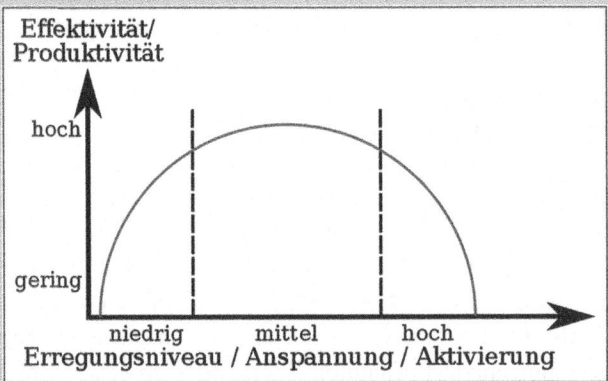

Die gängige Praxis der Mitarbeitermotivation in der heutigen Ökonomie entspricht bei Weitem immer noch nicht den Fakten über die Motivationsgesetze in der
Realität. Diese finden immer noch in den allermeisten Fällen in der monetären Form
statt (Prämienzahlungen, Überstundenzuschläge, Gehaltserhöhungen usw.). Die be-

schränkte Wirksamkeit dieser gängigen Praxis lässt sich sogar experimentell beweisen. Dabei wird zuerst unterschieden, ob es sich bei der Art der Arbeit um physische/mechanische Arbeit handelt oder um intellektuelle bzw. kreative Arbeit.

Experiment mit manueller Arbeit: Probanden sollten mechanisch Knöpfe möglichst schnell abwechselnd drücken. Mit zunehmender Bezahlung lässt sich zwar die Anzahl der Betätigungen leicht steigern, jedoch nur bis zu einer bestimmten Grenze. Ab dieser Grenze führt eine weitere Erhöhung der Bezahlung zu keiner weiteren Erhöhung der Leistung.

Experiment mit kreativer Arbeit: Hier sollen Probanden aus Legosteinen Kunstfiguren zusammenbauen. Jede abgegebene fertige Figur wird mit Geld entlohnt.

Alle wissenschaftlichen Untersuchungen führen zum gleichen Ergebnis: Eine Erhöhung der Bezahlung der Arbeit, um damit eine Erhöhung der abgelieferten Leistung des Angestellten zu erreichen, funktioniert lediglich bei der *mechanischen* (!) Arbeit. Doch die Auswirkung der Lohnerhöhung auf die gemessene Leistung ist nur sehr klein und außerdem nur innerhalb eines sehr kleinen Bereichs des Leistungsspektrums.

Bei kognitiver Arbeit hingegen gibt es diese gewünschte Erhöhung der Leistung gar nicht. Somit ist bei kognitiver Arbeit zusätzliches Geld als Motivator eher ein Stressfaktor als ein Motivationsfaktor!

Die Abbildung zeigt den Unterschied in der Leistung/Motivation zwischen manueller und intellektueller Arbeit:

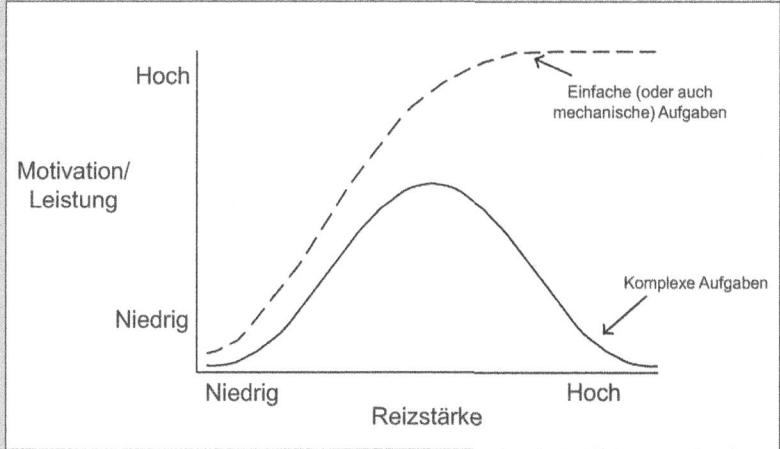

Experimentell hat sich eindeutig gezeigt, dass nicht die Bezahlung für die Leistung des Arbeitenden ausschlaggebend war (hier war die Leistung gemessen in der Anzahl der gebauten und abgegebenen Lego-Figuren). Vielmehr spielte eine

Rolle, wie die Teilnehmer des Experiments den Umgang und das Setup der „Bezahlung" empfanden. Am schlechtesten waren die Ergebnisse, wenn die Probanden selber die zusammengesetzten Figuren in einen Abfalleimer werfen mussten und ihr Geld holten, ohne dass der Leiter des Experiments diese Figuren (das Endergebnis ihrer Arbeit) überhaupt beachtete. Wesentlich bessere Ergebnisse wurden erzielt, wenn die fertigen Figuren bei der Bezahlung begutachtet wurden und dann das Geld ausbezahlt wurde. Am besten war das Ergebnis bei der Versuchsanordnung, wo die Figuren in einer Vitrine aufgestellt, aufbewahrt und kategorisiert wurden. Der ausbezahlte Geldbetrag spielte hingegen kaum eine Rolle.

Ergebnisse und Erkenntnisse für die ökonomische Realität

Der Mensch lässt sich entgegen der Annahme der klassischen ökonomischen Theorie nur sehr bedingt monetär motivieren. Lediglich bei mechanischen und körperlichen Arbeiten lässt sich durch zusätzliche Bezahlung eine zusätzliche Motivation erzielen und die Leistung zusätzlich etwas steigern. Bei intellektuell anspruchsvolleren und kreativen Tätigkeiten jedoch muss der Mensch einen Sinn und Anerkennung hinter seiner Arbeit sehen. Sinnlos empfundene Arbeit wird widerwillig verrichtet. Motivation durch zusätzliche Bezahlung ist dann kaum wirksam.

Merke: Die Sinnhaftigkeit hinter der Arbeit ist der Schlüssel zur wahren Motivation des Menschen. Deswegen arbeiten Menschen auch sehr viel, sehr lange und sehr hart an vielen Aufgaben, obwohl sie dafür gar keine Bezahlung bekommen, nämlich bei ehrenamtlichen Tätigkeiten, oder sie tun es als Hobby, weil es ihnen Sinn und Erfüllung gibt.

Entgegen der ökonomischen Standardtheorie ist der Mensch also durchaus auch aus seiner eigenen Motivation heraus hoch produktiv und auch kreativ. Diese Tatsache widerspricht daher klar und diametral der angebotsorientierten Theorie in der Ökonomie.

Es gibt aber auch andere „Energien" und Motivationsquellen für das Handeln des Menschen und sein Arbeiten, einige davon sind sogar sehr stark. Es sind insbesondere:

- Altruismus und der Wunsch, anderen Menschen zu helfen,
- Selbstverwirklichung oder der Wunsch, seine eigenen Sehnsüchte zu erfüllen oder etwas Besonderes zu erreichen,
- Hass und der Wunsch, etwas unbedingt zu verändern,
- Liebe,
- Rache und der Wunsch, ein bestimmtes Ergebnis herbeizuführen,
- Eitelkeit und der Wunsch, anderen etwas zu zeigen oder zu beweisen,
- …

Als Motivator in der Arbeitswelt darf man daher offensichtlich nicht nur die monetäre Bezahlung der Mitarbeiter betrachten. Ein sehr wirksames Instrument für die Motivation ist es, die Arbeit so zu gestalten, dass die Menschen dahinter eine sinnvolle Tätigkeit sehen können. Es muss versucht werden, eine Identifikation mit der zu verrichtenden Tätigkeit zu erzielen, die für den Menschen eine motivierende Herausforderung bietet. Wenn sich der Mensch mit seiner Tätigkeit identifizieren und sich dadurch verwirklichen kann, wenn er stolz ist auf das, was er tut, und damit auch einen gesellschaftlichen Status erwirbt, dann wird er die maximale Leistung abgeben und die bestmögliche Arbeit verrichten. Genau diese Faktoren und deren Mix ergeben das optimale Motivationsmodell der modernen Arbeitsgesellschaft.

Wissenschaftliche Untersuchungen und Tests in der Verhaltensökonomie konnten diese effektiveren Motivationsfaktoren eindeutig identifizieren und ihre Wirksamkeit beweisen. Es sind weiche Faktoren wie die Sinnhaftigkeit und Wichtigkeit der ausgeführten Arbeit und Aufgabe oder die soziale Anerkennung bei der Tätigkeit, der Status seines Berufs oder auch eine adäquate und gerechte Bezahlung in Relation zu den anderen Mitarbeitern oder auch die Möglichkeiten und Alternativen, die sich für den Betroffenen aus der Arbeit oder Aufgabe ergeben.

Diese Ergebnisse überraschten und zeigten sehr deutlich, wie ineffektiv die Instrumente, die auf der Theorie des Homo oeconomicus basieren und derzeit im Personalmanagement überwiegend benutzt werden, in Wirklichkeit sind. Die Annahme der klassischen Theorie, dass der Mensch von Natur aus nicht arbeiten möchte und durch Geld zur Arbeit „bewegt" werden muss – und dementsprechend mit mehr Geld zu mehr Arbeit zu bewegen ist – diese Annahme ist eindeutig falsch.

Auf der übergeordneten Ebene, also auf dem Arbeitsmarkt, haben die neuesten Erkenntnisse aus der Verhaltensökonomie auch eine Auswirkung. Denn die in der Theorie angenommene Invisible Hand auf den Arbeitsmärkten, die alleine Angebot und Nachfrage regelt und ins Gleichgewicht bringt, funktioniert nur bei den zuvor erwähnten nicht realistischen Annahmen und bei der Nichtberücksichtigung der Komplexität des menschlichen Verhaltens.

Diese Differenzen zwischen der komplexreduzierten Theorie und der Wirklichkeit/der ökonomischen Praxis haben auf der mikroökonomischen Ebene die Auswirkungen, dass zahlreiche Ergebnisse nicht stimmen und dass Berechnungen und Prognosen in der Realität teils signifikant abweichen. Diese eher weniger sichtbaren „Unschärfen" in der Mikroökonomie haben aber auf der makroökonomischen Ebene massive Auswirkungen auf die Staats- und Weltwirtschaft. In entwickelten Gesellschaften wird mehr und mehr Arbeitsleistung praktiziert und Arbeitskraft in den Dienstleistungsbereich verlagert. Hierzu kommt auch die fortschreitende Automatisierung, die mit dem technischen Fortschritt einhergeht und eine immer bessere Ausbildung und Qualifikation der Angestellten notwendig macht. Es bleiben jedoch in jeder Gesellschaft immer auch wichtige Arbeiten, die nicht maschinell verrichtet werden können, übrig, welche keine Hochspezialisierung bzw. eine besondere Ausbildung voraussetzen und die trotzdem wichtig sind.

Eine generelle Entwicklung in nur eine Richtung ist daher der falsche Weg. Beispiele:

1   Die Abschaffung des Niedriglohnsektors, welchen viele Menschen nutzen, um zusätzliches Einkommen zu generieren. Dies betrifft einen zahlenmäßig durchaus großen Anteil der Population, sodass also ein erheblicher Umsatz in der Ökonomie hier generiert wird. Gibt es diese Stellen nicht, landen in der Folge viele Menschen in der Arbeitslosigkeit und in der Sozialhilfe. Soziale Spannungen und gesellschaftlicher Unmut werden so unnötigerweise generiert und viele wichtige Dienstleistungen innerhalb der Gesellschaft werden grundlos rar (beispielsweise Haushaltshilfen, Kinderbetreuung, Aushilfsarbeiten).

2   Die Abschaffung des Niedriglohnsektors schafft eine gewisse Abhängigkeit von Ländern, die Arbeiten auf diesem Sektor zur Verfügung stellen. Diese Abhängigkeit kann langfristig problematisch werden.

3   Nicht zu vernachlässigen ist die Tatsache, dass viele Menschen eine bestimmte Arbeit auch nicht nur der Bezahlung wegen tun, sondern aus Freude, aus der Hilfsbereitschaft heraus oder manchmal auch aus Zeitvertreib (so bieten beispielsweise sehr oft pensionierte Senioren gerne ihr Hilfe an, um jüngeren Familien bei der Betreuung der Kinder zu helfen). Zu erwähnen sind hier auch beispielsweise Arbeiten im Haus oder mit Kindern (insbesondere für Schüler, Rentner oder interessierte Studenten).

4   Allein das Vorhandensein von Arbeit ist ein sehr wichtiger psychologischer Faktor für Menschen und für ihr Wohlergehen! Es gibt ein Gefühl von existenzieller Sicherheit und für viele ein Gefühl von Gebrauchtwerden. Es ist ein gesellschaftlicher „Hygienefaktor".

Dass Arbeit für den Menschen sehr oft nicht nur als Mittel zu sehen ist, um seinen Lebensunterhalt zu bestreiten, sondern auch psychologisch und sozial sehr wichtige Funktionen übernimmt, wird deutlich bei der Tatsache, dass Menschen oft und gerne arbeiten, ohne für die geleistete Arbeit überhaupt bezahlt zu werden. Das sehen wir nicht nur an den unzähligen gemeinnützigen und ehrenamtlichen Tätigkeiten. Das sehen wir sogar unter extremen Umständen sehr deutlich daran, dass beispielsweise Arbeit in Gefängnissen als Belohnung nur für die Gefangenen mit guter Führung erlaubt wird. Eine Bestrafung ist, nichts tun zu dürfen, und diese Strafe scheint für den Menschen schlimmer zu sein, als zu arbeiten, auch wenn die Art der Arbeit keine angenehme Arbeit ist. Das ist eine nicht zu widerlegende Tatsache. Und diese Tatsache in der realen Welt ist ein Widerspruch zur Standardtheorie und der Ansicht, dass der

Mensch bezahlt werden muss, um zu arbeiten, und demzufolge Geld das Mittel ist, mit dem man die Performance der Arbeit steuert.

Unter normalen Bedingungen arbeitet der Mensch in der Realität gerne und versucht sich durch die Arbeit, die er verrichtet, zu verwirklichen, versucht Neues und Besseres zu kreieren, versucht Dinge aufzubauen und kreativ zu sein. Das scheint die wahre Natur des Menschen zu sein und nicht die, die uns durch die Annahmen des standardökonomischen Modells vermittelt werden. Die Arbeit bringt dem Menschen Selbstverwirklichung und generiert Anerkennung bei seinen Mitmenschen und in der Gesellschaft. Anerkennung in der Gesellschaft scheint durch die Evolution mit dem Sicherheitsbedürfnis zusammenzuhängen, weil Mitglieder einer Gruppe gemeinsam eine höhere Überlebenschance hatten als Einzelgänger. Je höher die soziale Stellung einer Person innerhalb der Gesellschaft ist, desto höher ist auch die Wahrscheinlichkeit, dass die Gesellschaft für diesen im Bedarf sorgen wird.

Daraus kann abgeleitet werden, dass die Selbstverwirklichung und die Anerkennung die obersten Ziele sind, nach welchen Menschen streben.

Für die Motivationstheorie bedeutet dies, dass die Arbeit eigentlich gar nicht bezahlt werden müsste, wenn der Mensch seine existenzielle Absicherung hätte und nicht für sein Überleben arbeiten müsste. Wenn die Arbeit nur so gestaltet wäre, dass sie ausreichend Selbstverwirklichung und Anerkennung für den arbeitenden Menschen generiert, dann würde er gerne arbeiten auch ohne eine monetäre Entlohnung/Bezahlung.

Diese These wird durch unzählige Beispiele gestützt. Ganz unabhängig von der Sinnhaftigkeit, vom eingegangenen Risiko und von ökonomischen Überlegungen, opfern beispielsweise Menschen ihren Urlaub und investieren ihre Ersparnisse, um sich tage- oder wochenlang unter den größten Anstrengungen und Gefahren in Kälte und Schnee zu plagen und um auf irgendwelche Berggipfel zu klettern. Sie verbringen monatelang ihre freien Abende, um in Kellerräumen und Garagen alte Autos, Motorräder oder Eisenbahnen zu bauen oder zu reparieren, sie plagen sich monatelang mit Stricknadeln und Wolle, um Mützen, Pullover oder Schals zu stricken, welche sie in besserer Qualität für ein paar Euros überall kaufen können, oder sie arbeiten ein ganzes Jahr im eigenem Garten, um im Herbst einen kleinen Korb voll mit Früchten und Gemüse zu ernten. Das alles ist rational oder ökonomisch nicht zu erklären und der Aufwand steht mit dem Ertrag in keinerlei Relation. Es widerspricht diametral der ökonomischen Standardtheorie. Und trotzdem ist es so. So ist der Mensch und so ist sein Handeln und so sind seine Entscheidungen und Präferenzen. Wenn diese Dinge gerne und oft so stattfinden und gemacht werden, wenn dadurch die Menschen Freude und Glück erfahren, dann ist es genau das, was auch die Ökonomie möglichst praxis- und realitätsnah abbilden sollte, um bessere Erklärungen zu haben, bessere Ergebnisse zu generieren und um den Wohlstand und das Glück der Menschen zu mehren und zu maximieren.

Genau das kann aber die aktuelle ökonomische Theorie nicht leisten. Sie geht von Annahmen der Rationalität aus und sie definiert zugleich, was rational sein soll und was nicht. Analog dazu sind dann aus der Sicht dieser Theorie all die zuvor genannten Bespiele irrational, unökonomisch und verschwenden wertvolle Ressourcen. Wertvolle Produktionsfaktoren werden suboptimal eingesetzt und der Wohlstand und das Glück der Menschen werden nicht vermehrt. Nach dieser Theorie würden diese beispielhaft genannten Tätigkeiten niemals befürwortet werden, geschweige denn unterstützt.

Und genau diese Diskrepanz zwischen der Theorie und der Praxis führt zu der Situation, die wir in der Arbeitswelt und auf den Arbeitsmärkten haben: Der Mensch entfremdet sich zunehmend von seiner Arbeit, er arbeitet nicht gerne, weil die Rahmenbedingungen nicht stimmen und er durch die Arbeitsteilung bedingt immer mehr nur stupide Tätigkeiten ausführt und er ausschließlich durch Geldbezahlung „motiviert" wird um weiter zu arbeiten. Auf dem Markt für Arbeit herrscht zwischen dem, was in Wirklichkeit angeboten wird an Arbeit, und dem, was in Wirklichkeit nachgefragt wird, eine riesige Asymmetrie.

Aus all diesen zuvor genannten Gründen ist es als höchstproblematisch zu bewerten, wenn die Entwicklung von Technologie und von Geräten/Robotern forciert und unterstützt wird, welche die einfache menschliche Arbeit ersetzen (beispielsweise Spiegeleiermaschinen in Hotels oder Roboter, die den Gästen Getränke aufs Zimmer bringen).

Denn die Entwicklung dieser Technologien erfordert sehr viel und sehr hoch qualifizierte Arbeit. Durch das Investieren dieser hochwertigen und hochqualifizierten Arbeit kann mit zeitlicher Verzögerung nur die niedriger qualifizierte und einfache Arbeit durch die Maschinen nach deren Markteinführung ersetzt werden.

Somit handelt es sich hierbei um einen Trade-off, bei welchem hochqualifizierte Arbeit und Kapital eingesetzt werden, um später weniger qualifizierte Arbeit zu ersetzen, weil nur diese durch die entwickelten Maschinen verrichtet wird. So wird unter dem Einsatz von hohen Investitionen und Know-how der Niedriglohnsektor zerstört, ohne zu bedenken, dass große Teile der Menschheit nicht die Möglichkeiten und auch nicht die Fähigkeiten besitzen, sich besser und höher für andere Arbeiten zu qualifizieren.

Dabei sind aber unbedingt die weitreichenden Folgen dieser Entwicklung zu bedenken:

Reduktion, Verdrängung oder gar Beseitigung von niedrigqualifizierter Arbeit vom Markt hat zur Folge: höhere Arbeitslosigkeit für die wenig qualifizierten Menschen in der Bevölkerung oder für Zuverdiener. Diesen Gruppen wird zunehmend die Existenzgrundlage entzogen. Auch durch die besten Bildungs- und Weiterbildungsmaßnahmen ist es innerhalb einer Gesellschaft nicht möglich, wirklich alle Menschen höher zu qualifizieren und besser auszubilden.

Anstieg von Armut, Ausweglosigkeit und weiterer sozialer Abstieg für die betroffenen Teile der Bevölkerung sind die Folge. Soziale Spannungen, insbesondere in der unteren Bevölkerungsschicht, nehmen entsprechend dieser Entwicklung zu. Gesamtgesellschaftlich entsteht ein Qualitätsverlust innerhalb der Dienstleistungen in der Ökonomie, weil eine Vielzahl von vom Menschen erbrachter Dienstleistung in sehr vielen Fällen besser ist als die gleiche Dienstleistung erbracht von Maschinen und Robotern (wie z. B. das Pflegen, Begleiten, Unterstützen, Servieren, usw.).

Ein direkter qualitativer und quantitativer Vergleich zwischen der investierten qualitativ hochwertigen Arbeit und der zu ersetzenden einfachen Arbeit ergibt folgendes Ergebnis:

Ökonomisch gesehen kann die Entwertung der hochqualifizierten Arbeit genau auf den Wert der dadurch ersetzten niedriger qualifizierten Arbeit beziffert werden. Das entspricht einer – mit Berücksichtigung der damit zusammenhängenden Nachteile – signifikanten Fehlallokation von Ressourcen (hier konkret von der Ressource „hochqualifizierte Arbeit").

Zusammenfassend kann festgestellt werden, dass die Gesamtverlagerung der verfügbaren Arbeit innerhalb der Gesellschaft in den höherqualifizierten Sektor zur Folge hat,

a) dass Menschen, die mit den neuen Anforderungen nicht mithalten können, zum „sozialen Problem" werden und

b) dass der höherqualifizierte Sektor insgesamt tendenziell „abrutscht" und zum „Normalsektor" wird – also auch aus der Sicht der Bezahlung (= Einkommen) wie auch vom Status her, jedoch mit den dann gleichbleibend erhöhten Anforderungen an die Qualifizierung und an die Leistungsfähigkeit der Menschen.

Diese Entwicklung bedeutet also mit zeitlichem Verzug ein Absinken von Löhnen in den höherqualifizierten Bereichen trotz gleichbleibender hochqualitativer Anforderung und gleicher Arbeitszeit und zugleich ein Absinken des Gesamtwohlstands in der Gesellschaft durch die falsche Allokation von Ressourcen am Anfang dieser Entwicklung.

Die Zunahme von sozialen Problemen und Arbeitslosigkeit innerhalb der Gesellschaft wird dann auf längere Sicht unvermeidbar, wie auch höhere staatliche Sozialausgaben und Ausgaben für die Sicherheit mit gleichzeitig höheren Kosten und negativen Externalitäten durch die höhere Arbeitslosigkeit.

Schlussfolgerungen

1. Geld wird in der Ökonomie als Motivator für mehr und härtere Arbeit angesehen und folglich auch als erfolgsentscheidender Faktor. In Wirklichkeit jedoch wirkt sich das Geld in Form einer Gehaltserhöhung viel weniger auf die Arbeitsleistung aus, als allgemein angenommen wird.

2. Es besteht ein Widerspruch zwischen der ökonomischen Standardtheorie und der ökonomischen Realität. Es ist ein Widerspruch zwischen dem „System Homo oeconomicus" und den Erkenntnissen aus der Verhaltensökonomie über das reale Verhalten von Menschen und den daraus folgenden Auswirkungen auf die Theorie der Arbeit.

3. Das Setzen von falschen oder nicht effektiven Anreizen kann zu einer Fehlallokation von Ressourcen führen mit der Folge, dass menschliche Arbeitskraft und sozialer Wohlstand vernichtet werden.

4. Die menschliche Arbeit zählt neben dem Kapital und Boden zu den Produktionsfaktoren in der Ökonomie. Für große Teile der Bevölkerung ist ihre Arbeitskraft das einzige „Gut" als Äquivalent zum Kapital, welches sie besitzen und zur Verfügung haben. Nachdem das Kapital so definiert wird, dass es zur Produktion von Gütern und Dienstleistungen eingesetzt wird, ist davon auszugehen, dass es seinen Weg immer dorthin findet, wo es auch die besten Voraussetzungen gibt, um sich zu vermehren. Und das wird langfristig bestimmt nicht in jener Ökonomie sein, welche sich aufgrund von Fehlinvestitionen und Fehlallokationen von Ressourcen im Abstieg befindet. Das vorhandene Kapital wird immer aus solchen schrumpfenden Ökonomien abgezogen und wandert dorthin ab, wo bessere Voraussetzungen und Bedingungen herrschen. Es wird in der heutigen globalisierten Welt international dort investiert, wo bessere ökonomische Voraussetzungen vorliegen.

Diese Zusammenhänge sind am besten daran zu beobachten, dass die am besten ausgebildeten Gruppen (z. B. Experten und Spezialisten) zuerst aus schrumpfenden oder stagnierenden Ökonomien langsam abwandern und die weiteren (z. B. Arbeiter und dann Hilfskräfte) ihnen nach und nach folgen. Zurück bleibt eine wirtschaftliche Situation mit Mangel an guten und qualifizierten Arbeitskräften und gleichzeitig hoher Arbeitslosigkeit mit hohen Ausgaben im sozialen Sektor.

Die Theorie der menschlichen Anreize und Motivation ist jedoch nicht das einzige Defizit der aktuellen ökonomischen Theorie. Im Zusammenhang mit der Funktionsweise des Arbeitsmarktes ist ein zweites Defizit der Theorie zu erwähnen. Dieses ist sogar als eines der Hauptfehler der aktuellen Theorie zu sehen: Es betrifft die grundlegende Frage, was tatsächlich auf dem Arbeitsmarkt gesucht, gehandelt und für was in Wirklichkeit bezahlt wird. Ist es

a) die menschliche Arbeit
   oder ist es
b) das Ergebnis dieser Arbeit, welches für die Firmen und Unternehmen notwendig ist,

also in der Realität die Leistung, aber nicht die Arbeit selbst? Denn Arbeit kann auch unproduktiv sein und muss nicht unbedingt etwas leisten, schaffen, erschaffen, oder herstellen. Die Leistung jedoch schon (sieht man hier von negativer Leistung ab), die Leistung ist produktiv. Leistung schafft immer werte, von der Arbeit kann man das nicht immer behaupten. Die Leistung ist der wirkliche Produktionsfaktor, nicht die Arbeit.

Das ist ein immenser Unterschied! Und diese Frage ist extrem wichtig. Denn je nachdem, was die Firmen wirklich brauchen, suchen und wofür sie dann auch tatsächlich bezahlen, hat direkte Auswirkungen auf die Bildung und die Funktionsweise des Marktes selbst und in der Folge dann auch auf die Wirtschaft. Denn diese setzt sich aus den einzelnen Märkten zusammen und wird durch deren Funktionsweise determiniert.

Falsch in der aktuellen Standardtheorie sind nicht nur die Annahmen über das menschliche Verhalten (insbesondere über die Motivation und die Belohnungsmodelle des Menschen) und über die Existenz von angeblichen Gleichgewichten auf dem Arbeitsmarkt. Zu diesen Fehlannahmen, die alleine schon eine signifikante Fehlerquelle darstellen, kommt eine weitere wichtige Fehlerquelle hinzu.

Es ist eine konzeptionelle Schwäche der Arbeitsmarkttheorie, die – wie der Name „Arbeitsmarkt" es ganz deutlich sagt – einen Markt beschreiben soll, auf welchem Arbeit angeboten und Arbeit nachgefragt wird. In der Tat wird auf der Angebotsseite durch die Arbeitnehmer die menschliche Arbeit auf dem Arbeitsmarkt angeboten. Bei einer genaueren Betrachtung wird jedoch durch die Firmen nicht wirklich menschliche Arbeit gesucht oder nachgefragt. Firmen benötigen strenggenommen keine und wollen auch gar keine Arbeit. Sie versuchen sogar möglichst viel Arbeit zu reduzieren oder, wo es möglich ist, ganz zu eliminieren. Siehe hierzu die zuvor genannten Beispiele über den technischen Fortschritt, um die menschliche Arbeit ganz zu ersetzen – und zwar auch die im niedrigen Einkommenssektor. Denn die Firmen benötigen in Wirklichkeit immer nur das Ergebnis aus der Arbeit, den Output. Es ist nur ein ganz spezifischer und genau definierter Output aus der Arbeit, welchen sie brauchen und den sie dann einsetzen für das Zur-Verfügung-Stellen ihrer Dienstleistungen und für die Produktion ihrer Produkte, welche sie dann verkaufen, um damit Gewinne zu generieren.

So braucht beispielsweise eine Baufirma den Output (= Ergebnis aus der Leistung) eines Maurers, um eine Wand oder ein Haus zu produzieren. Die Arbeit des Maurers braucht die Firma nicht. Diese nimmt sie nur, um das Ergebnis (Output) zu erhalten, in diesem Beispiel die Wand oder das Haus. Könnte der Maurer diesen Output auf wundersame Weise ohne seine Arbeit erbringen, dann würde die Firma viel lieber nur diesen Output (= das Ergebnis) kaufen und bezahlen. Auf keinen Fall würde die Firma die Arbeit des Maurers wollen.

Die Arbeit bezahlt die Firma heute nach dem Erfahrungswert, der für das gewünschte Ergebnis normalerweise benötigten Zeit (= Arbeitszeit). Denn Arbeit ist nicht gleichzusetzen mit Leistung. Die Arbeit – oder genauer gesagt Arbeitszeit (= Anstrengung × Zeit) – ist somit nichts weiter als eine Verrechnungseinheit für einen ganz bestimmten Output (= Ergebnis aus der Arbeitsleistung). Je weniger Arbeit der angestellte Maurer für die Produktion des erwünschten Ergebnisses benötigt, umso besser ist es für die Firma, also für den Arbeitgeber des Maurers. Die Tatsache, dass unterschiedliche Arbeiter auch unterschiedlich lange arbeiten müssen, um ein bestimmtes Ergebnis (Output) zu produzieren, verdeutlicht die Komplexität des Arbeitsmarktes. Denn jeder Mensch benötigt eine unterschiedliche Zeit und erbringt auch eine unterschiedliche Qualität des Outputs. Die abgegebenen Leistungen schwanken also erheblich zwischen unterschiedlichen Menschen/

Arbeitern und eine genaue und gerechte Bepreisung/Belohnung ist selbst beim besten Willen praktisch nicht möglich. So sind dann Erfahrungswerte und Durchschnittswerte in der Produktion wie auch die benötigten Zeiten und das erforderliche Know-how heranzuziehen, um in Form der Arbeitsleistung eine Standardisierung zu finden, welche dann ähnlich einer Währung auf dem dafür vorgesehenen Markt gehandelt wird.

Somit kann man die Situation auf dem Arbeitsmarkt mit einem Obstmarkt vergleichen, auf dem nur Obst in den unterschiedlichsten Zusammensetzungen und Qualitäten auf der einen Seite angeboten wird, auf der anderen Seite aber nur explizit Birnen, Äpfel, Bananen usw. benötigt und nachgefragt werden.

Die menschliche Arbeit auf dem Arbeitsmarkt ist also zu sehen als eine Art von Verrechnung und Verallgemeinerung von Leistung oder Output. Menschen/Arbeitnehmer bieten Arbeit an und Firmen kaufen Leistung, welche sie als Maß verrechnet in Arbeit beziehen und bezahlen. Daher sollten Firmen eher als „Leistungsnehmer" und Arbeitnehmer als „Leistungserbringer" bezeichnet werden und nicht als Arbeitnehmer und Arbeitgeber.

Auf dem Arbeitsmarkt trifft Nachfrage nach Output/Leistung auf das Angebot an Arbeit. Käufer (= die Firmen) wollen Leistung kaufen, während die arbeitswilligen Menschen ihre Arbeit anbieten. Die Käufer (Firmen) müssen hoffen, die benötigte Leistung für die gekaufte Arbeit zu bekommen, was keineswegs selbstverständlich ist. Es entsteht eine Art Substitution zwischen Arbeit und Leistung, was zu erheblichen Friktionen des betreffenden Marktes führt. Diese Friktionen haben zur Folge, dass der Markt nicht vollständig geklärt wird, Arbeitslosigkeit entsteht trotz ausreichender Nachfrage nach Leistung. Unter diesen Umständen *muss* zwingend ein bestimmter Prozentsatz an Arbeitslosigkeit übrigbleiben. Denn die Käufer werden immer nur bis zu einem bestimmten Risiko gehen, bei dem sie gerade so viel Arbeit einkaufen, dass ihre Grenzproduktivität nicht negativ wird und sie keine Verluste machen müssen. Weil aufgrund der „Verrechnung" (also der Diskrepanz zwischen Leistung und Arbeit) dieser Punkt für die Käufer unmöglich ist zu bestimmen, werden sie versuchen, ein gewisses Sicherheitspolster einzubauen. Dieses Sicherheitspolster wird umso höher sein, umso größer die Diskrepanz zwischen Leistung und Arbeit bei den Arbeitnehmern sein wird. Dieser Mechanismus ist die Erklärung dafür, warum ein Mindestlohn in technologisch weiter entwickelten Gesellschaften mehr Sinn macht als in ärmeren unterentwickelten Gesellschaften.

Wie sehr Arbeitgeber nur an Leistung und Ergebnissen interessiert sind und nicht an Arbeit, sieht man in der realen Welt am eindrucksvollsten am Phänomen des „Outsourcings": Unternehmen lagern tatsächlich menschliche „Arbeit" aus und kaufen stattdessen von externen Firmen – von externen Zulieferern und Dienstleistern – fertige Ergebnisse. Sie kaufen direkt das, was sie benötigen für den eigenen Produktionsprozess. Und das ist *nicht* Arbeit. Die Arbeit wird so ausgelagert und verlagert zu den Lieferanten. Diese Lieferanten tragen dann damit auch das Risiko, die benötigte und gehandelte Leistung und Ergebnisse mit dem Einsatz und Hinzugabe der menschlichen Arbeit zu erzeugen und zur Verfügung zu stellen. Aber auch diese Zulieferer sind nicht immer die, bei denen die Arbeit auch tatsächlich stattfindet. Auch sie kaufen sehr oft die Ergebnisse oder zumindest Teile von diesen bei wiederum anderen externen Zulieferern und Dienstleistern. So schieben auch sie das Risiko – oder zumindest Teile davon – an die nächsten Unternehmen. So entstehen oft ganze Ketten von Zulieferern, mit dem einzigen Zweck, die Arbeit und das Risiko möglichst zu reduzieren, für sich selbst diese zu minimieren und lieber mehr Geld zu bezahlen, aber dafür fertige Ergebnisse zu bekommen. Viel lieber bezahlen Firmen einen höheren Preis und haben dafür im Gegenzug weniger menschliche Arbeit zu managen und somit auch weniger Risiko im eigenen Produktionsprozess. Das Handling des Produktionsfaktors Arbeit ist für die effizienzorientierten und hochentwickelten Unternehmen zu risikobehaftet und zu umständlich und so greifen sie auf Lösungen zurück, welche für sie besser funktionieren. Und damit wird die menschliche Arbeit als Faktor und als Produkt immer weiter weg vom eigentlichen Produktionsprozess verlagert.

Aus der Marksicht wird tendenziös die Arbeit immer weiter nach hinten, also weg vom Produzenten, über den/die Dienstleister bis hin ins Ausland oder zum Arbeiter selbst verlagert, bis dieser zunehmend alleine das eigentliche Risiko der „Umwandlung der Arbeit zum Produkt" trägt.

Dieser Effekt führt in der Folge auch zu den Friktionen am Arbeitsmarkt, die wir beobachten und messen können.

Jeder heutzutage weiß, dass es in der Realität genau zu dieser Situation immer wieder kommt. Selbst bei einer volkswirtschaftlichen Vollbeschäftigung gibt es immer und in allen Volkswirtschaften echte Arbeitslosigkeit im mittleren einstelligen Prozentbereich. Diese Arbeitslosigkeit nennt man die „natürliche Arbeitslosenquote" (oder auch NRU, normale, strukturelle oder gleichgewichtige Arbeitslosenquote, oder auch auf Englisch: Natural Rate of Unemployment). Allein die Existenz dieser Tatsache widerlegt die Theorie von der Räumung der Märkte beim Gleichgewicht durch die „Invisible Hand". Dieses Phänomen versuchen seit jeher Ökonomen zu erklären. Sie haben die unterschiedlichsten Argumente entwickelt: seien es Informationsmängel auf den Märkten, Mobilitätshemmnisse bei den Arbeitern, Anpassungskosten bei den Unternehmen, demografische Veränderungen in der Bevölkerung, Zufälligkeiten und politisch produzierte Marktunvollkommenheiten usw. All diese Begründungen und Erklärungen sollen die natürliche Arbeitslosenquote erklären und die Tatsache, warum sich diese deshalb auch nicht beseitigen lässt. Alle diese Argumente sind nicht falsch und die genannten Faktoren haben natürlich einen gewissen Einfluss. Sie können aber alle zusammen bei Weitem nicht das Ausmaß und auch nicht die Höhe der natürlichen Arbeitslosenquote erklären.

Eines der weiteren Hauptprobleme besteht nicht nur im Mismatch zwischen Angebot an Arbeit und Nachfrage nach Leistung/Ergebnissen, sondern auch in der Frage, was den Markt für Arbeit bestimmt: Ist es das Angebot oder ist es die Nachfrage? Diese Frage ist unlängst keine philosophische oder keine Glaubensfrage mehr. Denn die Realität zeigt den Ökonomen immer wieder, dass die Nachfrage den Markt steuert. Das Angebot wirkt sich zwar meistens innerhalb von gewissen Grenzen auch auf die Nachfrage aus, doch die Nachfrage allein gibt den Ausschlag im Markt. Eine existierende Nachfrage wird immer eine entsprechende Produktion und infolge das Angebot generieren können, sodass es zum Austausch von Angebot und Nachfrage kommt. Ein bestehendes Angebot hingegen, welches keine Nachfrage hat, wird durch noch mehr Angebot auch keine zusärzliche

Nachfrage kreieren können (hier seien die Manipulierungsmaßnahmen der Marketing-
industrie außer Acht gelassen). So sieht man anhand von unzähligen Bespielen aus der
Praxis, dass beispielsweise eine starke Nachfrage nach Mikroprozessoren, Mikrochips
und Halbleitern dazu führt, dass immer neue und immer mehr produziert werden, und
zwar ohne den Effekt, dass der Preis aufgrund der erhöhten Produktionsmenge sinkt. Auch
gibt es Währungen, wie beispielsweise den US-Dollar, deren Nachfrage immer relativ stabil bleibt und somit auch ihr Wert, trotz einer immerwährenden ungedeckten Geldmengen-
erhöhung, welche der Theorie zufolge längst zu einer inflationären Entwicklung hätte führen müssen. So lange die Nachfrage stabil bleibt, verändert sich die Inflation (Wert der
Währung) nicht, auch wenn die Menge des Geldes steigt. Auch können sich weder die
existierenden Immobilien am Immobilienmarkt noch das existierende Gold weltweit nicht
so schnell zahlenmäßig oder mengenmäßig verändern, wie sich ihre Preise ändern. Diese
Preisänderungen werden einzig durch die Änderung in der Nachfrage bestimmt. Ein anderes einleuchtendes Beispiel sind die Aktienkurse. Diese sind nichts anderes als Unter-
nehmensanteile. Ihre Anzahl ist (kurzfristig) kaum veränderbar, sodass der Preis einzig
und allein durch die Nachfrage bestimmt wird. Diese Beispiele zeigen uns also relativ
deutlich, dass die Nachfrage eindeutig den Markt determiniert.

Mit diesem Hintergrund ist die Analyse des Arbeitsmarktes von Bedeutung: Hier ist das
Angebot an Arbeit quasi fix und kann nur minimal oder nur langfristig verändert werden.
Mit hohem Preis (= hohes Lohnniveau) werden sicherlich einige Prozent mehr ihre Arbeitsleistung anbieten als bei niedrigeren Löhnen und der Möglichkeit, sich das Nichtarbeiten
leisten zu können (denn jeder muss seine Grundbedürfnisse decken können). Somit ist die
Anzahl der Menschen nicht sehr hoch. Hinzu kommen die zuvor vorgestellte Komplexität
der Motivation und die Unwirksamkeit des Geldes als Motivationsfaktor. Diese Gründe
führen insgesamt zu einer Angebotskurve an Arbeit, die nicht sehr flexibel ist. Das heißt,
dass eine Preisveränderung nur relativ wenig Auswirkungen hat auf die angebotene Menge.

Auf dem Arbeitsmarkt gibt es zudem eine sehr große Inhomogenität in Performance
und Qualität bei der angebotenen Arbeit. Es gibt teilweise sehr große örtliche Ab-
weichungen und oft Bedarf an Flexibilität und auch an Abhängigkeiten von besonderen
Infrastrukturen. Und demgegenüber steht zudem nicht einmal die Nachfrage nach der angebotenen Arbeit, sondern nach Ergebnissen und Leistungen aus dieser angebotenen
Arbeit, welche auch starken Schwankungen unterworfen sind. Die Folgen müssen Friktionen eines solchen „Marktes" sein. Diese sind vorprogrammiert und unausweichlich.

Der Grund, warum Arbeitsmärkte überhaupt so funktionieren, wie sie funktionieren,
liegt in der Notwendigkeit der Arbeitnehmer, also der Arbeitssuchenden, zu überleben und
ihre Lebenshaltungskosten verdienen zu müssen. Je höher in einer Gesellschaft der Anteil
der Menschen ist, die diese Lebenshaltungskosten nicht selbst verdienen müssen (also je
wohlhabender oder ungerechter der Wohlstand in einer Gesellschaft verteilt ist), umso flexibler wird die Angebotskurve von Arbeit sein und umso instabiler wird damit der Arbeitsmarkt in dieser Gesellschaft.

Unter diesem Gesichtspunkt ist auch die Arbeit der Arbeitnehmervertreter und Gewerk-
schaften zu sehen und muss neu bewertet werden. Diese arbeiten ungewollt und unwissend

insofern auch für die Arbeitgeber, weil sie durch vertragliche Lohnabschlüsse für bestimmte Arbeitergruppen eine Art Homogenität und Standardisierung schaffen, die in Wirklichkeit nicht für alle Arbeitnehmer gleich günstig ist. Denn die ausgehandelten Lohnabschlüsse basieren auf Durchschnittsleistungen. Bei den Durchschnittswerten gibt es Leistungen, welche unter dem Durchschnittswert liegen, und solche, die über dem Durchschnittswert liegen. Für die Arbeitgeber muss das ausgehandelte Ergebnis dahingehend passen, dass sie bei der Produktion keine Verluste insgesamt machen. Auf der Seite der betroffenen Arbeitnehmer jedoch ist es aus der Sicht eines jeden einzelnen anders. Diejenigen, deren Leistungsfähigkeit/Output über dem ausgehandelten Durchschnitt liegen, „verkaufen" sich zu den ausgehandelten Preisen schlechter, als ihr eigentlicher Wert aufgrund ihrer Arbeitsleistung ist und was sie auf einem transparenten und offenen Markt bekommen würden.

Der Arbeitsmarkt ist, wie wiederholt ausgeführt, nicht ein Markt zwischen Angebot und Nachfrage an Arbeit, sondern ein Markt, auf dem auf der einen Seite Arbeit angeboten wird und auf der anderen Seite „Verrechnung" von Leistung in der „Währung" Arbeit nachgefragt wird. Diese „Schieflage" hat gleich mehrere Konsequenzen zur Folge:

Seitens der Arbeitgeber muss eine „Kalkulation" dieser „Verrechnung" vorgenommen werden, weil die Arbeitgeber nur den Output/die Leistung benötigen, und sie wollen nicht das Risiko von Minderleistung einkaufen, also konkret Arbeit einkaufen für eine bestimmte Tätigkeit, welche dann aber durch den Arbeitnehmer nicht in der kalkulierten und erwarteten Zeit produziert wird. Die Folge davon sind eine Verzerrung und Friktion des Marktes, weil manche Arbeitnehmer gut sind und andere schlecht sind, alle jedoch über ein „Kamm" geschert werden und ein Durchschnittspreis gebildet wird. Somit stellt diese „Verrechnung" eine Art Einheitspreis für Lohn pro Zeiteinheit. Die bereits erwähnte Folge davon ist eine Risikoreduktion bei den Arbeitgebern und Lohnminderung bei den guten und leistungsfähigen Arbeitnehmern. Dieser Zustand stellt eine Ungerechtigkeit dar, weil die guten Arbeiter für die schlechten Arbeiter arbeiten müssen und alle den gleichen Lohn erhalten. Dies muss als eine Friktion betrachtet werden die Ineffizienzen zur Folge hat. Jede Ungerechtigkeit schlägt sich langfristig in Minderleistung nieder. Somit hat dieses System die Tendenz, immer schlechter und instabiler zu werden. Die Folge davon sind weitere Verzerrungen des Marktes und weitere Instabilität und somit Arbeitslosigkeit bei Vollbeschäftigung.

Die menschliche Arbeit ist kein Produkt, sondern eine Dienstleistung. Diese lässt sich nicht lagern, sondern wird zu dem Zeitpunkt erbracht, zu welchem auch das Ergebnis der Arbeit entsteht. Arbeitgeber fungieren hier als eine Art zeitlicher Puffer zwischen dem Anstellen und Bezahlen des Arbeitnehmers und der Abgabe der Leistung. Sie zahlen also auch die unproduktive Zeit und geben den Angestellten zudem eine Sicherheit des ständigen Einkommens, die diese sonst nicht hätten (auf Grund der unvermeidbaren Leerzeiten). Dies lassen sich aber die Arbeitgeber gut bezahlen und behalten dafür die Differenz zwischen dem Marktpreis für eine bestimmte Leistung und der Lohnhöhe der Arbeitnehmer ein.

Die Arbeitgeber kaufen auf dem Arbeitsmarkt explizit Arbeit ein für bestimmte Teil-
werke oder für bestimmte Aufgaben in dem komplexen Produktionsprozess ihrer Firmen.
Dadurch ist meistens für die Arbeiter nicht das „Ganze" ersichtlich und auch nicht die
Wichtigkeit ihrer Arbeit als ein Teil des Ganzen. Dies ist jedoch ein wichtiger Faktor für
das Verständnis der zu leistenden Arbeit und somit auch für den Output/die Leistung (siehe
Erklärung in der zuvor behandelten Motivationstheorie). Aus dieser Problematik folgt eine
Entfremdung des Arbeitnehmers von der zu verrichtenden Tätigkeit (siehe auch bei Adam
Smith/Nägel-Produktion oder Karl Marx/Entfremdung des Arbeiters von der Arbeit). Di-
rekte Folge dieser Situation sind Frust, Demotivation und Minderleistung. Denn die
Arbeitnehmer verkaufen im Endeffekt nicht ein bestimmtes Ergebnis, mit dem sie sich
identifizieren können und auf welches sie stolz sein könnten, sondern sie verkaufen ledig-
lich ihre Arbeitsleistung, ihre Zeit. Vergleiche hierzu das Experiment von Dan Ariely mit
Legofiguren in Abschn. 5.1 (Ariely et al., 2008).

Je nach der Betrachtungsweise und der Funktionsweise des Arbeitsmarktes sind not-
wendigerweise auch die gegenseitigen Abhängigkeiten und Zusammenhänge zwischen
politischen, sozialen und ökonomischen Maßnahmen zu analysieren. Ihre Auswirkungen
und Konsequenzen auf den Arbeitsmarkt selbst sowie auf die Ökonomie und letztendlich
auch auf die Gesellschaft sind nicht zu leugnen:

So sind beispielsweise politisch durch Zwangsmaßnahmen durchgesetzte Mindestlöhne wirkungslos, wenn sie über der Grenzproduktivität der geleisteten Arbeit liegen.
Liegt also die Produktivität einer bestimmten Tätigkeit bei 8 $ pro Stunde und der Mindest-
lohn bei 10 $ pro Stunde, dann wird niemand 10 $ investieren, um 8 $ zu erwirtschaften.

Auch eine Verteuerung der Arbeit, beispielsweise verursacht durch Steuerbelastung,
kann die Kosten für diese Arbeit künstlich über die Grenzproduktivität heben. Andererseits kann auch eine niedrige Produktivität durch Erfahrung, Schulungen, Übung, Lernen
oder Kapitalaufbau/Investitionen erhöht werden. Nicht verbessert wird sie jedoch durch
Subventionen, Umverteilung und sonstige Unterstützung ohne eine entsprechende Gegenleistung. Denn Unterstützungen ohne eine Gegenleistung erzeugen nur Anreize zum weiteren Absinken der Produktivität und nicht zur Erhöhung dieser. So wird in der Realität auf
diese Art und Weise durch falsch gesetzte Maßnahmen des Staates immer wieder wert-
volles Kapital vernichtet.

Es gibt darüber hinaus auch künstliche Zugangsbeschränkungen zum Arbeitsmarkt. Als
eine solche Zugangsbeschränkung können auch Mindestlöhne betrachtet werden. Dadurch
werden freiwillige Arbeitsvereinbarungen beispielsweise für weniger produktive Arbeiter
oder Arbeiter mit Behinderung ganz unmöglich gemacht.

Liegen die Mindestlöhne hingegen unterhalb der Grenzproduktivität, dann ist in der
Realität oft nicht eine Lohnsteigerung die Folge, sondern das Abwandern der Arbeitnehmer: Liegt also die Produktivität einer Tätigkeit bei 12 $ pro Stunde und der Mindest-
lohn bei 10 $ pro Stunde, dann ist die Wahrscheinlichkeit hoch, dass langfristig viele
Arbeitnehmer dorthin abwandern, wo sie mehr Lohn erhalten, und somit diese Arbeits-
möglichkeiten vom Markt verschwinden.

Je besser die Qualifikation und die Bildung der Menschen sind, desto leichter wird es ihnen in der Regel fallen abzuwandern, weil sie aufgrund ihrer Bildung flexibler sind. Die Abwanderung findet dabei so statt, dass zuerst die besser ausgebildeten und besser bezahlten gehen werden und die anderen weniger qualifizierten ihnen folgen werden. Die allgemeinen Rahmenbedingungen des Standortes und die Attraktivität des Arbeitsplatzes sind hierbei als entscheidungsrelevante Faktoren zu sehen, die die jeweilige Entscheidung für das Verbleiben oder das Abwandern der Arbeitskräfte determinieren. So wird beispielsweise immer eine gute Lebensqualität am Standort A gegen bessere Bezahlung am Standort B abzuwägen sein, was eindeutig belegt, dass weiche Faktoren (wie z. B. Lebensqualität) durchaus eine signifikante ökonomische Relevanz haben.

Beim vorherigen Beispiel der Grenzproduktivität und des Mindestlohns zeigt sich auch die zuvor beschriebene Komplexität der multifaktoriell generierten menschlichen Präferenzierung und die Signifikanz der Rahmenbedingungen auf die ökonomischen Prozesse.

Diese Faktoren und der hier gezeigte Zusammenhang zeigen sehr anschaulich, dass Mindestlöhne den produktiven Arbeitskräften manchmal auch mehr schaden können, als sie ihnen nutzen. So wäre eine Generalisierung der Antwort auf diese Fragestellung sicherlich falsch – so wie es übrigens auch bei den meisten Fragestellungen in der Ökonomie der Fall ist.

Es ist eine unleugbare Tatsache, dass die traditionelle Arbeitsmarktökonomie unfreiwillige Arbeitslosigkeit nicht erklären kann.

Die tatsächliche Begründung für Arbeitslosigkeit, trotz Arbeitswilligkeit der Arbeitssuchenden und gleichzeitiger Nachfrage nach Arbeit seitens der Firmen (also bei Vollbeschäftigung), liegt jedoch nur an den zuvor beschriebenen Verzerrungen, Ineffizienzen und Friktionen des Arbeitsmarktes. Die ökonomische Standardtheorie unterstellt fälschlicherweise beim Arbeitsmarkt die gleichen Marktmechanismen, wie sie bei anderen Märkten (z. B. beim Gütermarkt) vorliegen. Das ist jedoch eine Fehlannahme! In Wirklichkeit sollte der Arbeitsmarkt vielmehr als ein Dienstleistungsmarkt betrachtet werden mit genauer Berücksichtigung dessen, was tatsächlich angeboten und nachgefragt wird: Arbeit oder Leistung?

5.2 Dienstleistungsmarkt

In einer kapitalistischen Gesellschaft steht das Kapital im Mittelpunkt, daher nennt man die Gesellschaft auch „kapitalistisch". Die heutigen Länder der westlichen Welt, die das industrielle Zeitalter längst überwunden haben, bezeichnen sich als Dienstleistungsgesellschaften, weil die in diesen Gesellschaften und Ländern erbrachten Dienstleistungen im ökonomischen Mittelpunkt stehen. Daher ist in diesen Ländern und in deren Ökonomien auch der Dienstleistungsmarkt besonders wichtig. Im Gegensatz zum Gütermarkt, zum Finanzmarkt oder zum Arbeitsmarkt wird aber der Dienstleistungsmarkt in der ökonomischen Theorie kaum behandelt. Dies ist ein Fehler, denn der Dienstleistungsmarkt gewinnt mit fortschreitender Entwicklung in der Welt insgesamt immer mehr an Bedeutung.

Eine Dienstleistung ist ein immaterielles Gut. Es entsteht, wenn ein Wirtschaftssubjekt für ein anderes Wirtschaftssubjekt eine entgeltliche Tätigkeit ausübt.

Als Dienstleistungsmarkt bezeichnen wir jene physischen und auch virtuellen Märkte, an denen sich Anbieter und Nachfrager treffen, um Transaktionen zu Dienstleistungen zu realisieren.

Eine genaue Definition des Begriffs Dienstleistungen ist schwierig, denn es gibt keine allgemein anerkannte Abgrenzung. Die Charakteristika von marktmäßig erbrachten Dienstleistungen kann man durch folgende Merkmale identifizieren:

- Dienstleistungen sind immateriell und nicht lagerfähig.
- Die Erstellung und der Verbrauch von Dienstleistungen müssen gleichzeitig erfolgen; denn Dienstleistungen können nicht auf Vorrat für einen (noch nicht festgelegten) Kunden produziert werden.
- Dienstleistungen werden gegen ein Entgelt erbracht.

Am Beispiel von Haarschneiden, von medizinischen Eingriffen oder auch an der Reparatur von Geräten oder Fahrzeugen kann man gut und anschaulich demonstrieren, dass bei den Dienstleistungen eine Produktion „auf Vorrat" nicht möglich ist. Auf den Dienstleistungsmarkt bezogen bedeutet dies, dass die Anbieter ein bestimmtes Potenzial bereithalten müssen, das erst durch eine Interaktion mit den Nachfragern im Prozess der simultanen Leistungserstellung und Leistungsinanspruchnahme aktiviert wird. Das Bereithalten dieses Potenzials bei der Offerierung kostet Zeit und manchmal auch Aufwand. Die so entstehenden Kosten müssen später durch die verkaufte Dienstleistung langfristig gedeckt werden. Diese Tatsachen stellen besondere Anforderungen an den Markt und auch an den Marktmechanismus.

Ausnahmen von diesen Regeln bilden sogenannte „voll- oder teilveredelte Dienstleistungen", wie z. B. Softwareprogramme, die auf Datenträgern oder im Internet lager- und handelbar gemacht werden können und deshalb vom Verwender auch zu einem späteren Zeitpunkt beliebig oft genutzt werden können.

Das Ergebnis des Prozesses, z. B. die gut gepflegte Frisur, die Genesung, die Wiederherstellung der Fahrbereitschaft eines Kraftfahrzeugs oder die Qualitätsverbesserung bei der Datenbearbeitung, konstituiert sich in immateriellen Elementen: in der Veränderung von Personen, Sachen, Zuständen oder Aktivitäten.

Dienstleistungen unterliegen einer direkten Zeitrelevanz, welche die Dienstleistung determiniert und die Handelbarkeit am Markt erschwert. Damit verbunden ist eine erschwerte Standardisierbarkeit von Dienstleistungen. Diese kann aus der zeitlichen Komponente herrühren, aber auch von der Art der Dienstleistung abhängig sein. So ist beispielsweise die Dienstleistung eines Beraters, Arztes oder Friseurs nicht immer die gleiche. Erstens ist diese abhängig von der Zeit (unter der Woche/am Wochenende/im Dienst oder beim Notfall möglicherweise sogar in der Nacht) und zweitens ist diese auch von Kunde zu Kunde unterschiedlich (beim Friseur werden verschiedene Frisuren nachgefragt, bei Ärzten werden verschiedene Krankheiten oder Beschwerden behandelt und bei Beratern werden verschiedene Fragestellungen und unterschiedliche Probleme gelöst oder konsultiert). Diese Beispiele machen zugleich deutlich, dass auch eine Skalierbarkeit bei Dienstleistungen nur schwer möglich ist.

Für den Dienstleistungsmarkt bedeuten diese Fakten, dass Anbieter und Nachfrager wesentlich schwerer zusammenfinden. Im Extremfall kann für jeden einzelnen Nachfrager nur eine einzige ganz spezifische Dienstleistung infrage kommen. Komplemente und Substitute sind auch nur eingeschränkt möglich. Je nach Notwendigkeit der entsprechenden Dienstleistung leitet sich eine entsprechende Flexibilität der Nachfrage ab. Diese hat einen enormen Einfluss auf den zustande kommenden Preis. Dies verdeutlicht zugleich die Notwendigkeit einer Regulierung. Ein Beispiel wäre die Notwendigkeit einer Zahnbehandlung bei starken Zahnschmerzen oder bei einer lebensbedrohlich Erkrankung.

Wie das vorherige Beispiel verdeutlicht, muss beispielsweise ein Arzt seine Dienstleistung sehr zeitkritisch zu jedem beliebigen Zeitpunkt präzise und ohne Verzögerung erbringen. Auch ein Maurer muss das Bauen einer Mauer zeitlich so erbringen, dass die Leistung im Zusammenhang mit dem gesamten Bauprojekt steht und nicht den Zeitplan durcheinanderbringt. Diese Dienstleistung ist jedoch besser planbar und wird in den meisten Fällen in den regulären Arbeitszeiten unter der Woche während der normalen Tageszeit erfolgen. Zudem ist das Bauen einer Mauer auch wesentlich besser standardisierbar als das Behandeln von Krankheiten oder Verletzungen. Ein weiterer Vorteil dieser Dienstleistung ist aber, dass sie im Rahmen der Planung auch schon früher erbracht werden kann, als es notwendig wäre. So kann der Dienstleister/Arbeiter besser planen und dadurch Wartezeiten vermeiden.

Dies zeigt deutlich die Gegensätze zu einem theoretischen Gütermarktmodell, auf dem zumindest in der komplexreduzierten Theorie ein Gleichgewicht herrschen kann, wenn durch Angebot und Nachfrage Preise entstehen, die zur Räumung des Marktes führen (d. h. jedes angebotene Produkt findet auch einen Käufer).

Auf dem Dienstleistungsmarkt jedoch ist dieses theoretische Gleichgewicht auch kurzfristig kaum möglich, weil die Dienstleistungen nicht lagerbar und nicht haltbar sind und weil sie nur sehr spezifisch zu einzelnen Nachfragern passen. Hinzu kommt die teilweise extrem zeitkritische Komponente. Deswegen können eine Markträumung und stabile Preisbestimmung zu einem bestimmten Zeitpunkt auch theoretisch nicht exakt erfolgen. Die Situation – also der Markt selbst – verändert sich praktisch in jedem Augenblick und mit jedem Abschluss und er ist vom ganz subjektiven Verhalten der Marktteilnehmer, für welche dann auch nur eine ganz spezifische und einzigartige Dienstleistung passt, extrem abhängig. Eine saubere theoretische Argumentation für einen solchen Markt könnte nur die sein, dass es im Zeitverlauf unendlich viele, sich immer wieder neu bildende und entstehende Märkte gibt.

Daraus wird deutlich, dass ein theoretischer Ansatz einer Kreislauftheorie für diesen Markttypus passender erscheint als eine Gleichgewichtstheorie, so, wie es in der aktuellen ökonomischen Standardtheorie heute gesehen und gelehrt wird:

Einkommen generiert -> **Nachfrage nach Dienstleistungen** bestimmt -> **das allgemeine Preisniveau** determiniert -> **Angebote an Dienstleistungen** generiert -> **Anzahl der Vertragsabschlüsse** generiert -> **Einkommen** …

Literatur

Ariely, D., Kamenica, E., & Preleca, D. (2008). Man's search for meaning: The case of Legos. *Journal of Economic Behavior & Organization, 67*(3–4), 671–677.
Yerkes, R. M., & Dodson, J. D. (1908). The relation of strength of stimulus to rapidity of habit-formation. *Journal of Comparative Neurology and Psychology, 18*(1908), 459–482.

Die Theorie der IS-LM-Kurve und des IS-LM-Modells

6

6.1 IS-Funktion

Die IS-Funktion ist ein volkswirtschaftliches Modell der Makroökonomie und wird auch oft IS-Gleichung oder IS-Kurve genannt. Sie stellt die Menge aller theoretisch möglichen Kombinationen von Zinssatz und Volkseinkommen dar, bei denen ein Gleichgewicht auf dem Gütermarkt besteht. Zusammen mit der LM-Funktion ergibt sie das sogenannte IS-LM-Modell. Dieses Modell stellt die wichtigste Interpretation der keynesianischen Theorie dar.

Die IS-Gleichung ist heute eines der wichtigsten makroökonomischen Analyseinstrumente. Sie ist erforderlich für die Konstruktion des Keynes-Modells und des Mundell-Fleming-Modells.

In einer geschlossenen Volkswirtschaft folgt nach dieser Theorie, dass die Investitionen (**I**) immer gleich den Ersparnissen (**S**) sein müssen. Denn alle Investitionen werden ausschließlich mit Mitteln getätigt, die nicht konsumiert, sondern gespart wurden. Dabei ist das Einkommen bzw. die Produktion (**Y**) der Güternachfrage (**Z**) auch gleich (dies gilt auch für eine offene Volkswirtschaft).

Das bedeutet:

$$\mathbf{I(i) = S(Y)}$$

I = Investition
i = Zinssatz
S = Sparen (ist abhängig vom Einkommen)
Y = Einkommen (ist abhängig von der Produktion)

Die Investitionen sind der Theorie zufolge direkt vom Zinssatz abhängig.

© Der/die Autor(en), exklusiv lizenziert an Springer Fachmedien Wiesbaden GmbH, ein Teil von Springer Nature 2023
V. von Holle, *Neue ökonomische Theorie*, https://doi.org/10.1007/978-3-658-42058-1_6

Das Sparvolumen wird definiert als Differenz von Einkommen und Konsum:

$$S = Y - C$$

C = Konsum

Gleichgewicht auf dem Gütermarkt nach der Standardtheorie:

Um zu der IS-Funktion zu gelangen, wird das Gleichgewicht auf dem Gütermarkt dargestellt als:

$$Y = Z$$

Y = Produktion

Z = Güternachfrage

Dieser wichtige Zusammenhang ist die Gleichgewichtsvoraussetzung im theoretischen Standardmodell. Dass jedoch in der ökonomischen Realität, also im realen Leben, dieses Gleichgewicht auch nur annährend existieren soll, ist sehr unwahrscheinlich. Allein die empirische Überprüfung und der Blick zurück in die Vergangenheit widerlegen diese Annahme eindeutig. Denn entweder sind eine Überproduktion oder eine Unterversorgung die Normalzustände in den Ökonomien!

Die gesamtwirtschaftliche Nachfrage wird in der Theorie beschrieben als die Summe der Investitionen, der Staatsausgaben und der Konsumnachfrage:

$$Z = C + I + G$$

G = Staatsausgaben

Bei einer geschlossenen Volkswirtschaft wird der Außenbeitrag vernachlässigt. So ergibt sich:

$$Y = C + I + G$$

Theoretische Voraussetzungen für die Validität und Funktionsweise des beschriebenen Modells

Um die IS-Kurve darstellen und erläutern zu können, müssen vorab die Bestandteile der Kurve definiert werden. Die IS-Kurve ergibt sich durch das Gleichsetzen von Investition und Sparen ($I = S$). Bereits hier zeigt sich diese in der Theorie gemachte Annahme als absolut realitätsfremd. Die Erfahrung zeigt ganz deutlich, dass die Annahme I = S so gut wie nie in der Realität vorliegt. Die Realität ist viel komplexer und neben Investieren und Sparen gibt es Ausgaben, die weder als Investition noch als Konsum angesehen werden können: Ausgaben für Absicherungen, Rückzahlungen für gemachte Schulden, Vorsorge, Spenden, Schenkungen und vieles mehr, was nicht eindeutig zurechenbar ist. Die theoretische Ausführung I = S muss allerdings noch erweitert werden, um die dahinterstehende Wirkungskette zu verstehen. Die Investitionen müssen um die Zinsabhängigkeit ergänzt werden und das Sparen um die Einkommensabhängigkeit. Auch hier muss kritisch erwähnt werden, dass diese Abhängigkeiten zweifelsohne bestehen, jedoch sind diese von vielen anderen Faktoren abhängig und können nicht pauschaliert werden. Andere wichtige Faktoren, wie beispielsweise die Erwartungshaltung oder das Umfeld, fehlen in der Theorie komplett. Somit ergibt sich nach der gängigen Theorie folgende (und etwas genauere) Darstellung der IS-Kurve:

$$\mathbf{I(i) = S(Y)}$$

Die Investitionen in diesem Modell werden zu 100 % über den Markt finanziert. Das Geld muss daher ausschließlich nur aus den Sparleistungen der Haushalte kommen. Auch diese Annahme ist zu reduziert und unrealistisch!

Im Falle eines variablen Zinses lässt sich dann für jede Zinshöhe theoretisch ein entsprechendes Einkommen feststellen. Dies sorgt dafür, dass $\mathbf{I}$ und $\mathbf{S}$ übereinstimmen.

Zusammenfassend lässt sich daher bei einer Zinserhöhung folgende Wirkungskette ableiten: Durch die steigenden Zinsen werden Investitionen kostspieliger. Dies hat zur Folge, dass die Nachfrage nach Investitionen sinkt. Dadurch wiederum wird ein kontraktiver Multiplikatorprozess ausgelöst und das Einkommen sinkt, was sich wiederum negativ auf das Sparverhalten auswirkt. Bei dieser Betrachtung werden allerdings die Liquidität und die Erwartungen nicht berücksichtigt, obwohl diese Faktoren in der Realität eine große Rolle spielen.

Somit stehen dann in der Theorie Investitionen und Sparen wieder im Gleichgewicht. Diese Ausführungen führen zu folgendem Ergebnis:

$$\mathbf{S = S(\,Y\,)}$$

Sparleistung ist positiv vom Einkommen abhängig.

$$\mathbf{I = I(\,i, r\,e\,)}$$

Investitionen sind negativ vom Zins abhängig, jedoch ist die Menge an Investitionen naturgemäß von den erwarteten Erträgen stark abhängig.

Die Annahmen in der Theorie sind schon deswegen unrealistisch und müssen zwangsläufig zu inkorrekten Ergebnissen führen, denn:

- sehr viele reale Investitionen werden aus Wechselkrediten, Anleihen oder Obligationen auf die Zukunft finanziert, also aus Mitteln, die zum Zeitpunkt des Investments noch nicht existieren und die deshalb nichts anderes sind als nur der *Glaube* an Zukunft!
- Der Zinssatz selbst hängt zum Großteil vom Glauben an die Zukunft ab und von der Einschätzung des Risikos (was wiederum ein Glaube ist).
- „Der Weg" von einer Zinssenkung über Investitionserhöhung bis zu einer Erhöhung der Produktion und dadurch mehr Einkommen ist viel zu weit und indirekt.
- Wichtige Wechselmechanismen werden nicht berücksichtigt, beispielsweise die zwischen Zinshöhe und der erwarteten Inflationsrate in Kombination mit der Sicherheit des Investments oder die Möglichkeit, durch das jeweilige Investment andere sekundäre Vorteile zu erzielen (Imagegewinn, Sicherheit, Know-how-Gewinn, Expansionsmöglichkeiten, Kostensenkungen, Einsparungen …).

- Nicht nur Sparen, Konsum oder Investitionen müssen im Zusammenhang mit dem Einkommen berücksichtigt werden, sondern auch Zerstörung, Vergeudung und andere negative externe Effekte.
- Güternachfrage kann auch über einen langen Zeitraum viel höher sein als die Produktion $Z > Y$, ohne dass sie befriedigt wird. Genauso ist es auch umgekehrt.
- Monetäres Einkommen ist nicht mit dem Gütereinkommen gleichzusetzen, bei der Messung wird es jedoch gleichgestellt/gleichbehandelt.

Die Standardtheorie berücksichtigt zahlreiche real existierende Faktoren nicht, wie beispielsweise die mutwillige Zerstörung von Gütern, Ausbeutung und Schädigung von Natur und Menschen, Externalitäten wie Vernichtung und Verbrauch von frei verfügbaren Gütern oder nicht messbare Güter, wie beispielsweise Lebensqualität, Glück, Freiheitseinschränkungen, Schädigung der Bevölkerungsgesundheit, Gefährdung der sozialen Zufriedenheit und Sicherheit, Missachtung von Gerechtigkeit und Schwächung der Stabilität der Gesellschaft. Alle diese zuvor genannten Faktoren hängen stark mit dem empfundenen Glücksgefühl der Menschen zusammen und somit mit dem empfundenen subjektiven Wohlstand (Reichtum). Genau das ist aber das, wonach Menschen streben und wonach sie sich sehnen und wofür sie arbeiten und sich anstrengen. Langfristig gesehen ist dies deshalb eine extrem wichtige ökonomische Maßeinheit. Und genau diese wichtige Maßeinheit findet in der Standardtheorie keine Berücksichtigung.

6.2   LM-Funktion

Die LM-Funktion wird in der ökonomischen Literatur auch LM-Gleichung oder LM-Kurve genannt. Sie ist ein weiteres volkswirtschaftliches theoretisches Modell aus der Makroökonomie. Die LM-Funktion stellt die theoretische Gleichgewichtsbedingung von Geldangebot und Geldnachfrage auf den Geldmarkt und den Finanzmärkten dar. Diese Funktion leitet sich aus der Gleichsetzung der Geldangebotsfunktion und Geldnachfragefunktion ab.

Die Bezeichnung LM-Funktion ist bereits über 50 Jahre alt, wobei das **L** für „liquidity preference" (Liquiditätspräferenz) steht und das **M** für „money supply" (Geldangebot) steht. Die LM-Funktion besagt, dass sich der Zins im Gleichgewicht so einstellen muss, dass bei gegebenem Einkommen die Menge an Geld nachgefragt wird, die der Höhe des gegebenen, zinsunabhängigen Geldangebotes **M** entspricht. In der Literatur wird der Begriff LM-Kurve häufig als Synonym verwendet. Manchmal wird jedoch auch unterschieden zwischen der LM-Funktion als Gleichgewichtsbedingung und der LM-Kurve als der daraus resultierenden Kurve der Kombinationen von Zins und Volkseinkommen.

Volkswirtschaftlich von Bedeutung ist die LM-Funktion vor allem, weil sie zusammen mit der IS-Funktion das IS-LM-Modell bildet. Dieses Modell geht zwar davon aus, dass die Zentralbank eine Geldmengenpolitik betreibe, indem sie das Geldangebot bestimmt, bei dem sich dann der Gleichgewichtszins ergibt – jedoch, weil die Zentralbank das

Geldangebot jederzeit ändern und auch auf eine sich ändernde Geldnachfrage reagieren kann, wird der Gleichgewichtszins zu jedem Zeitpunkt von den Entscheidungen der Zentralbank bestimmt.

6.2.1 Die Geldnachfrage in der Gütermarkt-Theorie

Hier lohnt ein Vergleich mit dem Abschn. 4.1.3.

Die Geldnachfrage **Md** (d steht für „demand") der gesamten Volkswirtschaft ist die aggregierte Geldnachfrage der Wirtschaftssubjekte. Deshalb hängt die Geldnachfrage der gesamten Volkswirtschaft in der Standardtheorie a) von der Menge der Transaktionen ab, die in einer Volkswirtschaft getätigt werden, und b) von der Höhe des Zinssatzes. In der Realität existiert aber eine wesentlich breitere Palette von Einflussfaktoren, die die tatsächliche Geldnachfrage determinieren: Insbesondere sind es die Bedürfnisse und Erwartungen der Wirtschaftssubjekte. Diese lassen sich zwar mathematisch nur sehr schwer quantifizieren, doch niemand wird ernsthaft bestreiten können, dass bei einer sehr positiven Erwartung in einem optimistischen und wirtschaftlich günstigen Umfeld die Nachfrage nach Geld (**Md**) viel höher ist als bei sehr negativer Erfahrung in wirtschaftlich pessimistischer Umgebung, auch wenn in beiden Fällen die Menge der Transaktionen und der Zinssatz identisch wären. Insbesondere das Umfeld (auch ein sehr schwierig quantifizierbarer Faktor) wie auch die Kultur oder die in der Vergangenheit gemachten Erfahrungen spielen für die Nachfrage nach Geld (**Md**) eine sehr wichtige Rolle. Auch der Glaube an die Währung und in die jeweilige spezifische Situation (Stabilität, Inflation, Rechtssicherheit, Zeitgeist, Entwicklungsstand, Sicherheit, Lebenszyklus der Industrien usw.) sind nicht zu vernachlässigende Faktoren. Die meisten dieser Faktoren sind sehr schwer quantifizierbar, sie sind aber trotzdem essenziell. Die Unmöglichkeit einer Quantifizierbarkeit von signifikanten Faktoren rechtfertigt jedoch keinesfalls ihre Ignorierung in der Theorie.

Um die Menge der Transaktionen in einer Wirtschaft zu definieren, geht man in der ökonomischen Standardtheorie davon aus, dass diese sich proportional zum Nominaleinkommen verhält. Bei einer näheren Analyse muss man jedoch objektiv feststellen, dass dieser Zusammenhang nicht pauschaliert werden darf und auch nicht generell plausibel ist: Die Begründung hierbei liegt im durchschnittlichen Transaktionsvolumen. Einfach pauschal vorauszusetzen – und genau das macht die ökonomische Standardtheorie – dass bei einer Erhöhung des Nominaleinkommens in der gleichen Proportion auch die Menge der Transaktionen steigt (und dabei womöglich das Transaktionsvolumen konstant bleibt), ist irreal. Vergleichen kann man diese Problematik mit der Erhöhung des Nominaleinkommens eines Haushaltes. Steigt dort das Einkommen, erhöhen sich höchstwahrscheinlich (aber nicht sicher) beide Faktoren: die Transaktionsanzahl *und* das Transaktionsvolumen pro Transaktion, weil andere bessere und höherwertigere Produkte nachgefragt werden, die man sich vor der Einkommenserhöhung nicht leisten konnte. Das ist ein zutiefst menschliches Bedürfnis. Das Verhalten des einzelnen Menschen muss also unbedingt eine entsprechende Berücksichtigung bei der ökonomischen Theorie finden, denn genau seine

Präferenzen und schließlich sein Verhalten sind es ja, was in der Summe dann die eigentliche Funktionsweise der Ökonomie ausmacht. Dieser Fakt ist bei der aktuellen ökonomischen Standardtheorie komplett unberücksichtigt und dieses Beispiel eignet sich sehr gut dafür, dieses Defizit deutlich und verständlich zu zeigen.

In einer Gleichung formuliert heute die ökonomische Standardtheorie, dass die Geldnachfrage nur dem Produkt aus dem Nominaleinkommen **PY** und der Funktion des Zinssatzes **L(i)** entspricht. Das heißt:

$$\mathbf{Md} = \mathbf{P\,Y\,L}\left(\,\mathbf{i}\,\right)\left(-\right)$$

Das ist gleich aus mehreren und sehr nachvollziehbaren Gründen nicht richtig: Wie Umfragewerte sehr deutlich zeigen, kennen die meisten Marktteilnehmer und Menschen generell die aktuellen Zinssätze nicht oder zumindest nicht so genau, dass sie daraus signifikante Schlüsse ziehen könnten. Insbesondere aber belegen auch die Erkenntnisse aus der Verhaltensforschung den Fehler bei dieser Aussage:

a) beim Einkommen: In der Realität haben Einkommensänderungen nur über einen kurzen, begrenzten Bereich Auswirkungen auf die Geldnachfrage. Dieser Bereich befindet sich im niedrigen Einkommenssektor, weil es hier bei den Wirtschaftssubjekten vornehmlich um das Decken der Grundbedürfnisse geht. Je höher aber das Einkommen wird, umso weniger und umso langsamer verändert sich die Geldnachfrage, weil das Individuum kein dringendes Bedürfnis mehr hat, etwas kurzfristig verändern zu müssen oder zu wollen. Änderungen und Anpassungen im Verhalten der Konsumenten und Wirtschaftssubjekte kommen eher längerfristig zustande.

b) Beim Zinssatz: Beim Großteil der Bevölkerung spielt der Zinssatz bei der Entscheidung der Geldnachfrage kaum eine Rolle. Im unteren Einkommenssektor bis in die obere Mittelschicht wissen teilweise die Menschen nicht einmal, wie hoch der aktuelle Zinssatz ist. Sie gestalten ihr tägliches Leben komplett unabhängig von diesem. Der Zinssatz spiel eher bei den wohlhabenden Schichten wie auch bei den institutionellen Anlegern und bei den Banken eine Rolle. In der Realität sind viel wichtiger die Sicherheit, die Zukunftsperspektive, die Stimmung und der Zeitgeist. Das sind die wirklich bestimmenden Faktoren für die Geldnachfrage.

Diese Aussage wurde durch eine eigens durchgeführte Feldstudie bestätigt. Dazu wurden 1000 zufällig ausgewählte Personen aus Deutschland (358), Österreich (310) und der Schweiz (332) befragt. Sie sollten angeben, wie hoch der aktuelle Leitzins in ihrem Land ist und zu welchem Zinssatz die eigenen Investitionen und Ersparnisse angelegt werden. 878 der Befragten kannten nicht die aktuelle Höhe des Leitzinses und 88 gaben eine falsche Höhe dieses Zinssatzes an. Nur 34 von 1000 Befragten kannten die richtige Höhe des Leitzinses.

Bei den eigenen Investments gaben nur 284 von den 1000 Befragten an, genau zu wissen, wie hoch die Verzinsung ihrer eigenen Anlagen ist. Da eine Überprüfung der gemachten Angaben nicht möglich ist, muss auch hier von einer möglichen Fehlerquote > 0 ausgegangen werden.

Statistisch relevant zeigen aber diese Ergebnisse ganz deutlich, dass die tatsächliche Höhe der Verzinsung einen nicht so hohen Einfluss auf die Investitionsentscheidung der Marktteilnehmer hat, als es allgemein angenommen wird.

Das Minuszeichen in der weiter oben vorgestellten Formel sagt aus, dass bei steigendem Zinssatz die Liquiditätspräferenz und somit die Geldnachfrage sinken, da die Wirtschaftssubjekte ihr Geld bei hohen Zinssätzen bevorzugt anlegen.

Auch bei dieser Sichtweise, die sehr logisch und nachvollziehbar ist, bleibt vollkommen unberücksichtigt, dass auch hier in der Realität wichtige Faktoren (wie beispielsweise die jeweiligen Erwartungen, das aktuelle Umfeld, die Rechtssicherheit, Prosperität und Stabilität des Umfelds und der jeweiligen Situation) eine signifikante Rolle bei der Entscheidung und dem Verhalten der Wirtschaftssubjekte spielen. Denn zwei komplett unterschiedliche Situationen aus der Sicht der Erwartungen und Bedürfnisse hätten unzweifelhaft zwei vollkommen unterschiedliche Ergebnisse zur Folge in Bezug auf die Liquiditätspräferenz – auch in dem Fall, wenn Nominaleinkommen und Zinssatz in beiden Fällen gleich wären.

Der aktuellen Standardtheorie zufolge steigt die Geldnachfrage immer automatisch bei sinkendem Zinssatz, da Investieren – als Alternative zum Sparen – nicht mehr ausreichend Gewinn bringt und Geld billiger wird. Die Geldnachfrage hängt somit direkt und negativ vom Zinssatz ab. Unberücksichtigt bei dieser (eingeschränkten) Betrachtungsweise bleiben aber andere Faktoren, wie beispielsweise das gerade vorherrschende wirtschaftliche Klima, die sozioökonomische Situation mit bestimmten Erwartungen, die rechtlichen Möglichkeiten zur Rückzahlung von Schulden oder Umschuldungsmaßnahmen, schuldenfinanzierte Investitionen, oder Spekulationen. Diese Faktoren, Überlegungen und Transaktionen spielen in der Realität eine sehr große Rolle.

In der Standardtheorie besteht aber nur ein direkter Zusammenhang zwischen der Geldnachfrage (**Md**) und dem Nominaleinkommen (**PY**). Die Nachfrage nach Geld ist somit maßgeblich abhängig vom Einkommen und vom Preis des Geldes, also dem Zinssatz (**i**).

Das Nominaleinkommen entspricht dem Einkommen z. B. in Euro. Steigt das Nominaleinkommen, können die Wirtschaftssubjekte mehr Transaktionen durchführen. In der Realität gilt dies aber nur bedingt und auch nur im unteren Einkommensbereich: Bedingt durch einen wachsenden Wohlstand, wo Konsum nahe an der Sättigungsgrenze liegt, wird durch weitere Erhöhung des Einkommens nicht mehr konsumiert (beispielsweise würde Bill Gates kein bisschen mehr konsumieren, wenn er mehr verdient).

Diese Argumente müssten durch eine modifizierte Konsumkurve abgebildet werden. Insbesondere im Zusammenhang mit der auseinanderklaffenden Einkommensschere und zunehmender Kapitalkonzentration in der Gesellschaft müssten diese Argumente wesentlich mehr Gewicht bekommen.

Einfach gesprochen: Mehr Einkommen = mehr Ausgaben, wie es die Standardtheorie definiert, ist zu pauschal und wird der realen Welt der Ökonomie nicht gerecht genauso wenig wie die Verallgemeinerung, dass die Menge an Transaktionen und die Höhe des

Zinssatzes alleine die Geldnachfrage für die Volkswirtschaft als Ganzes bestimmen. Und letztendlich kann auch die Annahme der Standardtheorie widerlegt werden, dass eine Einkommenssteigerung immer zu einer proportionalen Steigerung der Geldnachfrage führt. Wie zuvor ausgeführt, müssen für die Wirtschaftssubjekte relevante Entscheidungsfaktoren wie Erwartungen, Stabilität, Sättigungsgrad, in der Vergangenheit gemachte Erfahrungen usw. berücksichtigt werden. Denn erst diese Faktoren entscheiden über die Präferenzen der Wirtschaftssubjekte und somit über deren Entscheidungen und deren Verhalten. Hier müssen unbedingt Erkenntnisse aus der Verhaltensökonomie einfließen und entsprechend mitberücksichtigt werden.

6.2.2 Das Geldangebot in der Gütermarkt-Theorie

Hier lohnt ein Vergleich mit dem Abschn. 4.1.2.

Um die Ableitung des Geldangebotes **Ms** zu analysieren, ist zuerst festzustellen, dass in der Realität zwei Arten von „Anbietern von Geld" existieren: Die Geschäftsbanken stellen Sichtguthaben bereit, während die Zentralbank Bargeld und Sichtguthaben bei der Notenbank zur Verfügung stellt. Aus Vereinfachungsgründen wird in der Theorie aber bei der Bestimmung des Geldangebotes davon ausgegangen und so getan, dass nur Bargeld bei den Wirtschaftssubjekten vorhanden ist. Das heißt, es wird angenommen, dass nur die Zentralbank Geld anbietet. Daraus folgt, dass die Menge des Geldangebotes nur durch die Zentralbank gesteuert wird und somit das Geldangebot exogen gegeben ist.

Geldderivate und Anleihen als Geldsubstitute, die in der Praxis teilweise untereinander gehandelt werden oder sogar auch als Wertanlage betrachtet werden, sowie auch Kryptowährungen spielen in der modernen Ökonomie eine immer größere Rolle. Sie werden bei der Bestimmung des Geldangebotes in der Theorie trotzdem nicht berücksichtigt! Die Nichtberücksichtigung von diesen in der realen Wirtschaft existierenden bargeldlosen Zahlungsmitteln führt dazu, dass die tatsächliche Geldmenge und das Geldangebot nur sehr ungenau berechnet werden können.

Die von der Zentralbank theoretisch bestimmte Geldmenge **M** entspricht dann dem Geldangebot **Ms**. Und nur diese ist dann der Theorie zufolge relevant. Das heißt:

$$\mathbf{M\,s = M}$$

6.2.3 Die abgeleitete LM-Funktion

Durch die Gleichsetzung der Geldnachfragfunktion und Geldangebotsfunktion

$$\mathbf{M\,d = M\,s}$$

ergibt sich die folgende Gleichung, welche als LM-Funktion bezeichnet wird:

$$M = P Y L(i)$$

Es werden alle Kombinationen von Geldnachfrage, Nominaleinkommen und Zinssatz dargestellt, die bei gegebenem Geldangebot ein Gleichgewicht entstehen lassen.

Wie kurz zuvor ausdrücklich erwähnt, unterliegt diese Lehre einem signifikanten Fehler: Wenn in der realen Welt Menschen zunehmend etwas zur Zahlung nutzen (z. B. Geldderivate und Kryptowährungen), dies aber in der Theorie als Zahlungsmittel nicht berücksichtigt wird, dann deckt die Theorie nur einen Bruchteil dessen ab, was es in der Realität tatsächlich gibt. Sie misst sogar vermehrt nur das, was die Menschen immer weniger nutzen (Bargeld). Das ist realitätsfremd und kann keinen praktischen Nutzen und kaum Aussagekraft haben. Seriöse Empfehlungen aus so zustande gekommenen Berechnungen dürfen nicht abgeleitet werden.

Die LM-Kurve ist damit nur der Theorie zufolge der Ausdruck des Gleichgewichts auf den Geld- und Finanzmärkten. Sie beschreibt alle möglichen Kombinationen von Zins i und Volkseinkommen Y, bei denen sich der Geldmarkt im Gleichgewicht befindet. Die LM-Kurve („Geldnachfrage-gleich-Geldangebot-Kurve") stellt demzufolge alle Kombinationen aus Einkommen und Zins dar, bei denen es ein Gleichgewicht aus Geldnachfrage und Geldangebot auf dem Geldmarkt gibt.

6.2.4 Die wesentlichen Zusammenhänge der LM-Funktion in der Standardtheorie

Zusammenfassung

Mit der LM-Kurve werden in der ökonomischen Standardtheorie zwei wesentliche Zusammenhänge der LM-Funktion dargestellt und beschrieben:

1. Ein Sinken oder Steigen des Nominaleinkommens bei gegebener Geldmenge führt zu einem Sinken bzw. Ansteigen des Zinssatzes.
2. Die Abnahme oder Zunahme des Geldangebotes bewirkt ein Steigen bzw. Sinken des Gleichgewichtszinssatzes.

Die Folge

Verändert sich das Nominaleinkommen, wirkt sich dies auf den Zinssatz aus. Bei steigendem Nominaleinkommen nehmen die in der Volkswirtschaft durchgeführten Transaktionen zu. Das führt dann automatisch zu einem Anstieg der Geldnachfrage. Die Geldnachfragekurve verschiebt sich demzufolge nach rechts, wodurch sich der Gleichgewichtszinssatz erhöht.

Allerdings muss an dieser Stelle ergänzt werden, dass durch die immer mehr steigende Bedeutung an neuen Zahlungsmöglichkeiten (z. B. Kreditkarten, PayPal, E-Wallets) und auch durch die neuen Zahlungsmittel (z. B. Kryptowährungen Meilen, Bonuspunkte, teilweise auch übertragbare Gutscheine) das Modell zunehmend ausgehebelt wird. Als Konsequenz von diesen neuen Entwicklungen verlieren die Zentralbanken immer weiter ihre Steuerungsmöglichkeiten durch ihr Eingreifen. Diese Steuerungsmöglichkeiten über die Instrumente der Liquiditätsversorgung verlieren kontinuierlichan Effektivität und somit auch an Bedeutung. Auf diese Weise schafft sich die Ökonomie selbst die Zahlungsmittel, auf welche die Zentralbanken keinen Einfluss haben. Globalisierung und technischer Fortschritt spielen hier eine entscheidende Rolle.

6.3   Das IS-LM-Modell

Das IS-LM-Modell wurde auch bekannt als das „Investment-Saving/Liquidity-Preference-Money-Supply"-Modell. Es ist ein theoretisches Modell der Ökonomik. Dieses Modell soll ein gesamtwirtschaftliches Gleichgewicht in der Wirtschaft beschreiben. Dieses Gleichgewicht der gesamten Wirtschaft entsteht durch die Kombination von anderen Gleichgewichtsmodellen: einerseits das des sogenannten realen Sektors (IS-Kurve: Gleichgewichtsmodell für den Gütermarkt) und andererseits das des sogenannten monetären Sektors (LM-Kurve: Gleichgewichtsmodell für den Geldmarkt; Abb. 6.1).

Nach einer Erweiterung dieses IS-LM-Modells um die Zahlungsbilanz (ZZ-Kurve) spricht man dann vom Mundell-Fleming-Modell, welches auch als IS-LM-ZZ-Modell bezeichnet wird.

Als Erweiterung des IS-LM-ZZ-Modells um das Gleichgewicht auf dem Arbeitsmarkt wurde dann das sogenannte AS-AD-Modell entwickelt.

6.3.1   Hintergrund dieser Theorie

Das IS-LM-Modell befasst sich mit den Gesamtgrößen einer Volkswirtschaft. Entscheidend sind nach derzeitig herrschender Lehrmeinung der heutigen Ökonomen jeweils

Abb. 6.1 Vereinigung der IS-Kurve mit der LM-Kurve zum IS-LM-Modell

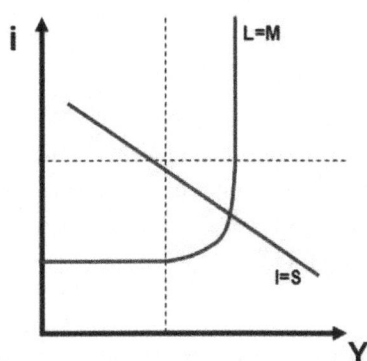

a) die Gleichgewichte auf dem **Gütermarkt** (per Definition gilt: gesamtwirtschaftliche
   Güternachfrage = gesamtwirtschaftliches Güterangebot = Volkseinkommen) und
b) auf dem **Geldmarkt** (per Definition: Geldnachfrage = Geldangebot).

Die IS-Kurve in dieser Konstellation steht also für eine Art von „Gütermarktgleichgewichtskurve". Diese Kurve stellt somit alle möglichen Kombinationen von Zins (**i**) und
Volkseinkommen (**Y**) dar, für die der Gütermarkt im Gleichgewicht ist.

Die LM-Kurve andererseits steht für eine Art von „Geldmarktgleichgewichtskurve".
Diese Kurve zeigt alle Kombinationen von Zinssatz (**i**) und Volkseinkommen (**Y**), für die
auf dem Geldmarkt ein Gleichgewicht besteht.

Per Definition besteht daher im Schnittpunkt der IS-Kurve und der LM-Kurve ein si-
multanes Gleichgewicht zwischen dem Gütermarkt und dem Geldmarkt. Dieser Zustand
wird dann als ein theoretisches gesamtwirtschaftliches Gleichgewicht bezeichnet.

Dieser eine bestimmte Gleichgewichtspunkt ist jedoch nur in der Theorie möglich und
in der realen Ökonomie nicht realisierbar. Denn in der Realität gibt es immer andauernde
Veränderungen der einzelnen Faktoren. Eine starre unveränderte Situation in der Realität
ist nicht denkbar. Und jede kleine Veränderung führt zu immer neuen Verschiebungen des
Gleichgewichtspunktes und zu ständig neuen Ungleichgewichten.

Deshalb müsste die Theorie in dem IS-LM-Modell erklären, welche Auswirkungen die
ständig entstehenden verschiedenen Ungleichgewichte haben, und nicht einfach nur angeben oder behaupten, dass es diese starren Gleichgewichte gibt.

Im Diagramm in Abb. 6.2 wird gezeigt, wie durch eine Verschiebung der IS-Kurve nach
rechts automatisch ein neues Gleichgewicht generiert wird bei einer Vergrößerung des
Volkseinkommens und gleichzeitiger Erhöhung des Zinssatzes.

Abb. 6.2 Theoretischer
Mechanismus zur Entstehung
ständig neuer Gleichgewichte

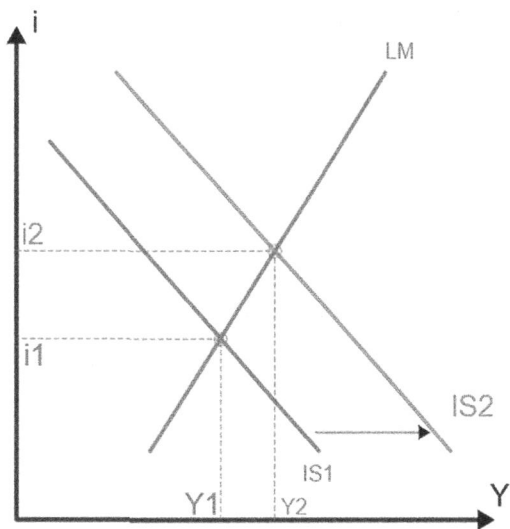

Definitionen

Das IS-LM-Modell wird im neoklassischen Zusammenhang betrachtet, d. h., es wird von flexiblen Löhnen ausgegangen.

Gütermarktgleichgewicht (IS-Kurve):

$$C(Y) + I(i) + G = Y$$

C: privater Konsum
Y: Volkseinkommen
I: Investitionen in den Formeln, wird oft „IS" verwendet
i: Zinssatz
G: Staatskonsum

Der Grund für die negative Steigung der IS-Kurve ist die Annahme, dass die Investitionen (**I**) mit steigendem Zinssatz (**i**) immer abnehmen. Aus diesem Grund kann auf dem Gütermarkt nur bei einem niedrigeren Volkseinkommen (**Y**) Gleichgewicht herrschen.

Diese Annahme ist jedoch in der Realität nur teilweise richtig. In der Praxis (= in der realen Welt) hängen Investitionen nicht nur von dem Zinssatz ab, sondern von einer ganzen Reihe an Faktoren, die je nach Situation und Entscheidungskontext sehr unterschiedlich bewertet und gewichtet werden. Beispielsweise hängt die Präferenz für eine Investition von der zu erwarteten Rendite, vom Risiko, von der Kenntnis aller Zusammenhänge und Komplexitäten der Investition (z. B. rechtliche, regulatorische, ethisch-moralische), von der eigenen Prägung, Neigung, Erziehung, Erfahrung und Sichtweise ab, von den gerade herrschenden Umständen und der spezifischen Situation und nicht zuletzt auch von den verhaltensrelevanten Faktoren, welche die menschliche Präferenzsetzung maßgeblich beeinflussen (z. B. der aktuelle emotionaler Zustand). Die Annahme im Modell ist somit überprüfbar und belegbar *falsch*, da Investitionen von menschlichen Entscheidungen abhängen (Entscheidungen von Investoren) und diese von Faktoren wie *Erwartung/Glauben/Stimmung* in Summe sogar mehr bei der Investitionsentscheidung zählen als allein der Zinssatz.

Geldmarktgleichgewicht (LM-Kurve):

$$L(Y, i) = M / P$$

L: Geldnachfrage (L steht für Liquidity Preference)
Y: Volkseinkommen
i: Zinssatz
M: nominales Geldangebot (M steht für Money Supply)
P: Preisniveau

Reales Geldangebot = M / P

Der Grund für die positive Steigung der LM-Kurve ist die Annahme und Definition, dass die Geldnachfrage (**L**) mit steigendem Volkseinkommen (**Y**) immer zunimmt.

Bei einer erhöhten Geldnachfrage kann folglich der Geldmarkt nur bei einem höheren Zinssatz (i) ein Gleichgewicht bilden.

Auch diese Annahme ist in der Realität nur teilweise richtig und darf keinesfalls verallgemeinert werden. In einer Situation mit hoher Inflationsrate beispielsweise wird die Geldnachfrage in der Praxis nicht zunehmen, sondern eher abnehmen, weil jeder, der liquide Mittel hält, durch die Inflation einen realen Kaufkraftverlust erfährt und dies wird jeder versuchen zu vermeiden. Ab einer bestimmten Inflationsrate kann man daher sogar eine richtige „Flucht" aus den liquiden Mitteln beobachten.

6.3.2   Folgerungen aus dem Modell

Taucht der Staat auf dem Gütermarkt selbst als Nachfrager nach Gütern und Dienstleistungen auf, hat das zur Folge, dass sich die IS-Kurve nach rechts verschiebt. Je nach Lage der LM-Kurve kann dies eine Steigerung des Volkseinkommens (Y) zur Folge haben. Das wird als „expansive Fiskalpolitik" bezeichnet und man kann diesen Prozess über sogenanntes Deficit Spending in Gang bringen.

Halten dann die Haushalte zudem vermehrt „Spekulationskasse" – das heißt, sie präferieren die Geldhaltung (um beispielsweise später bei günstigem Zins und günstigerem Wertpapierkurs auf diese Geldreserve zurückgreifen zu können) –, dann wirkt das zuvor beschriebene Deficit Spending wie eine Initialzündung der Wirtschaft. Die Begründung dieser Initialzündung liegt im sogenannten Multiplikator (in diesem Fall der Staatsausgabenmultiplikator), der seine Wirkung entfaltet.

Die Wirkungsweise dieses Multiplikators ist sehr einfach: Erhöht sich die Nachfrage (in diesem Fall vom Staat) auf dem Gütermarkt, dann steigt der Theorie und der Annahme zufolge immer auch die Produktion. Steigt die Produktion, steigt die Nachfrage nach Arbeit und mit mehr Arbeit steigt dann auch das Einkommen. Mit höherem Einkommen wird mehr konsumiert und nachgefragt, was wiederum zu einer noch weiter höheren Produktion führt.

Doch auch hier ist diese Annahme in der Theorie nicht immer pauschal richtig: Denn die Produktion hängt tatsächlich auch von den unterschiedlichen Produktionsmöglichkeiten ab (wie z. B. Auslastung, Versorgung mit Produktionsgütern) und natürlich auch von den Profitmöglichkeiten der Produzenten, und zwar in einem wesentlich höheren Maß als nur von der reinen Nachfrage. Somit bleiben in der oben beschriebenen Theorie die jeweils konkreten Rahmenbedingungen völlig unberücksichtigt!

Ein anschauliches und verständiges Beispiel für eine solche Konstellation ist eine gesellschaftliche Hunger- und/oder Armutsperiode, die immer wieder in Teilen der Welt zu beobachten ist. So existiert sogar eine extrem hohe Nachfrage nach Nahrung und nach grundlegenden Gütern und Dienstleistungen, jedoch kann diese Nachfrage nicht durch eine entsprechende Produktionserhöhung abgefangen werden, weil die Mittel und Möglichkeiten für eine entsprechende Produktionsausweitung schlicht nicht verfügbar sind.

Auch der im Modell vorausgesetzte und angenommene „starre" Zusammenhang zwischen Produktion und Beschäftigung kann und darf nicht so einfach verallgemeinert werden: Wenn im Modell die Produktion steigt, dann benötigen die Unternehmer per Definition immer mehr Arbeitnehmer. Dabei finden wichtige Entscheidungsfaktoren für die Ausweitung der Beschäftigung keine Berücksichtigung. Denn es ist unstrittig, dass beispielsweise auch durch technischen Fortschritt oder durch eine Optimierung von Produktionsabläufen eine Produktionserhöhung auch ohne eine Erhöhung der Beschäftigtenzahl möglich ist.

Die Beschäftigten bekommen nach der Standardtheorie ein Gehalt, welches sie zu einem bestimmten Anteil konsumieren (abhängig von der marginalen Konsumneigung). Demzufolge würden dann bei einer höheren Produktion entsprechend mehr Beschäftigte auch insgesamt mehr Einkommen generieren, in der Summe dann auch mehr konsumieren und so automatisch für mehr Nachfrage nach Gütern und Dienstleistungen sorgen, was dann automatisch weiter zu noch mehr Produktion führt. Der durch die höhere Nachfrage nach Arbeit zusätzliche Konsum initiiert also automatisch eine immer neue und weitere Ausweitung der Produktion, die wiederum automatisch weitere neue Arbeitskräfte benötigt, die ihrerseits wieder ein zu konsumierendes Gehalt beziehen, von dem ein Teil für weiteren neuen Konsum ausgegeben wird usw.

Diese Idee der Staatsverschuldung geht jedoch nicht auf Keynes zurück. Fälschlicherweise wird dies zwar vielfach angenommen, entspricht aber trotzdem nicht den Fakten. Diese Idee stammt von Abba P. Lerner. Keynes forderte ganz ausdrücklich in Wirklichkeit, nur die zuvor gebildeten Rücklagen zu nutzen, um damit die Staatsausgaben zu finanzieren! Da aber das sogenannte Deficit Spending (also die Rechtsverschiebung der IS-Kurve) eine Verschuldung des Staates darstellt, sollte dieser dann, wenn die Wirtschaft blüht und genügend Steuereinnahmen generiert, durch die vermehrten Steuereinnahmen die gemachten Schulden wieder zurückzahlen (= Surplus Saving). Der Staat soll also eine „antizyklische Wirtschaftspolitik" betreiben zur Glättung (oder zumindest Minderung) der Konjunkturschwankungen.

Wenn jedoch die Haushalte ausschließlich Transaktionskasse halten, also sie die Geldmenge, die ausschließlich zum Kauf von Gütern gebraucht wird, nicht ausgeben und stattdessen sparen, dann hat diese Politik des Deficit Spending aufgrund der vertikalen Lage der LM-Kurve zur Folge, dass nur der Zins steigt. Das Volkseinkommen bleibt hingegen unverändert auf gleicher Höhe wie zuvor. Diesen Zustand nennt man auch Crowding-out-Effekt (Abb. 6.3). Es ist eine Art von Verdrängung von privater Nachfrage, die als Folge von Staatsausgabenerhöhung eintreten kann.

Der Crowding-out-Effekt (im Deutschen auch als Verdrängungseffekt bekannt) bezeichnet in der ökonomischen Lehre die Verdrängung privater Nachfrage durch staatliche Nachfrage. Der gegenteilige Effekt wird als Crowding-in bezeichnet.

Bei der gezeigten Darstellung der IS-LM-Funktion (1. Quadrant) handelt es sich um das in der Theorie bekannte und häufig verwendete Hicks-Diagramm. Es ist nach John R. Hicks benannt. Es wird oft auch als Zins-Einkommen-Diagramm bezeichnet.

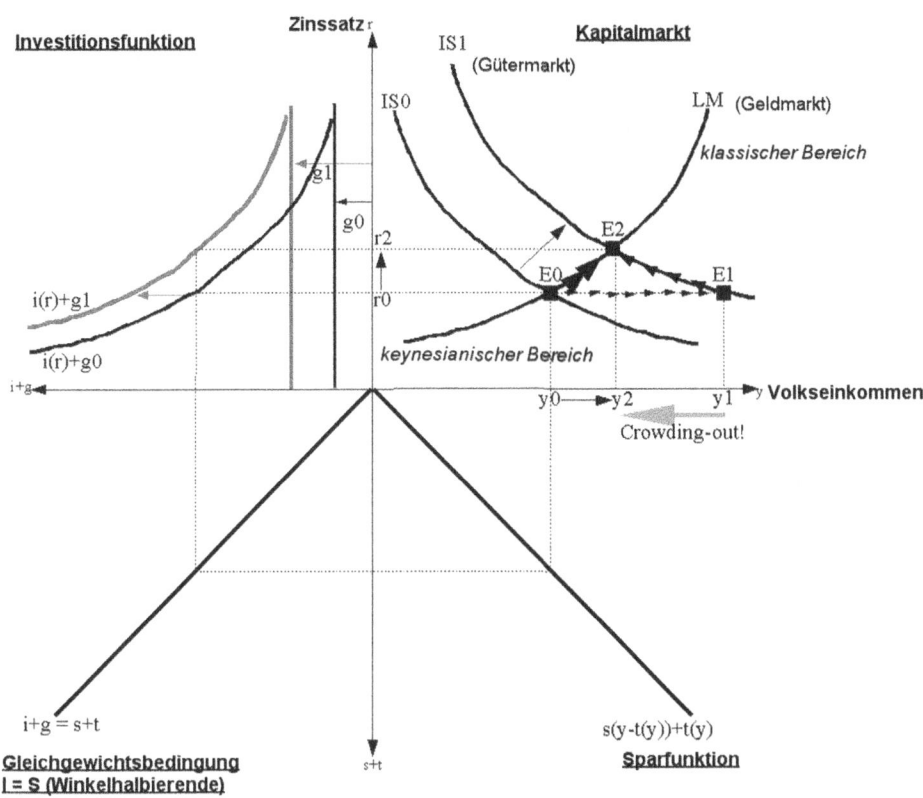

Abb. 6.3 Grafische Darstellung des Crowding-out-Effekts im IS-LM-Modell

6.3.3 Die Erweiterung des Modells

Das gängige und bekannte IS-LM-Modell beschreibt eine Theorie der gesamtwirtschaftlichen Gleichgewichte. Diese funktioniert aber nur bei geschlossenen Volkswirtschaften und berücksichtigt nicht die Arbeitsmärkte. Bei einer Berücksichtigung der Zahlungsbilanz-Zusammenhänge kann das Modell auch offene Volkswirtschaften beschreiben. Dafür muss aber eine weitere, dritte Kurve ergänzt werden: Diese wird ZZ-Kurve genannt. Diese neue Kurve repräsentiert alle Kombinationen aus Zins und Einkommen, für die eine ausgeglichene Zahlungsbilanz existiert.

6.3.4 Die geschichtliche Entstehung dieses Modells

Die Grundidee zu dem IS-LM-Modell entstand auf einer Konferenz der Econometric Society in Oxford im September 1936. Das war acht Monate, nachdem John Maynard Keynes die *Allgemeine Theorie der Beschäftigung, des Zinses und des Geldes* publizierte. R. Hicks veröffentlichte damals sein Paper zu dieser Konferenz im April 1937 unter dem

Titel „Mr. Keynes and the ‚classics': a suggested interpretation". Alvin Hansen, der 1937 als Ökonom nach Harvard berufen wurde, arbeitete auch an dem IS-LM-Modell. Später wurde es deshalb auch als „Hicks-Hansen-Synthese" in den USA gelehrt.

Der Ökonom Paul A. Samuelson hat es 1948 in seinem Bestseller-Lehrbuch *Economics: an introductory analysis* weltweit populär gemacht. John Hicks gab aber später seine Unzufriedenheit mit dem IS-LM-Modell zu. Dieses wurde in der Zwischenzeit durch Schüler von Keynes (beispielsweise durch Joan Robinson) sogar vollkommen abgelehnt und als „a classroom gadget" bezeichnet.

Hicks selbst hatte von Anfang an ausdrücklich betont, dass das Geldangebot in der LM-Funktion nicht als konstant angenommen werden darf. Er erkannte sehr früh, dass die Verantwortlichen der Geldpolitik es tendenziell immer vorziehen würden, die Geldmenge auszuweiten, um die Zinsen niedrig zu halten. Folglich hängt dann die Elastizität der LM-Kurve viel mehr von der Elastizität der Geldpolitik ab.

Das IS-LM-Modell wird bis heute an den allermeisten Universitäten weltweit als ein „keynesianisches Modell" gelehrt. Obwohl es nicht wirklich die Erkenntnisse und Sichtweisen von Keynes enthält: Vielmehr ist es eine sogenannte neoklassische Synthese, welche die eigentlichen Theorien von Keynes nur auf ein allgemeines Gleichgewichtsmodell reduziert.

Nach der Weltwirtschaftskrise war das Ansehen von Klassik und Neoklassik ruiniert. Aus diesem Grund wurden einige Ansätze der Kritik von Keynes aufgegriffen. Zum Beispiel die, dass Geld nicht neutral sei und der Arbeitsmarkt über längere Zeit nicht ins Gleichgewicht findet. So sollten dann diese Kritikpunkte in die neoklassischen Vorstellungen eingebaut werden. Dadurch wurde ein sogenanntes „keynesianisches Modell" geboren.

Viele weltweit anerkannte Ökonomen (wie beispielsweise Franco Modigliani) weisen zu Recht darauf hin, dass der einzige Unterschied zwischen Keynes und der klassischen Ökonomie die Rigidität der Löhne sei (siehe z. B. Artikel „Liquidity preference and the theory of interest and money", Econometrica, 1944).

Auch andere Ökonomen vom Weltruf (beispielsweise Joan Robinson) bezeichneten sehr medienwirksam alle Vertreter des sogenannten Neokeynesianismus (also der neoklassischen Synthese und des IS-LM-Modells) als „Bastard-Keynesianer". Sie würden sich zu Unrecht auf Keynes und seine Ideen und seine Lehre berufen.

Sogar heute wird das Modell immer noch stark kritisiert. Im Zentrum der Kritik steht die Tatsache, dass die Notenbanken die Geldmenge nicht mehr beachten und das Modell nicht den für Investitionen entscheidenden Realzins abbildet. Deswegen bildet sich als ein neues Standardmodell ein keynesianisches Konsensmodell heraus. Hier wird durch die Zentralbank nicht mehr die Geldmenge gesteuert, sondern gemäß der sogenannten Taylor-Regel der Zinssatz festgelegt.

6.4   Die neoklassische Synthese

In der heutigen Zeit ist die neoklassische Synthese – die auch als neoklassisch-keynesianische Synthese bekannt ist – immer noch die theoretische Hauptrichtung in der Volkswirtschaftslehre. Sie bestimmt die Denkrichtung in der Politik, Ökonomie und der Wirtschaftslehre.

Dabei ist sie strenggenommen keine reine Lehre, sondern verbindet einige kritische Ansätze des Ökonomen John Maynard Keynes mit den alten Dogmen der neoklassischen Theorie. Deshalb wurde sie auch in der Vergangenheit als „Bastard-Keynesianismus" bezeichnet. Diese Bezeichnung wurde vom Ökonomen Joan Robinson geprägt.

Paul Samuelson verstand unter der neoklassischen Synthese einen Zustand, der durch einen sinnvollen Einsatz von Währungs- und Fiskalpolitik Massenarbeitslosigkeit und Inflation eliminieren könnte. Dadurch könnte man theoretisch bei Vollbeschäftigung und Geldwertstabilität künstlich die alten klassischen Gleichgewichte generieren und halten.

Jedoch wird meistens mit der neoklassischen Synthese die Verbindung des IS-LM-Modells von John Richard Hicks mit einem neoklassischen Arbeitsmarkt verstanden. In diesem Arbeitsmarktmodell ist die Arbeitslosigkeit das Ergebnis starrer Löhne wegen des Widerstands der Arbeiter gegen Lohnsenkungen. Keynes hingegen hatte die Ansicht vertreten, dass Kürzungen der Geldlöhne bei sinkenden Preisen in der Regel zu steigenden Reallöhnen führen würden. Bei Deflation sei also eine Reallohnsenkung durch die Senkung der Nominallöhne gar nicht möglich. Sinkende Preise bewirken seiner Ansicht nach eine höhere Last der Verschuldung und sinkende Nominallöhne einen Aufschub der Investitionen und damit erhöhen sie bei einem doppelten Hemmnis der Grenzleistungsfähigkeit des Kapitals die Arbeitslosigkeit.

6.4.1   Das Modell der neoklassischen Synthese

Die neoklassische Synthese hat diese drei signifikanten Annahmen von Keynes übernommen:

(1) Die Abhängigkeit der Ersparnis vom Einkommen

Mit steigendem Einkommen sinkt nach Keynes' Theorie die Grenzneigung zum Verbrauch und die Sparfunktion mit dem Einkommen der Volkswirtschaft steigt. Die Ersparnisse sind mit den zinsabhängigen Investitionen identisch und deshalb führt zwangsläufig jede geringe Schwankung der Investitionen auch immer zu Schwankungen in der Beschäftigung und infolgedessen zu Schwankungen der Einkommen in der gesamten Ökonomie. Die Gesamtersparnis ist direkt abhängig von den Investitionen und der Anstieg von Zinsen muss daher die Einkommen auf eine Höhe herunterdrücken, bei welcher die Ersparnisse wie auch die zinsabhängigen Investitionen entsprechend reduziert werden. Per *Annahme* (!) existieren in dieser Theorie also *immer* direkte Zusammenhänge zwischen:

- Investitionen und Sparen,
- Sparen und Zinssatz,
- Zinssatz und Investitionen,
- Investitionen und Produktion,
- Investitionen-Produktion-Einkommen,
- Investitionen-Produktion-Arbeitslosigkeit.

(2) **Die Nicht-Neutralität des Geldes**

Die Ersparnisse sind mit den Investitionen identisch und beide werden direkt durch den Zinssatz bestimmt. Eine Veränderung dies Zinssatzes führt daher direkt zur Veränderung der Investitionen und führt verstärkt durch den sogenannten Multiplikator zur Veränderung des Gesamteinkommens der Ökonomie. In der Realität wie auch bei Keynes' Theorie setzt die Zentralbank den Zins fest, während das klassische IS-LM-Modell fälschlicherweise den Eindruck erweckt, dass sich auf dem Geldmarkt immer ein Gleichgewichtszins einpendelt. John Richard Hicks hat bei der Vorstellung seines Modells deutlich gemacht, dass der Zinssatz durch das Geldangebot der Notenbank faktisch festgesetzt wird. Eine Interpretation dahingehend, dass ein bestimmtes Geldangebot fest vorgegeben sei und dadurch die LM-Kurve bestimmen würde, ist nicht realistisch: Denn die Geldmenge wird in der Realität immer angepasst und mit dieser Anpassung verändert sich folglich auch die Elastizität der LM-Kurve. Somit ist faktisch die Elastizität der LM-Kurve abhängig von der Elastizität der Geldpolitik.

(3) **Die sogenannte Liquiditätsfalle**

Wegen des Kursrisikos von langlaufenden Anleihen wird deren Kurs bei Weitem niemals so weit fallen, wie es für eine Belebung der Konjunktur erforderlich wäre. Deswegen ist in der neoklassischen Synthese im IS-LM-Modell die Form der LM-Kurve als Darstellung des Anleihezinses im unteren Bereich sehr flach bis waagerecht und verläuft immer über dem Nullpunkt, trotz der Tatsache, dass der Zins für Zentralbankgeld auch auf null oder sogar auch unter null festgesetzt werden kann. Die Kurve selbst ist im Modell eine Abbildung von beiden Zinsen gleichzeitig: vom Anleihemarktzins und vom Geldmarktzins. Daher rührt auch ihre „Unschärfe".

In der neoklassischen Synthese werden dem IS-LM-Modell auch ein neoklassischer Arbeitsmarkt und eine neoklassische Produktionsfunktion hinzugefügt. Im neoklassischen Arbeitsmarkt wird ein Gleichgewicht zwischen Nachfrage und Angebot an Arbeit angenommen, welches vom Reallohn abhängig ist.

Das neoklassische Modell berücksichtigt auch Zustände von Unterbeschäftigung. Dieser Zustand kann annahmegemäß in der neoklassischen Synthese jedoch nicht auftreten. Es wird daher eine modifizierte Variante des keynesianischen Arbeitsmarktes in der neoklassischen Synthese verwendet. Diese hat einen nach unten rigiden Lohnsatz. In der Praxis verhindern Arbeitnehmervertretungen ein Absenken von Löhnen und im Bedarfsfall machen sie es unmöglich, dass Löhne unter eine festgelegte Marke sinken. Daher kann auf dem Arbeitsmarkt keine vollkommene Flexibilität herrschen, was die Unterbeschäftigung zur Folge haben kann.

Ein weiteres Merkmal der neoklassischen Synthese ist die Annahme, dass sich Preise nur sehr langsam verändern und kurzfristig de facto fix sind. Die IS-LM-Modelle konstruieren ein theoretisches Gleichgewicht zwischen der IS-Kurve (Investitionen = Sparen), also der Gütermarktgleichgewichtsbedingung, und der LM-Kurve (Geldangebot = Geldnachfrage), also dem Geldmarktgleichgewicht. Im Bereich des Schnittpunkts dieser Kurven (Volkseinkommen/(Bond-)Zinssatz-Diagramm) kann es zu einer Veränderung der Investitionstätigkeit kommen. Dadurch ist das Modell imstande die Liquiditätsfalle sowie auch die Investitionsfalle darzustellen. Folglich soll es zu der Analyse von fiskalpolitischen wie auch geldpolitischen Maßnahmen einsetzbar sein und als ein Steuerungsinstrument dienen.

6.4.2 Kritik des Modells der neoklassischen Synthese

Eine fundierte und berechtigte Kritik übte bereits die Neue Klassische Makroökonomik. Die strikte Neutralität des Geldes wird durch die Annahme, dass alle Wirtschaftssubjekte das gleiche Modell der Ökonomie haben und sich angeblich rational verhalten, abgeleitet. Nämlich immer rational nach der Definition dessen, was als rational unterstellt wird, und in diesem Zusammenhang auch nach der Definition der Verhaltensweise des „Homo oeconomicus". Aus diesem Grund gibt es in den Modellen der Neuen Klassischen Makroökonomik keinerlei Möglichkeit, durch eine politische Steuerung langfristig die Ökonomie zu beeinflussen.

Aus heutiger Sicht und unter der Berücksichtigung der Erkenntnisse der Verhaltensökonomik, mit ihren bekannten wissenschaftlichen Experimenten zum Thema Rationalität und Verhalten von Wirtschaftssubjekten, ist es an dieser Stelle essenziell zu ergänzen, dass absolut außer Frage steht, dass der Mensch in der Realität sogar sehr irrational entscheidet (also genau im Gegenteil zu den gemachten Annahmen) und dass die Falschannahme dieses rationalen Verhaltens durch die Theorie diese Theorie für die reale Ökonomie von vornherein komplett unbrauchbar macht. Die menschliche Irrationalität und Emotionalität müssen in einer Theorie, die in der realen Welt valide sein soll, berücksichtigt und abgebildet werden.

Während der Ölkrise 1973, als die Arbeitslosigkeit und gleichzeitig auch die Inflation stark zunahmen (Stagflation), wurde dieser Zustand als Beispiel genommen und von der Neuen Klassischen Makroökonomik und den damals neu aufkommenden „Monetaristen" (um den Ökonomen Milton Friedman) als Bestätigung ihrer Kritik an der neoklassischen Synthese gedeutet. Die neoklassische Synthese verlor durch diese Widerlegung stark an Ansehen und an Einfluss. Doch aufgrund mangelnder Praxistauglichkeit der theoretischen Modelle der Neuen Klassischen Makroökonomik wurde diese dann von der Neuen Neoklassischen Synthese, dem sogenannten Neukeynesianismus, wieder zurückgedrängt. Eine wirklich neue und praxisrelevante Theorie fehlte jedoch weiter.

Die Neokeynesianer kritisierten vollkommen zu Recht, dass sogenannte Spillover-Effekte zwischen Güter- und Arbeitsmarkt nicht berücksichtigt würden. Der Theorie der Neuen Klassischen Makroökonomik fehle außerdem eine Mikrofundierung des Haushaltsverhaltens. Der Konsum in dieser Theorie wird nämlich nur starr und ausschließlich vom Nationaleinkommen abgeleitet und nicht durch ein neoklassisches Entscheidungskalkül, welches der mathematischen Optimierung entspringt.

Auch hier muss aus heutiger Sicht und unter Berücksichtigung der Erkenntnisse der Verhaltensforschung ergänzt werden, dass auf der mikroökonomischen Ebene aufgrund der Komplexität der real existierenden menschlichen Irrationalitäten kein mathematisches Modell derzeit existiert, welches eine genaue Abbildung der Realität (also des Verhaltens) erlauben würde.

Ein weiterer bekannter Kritikpunkt besteht in der Tatsache, dass analog der Theorie die Wirtschaftssubjekte zwar sparen, dass aber dadurch auftretende Vermögenseffekte komplett vernachlässigt werden. Vermögenseffekte können positiver oder auch negativer Natur sein. So sind beispielsweise Verschwendung und Vergeudung von Gütern, Verlust von Gütern durch Kriege oder Naturkatastrophen, wie die Zerstörung von Produktionskapazitäten und Produkten, auch real existierende negative Effekte, die (leider) häufig vorkommen und die deshalb auch eine entsprechende Berücksichtigung in der ökonomischen Theorie finden müssten.

Portfoliotheoretische Überlegungen werden ebenfalls in dem Modell komplett vernachlässigt. Das Vermögen, welches nicht zu Transaktionszwecken verwendet wird, wird der Theorie zufolge einzelwirtschaftlich entweder vollständig in Bonds investiert oder zinslos gehortet. Eine Diversifikation, um beispielsweise Risiken zu minimieren, findet in der Theorie nicht statt.

Die LM-Funktion war zusammen mit dem IS-LM-Modell über Jahrzehnte das dominante und führende Lehrbuchmodell. Das Modell wird seit der Jahrtausendwende zunehmend auch deshalb kritisiert, weil die Notenbanken die Geldmenge weniger beachten. Heute wird ein keynesianisches Konsensmodell diskutiert, in dem die Zentralbank keine Geldmenge steuert, sondern gemäß der Taylor-Regel nur den Zinssatz bestimmt.

Aus diesen Gründen werden in der heutigen Ökonomie das hier kritisierte IS-LM-Modell und das AS-AD-Modell als veraltet angesehen, sie werden jedoch weiterhin in vielen Lehrbüchern geführt und an den meisten Universitäten trotzdem immer noch gelehrt. Mittlerweile hat sich aber auch in der Lehre die Lehrmeinung durchgesetzt, dass die Notenbank den Zins für das Zentralbankgeld festlegt. Denn das entspricht der Realität. Bei diesem Vorgehen wird versucht das Inflationsziel einzuhalten und dabei mit der Gelpolitik keine größere Output-Lücke durch eine Rezession oder gar eine Depression zu produzieren. Realitätsfern wäre aber in der Theorie die Annahme, dass die Notenbanken überhaupt keine Geldmengenpolitik betreiben. Denn Geldmengenpolitik findet in der Realität sehr wohl statt. Nur der Zins für Zentralbankgeld ist kein Gleichgewichtszins an einem Geldmarkt, sondern wird von der Notenbank festgelegt und somit „künstlich" bestimmt.

Außerdem werden Nachfrage und Investition der Theorie zufolge negativ nur vom Zinsniveau beeinflusst. Insbesondere dieser Punkt der heutigen Lehrmeinung muss jedoch als relativiert betrachtet werden: Man mussbedenken, dass in der Realität die viel signifikanteren Faktoren die zu Investitionsentscheidungen und zum Konsum führen die sind, wie beispielsweise, der Glaube und die Einstellung der Marktteilnehmer, ihre Zuversicht und Erwartungen an die Zukunft wie auch die äußeren Rahmenbedingungen und die aktuellen Umstände in der Ökonomie zum Zeitpunkt der Entscheidung. Dies sind bei Weitem die wichtigsten Entscheidungsfaktoren, welche über Investitionen und/oder Konsum in der Realität bestimmen, und nicht nur die Zinshöhe allein. In der aktuellen Lehrmeinung geht man außerdem vom Realzins aus, während das IS-LM-Modell keinen Unterschied zwischen Nominalzins und Realzins kannte. Auch spielen in der Realität die Politik und ihre Entscheidungen eine extrem wichtige Rolle für die gesamte Ökonomie. Beispielsweise kann durch entsprechende Entscheidungen bei zu hoher Liquidität gesteuert werden, dass die liquiden Mittel nicht zu schnell bei der großen Masse der Bevölkerung ankommen, um so eine drohende Inflation effektiv zu verhindern oder zumindest diese zu verlangsamen. Auch werden durch die Politik die unterschiedlichsten Umverteilungsmechanismen angekündigt, beschlossen und eingeführt. Manchmal ist schon eine Signalwirkung von zukünftigen Vorhaben ausreichend, um so sogar gravierende Eingriffe in der Ökonomie vorzunehmen.

Bereits seit ihren Anfängen wurde die wirtschaftspolitische Anwendung des Modells mit Recht kritisiert. Umstritten weiterhin in der Wirtschaftspolitik bis zum heutigen Tag ist immer noch die ewige Frage, ob eine staatliche Nachfragepolitik wirklich immer zu mehr Wirtschaftswachstum führt und infolgedessen zu einer damit einhergehenden Senkung der Arbeitslosigkeit. Theoretisch ist dieser Zusammenhang umso schwächer, je mehr des durch diese Maßnahmen generierten Einkommens von den Verbrauchern und Haushalten gespart wird, beziehungsweise wenn auch überwiegend Güter konsumiert werden, durch deren Produktion kaum neue Arbeitsplätze im Land entstehen. Bereits Keynes erkannte dieses Problem und empfahl deswegen, dass die so generierte Steigerung des staatlichen Konsums in arbeitsintensive Bereiche gelenkt werden soll.

Das Modell zeigt aber auch deutlich auf, dass ein wirtschaftspolitisches Problem dann entsteht, wenn in Boomzeiten die Bereitschaft zum Sparen zu gering ausfällt. Und das ist in der Realität fast immer der Fall, weil politische Entscheidungen zum Sparen höchst unbeliebt sind und viele Wähler verärgern. Somit inkludiert dieses Modell eine sehr deutliche Tendenz zu einer permanent wachsenden Staatsverschuldung.

Im Zusammenhang mit der Arbeitsmarkttheorie und der unstrittigen Existenz von unfreiwilliger Arbeitslosigkeit in der Realität muss objektiv festgestellt werden, dass Keynes die Bedeutung von Nicht-Gleichgewichtsphänomenen deutlich betont hatte, welche dann aber im IS-LM-Modell von Hicks überhaupt nicht berücksichtigt wurden. In der Realität existieren überall auf Märkten immer auch Kräfte, die destabilisierend wirken. Diese Argumente und realitätsfremden Tatsachen entlarven die neoklassische Synthese somit als inkorrekt und durchaus auch im Widerspruch zu Keynes' Aussagen in seiner „General Theory".

Nicht unberücksichtigt bleiben darf in diesem Zusammenhang die Theorie des Ökonomen Milton Friedman. Demzufolge vergeht seiner Ansicht nach so viel Zeit zwischen dem Rückgang des Konsums und dem Anspringen und Wirken der staatlichen Nachfrageprogramme, dass sich bis dahin die Konjunktur in den meisten Fällen schon von alleine erholt hat und sich dann inzwischen die Ökonomie wieder in einer Boomphase befindet. Somit gibt es nach der Theorie von Milton Friedman die sogenannten Time Lags, also zeitliche Verzögerungen, welche zur Folge haben, dass die gut gemeinten staatlichen Maßnahmen immer zu spät kommen und durch diese Verzögerung ihre Wirkung verlieren. So wird dann durch den zusätzlichen staatlichen Konsum, der seiner Argumentation zufolge in der nächsten Boomphase kommt, die Konjunktur durch die staatlichen Maßnahmen zusätzlich überhitzt und es kommt unvermeidlich zur Inflation.

Weitere grundsätzlichere Kritik an den zuvor genannten Modellannahmen wurde auch von John B. Taylor und von David Romer formuliert. Diese beiden Ökonomen fanden heraus, dass für Investoren die Realzinsen und nicht die nominalen Zinsen relevant sind. Aber auch sie erkannten leider nicht die Signifikanz von verhaltensrelevanten Faktoren zur Entscheidungsfindung und Präferenzierung der Investoren, wie beispielsweise Erwartungshaltungen, den jeweils aktuellen emotionalen Zustand oder das entsprechende Umfeld zum Zeitpunkt der Investitionsentscheidung.

Nach ihrem Modell wird die IS-Kurve nicht korrekt abgetragen. Diese müsste in Wirklichkeit mit der Inflationsrate um den entsprechenden Wert verschoben werden. Sie kritisieren korrekterweise auch die (falsche) Annahme einer Geldmengenfixierung durch die Zentralbank. Viel wirklichkeits- und praxisnäher wäre es, wenn die Beschreibung der Zentralbankentscheidung durch eine Zinsregel erfolgt. Diese Beschreibung ist die sogenannte Taylor-Regel. Dabei ist die Zentralbank in der Lage, mithilfe der Kreditvergabe an die Geschäftsbanken sowohl den nominalen als auch den realen Zinssatz der Wirtschaft zu steuern. Ziel der Zentralbank muss es sein, durch diese Maßnahme die Wirtschaft zu stabilisieren und den Realzins im Boomzeiten (oder auch bei hoher Inflationsrate) zu erhöhen und ihn in der Rezession oder in der Deflation entsprechend zu senken. Schwankungen der Geldmenge bilden dann in dieser Theorie nur noch eine Begleiterscheinung der Modellierung. Im Modell wird die Erkenntnis dieser beiden Ökonomen so berücksichtigt, dass die LM-Kurve (die ein Gleichgewicht auf dem Geldmarkt beschreibt) durch eine solche Politikregel ersetzt wird. Jedoch ist aber auch bei dieser Weiterentwicklung des Modells zu beanstanden, dass die Präferenzsetzung und somit das wahre Verhalten der Marktteilnehmer in keiner Weise berücksichtigt sind. Diese Ursachen für die entsprechenden Entscheidungen – in der Politik wie auch in der Ökonomie – existieren und sind nicht bestreitbar. Sie beeinflussen – oder prägen sogar – somit die Funktionsweise der Ökonomie von Grund auf. Und dies müsste entsprechend in einem Modell dieser Ökonomie berücksichtigt werden.

Fundamentalkritik des aktuellen ökonomischen Standardmodells

Das Ziel von Wissenschaft ist es, die Realität zu erklären. Dazu werden Theorien formuliert in Form von Aussagen über die Realität. Sie müssen so formuliert werden, dass sie empirisch überprüfbar sind.

Die Aussagen des ökonomischen Standardmodells stimmen überprüfbar nicht mit der Realität überein. Dadurch beinhaltet es gravierende Schwächen. Die Folge ist eine deutliche Diskrepanz zwischen der ökonomischen Theorie und der ökonomischen Realität.

Diese Schwächen kann man in folgende Gruppen zusammenfassen:

7.1 Das Problem der Grundannahmen im aktuellen ökonomischen Standardmodell

Das aktuelle ökonomische Standardmodell hat viele Vorteile, wie beispielsweise die elegante und nachvollziehbare mathematische Reinheit und Logik. Diese Eigenschaft macht das Modell so robust gegenüber Kritik und so stark bei seiner langfristigen Durchsetzungsfähigkeit gegenüber anderen konkurrierenden Modellen. Seine Hauptschwäche – und diese ist jedoch entscheidend – liegt in seinen definierten Grundannahmen, auf welchen sich das gesamte theoretische Gebilde stützt. Diese Grundannahmen entbehren leider jeder Realität und sind aus objektiver Sicht deswegen auch nicht für eine praktische Anwendung brauchbar.

Es wird ein bestimmtes Verhalten des Menschen in der ökonomischen Theorie standardmäßig und einheitlich vordefiniert. Mit der Definition und somit künstlich hergestellten Vorhersehbarkeit und Kalkulierbarkeit des menschlichen Verhaltens werden alle weiteren Faktoren, die aus dem menschlichen Verhalten abgeleitet werden, auch vorhersehbar und kalkulierbar. Und das sind praktisch alle relevanten Faktoren, die die Ökonomie bestimmen. Dadurch erhält man ein System aus bekannten und berechenbaren Größen und kann damit

V. von Holle, *Neue ökonomische Theorie*, https://doi.org/10.1007/978-3-658-42058-1_7

sehr gut mathematische Modellierungen durchführen. Aufgrund der Tatsache, dass aber in der Realität das menschliche Verhalten nicht so einfach vorhersehbar, bestimmbar und auch nicht logisch oder gar rational ist, sind dementsprechend auch die aus diesem Verhalten abgeleitete ökonomische Folgen nicht so einfach bestimmbar. Das Ergebnis ist eine unzureichende Beschreibung der Realität durch die Theorie, weil durch die realitätsfremden Grundannahmen eine signifikante Diskrepanz zwischen der ökonomischen Theorie und der Wirklichkeit entsteht. Konkret bedeutet dies, dass die theoretischen Modelle nur sehr unzureichend in der Praxis angewendet werden können, weil sie sehr fehlerhaft sind.

Eine weitere Grundannahme sind die vollständige Transparenz und überall verfügbare Information über alle Märkte, Marktteilnehmer und Produkte. Die wirkliche Situation aber in der Realität ist, dass in der Ökonomie meistens für die Marktteilnehmer eine Intransparenz mit Informationsdefiziten herrscht. Somit werden die meisten Entscheidungen in der Realität unter Ungewissheit getroffen. Diese Tatsache vergrößert noch zusätzlich zu den falschen Annahmen die Differenz zwischen der Realität und der Theorie.

Auch die Grundannahme des rationalen Verhaltens ist eine weitere und zusätzliche Fehler verursachende Quelle im theoretischen Standardmodell. Zuerst wird festgelegt und definiert, was rationales Verhalten ist und was nicht, und danach wird dieses festgelegte Verhalten völlig realitätsfremd in der Theorie für alle Wirtschaftssubjekte pauschal angenommen.

Weiter hinzu kommt die Tatsache, dass in der Realität unzählige Faktoren existieren, die eine signifikante Auswirkung auf ökonomische Prozesse haben, aber durch die Theorie vollkommen unberücksichtigt bleiben: So werden beispielsweise die menschlichen Triebe, die Angst, die bekannten Wahrnehmungsdefizite und Realitätsverzerrungen sowie die kontextbezogenen Einflüsse nicht abgebildet. Ihre Folgen sind Effekte in der Realität, die überall existieren und für jeden sichtbar sind, aber gleichzeitig durch die ökonomische Theorie vollkommen unberücksichtigt bleiben. So ist beispielsweise eine Konsumierung bis über die Sättigungsgrenze hinaus unstrittig existent (z. B. bei sogenannten All-you-can-eat-Angeboten). Sie ist so nur beim Menschen zu beobachten. Tiere hören bei Sättigung auf, der Mensch macht aber weiter, denn er will ein „Geschäft" machen und möglichst viel für das, was er bezahlt hat, bekommen. Diese Tatsache hat eine große Auswirkung auf die Funktionsweise des Systems der Wirtschaft und Gesellschaft:

Das Tier hört auf zu fressen und überlässt die Reste den anderen zum Verwerten und zum Sattwerden. Somit bekommen alle Akteure im System etwas ab und alle können überleben. Das Gesamtsystem bleibt dadurch stabil und der Kreislauf des Lebens mit den vorhandenen Ressourcen und ihre Verteilung funktioniert. Der Mensch aber handelt anders: Er überlässt das, was er selber nicht benötigt (in diesem Beispiel die Reste) nicht den anderen, den Schwächeren. Der Mensch neigt dazu, Sicherheit für sich zu bilden, daher nimmt er auch das, was er nicht konsumieren konnte, und bildet so Reserven für die Zukunft oder für schlechte Zeiten. Er ist intelligent und kann Methoden entwickeln, um möglichst viele Reserven (und so möglichst viel Sicherheit) zu bilden.

Dies hat direkte Auswirkungen auf die Funktionsweise des Systems. Es bleiben zu wenige Ressourcen für die anderen, schwächeren Beteiligten übrig. Alle müssen daher viel mehr für die verknappten Ressourcen kämpfen. Ressourcen werden nicht nur gefühlt knapp, sondern auch messbar, weil ihre Verteilung zugunsten der Stärkeren verändert wird. Eine Akkumulation dieser Ressourcen bei den stärkeren Teilnehmern des Systems beginnt. Auch wenn es genug Ressourcen für alle Beteiligten gäbe, bekommen jetzt die schwächeren zu wenig. Die Ressourcendistribution ist gestört. Durch das Horten und Bilden von Reserven entsteht für viele eine echte Knappheit an Ressourcen. Die Stärkeren sind im übermäßigen Vorteil gegenüber den Schwächeren.

Durch die Preisinelastizität von lebensnotwendigen Gütern kommt es mit fortschreitender Zeit in einer so gelagerten Gesellschaft zu riesigen Gewinnmöglichkeiten der stärkeren Teilnehmer und somit zu Spekulationen, was die Ressourcen weiter verknappt. Eine Spirale der Gier, des Kampfes um Ressourcen und letztendlich um ein würdiges Leben und Überleben in der Gesellschaft entsteht. Die soziale Schere klafft immer weiter auseinander. Die Ressourcen und das Kapital werden bei den Stärkeren innerhalb der Gesellschaft überproportional akkumuliert.

Aus den künstlich gemachten realitätsfremden Annahmen leitet sich deswegen eine Theorie ab, die mit der Funktionsweise der realen Ökonomie nicht viel gemeinsam haben kann und die reale Ökonomie weder erklärt noch richtig beschreibt. Dementsprechend eingeschränkt sind dann auch die Aussagen dieser Theorie über die Wirklichkeit und so eingeschränkt ist dann auch entsprechend ihre Einsetzbarkeit. Insbesondere trifft diese große Diskrepanz zu auf die Theorie der Nachfrage, Theorie der Preisbildung, Theorie der Funktionsweise der Märkte und dadurch auch der Gesamtwirtschaft selbst.

7.2 Das Problem der Quantifizierbarkeit von Faktoren im ökonomischen Standardmodell

Es muss festgehalten werden, dass ein Modell oder eine Theorie, die die Realität möglichst gut beschreiben und erklären soll, nicht zwingend mathematischer Natur sein muss. Sehr viele und wichtige Erkenntnisse und Theorien aus der Geschichte der Wissenschaft sind nicht mathematischer Natur. Beispiele hierfür sind die Theorie der natürlichen Selektion und der Evolution von Charles Darwin oder auch die Psychoanalyse von Sigmund Freud. Aufgabe einer Theorie ist die möglichst genaue Beschreibung der Funktionsweise eines beobachteten Systems. Diese Beschreibung kann auf unterschiedliche Weise erfolgen. Insbesondere auf dem sozioökonomischen Gebiet oder in Fächern wie Psychologie, Medizin, Anthropologie oder Ethik sind quantitative Theorien eher die Ausnahme, weil eine Quantifizierung der Faktoren nicht möglich ist. Es geht mehr um die Beschreibung von kausalen Zusammenhängen und Wirkungen als um Kalkulationen und um statistische Ableitungen.

In der ökonomischen Disziplin gewinnt seit Jahren die Verhaltensökonomie immer mehr an Bedeutung. Sie vereint in sich Elemente aus der Psychologie, Soziologie und Ökonomie und ergründet die Entscheidungen und Präferenzen von Menschen im ökonomischen Kontext. Eine Theorie, die hier eine genaue Beschreibung liefert und leicht in der Realität nutzbar wäre, muss daher keinesfalls quantitativer Natur sein. Sie müsste eine hohe ökonomische Relevanz haben, die mathematisch-statistische Relevanz wäre daher nebensächlich. So ist die Liste der Nobelpreisträger, die auf dem Gebiet der Verhaltens-ökonomie oder zumindest auf dem Gebiet des menschlichen Verhaltens arbeiten, beeindruckend. Daniel Kahneman, Amos Tversky, George Akerlof, Vernon Smith und Reinhard Selten sowie Richard Thaler.

Die Tatsache, dass es mathematisch nicht möglich ist, beispielsweise psychologische Zusammenhänge oder irrationales Verhalten bei Marktteilnehmern abzubilden, darf aber kein valides Argument gegen eine Theorie sein, die ein System beschreibt, welches aus genau solchen schwer quantifizierbaren Faktoren besteht. So arbeiten auch andere ver-wandte wissenschaftliche Disziplinen, wie beispielsweise die Psychologie, seit jeher mit qualitativen und nicht mit quantitativen Theorien.

Formalisierung und Modellierung sind aber in der Ökonomie heute der Standard, wel-cher aufgrund der zuvor genannten Argumente durchaus kritisch hinterfragt werden muss. Denn es liegt die Vermutung nahe, dass möglicherweise heutzutage Ökonomen in der Theorie viel zu häufig nur nach statistischer Signifikanz schauen, ohne dabei auf die öko-nomische Signifikanz und die Funktionalität zu achten.

So lassen sich rein mathematisch einige ökonomische Konstellationen gar nicht dar-stellen. So ist beispielsweise eine mathematische Darstellung von zwei oder mehr Punkten übereinanderstehend im Koordinatensystem bei einem bestimmten Wert als Funktion ma-thematisch nicht definiert. Dieser Fall entspricht aber durchaus der ökonomischen Reali-tät, wenn bei einer bestimmten Menge die Nachfragefunktion sehr unelastisch wird. Die-ser Zustand ist in der Realität jedoch nicht ausgeschlossen.

7.3 Das Problem der Aggregate im ökonomischen Standardmodell

Die signifikante Verfälschung der Realität durch die Bildung von aggregierten Größen in der Theorie kann man sehr anschaulich anhand eines aktuellen Beispiels verdeutlichen:

Ein auffälliger Unterschied in der ökonomischen Realität heute zur Vergangenheit (hier ist die Zeit bis vor einigen Jahrzehnten gemeint) ist die allgemeine **Beschäftigung von Hilfspersonal** durch die Haushalte. Es war in der Gesellschaft früher allgemein üblich, Personal für Hilfstätigkeiten im Haushalt zu beschäftigen, also insbesondere im privaten Bereich. So hatten viele Menschen, die es sich leisten konnten, wie beispielsweise Unter-nehmer, Ärzte, Anwälte, Vorstände, ja sogar Mittelständische und auch Kleinunternehmer, Personal im Haushalt, in der Kinderbetreuung, als Fahrer oder für Erleichterung im Haus oder Garten. Dieses System der so gut wie überall möglichen und gängigen Beschäftigung gab einer unglaublich großen Zahl von Menschen innerhalb der Gesellschaft Arbeit, Aus-kommen, Zuverdienst und vor allem aber auch eine Aufgabe und somit das Gefühl des Ge-brauchtwerdens.

In diesem Sektor wurde dadurch in der Gesamtsumme ein signifikantes gesellschaftliches Einkommen erwirtschaftet und somit auch eine entsprechende ökonomische Nachfrage generiert. Auch wenn es sich bei diesen Tätigkeiten verständlicherweise um den Niedriglohnsektor handelte. Aus der Sicht der Effizienz mag dieses System möglicherweise auf den ersten Blick weniger effizient gewesen sein. Aber es gewährleistete einer großen Anzahl von Menschen ein relativ sicheres Einkommen, alle hatten eine Arbeit bzw. Aufgabe und alle konnten auch ganz gut leben, ohne auf staatliche Hilfen zurückgreifen zu müssen. Nicht so, wie es heute der Fall ist, wo die staatlichen Transferleistungen für die Bevölkerungsgruppen mit sehr niedrigen Einkommen den staatlichen Haushalt enorm belasten.

Mit zunehmenden Effizienzsteigerungsmaßnahmen wurden sukzessive immer mehr Kosten eingespart oder gestrichen. Dies erfolgte in den Firmen genauso wie auch in der Gesellschaft, also auch in den privaten Haushalten. In erster Linie betraf es die Personalkosten. Die zuvor genannten Beispiele der „kleinen Beschäftigungsverhältnisse" im Privatsektor gibt es in den heutigen modernen Gesellschaften nicht mehr flächendeckend, sondern nur noch vereinzelt oder als Ausnahme.

Diese Entwicklung der kontinuierlich steigenden Effizienz führt nach einer bestimmten Zeit automatisch zu sinkenden Gewinnmargen und damit zu sinkenden Gewinnen. Dies spiegelt sich direkt in den Einkommen der Menschen wider, die von dieser Entwicklung betroffen sind. So kann sehr gut beobachtet werden, wie eine blinde langfristige Effizienzsteigerung indirekt zur langsamen Verarmung des Großteils der Gesellschaft führt und gleichzeitig zur starken Kapitalkonzentration bei einer kleinen Minderheit, welche überproportional von dieser Entwicklung profitiert.

Der hier zugrunde liegende Mechanismus funktioniert wie folgt: Verdientes oder nicht ausgegebenes Geld wird vermehrt gespart und/oder angelegt. Es wird weniger konsumiert oder für bezogene Dienstleistungen ausgegeben. Insbesondere die wohlhabenderen Schichten der modernen Gesellschaften leben zunehmend immer näher an der Sättigungsgrenze, was zur Folge hat, dass zusätzliche Mittel, die sie zur Verfügung haben, nicht in einen zusätzlichen Konsum fließen. Diese Mittel werden daher eher investiert oder gespart. So generieren bereits vorhandener Wohlstand und Geld neues, weiteres Geld (Reichtum) für ihre Besitzer.

Bildet man in dieser Situation aber Aggregate, dann wird diese wichtige Entwicklung komplett unsichtbar. Man erhält das aggregierte Gesamteinkommen aller Akteureoder den Gesamtwert/Größe einer bestimmten Entwicklung, aber keinesfalls die so wichtige zuvor gezeigte Problematik der Verteilung. Umgerechnet auf die Gesamtbevölkerung werden dann Durchschnittsgrößen kalkuliert, die eine objektive ökonomische Bewertung der jeweiligen Situation nicht erlauben.

So ist im ökonomischen IS-LM-Modell diese wichtige Problematik nicht darstellbar und wird auch nicht berücksichtigt, weil nur mit aggregierten Größen gearbeitet wird. Durch die Bildung von Aggregaten und Durchschnittsgrößen wird dieses Problem, welches auf den Einkommensdifferenzen beruht, (künstlich) eliminiert.

Die mathematisch-theoretischen Kurven des ökonomischen Standardmodells geben nur aggregierte Größen wieder. Die Verteilung von Geld und Gütern innerhalb der Gesellschaft ist aber essenziell. Es ist wichtig für das Verständnis der tatsächlichen Probleme in der realen Welt und für das Verständnis der generellen Funktionsweise der Ökonomie. Auch Konsum, Sparen, Investitionen, Liquidität und alle anderen Kenngrößen in der Ökonomie verhalten sich komplett unterschiedlich und sind sehr abhängig von der jeweiligen Situation, die oft auch durch äußere Faktoren der Gesellschaft, Kultur und Politik determiniert ist. Aus diesen Gründen kann das theoretische Instrumentarium der aktuellen ökonomischen Theorie nicht funktionieren.

7.4   Das Problem der Verteilung, der Kapitalakkumulation und der Armut im ökonomischen Standardmodell

Die aktuelle ökonomische Theorie kann einige der ökonomischen Hauptprobleme in der realen Welt nicht abbilden. Sie kann weder die unfreiwillige Arbeitslosigkeit noch das Verteilungsproblem oder die Kapitalakkumulation erklären. Auch kann sie nicht schlüssig die völlige Abkoppelung der Börsen von den realen Wirtschaftsdaten und die zunehmende Verarmung der Bevölkerung trotz wirtschaftlicher Prosperität richtig abbilden.

Alle diese Erscheinungen existieren in der Realität und verursachen nicht nur ökonomische Schäden, sondern verlagern sich auch auf den sozialen Bereich der Gesellschaft und destabilisieren diesen. Langfristig entstehen so immense Kosten und große Spannungen mit sozialer und politischen Instabilität. Denn die Folge ist das Entstehen von verbreiteter Armut innerhalb der Gesellschaft, trotz ökonomischer Prosperität und steigender Börsen. Das langfristige Entstehen von Armut ist eine Folge von mehreren Faktoren und ist ein inhärentes Hauptproblem des kapitalistischen ökonomischen Systems.

Auch die Kapitalkonzentration spielt hier eine wichtige Rolle und führt mit zunehmender Zeit dazu, dass sich das Kapital bei immer weniger Akteuren akkumuliert. Diese wenigen Akteure werden dementsprechend immer wohlhabender, während gleichzeitig die großen Bevölkerungsschichten zunehmend verarmen. Eine deutliche Tendenz zur Kapitalakkumulation in kapitalistischen Gesellschaften und Systemen ist unbestreitbar und lässt sich auch empirisch nachweisen. Diese Tendenz führt mit der Zeit dazu, dass das existierende Kapital zunehmend asymmetrisch innerhalb der Gesellschaft verteilt wird und sich nur bei einigen wenigen Akteuren konzentriert. Kapital sucht immer nach Anlagemöglichkeiten. Diese sind in einer limitierten Welt entsprechend begrenzt und gute Anlagemöglichkeiten verschwinden aufgrund der hohen Nachfrage vom Markt oder werden knapp. Daher wird das Kapital in zunehmend schlechtere Anlagemöglichkeiten investiert.

Durch fortwährende Kapitalkonzentration entsteht auf den verfügbaren Märkten somit ein fortwährender Zufluss an Investitionen. Die Investitionen werden entsprechend den bestehenden Möglichkeiten an den Börsen in Staatsanleihen und auf den Immobilienmärkten angelegt.

Diese Börsen wachsen so mit der Zeit schneller im Durchschnitt als die Löhne und das Einkommen der Durchschnittsbevölkerung. Die Preise steigen und auch die Kapitalkonzentration beschleunigt sich permanent. Sie wird zusätzlich auch dadurch erhöht, dass das in den Börsen und Märkten investierte Kapital gleichzeitig für eine Befeuerung dieser Börsen und Märkte sorgt, welche dadurch noch weiter steigen, *nicht* aufgrund der fundamentalen Wirtschaftskennzahlen und der Prosperität der Unternehmen, sondern lediglich als Folge der zusätzlichen Zuflüsse von immer neuen Investitionen und der erhöhten liquiden Mittel, die reinvestiert werden.

Das heißt einfach ausgedrückt: Je mehr Mittel bei immer kleiner werdenden Gruppe von Akteuren vorhanden sind (also je höher die Kapitalkonzentration ist), umso mehr Mittel werden in den vorhandenen Märkten investiert. Dieser Zusammenhang existiert deshalb, weil sich die wenigen Kapitaleigner bereits an der Konsumsättigungsgrenze befinden. Daher kann mit zusätzlichem Wohlstand und Einkommen der Konsum dieser weniger Akteure nicht mehr ausgeweitet werden. Wenn Konsum nicht mehr steigen kann, müssen die zusätzlichen Gewinne und Einkommen in Gänze in den verfügbaren Börsen und Märkten investiert werden und umso mehr steigen diese Börsen und Märkte dann.

Durch diese Steigerung der Märkte verdienen die dort investierenden Akteure durch ihre eigenen Investments weitere neue zusätzliche Geldmittel, die sie dann erneut in diesen Märkten wieder investieren, was zum weiterem Anstieg dieser Märkte führt verbunden mit weiteren neuen Gewinnen für die Investoren usw.

Die Folge dieser Entwicklung ist das Phänomen der kompletten Abkoppelung der Börsenkurse von der ökonomischen Realität. Die Börsen spiegeln dann nicht mehr die Ökonomie und die ökonomische Stärke wider, sondern zeigen nur noch die vorhandene exzessive Liquidität. Währenddessen verarmen immer größere Teile der Bevölkerung, obwohl genügend Liquidität vorhanden wäre. Die soziale Schere geht immer weiter auseinander. Die Folge sind große mögliche Kursgewinne für einige wenige wohlhabende Akteure trotz stagnierender Wirtschaft und trotz steigender Zinsen, was eigentlich entgegen jeder ökonomischen Logik ist.

Einen anderen Effekt gibt es in diesem Zusammenhang: Durch die immer weiter steigenden Preise auf den Märkten (insbesondere Börsen und Immobilienmärkte) können immer weniger Bürger diese hohen Preise bezahlen. Sie werden aus den Märkten durch die Großinvestoren geradezu herausgedrängt. Ein Squeeze-out der normalen Bevölkerung und der Mittelschicht findet so statt, zugunsten von wenigen und sehr wohlhabenden Akteuren. Dieser Mechanismus setzt sich immer weiter fort und verdrängt immer mehr Menschen in die Armut. Dadurch verstärken sich die Kapitalakkumulation und auch die Ungleichheit innerhalb der Gesellschaft. Die soziale Schere klafft immer weiter auseinander.

Eine weitere zusätzliche Tendenz zum Squeeze-out-Effekt findet dadurch statt, dass eine kreditbasierte Finanzierung von Investments durch wohlhabende Akteure praktisch zum Nulltarif möglich wird. Das passiert immer dann, wenn wohlhabende Akteure ihre Aktienpakete und/oder Immobilien bei den kreditgebenden Banken als Sicherheit für die Kredite hinterlegen und somit die Banken die vergebenen Kredite vollständig abgesichert bekommen. Diese Sicherheit verbilligt die Kreditvergabe so signifikant, dass dadurch für die wohlhabenden Akteure ein kreditbasiertes Investment günstiger wird als ein eigenfinanziertes.

7.4.1   Das Prinzip der Armut

Das aktuelle Wirtschaftssystem trägt eine Inflationsrate in sich, die größer ist als 0. Das bedeutet, dass langfristig gemessen, die im Umlauf stehende Geldmenge kontinuierlich an ihrem Wert verliert. Dieser Wert- und Kaufkraftverlust ist eine der Ursachen für die Kapitalakkumulation und somit auch für die Entstehung von Armut. Zentral ist dabei der Zusammenhang zwischen der Geldschöpfung der Zentralbanken und der Asymmetrie der Geldverteilung, was zur Akkumulation von Kapital an bestimmten Stellen in der Gesellschaft führt.

Bei dem Zusammenhang zwischen der Geldschöpfung der Zentralbanken und der Asymmetrie der Geldverteilung spielen zwei Faktoren eine wichtige Rolle: Beim ersten Faktor muss man verstehen, dass alle Güter Limitationen unterliegen.

Durch eine langanhaltende Wachstumsperiode der Ökonomie, in welcher der allgemeine Wohlstand zunimmt, kommt es auch zu einer Zunahme von Investoren. Die Anzahl von Anlegern wächst und auch die von institutionellen Großinvestoren. Die Aufgabe von Investoren ist es, Investments zu finden, um das investierte Kapital zu sichern und zu vermehren.

Nachdem, wie zuvor erwähnt, aber die Güter, die weltweit auf Märkten verfügbar sind, einer Limitierung unterliegen und immer neues Geld zum Investieren (Kapital) von den Zentralbanken zur Verfügung gestellt – also produziert – wird, kommt es im Laufe der Zeit zu einem immer größeren Ungleichgewicht zwischen den existierenden Gütern und dem existierenden Kapital. Das Kapital vermehrt sich schneller als die Güter.

Nachdem das Kapital immer eine Möglichkeit der Anlage sucht, werden lukrative Anlagemöglichkeiten mit der Zeit immer knapper. Dadurch werden plötzlich Anlageformen interessant, die zuvor nicht so interessant gewesen sind. Es sind die Anlagen, die nichts Neues produzieren und nur die Form des Kapitalerhalts haben oder sogar rein spekulativer Natur sind. Dies sind in der Regel dann die klassischen Investments in Edelmetalle, Immobilien (Land), Rohstoffe usw.

Dieser Prozess hat ein langsames, aber stetiges Ansteigen der Preise für diese Güter zur Folge. Das wiederum hat zur Folge, dass auch Endprodukte und Konsumgüter für die Endverbraucher teurer werden, ohne dass diese aber den verursachten Preisanstieg durch Lohn- und Gehälteranpassungen kompensieren können.

Je größer die Geldproduktion der Zentralbanken ausfällt, desto mehr Kapital ist im ökonomischen System vorhanden und desto höhere Investments können durch die Investoren getätigt werden, und umso größeren Einfluss haben dann auch diese Investments auf die Marktpreise. Denn je größer ein Investor ist, desto größer ist seine Marktmacht und desto mehr kann er den Markt (zu seinen Gunsten) durch sein Handeln beeinflussen.

Der zweite Faktor ist der Cantillon-Effekt, der unter der nächsten Überschrift „Die Auswirkungen von Inflation" ausführlich beschrieben wird. Inflation führt auch deswegen zu ungerechter Umverteilung und in der Folge auch zur Kapitalakkumulation, weil die wirtschaftlich schwachen Marktteilnehmer keine Investitionen haben und eventuelle Ersparnisse als Liquidität in Form von Konten und Sparbüchern besitzen. Und genau diese sind von einer Inflation betroffen. Im Gegensatz dazu besitzen wohlhabendere Marktteilnehmer vermehrt Beteiligungen und Investments. Diese Formen des Vermögens sind durch Inflation nicht so betroffen.

Auch wenn die Ökonomie als System gut läuft und weiter prosperiert, kommt es durch diese Effekte zu einer Situation, in der die Verbraucher – auch bei Vollbeschäftigung und bei konstantem Einkommen – immer weiter relativ verarmen, weil Güter und Dienstleistungen für sie immer teurer werden.

Am deutlichsten ist diese Entwicklung bei Immobilien, beim Wohnraum und bei den Grundstückspreisen zu sehen. Immer weniger Menschen können so Wohneigentum aufbauen, weil von dem verdienten Geld bei der Durchschnittsbevölkerung immer weniger übrig bleibt, um zu sparen oder um angelegt oder investiert werden zu können. Immer mehr Menschen – auch aus der mittleren gesellschaftlichen Schicht – geraten so in eine Situation, in der alle Verdienste zur Lebenshaltung ausgegeben werden. Ohne die Möglichkeit eines Aufbaus von Vermögen ist die unausweichliche langfristige Konsequenz der soziale Abstieg und somit die Armut. Die Mittelschicht, die sich durch Stabilität, Sicherheit und Vermögensaufbau definiert, wird für viele nicht mehr erreichbar. Ein Abstieg in die untere Schicht und somit in Armut ist die Folge. Dort, wo kein Aufbau von Vermögenswerten möglich ist, ist Armut unvermeidlich.

Auf der anderen Seite, bei den Investoren, kommt es zu einer exzessiven Akkumulation von Kapital, weil die Nachfrage nach den Gütern wie Immobilien, Wohnraum, Rohstoffen usw. vorhanden ist und sogar wächst. Zusätzlich durch die Verknappung – verursacht durch das Aufkaufen von größeren Mengen an den Märkten durch das zusätzliche Kapital bei und durch die Investoren – steigen die Preise und somit auch die Renditen ihrer Investments. Weiteres neues Kapital entsteht so und sucht weiter nach wieder neuen und lukrativen Anlagemöglichkeiten. Dieser Umverteilungsprozess und diese Kapitalakkumulation können sehr lange andauern.

So findet mit der Zeit eine regelrechte „Abgrabung" auch von lebensnotwendigen Dingen wie Wohnraum, Rohstoffen, Energie und möglicherweise sogar auch von Nahrungsmitteln statt. Investoren und Spekulanten treiben durch die ökonomischen Gesetzmäßigkeiten (möglicherweise auch unwissend) die Preise in die Höhe und damit auch ihre Profite und Gewinne. Somit besteht die Tendenz, dies weiter so zu praktizieren und dieses Verhalten nicht einzustellen. Je wichtigere Güter diese Investitionen und Spekulationen betreffen, desto unflexibler ist die Nachfragekurve nach diesen Gütern mit der Folge, dass Preise umso schneller und höher steigen – mit der weiteren Folge, dass Investments und Spekulation hier ganz besonders lukrativ sind.

Ein weiterer Faktor, der zur Akkumulation von Kapital beiträgt, hat mit der Präferenz- und Entscheidungsbildung bei Konsumenten zu tun: So werden die Konsumenten durch die im Markt existierenden Marketingmaßnahmen und Werbung permanent angehalten, zu konsumieren. Dieser Konsum soll nach dem Willen der Industrie (Strategen und Produzenten) maximal sein mit der Folge, dass große Konsumentengruppen ihren Konsum auf Kredit (z. B. mit der Hilfe von Krediten) finanzieren. Diese Entwicklung führt in eine Abhängigkeit von Banken und Finanzdienstleistungsunternehmen. Je mehr Kredite diese vergeben, desto höher ist aber auch das eingegangene finanzielle Ausfallrisiko und desto höher sind dadurch auch die Zinsen für die jeweilige weitere Finanzierung mit der Folge, dass die Abhängigkeit des Konsumenten gegenüber den Finanzdienstleistern wächst. Irgendwann ist der Konsument nur noch damit beschäftigt, dass er die Zinsen für seine mit der Zeit entstandenen Kredite und fällige Rechnungen begleicht. Er arbeitet dann nur noch für die Gläubiger, von welchen er vollkommen abhängig ist. Das ist ein Zustand der vollkommenen Akkumulation, wenn vom verdienten Geld nichts mehr übrigbleibt. Für den Konsumenten besteht kaum noch eine reelle Chance, aus diesem Kreislauf herauszukommen und die Schulden jemals zu begleichen. Diese Situation ist in der Realität weitverbreitet. Sie ist jedoch unsichtbar, weil die Betroffenen einen Konkurs vermeiden möchten, niemand aus Schamgründen gerne über solche Probleme sprechen möchte und weil auf der anderen Seite Banken und Finanzdienstleister davon profitieren.

Ein weiterer Faktor für eine Kapitalakkumulation in der Ökonomie ist die Funktionsweise der ökonomischen Geschäftsprozesse. Bei diesen wird das Risiko eines wirtschaftlichen Ausfalls automatisch eingepreist. Je stärker ein Marktteilnehmer ökonomisch ist, desto höhere Chancen hat er, möglichst günstige Preise auszuhandeln, und zugleich sinkt das Ausfallrisiko für seinen Vertragspartner. Die Folge davon ist, dass wirtschaftlich starke Akteure übermäßig profitieren, während wirtschaftlich schwache Akteure benachteiligt werden und höhere Preise zahlen müssen. Die günstigere Erwartungshaltung und höhere Ausfallsicherheit bei wirtschaftlich starken Marktteilnehmern führen dazu, dass das niedrigere Risiko und leichterer Zugang zum Kapital zu niedrigeren Kosten und Zinsen für ihre wirtschaftliche Tätigkeit führen.

Ein ähnlicher Mechanismus findet auch bei dem Faktor Vertrauen statt. Vertrauen bildet Sicherheit und Sicherheit wird ökonomisch immer positiv eingepreist. Wirtschaftlich starke Partner und Akteure bringen eine gewisse Ausfallsicherheit, die kleinere und ökonomisch schwächere Subjekte nicht bringen können. Auch für den Staat, für das Wirtschaftssystem (oder für die Regierung) spielen die „großen Wirtschaftsakteure" eine wichtige Rolle (manche werden als „systemrelevant" bezeichnet) und werden daher auch ökonomisch entsprechend „besser" behandelt. Dies alles führt sogar zu dem Ergebnis, dass man diese Akteure mit staatlichen Mitteln vor dem Zusammenbruch schützt und subventioniert. Das ökonomische Grundprinzip des Wettbewerbs wird so ausgehebelt, massive Wettbewerbsverzerrung und Umverteilung zugunsten von den starken Wirtschaftsakteuren finden statt und das mit allen damit verbundenen Folgen. „Too big to fail", ist hier nur eines von vielen Argumenten.

Schließlich muss auch festgestellt werden, dass der Großteil der Gesellschaft ihren Lebensunterhalt durch Arbeit bestreiten muss. Wirtschaftlich starke Marktteilnehmer besitzen hingegen ausreichend Investments und können ihren Lebensunterhalt durch diese Investments, durch Zinsen und Zinseszinsen bestreiten, ohne produktiv selber arbeiten zu müssen. Ihre Erträge sind oft höher als der zum Leben notwendige Bedarf, was zu einer signifikanten permanenten Akkumulation von Vermögen führt.

Interessant dabei ist die Wirkungsweise des Gesetzes des abnehmbaren Grenznutzens: Dieses ökonomische Gesetz besagt, dass jede zusätzliche Einheit eines Gutes einen geringeren Nutzen stiftet als die vorhergehende, bis schließlich die Sättigungsgrenze erreicht wird und jede weitere Einheit keinen Nutzen mehr bringt (oder sogar negativ werden kann).

Doch hier muss in der Praxis unterschieden werden zwischen realen Gütern und virtuellen Gütern, beispielsweise zwischen Gebrauchsgütern und Geld. Denn während bei realen Gütern der Nutzen irgendwann *immer* gegen *null* geht (oder sogar in den negativen Bereich), bleibt dieser bei virtuellen Gütern immer positiv. Hier gibt es keine Sättigungsgrenze. Die Folge davon ist eine Akkumulation von Kapital, die niemals eine Sättigungsgrenze erreicht.

Ein generelles sozioökonomisches Problem besteht darin, dass kein Mechanismus existiert, welcher übermäßige ökonomische Gewinne sozial gerecht innerhalb der Gesellschaft verteilen würde. Einen solchen Verteilungsmechanismus liefert die Standardökonomie nicht. Somit ist das Problem der entstehenden (unfreiwilligen) Armut in prosperierenden ökonomischen Systemen durch die Standardtheorie nicht erklärt. Auch die Problematik der Kapitalakkumulation wird durch die ökonomische Standardtheorie nicht abgebildet.

7.4.2 Die Auswirkungen von Inflation

Sehr eng verbunden mit dem Problem der Armut ist die Inflation. Wie bereits in den vorherigen Kapiteln ausgeführt, gibt es viele Arten von Geld. Geld kann also in vielen unterschiedlichen Formen auftreten. So gibt es beispielsweise

- Sachgeld,
- Kreditgeld und
- Zeichengeld.

Das Sachgeld besteht aus echten Gütern und Güterzertifikaten. In modernen Gesellschaften spielt Sachgeld eine vernachlässigbare Rolle. Das Kreditgeld besteht aus übertragbaren Forderungen und allen darauf basierten Umlaufsmitteln. Zeichengeld besteht nur aus Symbolen. Diese können digital, gedruckt oder geprägt sein. Das Zeichengeld ist eine Geldart, die reine Konvention ist, und wird daher auch als „Fiat-Geld" bezeichnet. Es ist nur durch bestimmte Zeichen, Aufdrucke, digitale Spezifikationen oder Prägungen bestimmt und beliebig festsetzbar. Beispiele für Fiat-Geld sind Scheidemünzen, Gutscheine (wenn diese keine einklagbaren Forderungen darstellen), Essensmarken, Bonuspunkte und Bonusmeilen (wenn diese übertragbar sind) usw. Die meisten Währungen heutzutage sind eine aus Sachgeldsubstituten hervorgegangene Zwischenform zwischen Kreditgeld und Zeichengeld. Diese in der Ökonomie verwendete Währung ist Gegenstand der Betrachtung:

Von Inflation spricht man dann, wenn das sich im Umlauf befindliche Geld mit zunehmender Zeit immer weiter an Kaufkraft verliert, also immer weniger wert wird. Die zu erwerbenden Güter und Dienstleistungen werden also immer teurer, weil für ein bestimmtes Gut oder eine bestimmte Dienstleistung immer mehr Geld bezahlt werden muss.

Warum aber führt Inflation zu ungerechter Umverteilung des Wohlstands und infolge auch zur Kapitalakkumulation?

Inflation führt immer zu dem in der Ökonomik sogenannten Cantillon-Effekt. Denn die durch die Zentralbank neu kreierte (gedruckte) ungedeckte Geldmenge erreicht nicht alle Menschen und Wirtschaftssubjekte in der Wirtschaft und im Geldkreislauf zum selben Zeitpunkt. An der Quelle und in den Zentren der Geldmengenausweitung tritt dieses neue Geld zuerst auf und breitet sich dann von dort weiter aus, bis es langsam durch die gesamte Gesellschaft durchsickert. Dadurch bekommen die Erstbesitzer des neu geschaffenen Geldes die Möglichkeit, sich auf Kosten der Letztbesitzer zu bereichern. Denn die Erstbesitzer können mit dem neu geschaffenen Geld zu den alten und niedrigen Preisen einkaufen und es auch investieren. Dadurch erfahren diese einen realen Einkommensanstieg oder können so neues Kapital für sich generieren. Mit der Fortdauer der Inflation driften daher unweigerlich Einkommen und Vermögen immer weiter auseinander. Die Folge ist eine Zunahme der Konzentration und Akkumulation von Kapital an den Stellen, wo bereits Kapital und Vermögen existieren.

Ähnlich verhält es sich bei einem kontinuierlichen Wachstum der Wirtschaft. Die generierten Zuwächse kommen nicht bei allen Gruppen proportional gleich an. In der Regel werden die Zuwächse von oben nach unten weitergegeben, bis sie bei allen angekommen sind. In den meisten Fällen profitieren natürlich zuerst die Investoren und Kapitaleigner, dann das Management, die Angestellten und die Beamten und zuletzt der Rest der Gesellschaft.

Ein weiterer Grund für die Kapitalakkumulation durch Inflation ist auch die Tatsache, dass jedes Wachstum eine Basis oder Grundlage haben muss, auf der etwas wachsen oder sich vermehren kann. Weite Teile der Bevölkerung besitzen jedoch kein Kapital und nichts weiter als nur die eigene Arbeitskraft, die sie gegen Lohn verkaufen. Kommt es zum echten Wachstum in der Wirtschaft, dann profitieren diese Teile der Gesellschaft erst dann davon, wenn infolge des Wachstums irgendwann auch ihre Reallöhne erhöht werden, während Investoren und Besitzer von Unternehmen und Immobilien schon viel früher und viel mehr an den Wertsteigerungen partizipieren können und so ihr Vermögen mehren. Die Folge sind eine langsam, aber stetig fortschreitende Konzentration und Akkumulation von Kapital bei den vermögenderen Schichten der Gesellschaft und ständig weiter auseinanderlaufende soziale Ungleichheit.

Inflation ist also immer verbunden mit einer Umverteilung des Vermögens von den ärmeren Schichten der Gesellschaft zu den wohlhabenderen Schichten. Der Hauptgrund hierfür ist einerseits der, dass die wohlhabenderen Schichten ihr Kapital und ihr Geld in Investments (Wertpapiere, Immobilien, Firmenbeteiligungen, Gold usw.) angelegt haben, während die ärmere Gesellschaftsschicht keine Möglichkeit für diese Investments hat, und andererseits, dass genau aus diesem Grund die ärmeren Gesellschaftsschichten das meiste, was sie besitzen, als Barvermögen in Form von Cash und Bankguthaben vorliegen haben, und es sind genau diese Anlageformen, die von einer Inflation betroffen sind und an Wert verlieren.

Ein weiterer Grund sind die Gesamtsumme des gesellschaftlichen Barvermögens und der Gesamtumsatz der zugehörenden Einlagen. Durch die viel höhere absolute Anzahl ärmerer Menschen (die zwar wenig Vermögen haben, aber rein zahlenmäßig den Großteil der Gesellschaft stellen) ist das Volumen der entsprechenden Barvermögen in absoluten Zahlen dieser Gesellschaftsschicht trotzdem sehr hoch. Und Barvermögen wird bekanntermaßen von der Inflation betroffen.

Da die Inflation nur Geld (also Bargeld und Buchgeld) betrifft, ist aus den zuvor beschriebenen Gründen überwiegend die ärmere Gesellschaftsschicht von einer Entwertung des Geldes betroffen und leidet dementsprechend auch mehr unter der Inflation.

Eine gesamtgesellschaftliche Erhöhung der ungedeckten Geldmittel bzw. Geldmenge bringt für den einzelnen Bürger und auch für die Gesellschaft selbst keine Vorteile. Im Gegenteil: Von einer Erhöhung der ungedeckten Geldmenge, die immer nur inflationäre Auswirkungen nach sich zieht, profitieren in erster Linie diejenigen, die am Beginn des Prozesses stehen, also die besser gestellten und die wohlhabenderen Gesellschaftsschichten. Solch eine Erhöhung der Geldmenge täuscht über das Ausmaß der real vorhandenen Güter und Ersparnisse hinweg und setzt eine ungerechte und unsichtbare Umverteilung von Vermögenswerten in Gang. Dieser Prozess kann auch als eine versteckte und besonders unehrliche Steuer betrachtet werden, weil dadurch die kleinen und sparsamen Menschen bestraft werden und der Politik nahestehende Personen sowie die gesamte Finanzwirtschaft indirekt belohnt werden.

Eine Hyperinflation kann schließlich dazu führen, dass es in der Gesellschaft nur noch monetäre Millionäre und Milliardäre gibt. Es nutzt aber niemandem, da diese sich für das künstlich aufgeblähte Geld nichts mehr kaufen können. Das Geld wird wertlos und die Kaufkraft verfällt. Die sozialen Unterschiede vergrößern sich noch mehr, aufgrund der zuvor erklärten Effekte.

Praktisch kann es eine Gesellschaft, die aus realen Millionären oder Milliardären besteht, ohne dass die Währung eine Entwertung durchläuft, nicht geben. Dieser Zusammenhang muss jedem klar sein, der sich nur minimal mit Ökonomie beschäftigt.

Eine Gesellschaft, die nur aus einer einzigen Schicht besteht, ist aus rein praktisch-logischen Gründen nicht möglich. Einen Versuch, so eine Gesellschaft zu bauen, wagte der Kommunismus im letzten Jahrhundert – mit den bekannten und tragischen Folgen.

So sind ökonomischer Gewinn und Wohlstand immer nur in Relation zu den anderen Menschen möglich, ganz gleich, ob innerhalb einer Gruppe, innerhalb der Gesellschaft oder weltweit.

Es wäre also absolut illusorisch zu glauben, dass Wohlstand und Reichtum für alle Menschen erzielbar seien. Auch theoretisch ist dieser Wunsch nicht möglich. Denn ganz unabhängig von der Tatsache, dass sich Menschen untereinander sehr unterscheiden und ganz verschiedene Voraussetzungen und Bedürfnisse mitbringen, werden immer auch Arbeiten und Aufgaben existieren, die zwar unerlässlich sind, die aber nur die Wenigsten zu erledigen bereit sind, weil diese Arbeiten besonders schwierig sind oder den Menschen aus den verschiedensten Gründen besonders viel abverlangen.

Auch wenn es einen rasanten technischen Fortschritt gibt und es diesen weiterhin geben wird, so wird es immer bestimmte Arbeiten geben, die durch Menschen erledigt werden müssen. Deswegen wird es auch immer Menschen geben, die auf der untersten sozialen Stufe stehen werden. Es wird immer Menschen geben, die unterdurchschnittlich verdienen, und je nachdem, wo man die Armutsgrenze ansiedelt, ist es ein mathematisches Gesetz, dass es immer Menschen geben wird, die unterhalb dieser Grenze sein werden.

Daher spielt es im großen ökonomischen Zusammenhang auch keine Rolle, ob man eine bestimmte Gesellschaft oder ein bestimmtes Land betrachtet oder den ganzen Globus. Ein gesellschaftlicher Aufstieg ist immer nur in Relation zu den anderen Mitmenschen möglich.

Die stetige Ausweitung der Geldmittel durch die Zentralbanken führt zusammen mit den zuvor genannten Faktoren zu einer stetigen Inflation. In der Praxis kann Inflation nur durch einen Faktor gebremst beziehungsweise verhindert werden: indem man die Währung/das Geld möglichst „wertvoll" macht oder „wertvoll" hält. Hier ist freilich die Frage entscheidend, wie das zu bewerkstelligen ist. Die Antwort auf diese Frage ist genau so einfach wie unangenehm: Alle Individuen innerhalb der Gesellschaft benötigen einen minimalen Betrag an Geld, um überhaupt überleben zu können und um ihre Grundbedürfnisse zu decken. Für diejenigen, die gerade über die Runden mit ihrem Geld kommen, ist das Geld somit sehr wertvoll. Es sichert ihre Existenz und ihr Überleben. Jede zusätzliche Geldeinheit bei dieser Gruppe wird also nicht zu einer inflationären Tendenz beitragen.

Auf der anderen Seite ist das Geld für diejenigen, die viel davon besitzen, nicht so wertvoll. Denn deren Existenz ist mehr als abgesichert und sie verbrauchen sehr viel von dem verfügbaren Geld auch für nicht überlebensnotwendige Dinge. Trotz der Erfüllung aller Konsumwünsche bleibt bei vielen noch genug Geld übrig. In dieser Gruppe ist das Geld also nicht so „wertvoll" und entwickelt eher Inflationstendenzen.

Da in einer Gesellschaft beide Gruppen die gleiche Währung haben, spielt deren Verhalten in Bezug auf die Inflation die entscheidende Rolle: Wird das Geld auf der einen Seite für immer weniger „wertvoll" gehalten (= Inflationstendenz), so wird es auf der anderen Seite stabil gehalten, weil man es als „wertvoll" ansieht. Je nachdem, wie groß die jeweilige Gruppe ist, ergibt die Differenz das Endresultat. Die Antwort auf die zuvor gestellte Frage lautet also: Wenn eine möglichst große Bevölkerungsschicht möglichst nahe am Existenzminimum gehalten wird, wird die Währung für eine möglichst große Menschenanzahl „wertvoll". Dies ist beispielsweise erzielbar durch harte Verhandlungen bei Mindestlöhnen, durch erschwerte Kreditvergaben oder durch bürokratische Hindernisse. Je mehr Geld gehortet wird und je weniger verbraucht/ausgegeben wird, also gespart wird (Angst erzeugt diese Effekte(!)), umso kleiner sind die Inflationstendenzen.

Es ist sehr wichtig, ein Gesellschaftssystem zu schaffen, in dem auch die Menschen, die auf der untersten sozialen und gesellschaftlichen Stufe stehen, ein sicheres Einkommen und angemessene Lebens- und Arbeitsverhältnisse vorfinden. Dies ist der wahre Faktor, der eine wirklich reiche und wohlhabende Gesellschaft ausmacht. Es ist nicht der Faktor, wie wohlhabend die sind, die am meisten haben, sondern wie viel die haben, die am wenigsten besitzen.

Das Thema der gerechten Verteilung von Ressourcen und Wohlstand hat darüber hinaus eine signifikante Auswirkung auf die Stabilität und den langfristigen Gesamtwohlstand und Zusammenhalt der Gesellschaft.

Reichtum für alle ist ökonomisch nicht möglich. Eine gerechte und für alle Menschen erträgliche Gesellschaftsordnung hingegen ist durchaus möglich.

7.5   Das Problem der Ressourcenallokation in der Realität

Die effektive Allokation von Ressourcen wird maßgeblich durch das ökonomische System bestimmt! Es gibt Systeme, die eine bessere, und solche, die eine sehr schlechte Allokation von Ressourcen gewährleisten. Die Allokation der Ressourcen ist primär vom Verhalten der Marktteilnehmer abhängig und dieses wiederum wird durch das entsprechende System geprägt. Das Verhalten aller Marktteilnehmer reflektiert dann das entsprechende „System". So ist in kommunistischen oder in sozialistisch geprägten Systemen die Ressourcenallokation wesentlich ineffizienter als in kapitalistischen Systemen. Die Marktteilnehmer verfolgen von Natur aus Eigeninteressen, welche idealerweise mit dem jeweiligen System in Einklang stehen sollten. In marktwirtschaftlich-kapitalistischen Systemen werden bedingt durch die Eigeninteressen von Individuen (die Gewinne für sich selbst zu maximieren) eine hohe Effizienz und Effektivität der Ressourcenallokation erreicht. Diese Interessen stehen aber oft mit der theoretisch optimalen Allokation im Widerspruch. So steht z. B. meistens das Eigenwohl vor Gemeinwohl, Konsum findet über die Sättigungsgrenze hinaus statt, Verschwendung und Zerstörung von öffentlichen Gütern werden in Kauf genommen, wenn dabei der eigene Gewinn maximiert wird, und Lebensgrundlagen (Natur, Klima, Produktionsmittel, Wohlstand, Gesundheit, Leben …) werden verschwendet oder gar vernichtet. Das alles ist begründet durch die natürliche (historische und genetische) Veranlagung des Menschen und spiegelt sich in seinem Verhalten. Die Standardtheorie liefert zu diesen Fakten keine Antworten und verhilft sich damit, dass sie (unrealistische) Grundannahmen definiert, welche diesen Fakten widersprechen.

7.6　Das Problem der Arbeitslosigkeit

Die traditionelle Arbeitsmarktökonomie kann die unfreiwillige Arbeitslosigkeit, die es in der Realität selbst bei Vollbeschäftigung gibt, nicht erklären. Dabei ist die Arbeit der wichtigste Produktionsfaktor in der Ökonomie und die Arbeitslosigkeit eine der wichtigsten und sensibelsten Faktoren in der Wirtschaft, Gesellschaft und Politik.

Bei der Analyse des Verhaltens einzelner Wirtschaftssubjekte konnten signifikante Schwächen im mikroökonomischen Teilbereich der ökonomischen Standardtheorie festgestellt werden. Weder die zugrunde liegende Entscheidungstheorie der Marktteilnehmer noch die Koordinationsvorgänge in der Theorie können die Realität ausreichend abbilden. Da die Mikroökonomie Antworten über das Verhalten und die Motivation einzelner Akteure innerhalb einer Volkswirtschaft gibt, bilden so die mikroökonomischen Untersuchungen und Ergebnisse die Grundlage für den makroökonomischen Teil der ökonomischen Theorie und determinieren somit auch das ökonomische Gesamtmodell.

Die festgestellten Defizite (also die Differenzen zwischen der Realität und der Theorie) in der Entscheidungstheorie und bei den Koordinationsvorgängen zwischen den Wirtschaftssubjekten wirken sich entsprechend negativ folglich auch auf den ökonomischen Produktionsprozess, auf die Produktionstheorie und auf die Preistheorie aus.

Aus allen diesen Gründen muss die Theorie als Ganzes ernsthaft infrage gestellt werden.

7.7　Allgemeine Kritik des standardökonomischen Modells

Wenn das Ziel von Wissenschaft das ist, die Realität zu erklären, und wenn dazu Hypothesen und Theorien in Form von Aussagen über die Realität formuliert werden, die zwingend empirisch überprüfbar und wahr sein müssen, dann erfüllt die ökonomische Standardtheorie diesen Anspruch und die Vorgabe nicht. Denn sie beschreibt nicht die Realität, sondern macht stattdessen künstliche und unrealistische Annahmen darüber, wie die Realität sein sollte (aber nicht ist): Das Wirtschaftssubjekt soll sich stetig streng rational verhalten, wobei sogar die Rationalität als Gewinnmaximierung vordefiniert wird, und es soll im Besitz aller Informationen sein. Dadurch wird die Theorie in der Praxis kaum einsetzbar und erlaubt auch keine exakt validen Aussagen und Prognosen. Somit bietet sie auch kein geeignetes Instrumentarium für praktische Zwecke.

Die Partialanalyse des standardökonomischen Modells ist zudem kaum geeignet für eine fundierte Analyse der realen Ökonomie. Durch die partielle und fokussierte Sichtweise auf einzelne identifizierte und isolierte Bereiche aus dem Ganzen werden das Gesamtsystem und seine Funktionsweise verändert. Die Folge ist, dass sich bei der Analyse ein isolierter Partialbereich sehr oft unterschiedlich verhält, als er es im Gesamtsystem tut, und somit die Ergebnisse teils erheblich von Ergebnissen bei einer Gesamtbetrachtung abweichen.

Somit wird durch das Durchführen einer Partialanalyse eine Verfälschung der analysierten Faktoren und infolge auch eine Verfälschung der Ergebnisse verursacht.

Ein Beispiel für eine solche Verfälschung kann man sehr gut bei der Analyse des Kaufverhaltens von Individuen beobachten: Allein verhalten sich Menschen in ihrem Einkaufsverhalten signifikant anders als in einer Gemeinschaft, weil u. a. bestimmte Effekte (z. B. der Gruppenzugehörigkeit, sozialer Status, Herdeneffekt) ihr Verhalten stark beeinflussen.

7.8 Spezifische Kritik des ökonomischen Standardmodells – die Fehler der klassischen ökonomischen Theorie

Die ökonomische Standardtheorie beinhaltet zahlreiche Fehler und Trugschlüsse, welche sich leider immer wiederholen. Trotzdem wird sie immer noch in Schulen und an Universitäten gelehrt. Dadurch werden diese Fehler und Verzerrungen in der Lehre ständig weitergegeben und immer weiter verfestigt. In der realen Welt sorgen dann diese Fehler und Trugschlüsse für Verwerfungen und Probleme. Deswegen ist es notwendig, auf der Grundlage von Logik und objektiver empirischer Beobachtung eine Analyse dieser „allgemeinen ökonomischen Gesetze" zu erstellen und die gängigen und gelehrten Glaubenssätze entsprechend zu hinterfragen.

Die wichtigsten sollen im Folgenden vorgestellt werden:

Fehlannahme, dass sich alle Marktakteure immer nur als Homo oeconomicus verhalten: Dieser Prototyp des menschlichen Handelns ist grundlegend falsch. Es gibt keinen einzigen Menschen, der mit seinen Handlungen und Entscheidungen denen des Homo oeconomicus ähnelt.

Der Mensch ist nicht annähernd ein Homo oeconomicus, so wie die ökonomische Theorie es fälschlicherweise in ihren Grundannahmen definiert, sondern er ist ein höchst irrationales und oft unberechenbares Wesen. Es gibt zusätzlich zu der existierenden Irrationalität bei ihm noch zwei konstante und nicht zu unterschätzende permanente Fehlerquellen:

a) Die Limitation seiner Wahrnehmung (Täuschung bei der Wahrnehmung des Umfelds (Bsp. optische Täuschungen)) führt zu Fehleinschätzungen und Fehlentscheidungen;
b) Fehler bei der Verarbeitung der wahrgenommenen Information durch bekannte Bias (z. B. System-1- vs. System-2-Problematik; Zustand „hot" oder „cold"; Framing, Anchoring, Konzentrations-kognitive Fehler) führen zu Fehlentscheidungen.

Die Eigennutztheorie des Menschen als Grundannahme ist überprüfbar und offensichtlich falsch: Nutzenmaximierung des Individuums wird in der klassischen ökonomischen Theorie nur auf den ökonomischen Nutzen beschränkt und nicht, wie es in der Realität der Fall ist, auch in Hinblick auf immaterielle oder ideele Werte betrachtet. Somit ist die Definition des „Nutzens" nicht korrekt.

Gewinnmaximierung als die oberste Maxime des Handelns des Menschen ist nicht zutreffend: Bei menschlichen Handlungen, Präferenzierungen und Entscheidungen spielen in erster Linie seine Emotionen und seine Bedürfnisse eine Rolle und nicht die Gewinnmaximierung.

Nachfrage als die Ursache für Produktion ist nur teilweise zutreffend und kann keinesfalls pauschaliert werden: Aus Erfahrung wie auch aus Untersuchungen wissen wir, dass der Mensch ein kreatives und neugieriges Wesen ist und dass er auch, ohne dass es dafür eine Nachfrage oder einen Markt gibt, sehr oft arbeitet und Dinge produziert, nicht weil er muss oder weil er damit handeln möchte, sondern rein aus der Freude und aus Spaß am kreativen Prozess. Somit ist eine Produktion, die größer als 0 ist, sehr wohl auch ohne eine entsprechende Nachfrage in der Realität existent.

Produktionstheorie: Die Produktionsfunktion der Unternehmen darf nicht als unveränderbar angesehen werden! Eine Anpassung ist bei Bedarf auch kurzfristig möglich. Durch diese Anpassungsmöglichkeit haben Unternehmen in der Realität eine bessere Möglichkeit, auf externe Faktoren zu reagieren, als in der Theorie allgemein angenommen wird.

Preistheorie: Die Preisbildung in der ökonomischen Theorie ist nicht realistisch. In der Realität sind Konsumenten nicht in der Lage, Preise mit den Unternehmen auszuhandeln. Diese werden durch Unternehmen strategisch so festgelegt, damit sie langfristig ihre Gewinne maximieren können. Die so festgelegten Preise können von den Konsumenten nicht beeinflusst werden.

Im makroökonomischen Teilbereich der ökonomischen Theorie werden falsche Schlussfolgerungen gezogen aufgrund des **Aggregierens** von wirtschaftlichen Faktoren und deren Durchschnittsbildung. So werden signifikante Fakten künstlich ausgeblendet (z. B. die tatsächliche Einkommensverteilung innerhalb der Bevölkerung).

Fehlannahme ökonomisches Gleichgewicht: Die Wirkungsweise der „unsichtbaren Hand" und die Eigenregulierung der Märkte mit der Tendenz, Gleichgewichte zu finden, werden massiv überschätzt und sind in der Realität nicht die Regel, sondern nur Ausnahme. In der Realität gibt es Friktionen, verursacht durch Irrationalitäten, Emotionen, Intransparenz und unkalkulierbare Zufälle. „Schweinezyklen", Kapitalakkumulation, Ausbeutung von schwächeren Partnern, ökonomische und soziale Ungleichgewichte, Arbeitslosigkeit und Friktion ganzer Märkte (z. B. des Arbeitsmarktes) sind die Folgen.

Angebots- und Nachfragekurve: Das pauschale Gesetz der ökonomischen Standardtheorie, dass die Nachfrage mit steigendem Preis immer sinkt und mit fallendem Preis immer steigt, gilt nachweislich nicht pauschal und wird auch in der Realität immer wieder widerlegt. Insbesondere bei den Luxusgütern kann sehr gut und deutlich beobachtet werden, dass sogar sehr oft die Nachfrage über einen bestimmten Bereich mit steigenden Preisen steigt und mit sinkenden Preisen sinkt. Die Erklärung dahinter ist, dass viele Luxusgüter mit sinkendem Preis von ihrem Prestige verlieren und dadurch weniger begehrenswert werden.

Preisbildung am Markt: Die Annahme, dass Preise ausschließlich auf Märkten gebildet werden, ist falsch. Denn die Preisbildung in den meisten Fällen erfolgt nicht durch die Übereinstimmung von Angebot und Nachfrage, sondern wird strategisch bestimmt, um eine Gewinnmaximierung der Produzenten zu ermöglichen. Dass ein Kaffee 2,50 € im Coffeeshop oder ein Hamburger 4 € kostet, ist nicht die Entscheidung oder das Resultat des Marktes, sondern des Unternehmens. Der Mensch hat in den meisten Fällen überhaupt keine Ahnung und keinen Anhaltspunkt, wie teuer Produkte tatsächlich sind oder wie viel Wert sie haben (insbesondere komplexe Produkte, z. B. Computer, Flatscreens, Autos oder technische Geräte).

Die im IS-LM-Modell abgeleitete IS-Kurve ist ein makroökonomisches Modell, welches ein erweitertes Gleichgewicht auf dem Gütermarkt darstellt. Sie bildet die Beziehung zwischen dem Zinssatz und dem Volkseinkommen. Die IS-Kurve repräsentiert so eine Gütermarktgleichgewichtskurve. Als solche stellt sie alle Kombinationen von Zins (i) und Volkseinkommen (Y) dar, für die der Gütermarkt im Gleichgewicht ist. Diese Kurve muss in der Realität immer eine gebogene Form aufweisen und sie muss sich langsam den beiden Extremwerten (Y = 0 und i = 0) annähern und diese in der Theorie auch definieren. Denn beide Möglichkeiten sind in der Realität theoretisch durchaus möglich:

a) Volkseinkommen kann unter bestimmten Umständen 0 betragen (beispielsweise kurzzeitig in oder nach Kriegen oder Naturkatastrophen)
     und
b) das Zinsniveau kann unter bestimmten Umständen auch den Wert 0 erreichen.

Da diese Eventualitäten in der Realität nicht ausgeschlossen werden können, muss das theoretische Modell auch diese Möglichkeiten abdecken. Das ist jedoch nicht der Fall.

Das makroökonomische Modell der IS-Kurve berücksichtigt in keiner Weise, dass die in dieser Kurve repräsentierten **Kombinationen von Zins (i) und Volkseinkommen (Y)**, in der Realität sogar sehr signifikant auch von gesellschaftlichen Faktoren und Komponenten abhängen, wie es beispielsweise der Wohlstand der Gesellschaft, der Entwicklungsstand der Gesellschaft, die Stabilität des Landes und der Ökonomie und der Sozialstrukturen, die Prosperität, in gewisser Weise auch die Altersstruktur, oder die kulturellen Gewohnheiten sind. Alle diese Faktoren haben einen mehr oder weniger direkten Einfluss auf die ökonomischen Kennzahlen, aber werden im theoretischen Modell überhaupt nicht berücksichtigt.

In der ökonomischen Standardtheorie wird mit aggregierten Größen gearbeitet. Ein **Aggregat** wird als die Summe über alle einzelnen Faktoren gebildet. Bei diesem Vorgehen wird in der ökonomischen Theorie aber außer Acht gelassen, dass der einzelne Mensch sehr stark durch die Gesellschaft, durch Medien und durch andere Menschen in seinem Umfeld beeinflusst wird und sein Verhalten daher oft variiert oder er nicht als Mitglied einer Gruppe nicht immer seinen wahren Präferenzen folgt. Das wird beispielsweise bei dem sogenannten Herdeneffekt sehr deutlich. Konkret bedeutet das, dass seine Entscheidung oder Handlung, die ein Wirtschaftssubjekt alleine durchführt, eine andere ist, als wenn er diese in der Gemeinschaft durchführt. Wenn also in der Ökonomie Aggregate gebildet werden sollen, dann darf dies nicht als die Summe von Entscheidungen oder vom Verhalten einzelner Handelnden geschehen, auf deren Basis dann ein Aggregat als Summe von allen Handelnden gebildet wird. Diese Problematik muss eine entsprechende Berücksichtigung finden, was aber in der ökonomischen Theorie nicht der Fall ist.

Folglich ist es ein großer Irrtum, in der Ökonomie anzunehmen, dass das Generieren von ökonomischen Aggregaten nach den gleichen Gesetzen und Prinzipien funktioniert wie in der Mathematik: Man extrapoliert die Ergebnisse von einem oder von einigen wenigen auf die Gesamtheit und bildet auf diese Weise dann einen Gesamtdurchschnitt. Hier liegt der Fehler darin, dass bei dieser Methode völlig unberücksichtigt bleibt, dass das Verhalten von Menschen sich innerhalb eines gruppendynamischen Prozesses gegenüber dem Verhalten eines Einzelnen ohne die Gruppendynamik in den meisten Fällen verändert, teilweise sogar signifikant. Somit kann dann auch in den meisten Fällen das so gebildete Aggregat nicht als die valide Summe des Verhaltens von allen angesehen werden. Die Aggregate, die die ökonomische Theorie zugrunde legt, bilden also eine fehlerhafte Grundlage, mit der dementsprechend auch fehlerhafte Ergebnisse berechnet und prognostiziert werden.

Beispiele, die dies verdeutlichen, sind: Gruppenzwang bei sozialen Normen, Modezwänge, politische, soziale, religiöse Entwicklungen usw. Man kann sogar experimentell nachweisen, dass die Summe von Einzelleistungen nicht mit der Leistung der Gesamtgruppe übereinstimmt: Misst man die Kraft von Einzelpersonen, beispielsweise beim Seilziehen, dann wird die kumulierte Kraft, also die Summe aller Teilnehmer, viel höher ausfallen, als wenn alle diese Probanden zusammen auf einmal an dem gleichen Seil ziehen würden. Diese Experimente sind in der Wissenschaft immer wieder gemacht und bestätigt worden. Auch ist das Kaufverhalten einer Person, die alleine einkauft, ein anderes, als wenn in einer Gruppe eingekauft wird. Ein anderes wichtiges Beispiel betrifft die Arbeitsleistung: Hier gibt es sogar sehr deutliche Unterschiede, ob eine Person arbeitet oder mehrere. Aufgrund von verschiedenen Faktoren, wie beispielsweise Arbeitsteilung, sich gegenseitig helfen, wird die Leistung von zwei Personen, die gemeinsam arbeiten, in den meisten Fällen immer höher ausfallen als von zwei einzeln arbeitenden Menschen. Somit ist aus ökonomischer Sicht $1 + 1 > 2$ oder $1 + 1$ „ungleich"2.

Das Endergebnis von Verhaltensweisen und Handlungen aller gemeinsam ist keinesfalls gleichzusetzen mit dem Ergebnis als Summe der Handlungen, die einzelne Individuen alleine vornehmen. Die Hauptgründe hierfür liegen im Gruppenzwang und in der Herdentheorie. Der Mensch als Individuum verhält sich und handelt sehr oft ganz unterschiedlich, je nachdem, ob er alleine ist oder in einer Gruppe. In der Gruppe ist er immer geneigt, die Entscheidungen der Gruppe zu übernehmen, die er nicht immer machen würde, wenn er alleine wäre. Aus diesem Grund kann man niemals von der Verhaltensweise einer Gruppe auf einzelne Individuen schließen. Man kann auch niemals valide vom Verhalten der einzelnen Individuen auf das Verhalten der Gruppe schließen.

Einer der wichtigsten Parameter in der Ökonomie ist die Größe des Volkseinkommens. Dies ist deshalb sehr problematisch, weil dabei vollkommen unberücksichtigt bleibt, wie dieses Volkseinkommen zustande kommt – oder genauer ausgedrückt, wie die Verteilung des Einkommens innerhalb der Gesellschaft tatsächlich aussieht. Es erfordert nicht viel Phantasie, sich vorzustellen, dass zwei Zustände mit einem identischen Volkseinkommen komplett unterschiedliche Situationen darstellen: Einmal gehört das gesamte Einkommen einem einzigen Individuum und allen anderen gehört nichts. Und im anderen Fall ist das Volkseinkommen vollkommen gleichmäßig unter allen Menschen in der Gesellschaft verteilt. Eine gute und brauchbare Theorie muss diese Unterschiede abbilden und berücksichtigen können.

Die Nicht-Berücksichtigung von solchen Fakten durch die ökonomische Standardtheorie führt zu den existierenden Differenzen zwischen Realität und Theorie und verringert somit die Einsatzmöglichkeiten der Theorie in der Praxis. Die Folge davon sind dann Fehlentscheidungen, beispielsweise in der Planung, beim Investieren oder im Management, bzw. das Nutzen von falschen oder ungeeigneten Instrumenten, um Krisensituationen zu managen.

Die ökonomische Theorie arbeitet mit partiellen Werten (Partialanalyse), mit aggregierten Werten (Aggregate) und mit Durchschnittswerten. Auf dieser Basis werden dann die jeweiligen Kennzahlen und Maßnahmen errechnet, Empfehlungen ausgesprochen und in der realen Welt umgesetzt. Die komplexreduzierte theoretische Betrachtung der Partialanalyse stimmt jedoch sehr oft nicht überein mit der Gesamtheit des Systems und auch die Aggregate stimmen nicht mit der Realität überein. Die Folge ist, dass die so eruierten Ergebnisse nicht richtig sind.

Die Problematik der **mathematischen Durchschnittsbildung** in der ökonomischen Theorie des Standardmodells ist zwar aus der rein mathematischen Sicht nicht zu beanstanden, jedoch bedingt diese Methode einige mögliche Fehler in der praktischen ökonomischen Anwendung. So ist es beispielsweise richtig, mathematisch ein Durchschnittseinkommen zu errechnen über eine bestimmte Gruppe von Menschen oder Marktteilnehmern. Wenn die Einkommensverteilung dieser Gruppen sehr weit streut und die einzelnen Personen sich jeweils einkommensmäßig an den Rändern der Skala bewegen, dann wird mathematisch ein Durchschnittseinkommen errechnet, welches innerhalb der betrachteten Gruppe in Wirklichkeit niemand hat. Aus so ermittelten Werten dann weitere Schlüsse zu ziehen, wie beispielsweise Konsum, Sparen oder Investitionen, führt unweigerlich zu signifikanten Fehlern.

Im ökonomischen Theoriemodell wird überproportional starker **Fokus gerichtet auf Güter und Geld**. Viel zu wenig hingegen werden die **Erwartungen, Bedürfnisse, Wünsche, Emotionen** (= Maslow'sche Bedürfnispyramide) der Menschen-also der Akteure im System- beachtet sowie infolge ihre Präferenzen und ihr Handeln. Daher hat in der Theorie auch nicht der Mensch, sondern der Gütermarkt und der Finanzmarkt eine unverhältnismäßig große Bedeutung (IS-LM-Modell). Doch in der ökonomischen Realität ist der Hauptproduktionsfaktor die menschliche Arbeit bzw. das Wissen und das Know-how der Menschen. Der Arbeitsmarkt und der Wissensmarkt/Dienstleistungsmarkt werden in der Relation zum Finanzmarkt und Gütermarkt viel zu wenig berücksichtigt und gewichtet. Genauso wenig werden die Mechanismen der Anreize, der Motivation, der Beweggründe berücksichtigt, obwohl wir genau wissen, dass Know-how und Motivation den wichtigsten Einfluss auf den Produktionsfaktor Arbeit haben. Und Arbeit ist der wichtigste aller Produktionsfaktoren. Signifikant ist auch das Umfeld (im Sinne von Voraussetzungen und Möglichkeiten) für die Performance, den Output und so für die Produktion. Hier spielen Faktoren, wie z. B. die Qualität der Infrastruktur und der Prozesse, das Bildungsniveau, die soziale Stabilität, die Lebensqualität, die Sicherheit, die Rechtssicherheit und die Kultur eine entscheidende Rolle. Diese so wichtigen „weichen" Faktoren finden in der klassischen Standardtheorie kaum Berücksichtigung.

Das klassische Modell der ökonomischen Standardtheorie geht von einem **Gleichgewichtsmodell** aus und berücksichtigt nicht die in der realen Ökonomie vorhandene Tendenz der Kapitalakkumulation. Je ökonomisch stärker ein Wirtschaftssubjekt ist, desto solventer und sicherer erscheint dieses für andere Marktteilnehmer und umso einfacher ist es für ihn, günstigeres Kapital zu bekommen, weil es für andere Investoren, für Geldgeber und für Banken ein kleineres Ausfallrisiko darstellt. Dieser Vorteil gegenüber anderen, nicht so solventen Marktteilnehmern gibt ihm mehr Gewicht bei Verhandlungen, mehr und bessere Möglichkeiten bei der Auswahl von Produkten und Investitionen, Zugang zu Projekten und Geschäftsmöglichkeiten, die andere nicht haben, und somit auch mehr Macht, Einfluss und Verdienstmöglichkeiten. Diese Vorteile schlagen sich auch in einem geringeren Risiko bei seinen eigenen ökonomischen Tätigkeiten nieder. Dies alles in Summe führt langfristig automatisch wieder zu mehr Kapitalgenerierung gegenüber den anderen, wirtschaftlich schwächeren Marktteilnehmern. (Beispiel: Sogenannte Blue-Chips werden durch Anleger überbewertet, weil Investitionen in Großunternehmen sicherer sind und die Wahrscheinlichkeit eines Totalverlustes bei einer großen Firma viel kleiner ist als bei kleineren Firmen). Durch eine stetige Kapitalakkumulation wird mit zunehmender Zeit das Kapital immer weiter konzentriert, was zur massiven Destabilisierung des ökonomischen und sozialen Systems führen muss. So wichtige Phänomene, wie es beispielsweise die Kapitalakkumulation ist, werden durch die klassische ökonomische Standardtheorie nicht beschrieben und nicht erklärt.

Die Problematik der **Verteilung** von Ressourcen innerhalb einer Gesellschaft oder innerhalb eines gesellschaftlichen Systems hat in der Ökonomie eine signifikante Bedeutung. Durch die ökonomische Theorie wird das Verteilungsproblem jedoch leider zu wenig beachtet und nur in den wenigsten Fällen, wenn, dann überhaupt nur ansatzweise erklärt. Dabei ist die Ressourcenverteilung in Kombination mit der Produktionsfähigkeit des Systems eine der wichtigsten Determinanten für den gesellschaftlichen Wohlstand, für Stabilität, für Sicherheit und Wachstum. Besteht innerhalb eines gesellschaftlich-ökonomischen Systems eine gerechte und effiziente Verteilung der Ressourcen, dann ist es eine notwendige Voraussetzung für soziale Stabilität, langanhaltende Prosperität und Wohlstand. Umgekehrt ist eine selbst höchst produktive Gesellschaft zum Scheitern verurteilt, wenn der erzeugte Wohlstand und Reichtum nur einer kleinen Gruppe von Personen – oder im Extremfall sogar nur einer einzigen Person – zugutekommt und alle anderen leer ausgehen.

In diesem Zusammenhang ist freilich genau zu definieren, was unter dem Begriff „eine gerechte und effiziente Verteilung der Ressourcen" zu verstehen ist.

Das Thema der Verteilung ist eines der Hauptprobleme in wirklich allen ökonomischen Theorien. Angefangen schon bei Adam Smith über Karl Marx bis hin zu den Ökonomen von heute wurden die unterschiedlichsten Ansätze und Möglichkeiten diskutiert, wie eine gerechte Verteilung der erwirtschafteten Güter und des Reichtums innerhalb der Gesellschaft aussehen sollte.

Adam Smith erkannte in der Theorie der „invisible hand" die Tendenz der Monopolisierung und Kapitalakkumulation. Karl Marx erkannte ebenso und kritisierte die Eigenschaft des Kapitals, weiteres Kapital anzuziehen und innerhalb der Wirtschaft und der Gesellschaft zu kumulieren. Ironischerweise ist dies der Grund, warum viel später auch der Kommunismus in der Praxis gescheitert ist: Die Verteilung des Kapitals spielte dabei eine wichtige Rolle: Weil der Mensch von Natur her so „konstruiert" ist, dass er meistens immer mehr haben und besitzen will, sich gern mit anderen misst und wetteifert und sehr oft egoistisch ist. Diesen Eigenschaften widersprach das kommunistische System in diametraler Weise und ging stattdessen davon aus, dass Menschen meistens rücksichtvoll, gerecht und bescheiden sind. Es sollte daher im Kommunismus kein Eigentum an den Produktionsmitteln geben, um andere Mitmenschen nicht ausbeuten zu können, und alle Menschen sollten möglichst gleich sein und auch gleich viel von den vorhandenen Ressourcen bekommen.

Diese Absenz vom Wettbewerb und vom jeglichen Anreiz, etwas zu leisten, führte zu massiven Produktionsdefiziten und Mangelzuständen innerhalb der kommunistischen Gesellschaft. Gleichzeitig jedoch führten die Führungseliten der meisten existierenden kommunistischen Systeme ein Leben jenseits von existenziellen Sorgen. Auch in diesem angeblich so gerechten System war also die Verteilung des Vermögens ausschlaggebend für die Unzufriedenheit innerhalb der Gesellschaft, war die Ursache für gesellschaftliche Spannungen und letztendlich auch der Grund für den Zusammenbruch des ganzen Systems. Genau die gleichen Faktoren waren es schon Jahrzehnte früher in der Oktoberrevolution im russischen Zarenreich mündeten, die also schon einmal zum Systemzusammenbruch und zum Systemwechsel führten.

Bei allen Systemumstürzen, die man sich in der Geschichte der Menschheit genauer ansieht, spielt eine nicht richtig funktionierende und als ungerecht empfundene Verteilung des Vermögens und der Ressourcen – und somit die Armut der normalen Bevölkerung gegenüber den gesellschaftlichen Eliten – eine wichtige Rolle. Und paradoxerweise ist die Verteilungsproblematik eine der Hauptursachen auch in den kapitalistischen Systemen für die darin zyklisch immer wieder aufkommenden Existenzkrisen. Womöglich werden sogar auf lange Sicht die Akkumulation des Kapitals und die nicht optimal gelöste Problematik der Verteilung von Ressourcen auch dieses derzeit dominierende System zerstören, wenn es nicht zeitig gelingt, einen gut funktionierenden und gesellschaftlich akzeptierten Verteilungsmechanismus zu finden (siehe Abschn. 7.4).

Aus diesen Überlegungen ergibt sich folglich ein Gerechtigkeitsproblem: Was genau ist die Definition von Gerechtigkeit? Was ist gerecht und was nicht? Ist es gerecht, wenn alle gleich wären und gleich viel hätten, oder ist es gerecht zu akzeptieren, dass alle Menschen unterschiedlich sind, unterschiedliche Kenntnisse und Bedürfnisse haben, unterschiedliches leisten und daher unterschiedlich entlohnt werden müssen? Soll jeder gleich viel bekommen oder analog zu seiner Leistung?

Freiheit und Wohlstand für alle sind unter Berücksichtigung der uns gegebenen Restriktionen der Naturgesetze leider nicht möglich. Wohlstand kann immer nur definiert werden als der Unterschied/die Differenz zu den anderen, die eben nicht wohlhabend sind. Wohlstand ist immer nur in Relation zu sehen zu den Nichtwohlhabenden. Wohlstand ist etwas Relatives und nichts Absolutes. Wohlstand ist immer relativ zu dem, was Nichtwohlstand ist. Denn würde morgen jeder Mensch auf dieser Welt eine Million US-Dollar auf seinem Konto gutgeschrieben bekommen, würde dies weder an den bestehenden Unterschieden zwischen den Menschen noch an ihren Bedürfnissen, an ihrer Leistungsfähigkeit, an ihrem gesellschaftlichen oder sozialen Status noch an der gesamtökonomischen Situation etwas ändern.

Generell kann man jedoch eindeutig die Tendenz beobachten, dass wohlhabendere Wirtschaftssubjekte eher investieren, während nicht wohlhabende Wirtschaftssubjekte die ihnen zur Verfügung stehenden Mittel eher für Konsum ausgeben. Folglich landen Anleihen, die der Staat oder Unternehmen ausgeben, zum großen Teil bei den wohlhabenden Wirtschaftssubjekten. So entsteht Kapitalakkumulation. Wer also konsumiert, gibt seine Mittel aus und wird sie los. Wer aber investiert, der generiert Einkommen in der Zukunft und akkumuliert langfristig dieses.

Betrachtet man **aggregiertes Einkommen** einer Volkswirtschaft, so gibt es einen gravierenden Unterschied je nach der Konzentration von diesem. Eine bestimmte aggregierte Einkommenshöhe kann zustande kommen, indem das Einkommen konzentriert durch eine kleine Gruppe von Subjekten oder verteilt durch alle Subjekte innerhalb der Volkswirtschaft generiert wurde. Das ist ein signifikanter Unterschied hinsichtlich der Qualität der Volkswirtschaft, auch wenn in beiden Fällen die aggregierte Zahl den gleichen Wert ergibt. Die Frage der Verteilung ist daher essenziell!

Einkommen als Aggregat sagt daher nur sehr wenig aus über die tatsächliche Lage, wenn die Verteilung des Einkommens unklar bleibt. Ähnlich verhält es sich beim Konsum, beim Sparen und bei dem Grad der Verschuldung: Wenn beispielsweise der Verschuldungsgrad angegeben wird, so ist es ein signifikanter Unterschied, ob der Staat verschuldet ist oder ob die Bevölkerung verschuldet ist.

Bei wem liegt also die Liquidität? Beim Staat oder bei der Bevölkerung? Ist die Liquidität konzentriert oder verteilt? Diese Fragen sind entscheidend für die Ausgaben der Liquidität und für das Verhältnis zwischen der Sparquote und der Konsumquote. Diese sind für jede Ökonomie sehr wichtige Faktoren. Aggregate sagen daher nur viel zu wenig aus.

Veranschaulichung des „universellen Verteilungsmechanismus in der Natur": Die Problematik des Verteilungsmechanismus kann man auch aus der philosophischen Sicht beleuchten und erklären. Um es anschaulich zu machen, stelle man sich das Paradies vor mit Adam und Eva: Darin leben Menschen, die nicht das Geringste tun müssen, um glücklich zu sein und überleben zu können. Denn alles, was sie benötigen, ist vorhanden und für alle ihre Bedürfnisse ist natürlich gesorgt, ohne dass sie sich dafür anstrengen oder etwas tun müssen. Wenn sie Hunger oder Durst haben, dann bedienen sie sich in der Natur – anbauen, jagen oder herstellen müssen sie nichts –, daher auch nichts lernen, erfinden, verbessern oder studieren. Sie können daher vollkommen ungebildet (ohne die Anstrengung einer Ausbildung) bleiben und haben immer alles, was sie benötigen. Das Problem einer Verteilung der Ressourcen existiert daher in diesem Beispiel nicht, weil jeder das hat, was er benötigt, und weil niemand nach mehr strebt als dem, was da ist und was zum Leben benötigt wird.

Das Problem der Verteilung entsteht erst in dem Zeitpunkt, als ein neuer, intelligenter und gebildeter Mensch das Paradies betritt. Denn dieser hat gelernt, dass sich jede Situation auch verschlechtern kann und dass dann seine Existenz gefährdet sein könnte! Er braucht deshalb Sicherheit und möchte sich absichern. Daher möchte er vorsorgen, um etwas Vorräte und Reserven zu haben für den Fall, wenn die Zeiten schlechter werden. Er beginnt also die gerade vorhandenen Ressourcen zu akkumulieren und Vorräte zu bilden. Somit beginnt er, dem System mehr Ressourcen zu entnehmen, als er eigentlich benötigt. Die Folge ist eine künstliche Verknappung der vorhandenen Ressourcen. Eine Verknappung von den vorhandenen Ressourcen führt folglich zum Mangel dieser Ressourcen bei anderen (in der Regel bei den schwächeren oder der in der Hierarchie niedriger stehenden) Akteuren. Ein Mangel an notwendigen Ressourcen führt automatisch zu Existenzängsten, Stress, Angst, Aggression und Kampf um die übrig gebliebenen wenigen Ressourcen. Nun fangen auch alle anderen Akteure an, Ressourcen zu horten und zu lagern, weil auch sie sich absichern müssen. Weitere, zusätzliche Verknappung von Ressourcen entsteht, die zu einem tatsächlichen Mangel an allem führt. Das ursprüngliche Paradies existiert nicht mehr, sondern nur noch ein System mit Angst ums Überleben, Druck, Existenzangst, Kampf und Krieg. Und das in einem System, in dem eigentlich genug für alle da ist und in dem jeder unbesorgt, sicher und glücklich leben könnte. Dieses Beispiel veranschaulicht die Signifikanz des menschlichen Verhaltens und des organisatorischen Rahmens.

Dieses Beispiel verdeutlicht die Zusammenhänge zwischen der Existenz von knappen Ressourcen, menschlichen Bedürfnissen unter Berücksichtigung der Intelligenz und die Auswirkungen dieser Zusammenhänge auf den Verteilungsprozess. Ohne einen regulierenden Faktor (wie beispielsweise einen Gesellschaftsvertrag) sind in einem so funktionierenden System Streit, Kampf, Krieg und letztendlich das Recht des Stärkeren nicht vermeidbar.

Das **Gesetz des abnehmbaren Grenznutzens** unterliegt in der ökonomischen Theorie einem Irrtum: Es besagt, dass jedes Gut durch Konsum um eine weitere Einheit für den konsumierenden weniger Nutzen bringt oder weniger wert wird. Dies geht so lange, bis der Nutzen einer weiteren Einheit des Guts für den Konsumenten null ist. Dann hört er auf, dieses Gut zu konsumieren. Einfach veranschaulicht ist dieses Beispiel durch die Vorstellung eines Menschen, der z. B. bei Durst Wasser trinkt. Er trinkt so viel Wasser, so lange das Wasser seinen Durst stillt und es ihm daher schmeckt. Irgendwann kommt aber der Moment, wo er genug Wasser getrunken hat und kein weiteres Bedürfnis nach zusätzlichem Wasser besteht. Das ist der Punkt, an dem jeder weitere Schluck Wasser ökonomisch gesehen null (Zusatz-)Nutzen bringt. Würde man den Konsum des Guts weiter über diesen Punkt hinaus fortsetzen, dann fängt der Nutzen an, in den negativen Bereich zu rutschen. Das ist nichts anderes, als dass der weitere Konsum nicht mehr angenehm wird, sondern unangenehm und eventuell Nachteile bringt. Aus einem „Nutzen" (= etwas

Positives) wird ein „Schaden" (= etwas Negatives). Dem Konsumenten wird es schlecht oder übel. Der Grenznutzen wird hier daher negativ.

Doch in der Realität nimmt nicht immer und nicht immer stetig beim Konsum eines Guts der Nutzen ab. In vielen Fällen bleibt der Nutzen über einen längeren Bereich gleich oder nimmt sogar manchmal anfänglich zu, bevor er sich erst viel später in den negativen Bereich dreht! Beispiele hierfür sind jedem allgemein bekannt: Drogenkonsum, Liebe/ Verliebtsein, das Ausüben von Hobbys, das Konsumieren unter bestimmten Umständen (z. B. beim sogenannten Kaufrausch), die Sammlerleidenschaft bei Sammlern usw. Dies sind alles Beispiele dafür, dass der Nutzen für den Betroffenen nicht immer sofort abnimmt. Jeder kennt diese Beispiele und sie widersprechen der Lehre über den stetig abnehmbaren Grenznutzen der ökonomischen Standardtheorie.

Der „Konzerteffekt" und seine Folgen für die Funktion der realen Volkswirtschaft: Eine wichtige Beobachtung der Realität mit vielen nicht zu unterschätzenden Folgen in der Ökonomie wird am besten als „Konzertparadoxon" bezeichnet. Es veranschaulicht eine Situation, in der sich alle Beteiligten anstrengen und viel Energie investieren, um eine bestimmte, vorgegebene Situation zu verbessern. Dadurch aber, dass alle das Gleiche tun, ist das Resultat – bzw. die Verbesserung der Situation – gleich null und die investierte Arbeit und Energie wurden komplett verschwendet. Man kann also auch von sinnloser Anstrengung aller Beteiligten sprechen, ohne dass sich am Ende etwas für den einzelnen Beteiligten verbessert.

Wir alle kennen die Situation einer Zuschauermenge bei einem Open-Air-Konzert: Alle stehen auf einer ebenen Fläche und betrachten, was sich auf der Bühne abspielt, die etwas erhöht weiter vorne aufgebaut ist. Es gibt größere Menschen und kleinere, welche, die weiter vorne, und andere, die weiter hinten stehen. Jeder sieht nur genauso gut, wie es seine Größe und seine Entfernung von der Bühne erlauben.

Man kann kurzfristig seine Sicht nur dadurch etwas verbessern, indem man sich die Mühe macht und auf die Zehenspitzen steigt, um seine Größe in Relation zum Rest der Zuschauer zu erhöhen. Wird irgendwann jedoch die Vorstellung auf der Bühne so interessant, dass immer mehr Zuschauer immer mehr und immer besser sehen wollen, hat dies zur Folge, dass immer mehr Menschen auf die Zehenspitzen steigen und somit die Minderheit, die dies nicht tut, weniger bis gar nichts mehr sieht.

Die Folge ist, dass schließlich auch diese Minderheit gezwungenermaßen auf die Zehenspitzen steigen muss, um überhaupt etwas zu sehen. Danach tritt ein Zustand ein, der als „Inflation der Anstrengung" bezeichnet werden kann: Alle stehen auf den Zehenspitzen. Alle strengen sich maximal an, um etwas zu sehen. Alle ermüden schnell und für alle ist diese Haltung sehr beschwerlich und auf die Dauer unangenehm.

Und das Ergebnis von all der Anstrengung ist: Alle sehen genau so viel wie zuvor, als noch niemand auf die Zehenspitzen gestiegen ist. Die Unterschiede in der relativen Höhe der Zuschauer sind die gleichen- ganz egal, ob diese auf den Zehenspitzen stehen, oder nicht.

Weil der Vorteil des Steigens auf die Zehenspitzen, wenn er durch alle genutzt wird, für niemanden mehr ein Vorteil ist (sondern automatisch für alle zum Nachteil wird). Der Ausdruck „Inflation der Anstrengung" ist deshalb so passend, weil die Anstrengung (um mehr zu sehen) dazu geführt hat, dass alle am Schluss genau so viel sehen wie zuvor – jedoch nur unter äußerster Anstrengung und Aufwand von Kraft und Energie. Somit verpufft der Effekt oder der kurzfristige Vorteil vollkommen (und wird gleich null). Trotz Aufwand von Kraft und Energie und des sich Streckens hat man keinen Vorteil. Man strengt sich an und der Effekt ist trotzdem gleich null. Alle sehen so viel wie am Anfang (bevor sich alle anstrengen mussten), jetzt müssen sich jedoch alle anstrengen und in einer unbequemen Position verharren und sehen genau gleich wie zuvor.

Der Gesamteffekt für alle ist somit negativ.

Sein absoluter Wert entspricht der Summe der zusätzlichen Anstrengung jeder einzelnen Person in der betroffenen Gruppe.

Das ist der Aufwand/Preis, den sie für einen kurzfristigen positiven Effekt (nur kurz mehr sehen) bezahlen müssen.

Viele Parallelen zur realen Wirtschaft und zur Ökonomie sind hier eindeutig. Die heutige Theorie und das aktuelle Verständnis der Ökonomie kommen dabei zu verschiedenen Ergebnissen.

Beispiele:

Wenn in einer Gruppe oder innerhalb der Gesellschaft alle Akteure/Menschen im Durchschnitt …

- alle mehr und länger arbeiten, so hat es nicht immer unbedingt zur Folge, dass auch alle automatisch wohlhabender oder glücklicher werden...
- alle einen höheren Bildungsstand haben, so bedeutet es nicht unbedingt, dass auch alle automatisch mehr verdienen, bessere Arbeit bekommen, sich mehr leisten können oder besser situiert sind...
- alle generell mehr leisten können (z. B. Sportler), so bedeutet es nicht unbedingt sofort, dass auch alle erfolgreicher, zufriedener oder glücklicher sind...
- alle mehr arbeiten und leisten müssen, dass die Gesellschaft besser oder gerechter wird...
- alle mehr verdienen, so hat es nicht unbedingt zur Folge, dass alle reicher werden, glücklicher sind oder sich mehr leisten können...
- alle insgesamt mehr haben und besitzen, so hat es nicht unbedingt zur Folge, dass alle glücklicher oder besser situiert sind...
- alle mehr konsumieren, so hat es nicht unbedingt zur Folge, dass alle zufriedener oder glücklicher sind...

… dann kann der Effekt am Ende für jeden gleich null sein.

Der Grund für diesen Effekt ist die Tatsache, dass der Einzelne sich gegenüber den anderen in der Gruppe relativ nicht verbessern kann.

Denn die Differenz (aus was für Faktoren diese auch besteht – Geld, Status, Konsum …) zum Rest der Gruppe bleibt relativ immer gleich. Das Einzige, was sich aber ändert, ist, dass der Druck, die Belastung, das Arbeitspensum, die Anstrengung, die Verantwortung usw. ansteigen.

Es ist also keinesfalls so, dass diese Prozesse zwangsläufig immer nur Vorteile für den einzelnen Menschen bringen müssen – so wie die quantitative ökonomische Theorie dies besagt. Denn weder Glück noch Zufriedenheit in der Gesellschaft wird dadurch generiert oder vermehrt, wenn der Input steigt und der Zustand im Verhältnis der Menschen zueinander unverändert bleibt.

Zwangsläufig fallen zuerst die schwächeren Mitglieder der Gesellschaft zurück, weil sie mit der zunehmenden Anstrengung oder Anforderung nicht mithalten können, ähnlich den schwachen oder älteren Zuschauern beim Konzertbeispiel, die nicht lange auf den Zehenspitzen stehen können. Eine geringe Verbesserung der Situation für wenige (die „fittesten") kann nur auf Kosten von den schwächeren Mitgliedern oder Gruppen erfolgen. Die Summe der Vorteile bzw. der Verbesserungen für alle kann durchaus 0 sein oder sogar negativ.

Eine nicht zu verneinende Parallele zu der Evolutionstheorie von Darwin, der zufolge nur die Starken überleben, weil sie sich gegenüber den Schwachen durchsetzen und sich besser an neue Bedingungen anpassen können, ist hier nicht von der Hand zu weisen.

Die Dynamik von Prozessen findet in der quantitativen Theorie keine ausreichende Berücksichtigung. Insbesondere psychologische, gesellschaftliche, emotionale Prozesse oder Ängste führen oft zu Überreaktionen oder zu einem tendenziellen Herdenverhalten der Gruppe. So konnte beispielsweise in einer Reihe berühmter wissenschaftlicher Experimente, die bereits den 1950er-Jahren durchgeführt wurden, der Psychologe Solomon Asch eindeutig nachweisen, dass Menschen bei einem Test absichtlich und entgegen ihrer Überzeugung die falsche Antwort geben würden, nur um in den Rest der sozialen Gruppe zu passen (Asch, 1956).

Die Folgen dieser Faktoren, die real existieren und einen unbestreitbaren Einfluss auf das Verhalten der Marktteilnehmer haben, sind gravierend. So entstehen beispielsweise irrationale Liquiditätspräferenzen bis zu einem Bank-Run, Kipppunkte an den Börsen, Manipulationen, um Vorteile oder Macht zu erhalten oder zu erlangen, bis hin zu kriminellen Handlungen in der Pharmaindustrie oder im Finanzsektor genauso wie in der Politik oder beim Militär. Diese Fakten und Ergebnisse in der Realität sind dann jeweils ganz „überraschend" und unerwartet.

In der ökonomischen Theorie hängen **Investitionen direkt mit dem allgemeinen Zinsniveau** zusammen. Doch in der Realität spielt es für Investoren eine eher untergeordnete Rolle, ob die Zinsen bzw. Revenues und Profite aus ihren Investments etwas höher oder niedriger sind, als sie es im Idealfall sein könnten. Viel wichtiger hingegen sind für Investoren deren Erwartungen und vor allem die empfundene und engeschätzte Sicherheit für das Investment. Es sind also eher die Rahmenbedingungen als die „nackten Zahlen" des Zinses oder des Profits, die den Ausschlag für das Tätigen eines Investments geben.

Die dem **Zinsniveau und den Zinsveränderungen zugeschriebene Relevanz** wird in der Standardtheorie überbewertet. Die Relevanz des Zinsniveaus ist viel mehr psychologisch begründet und hängt zum größten Teil mit dem „Herdenverhalten" zusammen. Das ist das Verhalten und die Erwartung der ganzen Gruppe von Akteuren. Dieses Verhalten und diese bestimmte Erwartung dürfen keinesfalls verwechselt werden mit dem Verhalten und der Erwartung von Einzelakteuren, die unabhängig von der Gruppe agieren. Denn alle zusammen erwarten nach einer Änderung des Zinssatzes (und mag diese Änderung noch so klein sein) eine bestimmte Auswirkung und ein Ergebnis. Deswegen handeln dann auch alle entsprechend. Genau durch dieses Handeln wird auch das zu erwartende Ergebnis eintreffen. Ein gutes Beispiel für diesen Zusammenhang ist die Signalwirkung von Nationalbanken bei der Festsetzung und der Bekanntgabe von Leitzinsen: Senkt die Zentralbank die Leitzinsen (diese Zinsänderungen erfolgen in 1/10 oder 1/100 %-Schritten!), weckt es im Markt die Erwartungshaltung von Investitionserhöhungen, begründet angeblich dadurch, dass der Preis für das zu investierende Kapital „billiger" wird (= niedrigere Zinsen) und durch die kommenden Investitionsausgaben die Wirtschaft angeblich mehr wachsen wird. Daraus resultieren neue und lukrative Verdienstmöglichkeiten für die Investoren, was wiederum zu neuen Investitionen führt usw. Die Wirklichkeit ist eher darin zu sehen, dass neue Investments nicht aufgrund von 1/100 % einer Zinsveränderung stattgefunden hat, sondern vielmehr deshalb, weil nun jeder Investor erwartet, dass alle anderen (also die Gruppe insgesamt bzw. „der Markt") ihre Investitionstätigkeit erhöhen und dadurch die Kurse steigen werden. Und genau aus diesem Grund erhöht auch er seine Investitionen bei dem entsprechenden Signal.

Der in der Theorie postulierte Mechanismus zwischen dem Zinsniveau und den Investitionen muss daher hinterfragt werden.

Um diese Frage des Zusammenhangs zwischen dem allgemein herrschenden Zinsniveau und der Höhe der Investitionen innerhalb der Ökonomie möglichst genau und objektiv beantworten zu können, wurde durch den Autor ein Experiment mit zufällig ausgewählten Probanden durchgeführt. Konkret sollte mit diesem Experiment die in der standardökonomischen Theorie bestehende Behauptung getestet werden, dass die Bereitschaft, Investitionen zu tätigen, sehr starr und direkt von der durch die Zentralbank vorgegebenen Zinshöhe abhängt.

Es wurden zufällig ausgewählte 65 Unternehmer und Unternehmerinnen in Deutschland, Österreich und der Schweiz nach der im Umfragezeitpunkt exakten aktuellen Zinshöhe gefragt. Die befragten Personen sind unternehmerisch tätig und investieren ihre eigenen Mittel in ihre Geschäfte und Unternehmen. Somit fällen sie willentlich die grundlegende Entscheidung darüber, ob die verfügbaren Mittel gespart oder investiert werden sollen.

Das Ergebnis dieser Befragung, also des Experiments über die Kenntnis der genauen Zinshöhe bei Wirtschaftssubjekten, die selber ihr Kapital in das eigene Unternehmen investieren, ist in den folgenden beiden Tabellen anonymisiert zusammengefasst.

Tab 7.1 zeigt einen Auszug der Antworten, bei welchen der aktuelle Zinssatz durch die Befragten zu hoch angegeben wurde oder genau angeben wurde. Zwei von den insgesamt 65 Befragten gaben ungefragt an, den aktuellen Zinssatz nicht zu kennen. Zwei der 65 Befragten nannten die exakte Höhe des aktuellen Zinssatzes. 44 der 65 Befragten gaben einen viel zu hohen Zinssatz an (im Durchschnitt ca. 31 Basispunkte zu hoch). Tab. 7.2 zeigt einen Auszug der Antworten, bei welchen der aktuelle Zinssatz durch die Befragten zu niedrig angegeben wurde. 17 der 65 Befragten gaben einen viel zu niedrigen Zinssatz an (im Durchschnitt 6,5 Basispunkte zu niedrig).

Tab. 7.1 Zu hoch angegebener Zinssatz bei der durchgeführten Testumfrage

Proband	+ Abweichung der Antwort vom Zinssatz in Basispunkten
1	32
2	85
3	48
4	72
5	125
6	Keine Angabe
7	20
8	70
9	24
10	88
11	34
12	12
13	15
14	7
15	48
16	Keine Angabe
17	22
18	17
19	15
20	12
21	28
22	44
23	39
24	76
25	82
26	5
27	53
28	4
29	17
30	0
31	14
32	21
33	19
34	8
35	3
36	7
37	4
38	9
39	25
40	64
41	18

(Fortsetzung)

Tab. 7.1 (Fortsetzung)

Proband	+ Abweichung der Antwort vom Zinssatz in Basispunkten
42	93
43	46
44	21
45	44
46	7
47	3
48	0
Durchschnitt	(1500/46) = **32,6**

Tab. 7.2 Zu niedrig angegebener Zinssatz bei der durchgeführten Testumfrage

Proband	– Abweichung der Antwort vom Zinssatz in Basispunkten
49	14
50	7
51	4
52	12
53	5
54	4
55	11
56	3
57	45
58	2
59	7
60	20
61	18
62	11
63	4
64	7
65	3
Durchschnitt	(177/18) = **9,83**

Von 65 Befragten gaben 44 einen viel zu hohen Zinssatz an.
Von 65 Befragten gaben 17 einen viel zu niedrigen Zinssatz an.
Von 65 Befragten gaben 2 den exakten Zinssatz an.
Von 65 Befragten gaben 2 an, den exakten Zinssatz nicht zu kennen.

Das Ergebnis dieser Umfrage legt die Vermutung nahe, dass die tatsächliche Höhe des Zinssatzes in der realen Ökonomie keine so starke Bedeutung für die Investitionsentscheidungen der Unternehmer und Sparer hat als bislang vermutet. Vielmehr scheint sie eher eine Signalwirkung für diese Entscheidungsprozesse zu haben, in welche auch andere für die Menschen scheinbar wichtigere Faktoren einfließen.

Für die Investitionsentscheidung eines Wirtschaftssubjekts muss also die Zinshöhe der Zentralbank eine wesentlich kleinere Rolle spielen, als es die standardökonomische Theorie annimmt.

Genauso bedarf die in der ökonomischen Theorie postulierte **Preisbildung** auf Märkten einer genauen Überprüfung. In der Realität ist die Präferenzbildung der Wirtschaftssubjekte, aus der dann eine Kaufentscheidung resultiert, ein komplexer Prozess, der mitnichten nur allein von Angebot, Nachfrage und dem Preis abhängt. Und genauso wenig hat in der ökonomischen Realität der Konsument einen Einfluss auf den zustande kommenden Preis. Denn 1. ist der einzelne Marktteilnehmer zu klein und zu unbedeutend, um überhaupt eine Wirkung auf Marktpreise zu haben, und 2. ist im Falle einer direkten Kaufverhandlung der gebildete „mikroökonomische" Preis nicht per se der maximale Preis, den der Käufer bereit ist zu zahlen. Denn er zahlt maximal eine Geldeinheit mehr als der zweithöchste Bieter/Interessent für das gehandelte Gut. Somit werden Preise in den meisten Fällen nicht von den höchst bietenden Käufern gemacht, sondern von den unterlegenen zweithöchsten Bietern. Für die Preise bedeutet diese Tatsache, dass der Endpreis einen sogenannten Consumer und Supplier Surplus beinhaltet. Consumer Surplus ist die Differenz zwischen dem ausgehandelten Endpreis und dem Preis, den der Käufer maximal bereit gewesen wäre zu bezahlen. Supplier Surplus ist wiederum die Differenz zwischen dem Endpreis und dem Mindestpreis, zu dem der Verkäufer bereit gewesen wäre das Gut zu verkaufen. Bei Weitem bewegen sich alle Preise irgendwo zwischen diesen beiden Preisgrenzen. Anders ausgedrückt bildet sich der Verkaufspreis immer in der Preisspanne zwischen Consumer Surplus = 0 und Supplier Surplus = 0. Je nach Situation (z. B. in der Not) können dann diese Grenzen sehr weit auseinanderklaffen. Wichtig bei der Theorie der Preisbildung sind auch die immer wieder erwähnte menschliche Irrationalität, Emotionalität, der Bias und die Erwartungshaltung. Diese Faktoren sind die bestimmenden Faktoren für das Fällen der Entscheidung für einen bestimmten Preis auf beiden Seiten: Mindestpreis, der auf der Seite des Verkäufers akzeptiert würde, und Höchstpreis, der auf der Seite des Käufers bezahlt werden würde. Die in der ökonomischen Theorie postulierte Preisbildung ist mathematisch sehr elegant und logisch nachvollziehbar, beschreibt jedoch nicht die ökonomische Wirklichkeit. Der berühmte Schnittpunkt zwischen der Angebots- und der Nachfragefunktion ist daher viel zu komplexitätsreduziert und daher in der Praxis wenig brauchbar.

Auch der **Geldmarkt** wird durch die Theorie viel zu komplexitätsreduziert beschrieben. Hier spielen die Erwartungen der Marktteilnehmer an die Zukunft eine signifikante Rolle genauso wie auch die zuvor erwähnten menschlichen Irrationalitäten, Emotionalitäten und Bias. Diese beeinflussen den Geldmarkt und somit den Zinssatz, der den Preis für das verliehene Geld darstellen würde, wenn nicht in der Praxis die Zentralbanken diesen aus wirtschaftspolitischen Gründen festlegen würden.

Von einem echten **stabilen Gleichgewicht** kann auf keinem der realen Märkte die Rede sein, denn die Funktionsweise und die Mechanismen, welche diese Märkte bilden, lassen keine stabilen Gleichgewichte entstehen. In der Realität sieht man stattdessen eher kreislaufähnliche Abläufe, die durch die vorhandene Komplexität und durch zahlreiche unberechenbare, willkürliche und zufällige Faktoren innerhalb von bestimmten Bereichen pendeln. Dieses Pendeln des Marktes wird durch die gegenseitigen Abhängigkeiten der Einflussfaktoren ausgeglichen.

Mitnichten ist außerdem die reale Ökonomie dafür geeignet, durch eine Art „**natürliche Auslese**" der besten Lösungen und Produkte automatisch dafür zu sorgen, dass eine effektive Produktentwicklung stattfindet, dass sich mit der Zeit automatisch nur die besten Produkte und Dienstleistungen durchsetzen oder dass neue und gute Innovationen automatisch für Fortschritt, Wohlstand und Weiterentwicklung des Systems sorgen. Dieser nicht existierende Automatismus wird in der ökonomischen Theorie behauptet und wird mit nicht realistischen Annahmen begründet. Es ist ein weiterer Beweis dafür, dass die ökonomische Theorie die ökonomische Realität nicht einmal annähernd beschreiben kann.

Das Problem des *allgemeinen Gleichgewichtsmodells* in der ökonomischen Standardtheorie
Warum in der Realität stabile Gleichgewichte nicht möglich sind: Die Grundannahmen in der ökonomischen Theorie haben eine große Tragweite. Sie bedeuten eine maximale Reduzierung der tatsächlich in der Realität existierenden Möglichkeiten. Sie führen unter anderem durch diese Komplexitätsreduktion der Realität zur Fehlannahme der Existenz von ökonomischen Gleichgewichten: Die Wirkungsweise der sogenannten unsichtbaren Hand und die Eigenregulierung der Märkte mit der Tendenz, Gleichgewichte zu finden, werden in der Theorie daher massiv überschätzt. In der Realität ist dies jedoch nicht die Regel, sondern die Ausnahme. In der Realität gibt es eine größere Komplexität mit vielmehr Friktionen, verursacht durch Fehleinschätzungen, Irrationalitäten und emotionale Handlungen der Marktteilnehmer und darüber hinaus auch durch Intransparenzen und unzählige unkalkulierbare Zufälle. Marktversagen, exzessive Kapitalakkumulation, Ausbeutung und Übervorteilung von schwächeren Vertragspartnern, ökonomische und soziale Ungerechtigkeiten, ökonomische und soziale Verwerfungen mit Inflation und Arbeitslosigkeit sowie Verzerrung von ganzen Märkten (z. B. der Arbeitsmärkte oder der Kapitalmärkte) sind die Folgen.

Zahlreiche unerwartete, teils unberechenbare und sehr stark destabilisierende Faktoren, die in der Realität existieren, machen stabile **Gleichgewichte** in der realen Ökonomie unmöglich.

Neben diesen unberechenbaren Faktoren, die theoretische Gleichgewichte verhindern, gibt es aber auch systeminhärente Faktoren, die auch mathematisch-logisch keine stabilen und langfristigen Gleichgewichte erlauben. Die wichtigsten Destabilisatoren in der Ökonomie sind:

Zinseszinsmechanismus
Einer der wichtigsten Destabilisatoren in der Ökonomie ist der **Zinseszinsmechanismus**. Er ist einer der vielen Gründe dafür, warum es in der realen Ökonomie keine stabilen Gleichgewichte geben kann. Er führt schon rein mathematisch zwingend zu einer destabilisierenden Situation in der Ökonomie. Nach einer bestimmten Zeit führt die Zinses-

zinsproblematik unausweichlich dazu, dass sich der Finanzmarkt vom Gütermarkt entkoppelt. Konkret bedeutet es, dass das Verhältnis zwischen Geld (= die Preise) und den Gütern vollkommen irreal wird. Die Ursache für diese Entkoppelung des Geldes von den Gütern liegt im exponentiellen Wachstum des Geldes, verursacht durch den Effekt der Zinseszinsen. Diese uralte Problematik in der ökonomischen Theorie ergibt sich aus der langfristigen Auswirkung des Zinses. Dies geschieht parallel zu der stetig wachsenden Geldmenge verursacht durch die Zentralbanken.

Zinsen sind in der Wirtschaft Beträge, die für das Zur-Verfügung-Stellen von Kapital zu entrichten sind. Sie sind also der Preis für die Überlassung von Geld. Diesen Preis (= Zins) für das geliehene Geld zahlt der Schuldner dem Gläubiger für die Überlassung seines Geldes, also für den Kredit. Dieser Mechanismus ist klar und schlüssig.

Was ist aber der ursächliche Grund für das Verlangen von Zinsen für das Zur-Verfügung-Stellen des Kapitals/Geldes? Auf diese Frage gibt es gleich mehrere Antworten:

- Der Zins ist der Preis (die Entlohnung) für den Konsumverzicht des Gläubigers. Wenn er sein Geld verleiht, so kann er es selber nicht ausgeben, um seine eigenen Bedürfnisse und Wünsche zu befriedigen. Er muss daher auf seine Wünsche verzichten oder sie in die Zukunft verschieben. Diesen Verzicht lässt er sich in Form eines Preises (= Zinses) bezahlen. Problem dabei: Was ist mit Gläubigern, die so wohlhabend sind, dass sie über genügend Mittel/Geld verfügen und durch das Verleihen daher gar keinen Konsumverzicht ausüben müssen? Gläubiger, die in diese Kategorie fallen, würden demnach durch Zinseinnahmen Gewinne erwirtschaften und Einnahmen generieren, für welche sie gar nichts tun müssen. Diese Einnahmen – oder Gewinne – würden sie daher ohne jegliche Gegenleistung generieren.
- Der Zins muss auch als Inflationsausgleich angesehen werden. Die Zinsen stellen so einen Ausgleich dar für die Differenz des Wertes zwischen dem Zeitpunkt des Geldverleihes und dem Zeitpunkt der Rückzahlung.
- Der Zins ist auch eine Risikovergütung für den Gläubiger. Denn der Gläubiger trägt ohne Zweifel ein Risiko, dass er sein Geld, welches er dem Schuldner zur Verfügung gestellt hat, nicht wiederbekommt oder nur teilweise wiederbekommt, weil der Schuldner in der Zwischenzeit zahlungsunfähig werden kann.
- Der Zins muss außerdem auch als Entschädigung für den Bearbeitungsaufwand, die Aushandlung des Vertrags und für die Organisation (z. B. Akquisition, Werbung, Zeit) des Gläubigers angesehen werden.
- Der Zins ist letztendlich eine Mischung aus den oben genannten Gründen. Er ist der Hauptgrund dafür, dass Kapital investiert wird, und somit ist der Zins ein sehr wichtiger Faktor in der Ökonomie. Das Problem dabei ist: Da jeder Gläubiger andere Voraussetzungen mitbringt und anders aufgestellt ist, müsste es viele unterschiedliche Zinssätze in der Wirtschaft geben, die alle sehr komplex und intransparent zu ermitteln sind.

Doch die destabilisierende Wirkung des Zinses entsteht durch seine Wiederverwendung aus den generierten Zinseinnahmen und die Folgen davon. Die generierten Zinseinnahmen werden in der Regel wieder neu verliehen und bilden dadurch ein Szenario, welches zu der angesprochenen Zinseszinsproblematik führt:

Werden durch verliehenes Geld erwirtschaftete Zinsen erneut eingesetzt, um weitere, neue Zinsen zu generieren, dann spricht man in der Wirtschaft von Zinseszinsen. Die Folge dieser Zinseszinsen ist dann ein exponentiell verlaufender Effekt der „Geldvermehrung" (besser: Vermögensvermehrung) auf der Seite der Verleiher. Durch Zinseszinsen steigen somit Vermögen exponentiell.

Dieses exponentielle Wachstum hat gravierende Konsequenzen. Wie dramatisch die Folgen sind, verdeutlicht eine Beispielrechnung des Ökonomen und Philosophen Richard Price („An appeal to the public, on the subject of the national debt", 1772). Die Berechnung zeigt mathematisch absolut exakt und korrekt den Wert, den ein einziger Cent erwirtschaftet, wenn er für 2000 Jahre angelegt wäre.

Diese Berechnung zeigt anschaulich die Signifikanz und Größenordnung des exponentiellen Wachstums des Kapitals. Man geht darin von folgenden Faktoren aus:

- Im Jahr 0 wird der Betrag von 1 Cent (= 0,01 €) angelegt.
- Das Geld wird für genau 2000 Jahre angelegt.
- Die Geldanlage und die Zinsgewinne bleiben bis zum Ende des Zeitraums auf einem Sparkonto und werden mit 5 % verzinst.

Die Berechnung erfolgt nach der allgemeinen Formel für Zinsen und Zinseszinsen, mit der in der Finanzwelt gearbeitet wird:

$$K_n = K_0 \left(1 + \frac{p}{100}\right)^n$$

K_n = Endkapital (was am Ende der Laufzeit ausbezahlt wird)

K_0 = anfängliches Kapital (Betrag, der eingesetzt wird, also beispielsweise die Höhe des Kredits oder der Anlage, in unserem Beispiel 1 Cent, also 0,01 EUR)

n = Laufzeit der Schulden oder der Anlage (Anzahl der Jahre)

p = der vereinbarte Zinssatz (5 % pro Jahr)

Nach 2000 Jahren wird aus einem einzigen Cent durch fünfprozentige Verzinsung eine Summe von sage und schreibe

23. 911. 022. 046. 135. 520. 000. 000. 000. 000. 000. 000. 000. 000,– €. (eine 41-stellige Zahl!).

Nach ca. 100 Jahren wird aus dem einen Cent ein Euro – also das Hundertfache. Das sieht nicht nach viel aus, der Betrag hat sich aber verhundertfacht. Und alle 100 Jahre verhundertfacht sich dann der bereits wieder verhundertfachte Betrag und das wiederholt sich weiter und weiter und weiter …

Diese absurd hohe Summe ist so groß, dass sie jede Vorstellung sprengt.

Eine Verzinsung ohne Zinseszins bei gleichem Zinssatz würde im Vergleich dazu im gleichen Zeitraum ein Endkapital von 1,01 € erbringen, also einen Zinsgewinn generieren von nur 1,– € (was immerhin einer Verhundertfachung des ursprünglichen Wertes entspricht).

Nur zum Vergleich der Größenordnung: Das aktuelle Gesamtvermögen der Weltbevölkerung beträgt heutzutage (2020) knapp 500 Billionen US-Dollar (gemäß Schätzungen der Schweizer Bank Credit Suisse). Das ist demgegenüber nur eine 15-stellige Zahl.

Wenn man berücksichtigt, dass die Menschen schon viel länger als 2000 Jahre Geld als Zahlungsmittel und als Tauschmittel benutzen, welches permanent angelegt und verliehen wird – und somit für ihre Besitzer durch Zinserträge immer wieder und ununterbrochen neues Geld generiert –, dann zeigt dieses Beispiel anschaulich und sehr deutlich, dass

- das Geld in der Ökonomie – so wie wir sie kennen – eine durch Zinsen und Zinseszinsen generierte überproportionale Vermehrung erfährt und dadurch unausweichlich
- eine Entkoppelung von den in der Ökonomie vorhandenen Gütern (die dem Geld als realer Wert gegenüberstehen) erfahren muss.

Dieser Zusammenhang ist sehr wichtig. Denn das weltweit existierende Geld, als Zahlungsmittel, steht zugleich den weltweit existierenden Gütern gegenüber und beide stehen somit im engen Zusammenhang und in Abhängigkeit zueinander.

Nachdem seit mehr als 2000 Jahren Geldmittel immer auch angelegt wurden (und zwar in wesentlich größeren Beträgen, als es in dem hier gezeigten Beispiel von einem Cent der Fall ist), muss rein aus mathematisch-logischer Schlussfolgerung folgen, dass dieses System der Geldvermehrung unausweichlich inhärente Finanzkrisen mit Geldentwertungen und Zusammenbrüchen beinhalten muss.

Nur Kapitalvernichtungen (verursacht z. B. durch Kriege, Naturkatastrophen, Pandemien oder Inflation) können diese Entwicklung korrigieren.

Konkret bedeutet es, dass Menschen in regelmäßigen Abständen durch eine wie auch immer aufkommende „Krise" eine Form der Geldentwertung oder Vernichtung der Werte erfahren und so um ihr Vermögen und ihre Ersparnisse gebracht werden (müssen).

Diese Kapitalvernichtung trifft entgegen den allgemeinen Annahmen in der Regel die ärmeren Teile der Bevölkerung, weil diese zu einem wesentlich größeren Teil ihr Vermögen in liquider Form vorhalten, während die wohlhabenderen Bevölkerungsteile ihr Vermögen vermehrt in Unternehmensanteilen, in Sach- und Immobiliengütern angelegt haben. Ein Haus, ein Acker, Wald oder Gebäude bleiben nach Krisen weiter bestehen, Geld jedoch nicht.

Dies ist zugleich eine der Ursachen für das sich immer und überall in der Welt wiederholende Auseinanderdriften des Wohlstands, die Umverteilung der Mittel oder Konzentration des Kapitals. Mit fortschreitender Zeit werden die reicheren Bevölkerungsteile immer reicher und die ärmeren immer ärmer.

Durch die in der Ökonomie allgemein verwendete Zinssystematik werden mit der Zeit auf der einen Seite das Kapital wie auch die Schulden auf der anderen Seite durch ein enormes exponentielles Wachstum zur regelrechten Explosion gebracht, mit der kein Wachstum der realen produzierten Güter im Entferntesten mithalten kann.

Jeder Euro oder US-Dollar Forderung eines Gläubigers ist ein Euro oder US-Dollar Schulden eines Schuldners. Das ist ein Gesetz der Logik. Und dem Geld stehen auf dem Markt reale Güter (und Dienstleistungen) gegenüber.

Das in der Welt existierende Geld/Kapital steht automatisch den Gütern, die weltweit existieren, gegenüber. Das Geld und die Güter weltweit stehen somit immer in einer Relation und Verbindung zueinander. Der Mensch vermehrt durch seine Arbeit und seine Produktionsprozesse die Güter. Es vermehrt sich aber auch das Geld, mit dem die Güter bezahlt oder gekauft/verkauft werden können. Das meiste auf der Welt existierende Geld (= Kapital) liegt nicht irgendwo nutzlos herum, sondern ist angelegt. Und es erwirtschaftet daher unaufhörlich Zinsen! Dadurch wird deutlich, dass man der Zinsformel zufolge nicht 1000 Jahre benötigt, um auf astronomisch hohe Zinssummen zu kommen, sondern beim Vorliegen von entsprechend großen Summen als Einlage dieser exponentielle Effekt schon relativ schnell einsetzt. Dass es heutzutage (2023) weltweit mittlerweile sehr viel Liquidität (= Geld) gibt, ist bekannt. Und trotzdem wird immer neues, weiteres Geld durch die Zentralbanken mit Hochdruck produziert und ununterbrochen in die Märkte gepumpt.

Vermehrt sich das Geld schneller als die Güter, kommt es unvermeidlich zu Preiserhöhungen, denn für mehr Geld kann man nicht mehr Güter kaufen, als es weltweit gibt, weil die Menge der auf der Welt existierenden und zum Kauf stehenden Güter begrenzt ist. Sie ist auch nur sehr langsam – durch Produktion von neuen Gütern – vermehrbar. Die Menge des weltweit existierenden Geldes ist hingegen theoretisch nicht begrenzt und ist durch den Menschen beliebig und auch beliebig schnell erweiterbar. Und sie wird künstlich und kontinuierlich immer weiter erhöht: aus dem Glauben heraus, dass durch immer neues Geld von den Zentralbanken die Wirtschaft angekurbelt und Krisen stabilisiert werden können.

Es ist aber eine nur sehr kurzfristige und eingeschränkte Sicht auf ein Problem, welches in seiner ganzen Dimension gigantisch ist. Die zuvor ausführlichen Erläuterungen und die oben ausgerechnete Zahl beweisen diese Problematik eindrücklich.

Das Geld fängt ab einem bestimmten Punkt an, sich schneller und schneller zu vermehren als die Güter. Konkret bedeutet dies auch automatisch eine Umverteilung der Güter weltweit von den Schuldnern zu den Gläubigern und diese Umverteilung schreitet in dem Tempo fort, in dem sich das exponentielle Wachstum des Geldes und damit der Schulden und Forderungen vermehren.

Diese Tendenz nimmt mit der Zeit immer weiter zu und es ist ab einem bestimmten Punkt nicht mehr möglich, das weitere Anwachsen der Schulden zu stoppen.

Ein Teil der Wirtschaftssubjekte wird immer wohlhabender (die Gläubiger), obwohl sie für ihren Wohlstand gar nichts tun müssen, und ein anderer Teil der Wirtschaftssubjekte wird immer ärmer (die Schuldner), weil ihre Schulden rasend schnell wachsen und sie nichts mehr gegen diese Entwicklung unternehmen können. Die dritte Gruppe der Wirtschaftssubjekte – das sind die, die weder Schulden haben noch Geld verleihen/investieren – ist automatisch auch der Verlierer dieser Entwicklung. Denn aufgrund der rasanten Geldvermehrung wird langfristig automatisch Geld insgesamt weniger wert (Inflation) und somit werden ihr Einkommen und vorhandenes Vermögen zwar nominal unverändert bleiben, real können sie aber auf lange Sicht wesentlich weniger erwerben und erleiden somit real erhebliche Verluste. Die Mittelschicht in weiten Teilen der Welt sieht sich heute mit genau diesem Problem konfrontiert.

In dieser Konstellation ist die relevante Frage die, wie in so einer Gesellschaft die anzahlmäßige Verteilung der Gläubiger und Schuldner aussieht.

Steht eine sehr kleine Gruppe von Gläubigern einer großen Anzahl von Schuldnern gegenüber, dann entsteht sehr bald die Gefahr eines Systemkollapses in Form von Unruhen, Ausschreitungen und Revolten mit der Folge, dass die große Masse der überschuldeten Wirtschaftssubjekte die wenigen Gläubiger mit Gewalt enteignet – etwa so, wie es bei einigen Revolutionen in der Vergangenheit der Fall war.

Steht jedoch eine relativ große Gruppe von Gläubigern innerhalb einer Gesellschaft der Gruppe von Schuldnern gegenüber, dann wird die innere Situation wesentlich stabiler mit den Folgen, dass die Inflation relativ niedrig bleibt, weil es viele Wirtschaftssubjekte gibt, die sehr wenig haben und ihre Arbeitskraft demensprechend für einen niedrigen Lohn zur Verfügung stellen müssen. Dies hält wiederum die Preise für Dienstleistungen und Produkte relativ niedrig. Weil diese Gruppe von Schuldnern relativ wenig verdient, bleibt die Nachfrage relativ moderat, was zu einer Stabilisierung der Preise führt. Der Großteil der Nachfrage generiert sich aus der Gruppe der Gläubiger, die Geld und Kapital im Überfluss haben und dieses auch entsprechend ausgeben und so die Güternachfrage befeuern und somit zwar die Wirtschaft ankurbeln, jedoch gleichzeitig auch die Tendenz zu Preissteigerungen.

Eine andere Folge ergibt sich aufgrund des bei den Gläubigern im Überfluss vorhandenen Kapitals. Sie suchen dringend nach neuen Anlagen, um ihr Geld gewinnbringend und sicher anzulegen und vor der Inflation zu schützen. Die gängigen Anlageformen werden voll ausgeschöpft. Das sind Anlagen auf den Aktienmärkten, in anderen Wertpapieren, bei Beteiligungen und bei Immobilien und Grundbesitz. Somit steigen die Aktienpreise (und in der Folge die Börsenkurse) und koppeln sich mit der Zeit vollkommen von der Realität und der Produktion der Güter ab. Commodities, Immobilien und Wohnraum werden immer teurer und neu gegründete Unternehmen mit Aussicht auf Erfolg werden mit Kapital überschwemmt, bevor sie auch nur die ersten Gewinne erwirtschaften können. Staatsanleihen werden im großen Stil angefragt und entsprechend auch von den Regierungen ausgegeben, denn es ist genügend Bedarf seitens der Staaten und seitens der Anleger da. Diese Form der Anlage gilt in unsicheren Zeiten als relativ sicher. Die Zinsen sind sehr niedrig, denn es ist genug Kapital auf den Märkten vorhanden. Jedoch ist das Kapital für die unzugänglich, die bereits Schulden haben. Sie kommen ans Geld nur sehr teuer durch entsprechende „Risikozuschläge" (z. B. durch Überziehung der Limite). Die Schulden werden dadurch immer höher und sind immer weiter am Wachsen. Die Möglichkeiten, diese abzubauen, schwinden. Die Einkommensschere geht immer weiter auseinander und der Geldwert wird nur durch die Armut der großen Masse der verschuldeten Wirtschaftssubjekte aufrechterhalten. Ohne diese vorhandene Armut würde eine Hyperinflation schon viel früher einsetzen, bedingt durch die große Geldmenge im Wirtschaftssystem. Denn durch die Konzentration des Kapitals unter wenigen wird das Kapital gebunden und kommt nicht so schnell in den Umlauf, als wenn dieses bei allen verteilt wäre, weil ein Mensch – wie wohlhabend er auch sein mag – nicht unendlich viel konsumieren und ausgeben kann. Daher sind auch die Möglichkeiten beschränkt, sein Vermögen in den Wirtschaftskreislauf (z. B. durch den Bezug von Dienstleistungen oder Produkten) zu bringen.

Je gleicher die zahlenmäßige Verteilung der Gläubiger und Schuldner in einem System ist, desto stabiler sind die sozioökonomischen Verhältnisse. Jeder versucht aus seiner Situation das Beste zu machen und sich, so gut es geht, gegen Verluste und Risiken abzusichern. Der Druck und die Sorgen wachsen auf beiden Seiten immer mehr. Da es aufgrund des nicht aufzuhaltenden Wachstums des Kapitals und somit zugleich der Schulden keinen anderen Ausweg als Schuldenerlass und/oder Währungsreform gibt, ist ein Kollaps des Systems in Form von Geldentwertung/Krieg oder einer schweren Krise nicht zu vermeiden.

Die ökonomische Praxis funktioniert trotzdem seit Jahrhunderten auf der Basis genau dieses Systems, der Grundlage der Verzinsung. Bereits in der Vergangenheit haben wir wiederholt gesehen, dass die hier beschriebenen Tendenzen immer wieder genau zu den unausweichlichen Folgen führten. Das System ist für jeden nachvollziehbar und vorhersehbar. Eine in sich schlüssige und zugleich langfristig stabile Lösung bietet die ökonomische Theorie für die hier beschriebene Problematik nicht. Das Erreichen eines Gesamtgleichgewichts in diesem System von vielen behaupteten oder angenommenen Einzelgleichgewichten ist weder praktisch noch theoretisch möglich.

Weitere signifikante destabilisierende Faktoren, die in der realen Ökonomie Gleichgewichte erschweren oder diese sogar unmöglich machen, sind:

- **Inflation**
  Diese führt zu stetiger Kapitalumverteilung, Kapitalakkumulation, Verarmung der unteren Einkommens- und Gesellschaftsschichten, zur permanenten Kapitalentwertung sowie zum Vertrauensverlust in die Währung und in die Wirtschaft. Nicht nur ökonomisch, sondern auch gesellschaftlich sind so Verwerfungen und Friktionen unausweichlich.
- **Kapitalakkumulation**
  Sie führt langfristig zur Verarmung der Gesellschaft. Anfänglich werden die unteren Einkommensschichten betroffen, später die Mittelschicht. Folglich führt Kapitalakkumulation zur Spaltung und zur Zerstörung der Gesellschaft.
- **Verteilungsproblem**
  Die Problematik der ungerechten Verteilung von Ressourcen sowie von Gewinnen ist nicht final gelöst. In der heutigen Welt ist dieses ungelöste Verteilungsproblem die Ursache von exzessivem Wohlstandsgefälle, von sozialen, ökonomischen und gesellschaftlichen Krisen, sowie von Kriegen.
- **Menschliche Intelligenz**
  Diese erweist sich manchmal als ein Gegenspieler und Gegengewicht zu den universellen Naturgesetzen. Die menschliche Angst und Intelligenz wirkt manchmal auf die Naturgesetz destabilisieren. Sie führt zu Ungleichgewichten und zu Friktionen des

Systems. Ein Beispiel hierfür sind die Hortung und Aufbewahrung von nicht im Moment benötigten Ressourcen für einen späteren Zeitpunkt oder für schlechtere Zeiten (= Sicherheitsbedürfnis des intelligenten und vorausschauenden Menschen), was zu einer künstlichen Verknappung dieser naturgegebenen Ressourcen bei anderen Akteuren des Systems führt (siehe Beispiele unter Abschn. 9.1 und Abschn. 9., „Verhalten Raubtier vs. Verhalten Mensch").

- **Ungeregelter und ungezügelter Ressourcenverbrauch und der Zugriff auf vermeintlich „freie" Ressourcen (Luft, Wasser, Umwelt)**
  Durch die „Macht des Stärkeren" erfolgt zu großen Teilen der aktuelle Zugriff auf die weltweit vorhandenen freien Ressourcen überproportional durch wenige, aber sehr mächtige Akteure, wobei die Folgekosten und negative Externalitäten alle (also auch die unbeteiligten Akteure) zu tragen haben.

- **Technischer Fortschritt**
  Dieser wirkt oft unkontrolliert, unbedacht und destruktiv und kann exzessiv und einseitig eingesetzt werden. Dadurch werden manchmal in der Ökonomie, in der Gesellschaft und auch kulturell Brüche verursacht. Diese manifestieren sich in der Produktion, im Konsum und in den gesellschaftlichen Prozessen und der Ordnung des Gesellschaftssystems. Oft wird technischer Fortschritt von Zusammenbrüchen, Krisen und Katastrophen gefolgt.

- **Ungebremstes Bevölkerungswachstum**
  Ein stetiges und langfristiges Bevölkerungswachstum (bedingt durch technologische Hilfsmittel) muss zwangsläufig ab einem bestimmten Punkt zu vielfachen schwerwiegenden Problemen führen.

- **Theorie des unendlichen Wachstums**
  Ein unendliches Wachstum in einem endlichen System (Erde) ist nicht möglich. Jede Theorie, die auf dieser Grundlage basiert, muss falsch sein. Falsche Theorien resultieren in falschen Resultaten, Entscheidungen und Ergebnissen.

- **Irrationales, unvorhersehbares und unberechenbares Handeln des Menschen**
  Es führt zu völlig unvorhersehbaren und zufälligen Entwicklungen mit gravierenden Folgen: Zerstörung, Schädigung, negative Externalitäten, Zusammenbrüche, Verluste, Ineffizienz, Betrug, Hass, Krieg … Es ist teilweise unplanbar, so wie auch andere Ereignisse in der Ökonomie (Katastrophen, Pandemien, Kriege, usw.). Dementsprechend sollte das eine gute Theorie berücksichtigen.

Wie bereits wiederholt erwähnt, entsprechen Entscheidungen und Handlungen der Menschen in der Realität nicht denen des Homo oeconomicus. Sie differieren in Wirklichkeit sogar extrem von denen des Homo oeconomicus, und zwar je nach externem Kontext. Da der externe Kontext in der Realität einen entscheidenden Einfluss auf den Menschen hat, kann man auch keine Verallgemeinerungen zu den jeweiligen Entscheidungen und Handlungen von Menschen anstellen.

Das vorliegende Umfeld bei der jeweiligen Entscheidung übt einen entscheidenden Einfluss auf das Verhalten aus, das zeigen immer wieder sehr eindrucksvoll die gemachten Experimente in der Verhaltensökonomie (siehe auch unter Abschn. 4.1.7).

Das Entstehen eines stabilen Gleichgewichts unter diesen zahlreichen „unsicheren" Faktoren, die von Zufällen und Chaos geprägt sind, ist unmöglich. Das Bilden eines über allem stehenden Gleichgewichts, welches aus vielen einzelnen Gleichgewichten besteht, ist völlig ausgeschlossen.

Ein derart funktionierendes System, wie es die Ökonomie ist, kann niemals durch eine starre Gleichgewichtstheorie beschrieben werden. Unter Berücksichtigung der vielen „chaotischen" und zufälligen Faktoren und Zusammenhänge könnte man sich höchstens ein pendelndes oder oszillierendes System vorstellen oder eines, das regelmäßig kontrahiert und expandiert, ein System mit zyklischen Krisen und Zusammenbrüchen und regelmäßigen Aufbau- und Wachstumsphasen. Ein System also, welches sich in mehr oder weniger regelmäßigen Phasen immer wieder selbsz zerstört und dann wieder neu entsteht (pulsierendes System).

So lange aber keine „Rationalisierung" von allen menschlichen Handlungen existiert, kann es auch kein ökonomisches System geben, welches auf dem Prinzip der Gleichgewichte beruht.

Literatur

Asch, S. E. (1956). Studies of independence and conformity: I. A minority of one against a unanimous majority. *Psychological Monographs, 70*(9), 1–70.

Präzise empirische Befunde sind der Feind von Konventionen und Ideologien. Sie enthüllen Neues und widerlegen und hinterfragen manches, was der Ökonomie bisher als heilig galt.

8.1 Geschichtlicher Hintergrund und Entwicklung der aktuellen ökonomischen Standardtheorie

Als erste Vorläufer der heute gängigen Theorie können (mit gewissen Einschränkungen) die französischen Physiokraten und die klassische Nationalökonomie von Adam Smith und David Ricardo genannt werden.

Der erste Versuch in der neoklassischen Theorie, ein umfassendes Modell zur Bestimmung der relativen Preise in einer Ökonomie zu entwickeln, stammt von Léon Walras, dem Begründer der Lausanner Schule. Er wollte aus der klassischen Nationalökonomie von Adam Smith und David Ricardo eine „exakte Wissenschaft" machen. Daher versuchte er, die Wirtschaft mathematisch zu beschreiben. Abraham Wald und später Maurice Allais, Kenneth Arrow und Gérard Debreu beschrieben die notwendige Existenz und Stabilität eines allgemeinen Gleichgewichts für eine Marktwirtschaft mit Privateigentum. Arrow, Allais und Debreu erhielten für ihre Arbeiten zur allgemeinen Gleichgewichtstheorie im Jahr 1972 den Alfred-Nobel-Gedächtnispreis für Wirtschaftswissenschaften.

Allen hier genannten Protagonisten ist gleich, dass sie die Ökonomie als ein starres mathematisches System betrachteten und die echte, reale Ökonomie so in ein Korsett gezwängt hatten, deren Grundvoraussetzungen und Gesetzmäßigkeiten sie selber durch entsprechend künstlich gemachte Grundannahmen vorgaben.

V. von Holle, *Neue ökonomische Theorie*, https://doi.org/10.1007/978-3-658-42058-1_8

Dem Grunde nach geht das heute aktuelle ökonomische Standardmodell auf das 18. Jahrhundert zurück und auf die Arbeit von Adam Smith. Circa 100 Jahre später stellte dann Karl Marx seine neue und revolutionäre Theorie auf und ergänzte und modernisierte so signifikant die ganze ökonomische Wissenschaft, insbesondere durch die Einbeziehung von neuen damals aufkommenden Entwicklungen wie Industrialisierung, Internationalisierung, Globalisierung, aber auch die Rolle des Menschen im Produktionsprozess, Erkenntnisse über das psychosoziale Verhalten und soziale Gesetzmäßigkeiten wie auch den in der Gesellschaft erzeugten Druck auf Menschen, auf Staaten und auf die Gesellschaftsstrukturen und vor allem durch seine detaillierte Beschreibung der Tendenz, wie mit der Zeit alles zur handelbaren Ware wird. Er sagte die Verdrängung von lokalen und nationalen Industrien voraus, die ungebremste Erweiterung der Märkte und ihre zunehmende Unkontrollierbarkeit und analysierte die Zunahme der Einflussnahme der Wirtschaft auf die Regierungen und Politik. Vor allem aber beschrieb er die Anfälligkeit des ökonomischen Systems für Krisen und Zusammenbrüche die in zyklischer Regelmäßigkeit. Somit ist die Sichtweise von Marx schon ein deutliches Indiz dafür, dass in der Realität stabile Gleichgewichte eher unwahrscheinlich sind.

Das allgemeine Gleichgewichtsmodell sollte in der Wirtschaftswissenschaft eine reale Volkswirtschaft als **Ganzes** abbilden und die gesamtwirtschaftlichen Gleichgewichtszustände dieser Volkswirtschaft (falls diese existieren) erklären und untersuchen. Das ist auch der Hauptunterschied zu einem sogenannten **Partialmodell**, welches im Gegensatz zum allgemeinen Gleichgewichtsmodell nur die einzelnen Märkte und ihre eigenen ganz spezifischen Funktionsweisen und Gleichgewichte beschreibt. Allgemeine Gleichgewichtsmodelle versuchen zudem auch, durch die ganzheitliche Betrachtung Phänomene wie den Tausch und die Produktion von Gütern, Konsum und die Bildung von Preisen für Waren oder auch die Arbeitslosigkeit zu erklären.

Die allgemeinen Gleichgewichtsmodelle stellen jedoch durch ihre stark komplexitätsreduzierte Weise und durch die nicht realistischen Grundannahmen leider nur eine hypothetische Ökonomie dar. In dieser hypothetischen Ökonomie sind alle Konsumenten gleich und alle haben die gleichen und vollständigen Informationen über alles: den Markt, die Preise, über alle existierenden Präferenzen, über die Konsummöglichkeiten und über die Mengen. Alle Marktteilnehmer treffen im Modell auch immer nur rationale und vorhersehbare Entscheidungen. Eine rationale Entscheidung wird zudem definiert im Sinne der vorausgesetzten ökonomischen Rationalität des „Homo oeconomicus".

Ein solches Modell beschreibt dann nur theoretisch fernab jeder Realität, wie bei einer gegebenen gewissen Anfangsausstattung rational denkende und handelnde Konsumenten und Produzenten gleichzeitig konsumieren und produzieren. Der Begriff „Rationalität" bezieht sich auf das Verhalten von allen Wirtschaftssubjekten (das sind Produzenten und Konsumenten) in ihren Entscheidungssituationen. Nach der Definition liegt der ökonomischen Rationalität grundsätzlich das Streben nach größtmöglichem Nutzen bei beschränkten Handlungsalternativen zugrunde. Es werden außerdem eine vollkommene Voraussicht und Transparenz der Märkte und der Wirtschaftssubjekte angenommen. Das Nutzenstreben wird (fälschlicherweise) nur auf die Maximierung des monetären Vorteils reduziert. Ziel eines allgemeinen Gleichgewichtsmodells ist es auch, allgemeine Allokationen sowie das allumfassende Gleichgewicht einer Ökonomie zu erklären und zu untersuchen. Dabei ist man bemüht, nicht auf das Konzept von Partialmärkten zurückgreifen zu müssen.

Das Modell lässt sich am einfachsten am Beispiel der Edgeworth-Box (einer reinen Tauschwirtschaft) veranschaulichen. Es gibt eine feste Zahl von Wirtschaftssubjekten, die mit einer bestimmten Anfangsausstattung an Gütern versehen sind und diese untereinander tauschen können. Wenn jedes Gut zu einem gegebenen relativen Preis (Austauschverhältnis der Güter) auf dem Markt gehandelt wird, wird jedes Wirtschaftssubjekt so viel anbieten bzw. nachfragen, dass es seinen Nutzen optimiert. Dadurch werden sich im Allgemeinen Über- oder Unterangebote für die einzelnen Gütermärkte ergeben. Die zentrale Existenzfrage der allgemeinen Gleichgewichtstheorie lautet also, ob es wirklich solche Preissysteme gibt, durch die alle Märkte geräumt werden. Das heißt mit anderen Worten, dass genau so viel von einem Gut angeboten wird, wie auch nachgefragt wird. Weiter möchte man wissen, ob die natürlichen Marktkräfte die Ökonomie in Richtung eines allgemeinen Gleichgewichts bewegen. Dies wäre dann die sogenannte Stabilität des Gleichgewichts. Dieses Modell kann um Produktion, Unsicherheit oder andere Faktoren beliebig erweitert werden.

In der Theorie geht es also darum, ein umfassendes Verständnis einer marktwirtschaftlichen Ökonomie durch einen Ansatz zu finden, der von unten (= Mikroökonomie) nach oben (= Makroökonomie) gerichtet ist: Man beginnt mit sämtlichen Individuen und Unternehmen, definiert deren Präferenzen (= Verhalten!) und die Produktionsmöglichkeiten und betrachtet dann die sich ergebende Interaktion dieser Individuen bei frei verfügbarer Information und rationalem Verhalten (wobei das, was als Ratio betrachtet wird, auch definiert ist). Anders als in der Makroökonomie werden in der Mikroökonomie Akteure nicht zu Aggregaten zusammengefasst. Um die Beziehungen dieser Aggregate zueinander zu modellieren, werden die Individuum einzeln betrachtet.

So ist das allgemeine Gleichgewichtsmodell in der ökonomischen Standardtheorie nun seit vielen Jahrzehnten zu *der* Standardtheorie in der heutigen ökonomischen Lehre geworden. Der Grund hierfür ist ihre klare Logik, die leichte Verständlichkeit, mathematische Exaktheit und daher auch einfache Modellierbarkeit. Trotzdem können alle diese Vorteile nicht über die Tatsache hinwegtäuschen, dass alle diese zuvor genannten Vorteile mit Grundannahmen erkauft wurden, welche nicht real sind. Somit kann diese Theorie folglich auch nur eine nicht reale Ökonomie beschreiben und abbilden. Ihre Verwendung und Einsetzbarkeit in der Realität, wo ganz andere Gesetze herrschen als die in der Theorie gemachten Grundannahmen, sind deshalb nur mit sehr großen Einschränkungen möglich.

8.2   Die heutige ökonomische Realität im Spiegelbild der fehlerhaften ökonomischen Theorie

Schon immer gab es eine mehr oder weniger starke Kritik des aktuellen ökonomischen Systems und naturgemäß auch unterschiedliche Bewertungen seiner Vor- und Nachteile. Natürlich gibt es auch, je nach Standpunkt des Betrachters, ganz unterschiedliche Sichtweisen. Unvoreingenommen und objektiv sollen hier einige Fakten, Zusammenhänge und Argumente dargelegt werden: Es ist nicht zu leugnen, dass seit der Einführung des Papiergelds die Möglichkeit geschaffen wurde, quasi eine Schuld aus dem Nichts zu generieren. Denn der Wert des geschaffenen Geldes basiert lediglich auf dem Vertrauen der Marktteilnehmer und wird in den allermeisten Fällen nicht durch dahinterstehende Werte (wie z. B. Gold) gedeckt. Diese Tatsache führt dazu, dass das Kreditwesen ohne eine entsprechende Regulierung immer die Tendenz hat, sich überproportional aufzublähen, und letztendlich außer Kontrolle gerät. Denn ein unendliches Wachstum ist nicht möglich und die Tendenz der Politik, Geld auszugeben, welches man einfach aus dem Nichts kreieren kann (es also einfach druckt), ist unstrittig immer sehr hoch. Dadurch wird das Geld zu einer Art referenzlos zirkulierender Verbindlichkeit, welche nicht beglichen werden muss, solange sich genügend Gläubiger finden, die es weiter- und weiterreichen. Die letzte Bindung an reale Werte verlor das Geld, als die USA zur Finanzierung des Vietnamkriegs den Goldstandard aufgaben. Ab diesem Zeitpunkt wurde die Notenpresse in den USA in Gang gesetzt und druckte immer mehr und immer öfter neues Geld ohne eine entsprechende Deckung dahinter.

Das kreieren von neuem Geld erfolgt nicht nur durch die Zentralbanken. Auch Geschäftsbanken tragen dazu bei, neues Geld zu schöpfen, dieser Fakt ist vielen gar nicht bewusst. Mit der Einführung der bargeldlosen Zahlungsmöglichkeiten hat sich dieser Trend bei den Geschäftsbanken massiv verstärkt. Möglich ist dieser Umstand durch die Tatsache, dass die bei Weitem meisten Gelder der Kunden nicht in Form des Papiergeldes und der Münzen bei den Banken liegen, sondern nur in Form von Zahlen auf den digital geführten Konten. Diese Art des Geldes wird als „Buchgeld" bezeichnet und immer mehr Transaktionen in der Realität finden auch nur in dieser elektronischen Form statt: Der Kunde bezahlt eine Ware mit seiner Kreditkarte. Beim Verkäufer wird der Kaufbetrag auf seinem Konto gutgeschrieben. Die Kreditkartengesellschaft stellt dem Käufer eine Rechnung über denselben Betrag am Monatsende aus. Diese Rechnung wird durch die Bank des Käufers so bezahlt, dass die Bank den Betrag bei dem Konto des Käufers abzieht und dem Konto der Kreditkartengesellschaft gutschreibt. Nur eine Art Zahlenspiel auf unsichtbaren Konten hat also stattgefunden, wo sich die Zahlen und Summen verändert haben und wobei richtiges Geld in Papierform gar nicht zur Anwendung gekommen ist. Durch die Tatsache, dass Banken aber auch Kredite an ihre Kunden gewähren können, wobei die Vergabe der Kredite auch nur in Form von Buchungen auf den entsprechenden Konten stattfindet, kreieren die Geschäftsbanken auch neues, frisches Geld aus dem Nichts. Dieses Buchgeld das die Privatbanken den Kreditnehmern auf deren Konten gutschreiben, ist dabei nur zu einem kleinen Teil durch Zentralbankgeld gedeckt. Die Folge aus diesem

Vorgehen ist ein Zustand, bei dem durch den Überfluss an Geld der Preis des Geldes entwertet wird. Und das ist der Zins, eines der wichtigsten Koordinationsinstrumente der Wirtschaft. So wird dem ökonomischen System durch diese Praktik die Fähigkeit genommen, sich selbst zu regeln. Die unausweichliche Folge davon sind Krisen, die dann durch die so entstandenen Verwerfungen und Friktionen entstehen. So entstanden in den vergangenen Dekaden regelmäßig zahlreiche Krisen, die „den Markt" hätten bereinigen können: der Börsencrash 1987, die Asienkrise 1997/1998, das Platzen der New-Economy-Blase 2000, die Finanzkrise 2008/2009. Doch die Reaktion und die Antwort der Politik waren jedes Mal die gleiche: Die Notenbanken haben umso mehr weiteres neues Geld kreiert und dem Markt zugeführt, um die Auswirkungen der Krisen mit diesem neuen Geld zu lindern. Sie haben darüber hinaus die Zinsen immer weiter gesenkt und so den Geldpreis weiter manipuliert. Auf diese Weise wurden zwar die Krisen auf den ersten Blick gemildert und der schleichende Bankrott von Firmen, Banken und sogar Staaten vorerst vermieden, aber zugleich neue und größere Probleme in der Zukunft kreiert.

Das Muster des Vorgehens ist somit immer gleich: Es geht nicht mehr darum, Risiken mit entsprechenden Instrumenten seriös zu managen. Heute geht es vielmehr darum, die Risiken als Gefahren anderen Marktteilnehmern aufzubürden. Die letzte Finanzkrise ist hierfür ein gutes und anschauliches Beispiel: Der Kollaps der Banken barg das sehr hohe Risiko, dass das aus dem Nichts erzeugte Buchgeld der Banken vernichtet wird. Die Folgen wären eine drohende Deflation und Verarmung der Bürger, deren Einlagen bei den betroffenen Banken vernichtet wären. So sprangen Regierungen und Zentralbanken den betroffenen Geschäftsbanken zu Hilfe – auf Kosten des Haftungsprinzips. Was nichts anderes heißt, als dass die Steuerzahler zur Kasse gebeten wurden. Diese Situation wird als zutiefst ungerecht empfunden. Denn diese Art von Monetarisierung der Staatsschulden auf Kosten der Steuerzahler kann den Glauben an ein gerechtes System und gerechte Verteilung innerhalb der Gesellschaft signifikant beschädigen und führt ganz zu Recht zu scharfer Kritik an dem gesamten Wirtschaftssystem. Zitat einer der führenden US-amerikanischen Ökonominnen, Professorin Deirdre McCloskey: „Der Kapitalismus ist zu einer „Privilegienwirtschaft" degeneriert." Größter Profiteur dieses Zustands ist der Staat. Er ist der Gläubiger in letzter Instanz und mit jeder Expansion des Geldsystems wachsen dementsprechend auch seine Macht und sein Zuständigkeitsbereich. So wächst der öffentliche Sektor immer weiter und immer größere Teile des Sozialstaates, der öffentlichen Infrastruktur und der Konjunkturstabilisierung werden mit Krediten auf Kredite finanziert. Diese neuen und immer größeren Kredite werden dann gestundet, vergesellschaftet und durch neu gegründete „Einrichtungen", wie beispielsweise den „Europäischen Sicherheitsmechanismus", oder durch staatliche Institutionen wie die KfW oder durch neu gegründete sogenannte Bad Banks gemanagt. Die Intention und das Ziel sind eindeutig: Die Rechnung sollen zukünftig immer die anderen bezahlen, in Form von Währungsschnitten, Inflation oder durch höhere Steuern. Mit einer kapitalistischen ökonomischen Ordnung, welche auf dem Prinzip der Haftung und der Unversehrtheit des Privateigentums beruht, hat dieses „System des unschuldigen Betrugs" nichts zu tun. Vielmehr könnte es aber auch als eine Art „strukturierte Verantwortungslosigkeit" bezeichnet werden. Denn dieses System begünstigt wenige auf Kosten der Allgemeinheit. Es bereichert mit seinem aus dem Nichts geschöpften Geld diejenigen, die ihre Geschäfte nahe der Notenpresse betreiben. Das sind überwiegend die Banken, die Großunternehmen, die Regierungen und deren Beschäftigte. Diese Gruppen zählen zu den frühen Empfängern des frisch kreierten und in die Welt gebrachten Geldes. Sie kaufen mit diesem vermehrten Geld zu noch alten Preisen ein, bevor die Inflation die Preise steigen lässt. So verschaffen sich diese Gruppen einen geld- und vermögenswerten Vorteil gegenüber den anderen Marktteilnehmern. Mit ihrer Nachfrage treiben sie die Preise für Produkte und Dienstleistungen in die Höhe und das, bevor der Rest der Bevölkerung das neu kreierte Geld bekommt. So können diejenigen Gruppen, die zu diesen Begünstigten zählen, ein Vermögen aufbauen (beispielsweise Immobilien oder günstige Anlagemöglichkeiten erwerben), welches sich dann bald nach erfolgtem Wertzuwachs weiter beleihen lässt, um dann noch mehr und weitere Immobilien oder Wertpapiere kaufen zu können. So verstärkt dieses System die Ungleichheit von Einkommen und Vermögen innerhalb der Gesellschaft und die Wohlstands- und Einkommensschere klafft immer weiter auseinander mit allen Folgen, die wir kennen und die wir heute auch in der Gesellschaft sehen und haben. Dadurch werden unumgänglich Forderungen und Rufe nach staatlicher Umverteilung laut und lösen in der Politik und in der Wirtschaft eine Interventionsspirale aus, welche an sozialistische Zustände erinnert. Mit allen ihren negativen Folgen.

Der liberale Ökonom Roland Bader (der in der Tradition der österreichischen Schule des Friedrich August von Hayek und Ludwig von Mises steht) findet sogar, dass das, was heute Kapitalismus genannt wird, in Wahrheit ein staatsversumpftes und politverkrüppeltes Wirtschafts- und Gesellschaftsgebilde sei, mit einigen kapitalistischen Nischen, eine kollektivistische Wüste mit wenigen marktwirtschaftlichen Oasen.

Die heutige Situation mit der ungesunden Verflechtung von Interessen der Finanzindustrie mit denen der Politik lässt sich auch als eine widerrechtliche und gesetzwidrige Inbesitznahme der Rechte bezeichnen. Diese Verflechtungsintensität der beiden genannten Sphären der Gesellschaft bildet so die Grundlage eines neuen, modernen Geldsozialismus, in dem die Gemeinschaft für die durch die Politik gemachten Schulden haftet.

Die Krisen der vergangenen Jahrzehnte und insbesondere die **Corona-Krise** zeigten 2020 und 2021 in aller Deutlichkeit, wie sehr mittlerweile die ordnungspolitische Orientierung in der Wirtschaft und in der Gesellschaft verloren gegangen ist. So vermischen sich durchaus gute, berechtigte und auch sinnvolle Ausgaben für punktuelle Unterstützungsmaßnahmen immer mehr mit dem Wunsch, die begehrten Zugriffe auf den Staatshaushalt und die darin enthaltenen Geldmittel zu intensivieren. Das Spektrum der diskutierten und durchgesetzten Interventionen reicht von Erhaltungssubventionen, Zuschüssen, Steuerstundungen, Steuersenkungen über Corona-Bonds bis hin zu Eingriffen in die Vertragsfreiheit, wie beispielsweise Mietstundungen. Als Ultima Ratio wird mit angeblicher Alternativlosigkeit gegenüber dem Bürger argumentiert.

In diesem von Verantwortungsdiffusion geprägten Mix aus Staat, Banken und Großkapital ist die Mittelschicht, die als das Rückgrat der demokratischen Gesellschaft gilt mit ihrem bescheidenen, aber als Ankerfunktion versehenen Eigentum, die leidtragende

Gruppe. Ihre wirtschaftliche Basis wird zerrieben zwischen den Interessen und Machtansprüchen der politischen Eliten und den Machtansprüchen und Geldinteressen der Finanzmarktakteure, zwischen den Preismanipulationen der Notenbanken und einem wuchernden Steuer- und Abgabenstaat und auch zwischen den Renditehoffnungen der Pensionskassen und den Alimentierungsansprüchen einer stets wachsenden Gruppe von Transferempfängern. Für ein kapitalistisches ökonomisches System, welches auf dem Fundament eines funktionierenden und starken Bürgertums beruht, ist dies eine denkbar schlechte Entwicklung.

Diese Situation von vielen scheinbar nicht zusammenhängenden Fehlfunktionen, Verzerrungen und Fehlentwicklungen darf nicht pauschal als systembedingt angesehen werden. Vielmehr liegen ihre Ursachen in den gemachten Fehlern durch Fehlannahmen, die nicht von der Theorie auf die Realität übertragbar sind, oder durch Nichtberücksichtigung von essenziellen Zusammenhängen. Als allgemeines Fazit muss jedoch ganz objektiv festgestellt werden, dass jede fehlerhafte Theorie immer zu ineffektiven Lösungen in der Realität führen muss.

8.3   Wie fehlerhafte Theorie Friktionen und Verwerfungen in der ökonomischen Realität verursacht

Mathematische Berechenbarkeit und Modellierbarkeit des menschlichen Verhaltens konnten nur durch die realitätsfremden (falschen) Annahmen der ökonomischen Theorie ermöglicht werden (das vorausgesetzte Verhalten des Menschen nach dem Muster des Homo oeconomicus). Diese mit künstlichen Annahmen erzeugte Komplexitätsreduktion und dadurch ermöglichte Modellierbarkeit (die sich in den ökonomisch-mathematischen Funktionen manifestiert) ermöglichen nur eine rein theoretische Berechnung, die jedoch weit entfernt ist von der Realität. Einzig dieser Umstand macht in der aktuellen ökonomischen Theorie die Bestimmung von fiktiven Gleichgewichten möglich.

Ganz gleich, ob es sich um die Modellierung der Nachfragefunktion, Angebotsfunktion, der Produktionsfunktion, des Zinssatzes oder der Berechnung von Inflation oder Arbeitslosigkeit handelt: Alle modellierten Gleichgewichte können nur aufgrund der angenommenen und nach dem Prinzip des Homo oeconomicus verfälschten Verhaltensweise des Menschen existieren. Fehlplanungen, Fehlinterpretationen, unberechenbare und unerwartete Probleme und Krisen, Kapitalakkumulation, unfreiwillige Arbeitslosigkeit bei Vollbeschäftigung, Inflation, Armut, soziale Spannungen sowie unvorhersehbare Spannungen und Zusammenbrüche sind in der realen Welt die Folge.

Das ist die tägliche Realität. Es ist für jedermann sichtbar und man kann es nicht bestreiten, dass es diese Probleme gibt und auch in der Vergangenheit immer wieder gab. Sie wiederholen sich immer wieder und sie werden auch in der Zukunft auftreten.

Ähnlich einem Ingenieur oder Statiker, der nach unrichtigen theoretischen Annahmen oder falschen Gesetzen der Physik Häuser oder Brücken berechnet, konstruiert und baut. Diese werden nicht halten und werden immer wieder einstürzen. Denn die Natur ist mit ihren Gesetzen so, wie sie ist – ganz gleich, ob wir diese Gesetze kennen, sie akzeptieren oder nicht, ganz gleich, ob wir diese Gesetze auch anwenden oder nicht. Die Resultate sind eindeutig, sichtbar und sie werden es immer sein. Unabhängig davon, ob es in er Ökonomie ist, in der Physik, Chemie, Mathematik oder allen anderen Wissenschaften.

Deswegen müssen Ökonomen endlich aufhören, sich mit einer künstlich konstruierten Welt zu beschäftigen, und stattdessen nach der Wahrheit und nach den wahren und exakten Gesetzmäßigkeiten der Realität suchen und forschen.

Durch entsprechende Modellierung von ökonomischen Funktionen, die auf realitätsfremden Annahmen basieren, ist es möglich, fiktive Gleichgewichte abzuleiten und abzubilden. Die bekanntesten Beispiele hierfür sind:

- Klärung von Märkten,
- Preisbildung,
- Arbeitsmarkttheorie,
- Produktionstheorie,
- Gleichgewicht von Angebot und Nachfrage,
- Gleichgewicht zwischen Investitionen und Sparen,
- allgemeines ökonomisches Gleichgewichtsmodell.

Bei der Betrachtung der ökonomischen Wirklichkeit stellt man jedoch immer wieder fest, dass die Ökonomie viel eher einem Kreislauf von Geld, Arbeit, Produktion und Verbrauch gleicht als dem ökonomischen Modell mit starren Gleichgewichten, dass der Arbeitsmarkt viel eher mit einem Dienstleistungsmarkt vergleichbar ist als mit einem Markt mit starren Gleichgewichten von Arbeitsangebot und Arbeitsnachfrage und dass es eben genau durch diese falsche Sichtweise zu den bekannten Asymmetrien auf den Arbeitsmärkten kommt, dass es, trotz der Tatsache, dass sich die Ökonomie in den letzten Jahrhunderten zu einer eigenständigen Wissenschaft entwickelt hat, immer noch keine verbindliche und allgemein akzeptierte Definition gibt, was überhaupt unter Ökonomie zu verstehen ist usw.

Unstrittig und unumkehrbar in der Ökonomie hat sich mittlerweile in den letzten Jahrzehnten zumindest die Erkenntnis durchgesetzt, dass die Grundannahmen der ökonomischen Theorie nicht mit der Realität übereinstimmend sind und dass die darauf basierende Theorie von falschen Voraussetzungen ausgeht. Doch die Folgen daraus werden immer noch viel zu wenig berücksichtigt.

Alle diese Fakten und Erkenntnisse müssen in einer neuen und besseren Theorie berücksichtigt und abgebildet sein. Eine gute Theorie muss der Realität standhalten. Sie muss zugleich auch schlüssig und überprüfbar sein.

Insbesondere handelt es sich dabei um diese konkreten Faktoren:

- Grundannahmen vs. Realität: Mathematische Gleichungen stehen im Zentrum der Theorie vs. Mensch steht mit seinen Handlungen und Irrationalitäten im Zentrum der Theorie. Also starres „maschinelles" Modell aus mathematischen Funktionen vs. menschliche Handlungen, Interaktionen und deren Folgen

- Berücksichtigung von weichen Faktoren sowie von Faktoren, welche die menschliche Wahrnehmung verfälschen und so zu Irrationalitäten führen:
  - Arbeitsweise der linken Gehirnhälfte vs. Arbeitsweise der rechten Gehirnhälfte beim Denken, was regelmäßig zu unterschiedlichen Ergebnissen führt und Fehler bzw. Irrationalitäten zur Folge hat (Bias, Fallacies, Anchoring-Effekte)
  - Selektive Wahrnehmung (Science of Availability)
  - Loss Aversion
  - Framing
  - Priming
  - Sunk Costs Fallacy
  - Usw.

Eine unrichtige Theorie hat unrichtige Sichtweisen und Interpretation der Realität zur Folge und damit auch unrichtige und suboptimale Entscheidungen und Handlungen und erzeugt somit Unverständnis über wichtige Zusammenhänge mit entsprechenden Konsequenzen. Daraus resultieren falsche Schlussfolgerungen, falsche Reaktionen und Maßnahmen auf Ereignisse, falsche Entscheidungen und Planungen und in Folge dessen unvorhersehbare bzw. „unberechenbare" Auswirkungen, wie beispielsweise Systemversagen, Krisen oder Zusammenbrüche, Chaos oder gar eine Destabilisierung des gesamten Systems.

Um diese Fehler zu vermeiden, sollte der Kreislaufcharakter der realen Gesamtwirtschaft als Gegenentwurf zur linear aufgebauten quantitativen ökonomischen Standardtheorie mit rigiden Gleichgewichten in einer komplett neuen Theorie implementiert werden unter der Berücksichtigung des Menschen als zentrales Element der Ökonomie, aus dessen Entscheidungen und Verhalten die Funktionsweise und Zusammenhänge erst entstehen. Die Schwäche aller bisher bekannten ökonomischen Theorien hat der Forscher Joseph Stiglitz auf den Punkt gebracht:

> „Keine der akzeptierten Theorien hat in irgendeiner Volkswirtschaft jemals dauerhaft funktioniert. Keine" (Joseph Stiglitz, Wirtschaftsnobelpreisträger).

Teil II

Neue ökonomische Theorie:
Evolution der ökonomischen Theorie –
oder sozioökonomische Revolution?

Die ganzheitliche Universalbetrachtung der Ökonomie

Bei der Aufgabe, eine neue (und in der realen Welt nützliche und gut nutzbare) ökonomische Theorie zu entwickeln, muss zuerst genau geklärt und definiert werden, was man unter „Ökonomie" und unter einer „ökonomischen Theorie" versteht. So banal diese Aussage auch klingen mag, so überraschend ist es, dass keine allgemeingültige oder anerkannte Definition existiert. Um daher einem korrekten Arbeiten und Vorgehen gerecht zu werden, soll wirklich exakt von Grund auf alles sauber definiert, erklärt und beschrieben werden.

Die Menschheit ist nichts anderes als eine Anzahl von Menschen, die auf einem winzigen Planeten mit begrenzten Ressourcen leben und durch die Unendlichkeit des Universums fliegen. Sie tun alles, um zu überleben und um möglichst „gut" zu leben. „Gut" in diesem Zusammenhang bedeutet möglichst Schmerzen und Unangenehmes zu vermeiden oder zu minimieren und Angenehmes zu vermehren. Sie streben nach Glück und Zufriedenheit. Dazu nutzen sie die vorhandenen Ressourcen und ihre Intelligenz, ihre Fertigkeiten und ihr Wissen. Sie organisieren sich, um möglichst gut zu leben und zu überleben. Das, was sie dazu alles tun müssen, um zu überleben und um sich gegenseitig mit den vorhandenen Ressourcen (Arbeit, Wissen, Rohstoffe) zu versorgen und zu organisieren, das kann man im weitesten Sinne als Ökonomie bezeichnen.

Die Funktionsweise der Ökonomik als System hängt direkt mit den Handlungen der Akteure zusammen. Nicht nur Menschen müssen sich nach bestimmten Gesetzmäßigkeiten des Universums verhalten, um zu überleben, sondern auch Tiere und Pflanzen.

Daher kann man nach einfachen/natürlichen ökonomischen Modellen, z. B. bei Tieren, und nach komplexen/künstlichen ökonomischen Modellen bei Menschen unterscheiden.

V. von Holle, *Neue ökonomische Theorie*, https://doi.org/10.1007/978-3-658-42058-1_9

9.1   Einfaches ökonomisches Modell

Das einzelne Tier (oder die Pflanze) kommt auf die Welt und ist von Natur aus ausgestattet mit unterschiedlichen Merkmalen und durchläuft im Leben unterschiedliche Zustände, die einen direkten Einfluss auf sein Verhalten haben. Dieser Zusammenhang zwischen der Ausstattung mit bestimmten Merkmalen und der Auslösung eines bestimmten Verhaltens aufgrund eines bestimmten Zustands ist maßgeblich für das Überleben des Tiers (oder der Pflanze) verantwortlich.

Beispiel

Ein Raubtier ist mit Muskeln, einer stabilen Statur und scharfen Zähnen ausgestattet. Befindet sich das Tier in einem Zustand, in dem es hungrig ist, dann hat dieser Zustand einen direkten Einfluss auf sein Verhalten. Das Tier handelt intuitiv, folgt seinem Trieb und geht jagen. Macht es Beute, dann frisst es sich satt und lässt die Reste liegen. Andere Tiere kommen und je nach Größe und Stärke verwerten sie die Reste des erlegten Tieres, bis in der Natur nur noch ein blankes Skelett ohne einen letzten Rest übrigbleibt. So wird durch das System Natur gewährleistet, dass auch andere, schwächere und nicht zur Jagd geeignete Tiere überleben können. ◄

Aus der ökonomischen Sicht bedeutet die Systemfunktionsweise, dass die Umgebung (Natur) ein ausreichendes Überleben für alle Akteure sichert. Die Funktion dieses Systems, das wir Natur nennen, gewährleistet die notwendigen Ressourcen und somit das Überleben für die Tiere. Dieses System ist mit seiner Möglichkeit der „Justierung" (=Anpassung) sehr stabil und zuverlässig, daher hat es sich auch über Jahrmillionen erhalten und immer wieder weiterentwickelt. Die Ökonomie in diesem System funktioniert nach sehr regelmäßig ablaufenden Kreisläufen zwischen Geburt, Nahrungsaufnahme, fressen, jagen, sich fortpflanzen und gefressen werden bzw. sterben.

9.2   Komplexes ökonomisches Modell

Mit dem Eintritt des Menschen und insbesondere seiner kognitiven Fähigkeiten in Bezug auf Planung, Antizipation und Erkennung von Vorteilen wird das ökonomische Prinzip komplizierter: Auch der Mensch kommt auf die Welt ausgestattet mit unterschiedlichen Merkmalen und auch er durchläuft im Leben unterschiedliche Zustände, die einen direkten Einfluss auf sein Verhalten haben. Dieser Zusammenhang zwischen der Ausstattung mit bestimmten Merkmalen und der Auslösung eines bestimmten Verhaltens aufgrund eines bestimmten Zustands ist beim Menschen maßgeblich beeinflusst durch seinen Intellekt und seine Ratio.

Auch der Mensch ist mit bestimmten physischen Merkmalen ausgestattet. Zudem verfügt er aber noch über Intelligenz. Befindet sich der Mensch in einem Zustand, in dem er hungrig ist, dann hat dieser Zustand auch beim Menschen einen direkten Einfluss auf sein Verhalten. Auch der Mensch handelt intuitiv, folgt seinem Trieb und geht „jagen". Macht der Mensch aber Beute, dann isst er sich satt und lässt die Reste im Gegensatz zum Tier nicht liegen. Er nimmt alles mit und verbessert dadurch seinen Zustand in der Zukunft, indem er die Beute, die er nun nicht mehr essen kann, gegen etwas anderes tauscht, gegen etwas, was er benötigt oder haben möchte. Er kann aber auch die nicht benötigte Beute einlagern und selber in der Zukunft verzehren und sich somit die nächste Jagd ersparen. Dadurch minimiert er für sich das Risiko eines Unfalls oder der Gefahr, bei der Jagd verletzt zu werden, und gleichzeitig wird auch seine Absicherung verbessert und sein Wohlbefinden erhöht (er kann sich ausruhen, anstatt das nächste Mal jagen zu müssen). ◄

Dieses intelligente und strategische Verhalten hat aber signifikante Auswirkungen auf die Funktionsweise des Systems. Die anderen Akteure im System bekommen nichts mehr, was bei der Beute übriggeblieben ist und nicht verbraucht wurde. Auf deren Kosten hat der Mensch seine Situation verbessert. Seine Sicherheit, sein verbesserter Komfort und seine Reduktion des Risikos und der Anstrengung (dadurch nicht das nächste Mal jagen zu müssen) wurden erkauft durch die Nachteile der anderen Akteure. Unabhängig ihrer Größe und Stärke müssen nun alle anderen Akteure, die in der Rangordnung oder in der Nahrungspyramide weiter unten stehen, selber umso mehr Aufwand betreiben, um zu überleben.

Je mehr die Möglichkeit gegeben ist, Vorräte zu bilden, die eigene Sicherheit auszubauen, Anstrengung zu vermeiden und Risiko zu minimieren, umso mehr entsteht eine Situation, in welcher ein Konkurrenzkampf um Mittel und Ressourcen entsteht. Dieser Mechanismus ist die Grundlage für Ausbeutung und Unersättlichkeit. Vorräte können theoretisch unendlich gebildet werden – der Konsum jedoch unterliegt meistens einer Sättigungsgrenze. Somit sind der Grenznutzen und die Sättigungskurve in diesem System nur relativ und nichts Absolutes. Durch das System Natur kann jetzt nicht mehr gewährleistet werden, dass auch andere, schwächere und nicht zur Jagd geeignete Akteure überleben können.

Folgen:

- Durch die höhere Sicherheit und die Möglichkeit, Vorräte bilden zu können, verändern sich zwangsläufig auch die Wünsche und die Ziele der Menschen (Präferenzen) und somit auch ihr Handeln und ihr Verhalten (Entscheidungen)
- Erhöhter Verbrauch von Ressourcen führt zur Knappheit, zu erschwerten Bedingungen, zu größeren Konkurrenzkämpfen und somit zu einer allgemein kompetitiveren Situation
- Der Druck im System für einzelne Akteure steigt genauso wie die Angst ums Überleben und somit auch die Aggressivität
- Es entsteht ein gefühlter Mangelzustand, obwohl genügend Ressourcen für alle zur Verfügung stünden. Das birgt immer Konfliktpotenzial und Kämpfe
- Eine Tendenz zum Recht des Stärkeren entwickelt sich mit der Zeit in so einem System

Aber es gibt auch positive Aspekte:

- Handel gedeiht
- Technischer Fortschritt entwickelt sich und wird kontinuierlich vorangetrieben
- Wachstum und Wohlstand werden positiv beeinflusst
- Organisationsstrukturen entwickeln sich
- Investitionen werden getätigt

In diesem System ist eine Tendenz erkennbar: Je intelligenter der Akteur ist, umso mehr sichert er sich ab und umso mehr Sicherheitsverhalten legt er an den Tag. Dies führt systembedingt zu den oben genannten Folgen, nämlich zum Versagen der durch die Natur gegebenen Verteilungsfunktion und Absicherung aller Akteure. Diese „natürliche" Verteilungsfunktion wird durch die menschliche Intelligenz (weil der Mensch für seine Sicherheit vorsorgen möchte und Vorräte bildet) gestört – oder sogar ganz ausgehebelt. Sie wird in ihrer Funktionsweise dahingehend verändert, dass die intelligenten Akteure, die vorsorgen und strategisch denken, übermäßig bevorzugt werden. Konflikte, Grenzziehungen, Gruppierungen und Kriege sind so unvermeidbar und die Folge davon, aber auch große Gewinnchancen und Verbesserungen (natürlich aber nur für die intelligenten Akteure).

Diese Zusammenhänge und Tendenzen führen zu dem Schluss, dass mit zunehmender Intelligenz die natürliche Verteilungsfunktion sukzessive versagt und damit gleichzeitig die Notwendigkeit zur Regulierung und zur Durchsetzung von regulatorischen Maßnahmen entsteht und wächst. Dabei muss aber berücksichtigt werden, dass es immer und für alles auch Wachstumsgrenzen gibt: ressourcenseitig, gesellschaftlich, ethisch und moralisch.

9.3   Universelle ökonomische Postulate

- Von alleine entsteht nichts. Der Mensch muss es erst machen/produzieren/ernten.
- Der Mensch muss Intelligenz, Zeit und Geschicklichkeit einsetzen, um etwas entstehen zu lassen.
- Durch zielgerichteten Einsatz von Arbeit und Wissen entstehen Produktion und Dienstleistung.
- Erst durch den Tausch und Handel werden Märkte gebildet. Sie entstehen ausschließlich durch menschliche Interessen/Motivation und menschliche Handlungen. Sie sind die Folge von menschlichen Handlungen (Tausch oder Handel treiben).
- Alle menschlichen Aktivitäten mit dem Bezug zu Versorgung, Produktion und Handel zusammengenommen ergeben die Gesamtwirtschaft.
- Die Ursache für alle Handlungen sind Anreize und Triebe, also Vermeidung von „Schmerzen" (Gefahr, Unwohlsein) und Steigerung von Wohlbefinden (=Pain-and-Pleasure-Prinzip).

Die Komponenten der Ökonomie

10

10.1 Mikroökonomie

Die Mikroökonomie erklärt die Grundlage und Gesetzmäßigkeiten der Ökonomie durch die Präferenzbildung (Entscheidungen) der Individuen bzw. Wirtschaftssubjekte. Die gebildeten Präferenzen sind die Basis der vorgenommenen ökonomischen Handlungen. Die Mikroökonomie erklärt, wie und warum welche Präferenzen entstehen und welche ökonomische Handlungen sie dann auslösen. Die Handlungen von Individuen haben direkte und indirekte Folgen. Durch Wiederholung von Entscheidungen und Handlungen entstehen Verhaltensweisen und Handlungsmuster. So entstehen auch ökonomische Vorgänge, wie beispielsweise Tauch Produktion, Angebot, Nachfrage, Konsum, Markt oder Börse.

Der behavioristische Aspekt in der Mikroökonomie berücksichtigt die wirklichen Einflussfaktoren und Beweggründe der Menschen für ihre ökonomischen Entscheidungen. Es sind beispielsweise die Motive und Interessen der Menschen, ihre Veranlagungen, ihre Erziehung, ihre Prägungen oder auch der jeweilige emotionale Zustand. Durch die menschliche Wahrnehmungsfähigkeit werden alle Reize aus der Umgebung aufgenommen und unter den zuvor genannten Faktoren und den daraus resultierenden Verzerrungen verarbeitet. Daraus resultieren individuelle Sichtweisen, Präferenzen und Entscheidungen. Entscheidungen bilden dann das Verhalten des Individuums und aus seinem Verhalten und den Verhaltensmustern entsteht dann die Ökonomie. Dieses System, das man als Ökonomie bezeichnet, wird durch das wissenschaftliche Fach der Ökonomik beschrieben. Die Ökonomik muss daher möglichst genau die Ökonomie beschreiben und erklären.

Die Mikroökonomie bildet die Grundlage für makroökonomische Modelle in der Ökonomik, mit deren Hilfe die volkswirtschaftlichen Zusammenhänge, wie z. B. die Gesamtproduktion, das Gesamtangebot, die Gesamtnachfrage, das Volkseinkommen oder das Bruttoinlandsprodukt, beschrieben werden.

V. von Holle, *Neue ökonomische Theorie*, https://doi.org/10.1007/978-3-658-42058-1_10

10.2   Makroökonomie

Die Makroökonomie erklärt die Grundlagen, Gesetzmäßigkeiten und das Verhalten von Märkten, Staatssektoren oder ökonomischer Teilsysteme und des ökonomischen Gesamtsystems. Sie beschäftigt sich mit dem gesamtwirtschaftlichen Verhalten der Wirtschaftssektoren, der Analyse der gesamtwirtschaftlichen Märkte und deren Zusammenhängen.

Haushalte, Unternehmen und der Staat bilden die makroökonomischen Wirtschaftssektoren. Sie sind voneinander abhängig und interagieren, indem sie untereinander ökonomische Faktoren austauschen.

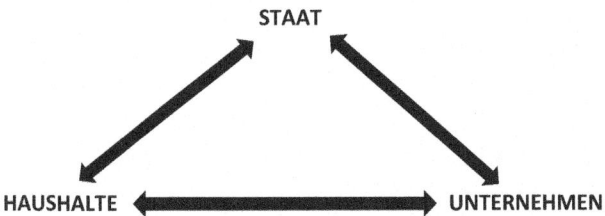

Die Handlungen der einzelnen Entscheider/Menschen im System können nicht definiert werden, da sie sich extrem unterscheiden. Aufgrund von Erfahrung und Experimenten muss man feststellen, dass Menschen nach eigenen Interessen, subjektiven Vorteilen bzw. genetisch und gesellschaftlich vorgeprägten Mustern und nicht nach bestimmter vorgegebener oder definierter Ratio handeln.

Die „Vorteile", die sie verfolgen, und die Beweggründe, welchen sie bei ihren Handlungen folgen, sind nicht starr vorgegeben und sind auch nicht pauschal nur ökonomischer Natur.

Diese Faktoren, die zu Handlungen führen, leiten sich aus den jeweiligen individuellen Bedürfnissen ab und sind nicht standardisierbar.

Die Bedürfnisse der Menschen werden durch Veranlagung und Prägung gebildet und variieren stark.

Als Klassifizierung dieser Bedürfnisse und Reihung ihrer Wichtigkeit kann am besten die Bedürfnispyramide nach Maslow verwendet werden.

Bedürfnisse sind die Ursache für Präferenzen sind die Grundlage für Entscheidungen und letztendlich für das Verhalten.

10.3   Die ökonomischen Subjekte (und die Auswirkungen ihres Verhaltens auf die Funktionsweise der Ökonomie)

Das Verhalten aller Teilnehmer nach bestimmten Mustern und Gesetzmäßigkeiten bildet die Gesellschaftsstruktur, die Kultur, die Märkte und auch die Ökonomie.

Die Entscheidungen werden allgemein maßgeblich beeinflusst durch Vererbung, Bildung, soziales Umfeld, Bias, mentalen Zustand und den Kontext der jeweiligen Situation, in der sich das Individuum zum Zeitpunkt der Entscheidungsfindung befindet. Insbesondere der jeweilige Kontextbezug führt dazu, dass Entscheidungen beispielsweise unter gruppendynamischen Einflüssen zu diametral gegensätzlichen Ergebnissen führen können als ohne diese Einflüsse. Somit kann auch die isolierte Betrachtung zu einem diametral verschiedenen Ergebnis führen als eine ganzheitliche (holistische) Betrachtung.

Aus diesen Faktoren und Voraussetzungen folgen eine scheinbar unberechenbare und chaotische Präferenzbildung und Verhalten von Individuen und somit des ganzen Systems.

Die Ökonomie ist ein System des „Sich-Organisierens" der Individuen, welches erst durch die Handlungen und durch das Verhalten der Subjekte/der Individuen entsteht. Die Ökonomie leitet sich also aus den Handlungen und aus dem Verhalten ab. Die Ökonomie ist somit durch das Verhalten der Subjekte/der Individuen determiniert.

Die Ökonomie im Sinne eines Gesamtsystems oder Gesamtwirtschaft umfasst alle wirtschaftlichen Aktivitäten, das heißt die legalen genauso wie die illegalen. Denn auch der illegale und verdeckte Bereich der Wirtschaft hat einen signifikanten Einfluss auf die legale Wirtschaft, auf die ganze Gesellschaft, auf den Wohlstand und auf die Marktteilnehmer.

Ökonomie als System kann nicht separat gesehen werden von anderen Systemen, wie beispielsweise der Politik, Psychologie, Soziologie oder Ökologie.

Diese Systeme und ihre Interaktion untereinander werden zugleich geprägt von Zufällen. Das sind Ereignisse, die intern oder auch extern immer wieder auftreten und weder vorhersehbar noch beeinflussbar sind. Es gibt in den Systemen jedoch verschieden starke Zusammenhänge und Abhängigkeiten.

Zusammenhänge sind Gesetzmäßigkeiten, welche nicht starr sind und individuell nicht immer exakt berechenbar sind, sondern eher statistische Wahrscheinlichkeiten darstellen. Sie sind mit Chancen auf einen bestimmten Gewinn vergleichbar, der eintreten kann. So verhält es sich mit Faktoren wie dem sozialen Aufstieg, der Generierung von Macht, dem Gewinn an Ansehen, der aufgebauten Sicherheit im eigenen Leben, der Akzeptanz durch andere Menschen oder auch der empfundenen Selbstbestätigung. Alle diese Faktoren sind wichtig für den Menschen und für seine Entscheidungen und seine Handlungen. Sie sind jedoch nicht einfach zu quantifizieren. Sie bestimmen die Handlungen der Menschen immer und überall. Eine individuelle Abwägung und ein Ranking, bzw. eine Gewichtung zwischen den einzelnen Motiven ergeben dann das Resultat und die Entscheidung für eine spezifische Handlung.

Die Menschen (= Wirtschaftsakteure) agieren nicht nach dem gleichen Muster. Aus diesem Grund sind auch die Ergebnisse/Entscheidungen nicht immer die gleichen, sondern unterscheiden sich teilweise sogar signifikant. Die Funktionsweise der Interaktion folgt daher auch zahlreichen Faktoren: Die Handlungsoptionen ergeben sich aus den wahrgenommenen Möglichkeiten (z. B. Vergleich von Produkten). Die jeweilige Beurteilung ist aber auch immer abhängig vom Umfeld, von der jeweiligen Situation, den gerade zur Verfügung stehenden Alternativen, der Prägung und Erziehung des Entscheiders, von seinem gerade herrschenden emotionalen Zustand, von seinem Informationsstand und der Wissenslage, von seiner Intelligenz, vom Intellekt und von den kognitiven Fähigkeiten. Und anhand all dieser und zahlreicher ähnlicher Faktoren wird dann eine Entscheidung generiert, die in einer ganz bestimmten Präferenz des Individuums mündet.

Es ist offensichtlich, dass auf keinen Fall dieser komplexe und hoch heterogene Entscheidungsprozess standardisiert oder auf nur einen einzigen Faktor reduziert werden darf (so wie es in der Standardtheorie der Fall ist). Denn diese Melange von zahllosen Faktoren verändert sich ständig, daher ist auch die Bildung von Gleichgewichten unter diesen Umständen nicht möglich. Viel eher könnte man sich dieses System anschaulich vorstellen wie zwei sich berührende Räder, die sich gegenseitig antreiben, jedoch teilweise durchrutschen, weil sie nicht miteinander fest verzahnt sind. Und jede Veränderung der Geschwindigkeit verursacht eine Zeit lang Anpassung und Ausgleich der Geschwindigkeit des anderen Rads. Anpassungsprozesse kosten daher auch immer Zeit und Energie/Reibung.

Wirtschaftliche Tätigkeit findet in der heutigen Gesellschaftsordnung in einem juristischen und sozialen Rahmen statt. Dieser hat einen Einfluss auf die Menschen, wird aber nicht immer generell respektiert. Es existieren Grauzonen, Kriminalität, Lobbying, Werbung, Beeinflussung, Manipulationen, Bestachung, Betrug etc. Diese Faktoren stellen die Störungen und Verzerrungen des Systems dar.

Die Summe aller Handlungen ergibt das Verhalten des „Gesamtsystems Ökonomie". Dieses Verhalten und die Funktionsweise des Gesamtsystems sollen durch die neue Theorie beschrieben werden.

10.4   Der Staat

Der Staat beeinflusst die Volkswirtschaft durch Gesetze/Regelungen und versucht genau definierte Ziele (wie beispielsweise die Stabilität des Preisniveaus, Senkung der Arbeitslosigkeit, Erreichung von Vollbeschäftigung und das Wirtschaftswachstum) positiv zu steuern. Dies geschieht durch Instrumente wie: Steuern, Zinshöhebestimmung, Staatsausgaben, Geldmengenänderung, Schaffung von Erwartungen.

Dieser Kreislauf ist um weitere Kreisläufe erweiterbar, beispielsweise um den Kreislauf des menschlichen Verhaltens im ökonomischen Prozess. Denn das Individuum handelt nicht willkürlich, sondern durchläuft vor jeder Entscheidung und Handlung einen Prozess:

Beobachten, Bewerten, Anpassen, Handeln, Beobachten, Bewerten, Anpassen, Handeln ... usw. Dabei kommt es regelmäßig beim Anpassen zu Übertreibungen (beispielsweise durch das Austesten von Grenzen oder durch Fehleinschätzungen von Erwartungen) und danach entsprechend zum Korrigieren der Bewertung und der Handlung. Das Austesten von Grenzen ist eine der Ursachen für Evolution, Entwicklung und Fortschritt. Es entstehen so Wellen- oder oszillierende und auspendelnde („eiernde") Kreisläufe.

Sicherlich entstehen auf diese Weise keine starren Gleichgewichte.

Dieser pendelnde/eiernde Kreislaufcharakter führt zu verschiedenen Zyklen (kurz-, mittel- und langfristige), die sich wiederum gegenseitig überlagern und beeinflussen. So kommt es immer wieder auch zu verschiedenen Phasen und zu regelmäßig auftretenden Krisen, Boom-Zeiten und zu einzelnen Zusammenbrüchen, aus welchen dann aber immer wieder durch den zuvor erwähnten Pain-and-Pleasure-Mechanismus Neues entsteht. Ähnlich wie in der Natur entsteht so auch in der Wirtschaft durch das Absterben oder Eingehen von Altem durch eine immerwährende Evolution stetig Neues.

Der Mensch ist ständig gefordert und alles unterliegt permanent einer Unsicherheit. Es ist ein System zwischen Vermeidung von Verlusten (auch Totalverlusten) und Realisation von Gewinnen.

Ressourcen + Know-how + Arbeit = Produktion, inklusive einer bestimmten Menge an Verschwendung und Umweltverbrauch. Produziert werden Sicherheit und Konsum (Reserven sind Sicherheit, Investitionen sind zukünftiger Wohlstand und Sicherheit, Einkommen ist Sicherheit, Konsum ist Genugtuung und Vermeidung von Schmerz).

Durch die Interaktionen entsteht eine Rangordnung innerhalb der Wirtschaft und Gesellschaft und Verteilungsproblematik. Diese determiniert durch gesellschaftlichen Konsens (und hoffentlich nicht durch Gewalt) das ökonomische System. Dabei wird zwischen der wirtschaftlichen Stärke vs. Regulierung abgewogen: Wirtschaftlicher Liberalismus bedeutet wirtschaftliche Prosperität, aber ungerechte/schlechte Aufteilung der Ressourcen. Staatliche zentrale Regulierung bedeutet einfache Aufteilung der Ressourcen, aber schlechte Leistungsfähigkeit des Systems.

Aus den Interaktionen Tausch/Handel/Geschäfte entstehen Märkte von Gütern, für Preise, Geld (als anerkanntes Zahlungsmittel), Arbeit und Löhne (= Einkommen).

Je nach dem besten Tauschverhältnis (= Preis und Konditionen) am Markt werden ständig die Produktionsfaktoren und Produktionsfunktionen angepasst (optimiert), um Profite zu erwirtschaften.

Auch diese Anpassungsprozesse funktionieren nach dem Kreislaufprinzip: Beobachten, Bewerten, Anpassen, Handeln, Beobachten, Bewerten, Anpassen, Handeln … usw. Die daraus resultierende Reallokation/Verschiebung der Mittel hat eine Verschiebung der Nachfrage, der Produktion und des Outputs zur Folge und produziert wiederum neue Tauschverhältnisse (= Mengen und Preise) auf den Märkten. So bleiben Märkte, Preise, Tauschverhältnisse, Produktionsprozesse und Arbeitsmärkte im ständigen Fluss, im Kreislauf, in einer permanenten Interaktion. Dieser Zustand erzeugt eine nie endende und permanente Anpassung aller Faktoren, die alle im gegenseitigen Zusammenhang stehen. Ein Kreislauf mit sich ständig ändernden Zuständen und Ausschlägen (= Pendelbewegungen) entsteht. Das System muss als Ganzes betrachtet werden, weil alles mit allem zusammenhängt.

▶ **Folge:** Eine Partialanalyse des Systems ist daher unmöglich, weil sie aufgrund der gegenseitigen Abhängigkeiten und Beeinflussungen der einzelnen Faktoren zu fehlerhaften Ergebnissen führen muss!

Das Geld hat die primäre Aufgabe als universell anerkanntes Tauschmittel. Es entwickelt sich mit seiner Eigenschaft, gegen alles und jederzeit eingetauscht werden zu können, dazu, dass es die Funktion der Wertaufbewahrung übernimmt und so auch Sicherheit generiert. Somit wird Geld zu einem eigenständigen Gut mit einem Preis (= Zins). Dieser ist abhängig vom jeweiligen Zustand der Wirtschaft und des Marktes für das Geld (Finanzmarkt).

Nach dem gleichen Muster der gegenseitigen ständigen Interaktionen entstehen überall auf der Welt einzelne Märkte mit ganz eigenen Spezifikationen und marktspezifischen Situationen, die sich auch gegenseitig beeinflussen. So ist beispielsweise auf dem Arbeitsmarkt in Zürich der Preis für eine ganz bestimmte Handwerkerleistung ein anderer als der in Budapest.

Auch die Produktionskapazität und der Produktionsoutput weisen teils erhebliche Unterschiede auf bei unterschiedlichen Märkten. Alle diese Faktoren stehen miteinander immer im Zusammenhang und passen sich fortwährend der sich auch ständig ändernden Situation an. Dies hat zur Folge, dass auch die Menschen fortwährend die sich ständig verändernde Situation neu bewerten und permanent ihre Entscheidungen anpassen. Ihr Handeln und ihr Verhalten sind dadurch tendenziell sehr volatil. Und so verändern sich auch ständig wichtige ökonomische Funktionen, wie beispielsweise die Sparfunktion, die Investitionsfunktion, die Konsumfunktion und der Arbeitsmarkt. Unternehmen schließen oder neue Unternehmen werden durch entsprechende Entscheidungen gegründet, alter Arbeitsplatz wird gekündigt und neue Arbeit wird aufgenommen, Fort- und Weiterbildung wird durchgeführt oder ein Kredit zurückbezahlt oder ein neuer aufgenommen usw. Die Allokation von Produktionsfaktoren, von Ressourcen, die Investitionen und der Verbrach unterliegen so einem sich stets verändernden Kreislauf.

Der Staat versucht ein möglichst günstiges Umfeld und Bedingungen einerseits für eine florierende Wirtschaft zu schaffen und gleichzeitig andererseits eine gerechte Gesellschaft und Verteilung der Güter zu gewährleisten. Moderne Staaten steuern durch eine gezielte Erwartungsbildung und durch ihre Staatsausgaben, Geldpolitik und durch die Zentralbanken die Geldmenge und den Geldzins in der Ökonomie. Mit diesem Instrumentenmix greifen sie ein in die Ökonomie und versuchen diese entsprechend den vorgegebenen Zielen zu beeinflussen.

Auch Staaten untereinander befinden sich im gewissen Wettbewerb, die günstigsten Bedingungen für die Wirtschaft und für ihre Bürger zu schaffen, um Wohlstand, Prosperität, Sicherheit und sozialen Frieden zu gewährleisten. Wenn in diesem Wettbewerb gute Konditionen für Unternehmen überproportional gewichtet werden, führt es letztendlich zu Kapitalakkumulation bei den Unternehmen und ihren Kapitaleignern.

So gibt es demzufolge auch Zu- und Abwanderungen von Unternehmen und Menschen zwischen den einzelnen Regionen und Staaten und so kommt es zu einer Konzentration von bestimmten lukrativen Industrien und Wirtschaftszweigen in bestimmten Regionen.

Auch die Ausstattung von Bodenschätzen und Rohstoffen führt zu diesem Ergebnis. Bei den Bodenschätzen gibt es durch Nachfrageschwankungen und durch einen erschwerten Zugang zu den Rohstoffen Schwankungen, die sich auf die Arbeitssituation, Verdienstmöglichkeiten, den Handel/Tausch und auf den Output des jeweiligen Landes auswirken.

Der freie und unregulierte Handel/Tausch an den Märkten funktioniert tendenziell nach dem „Recht des stärkeren" Handelspartners, der aufgrund seiner Marktmacht die Konditionen und Interessen besser durchsetzen kann als der schwächere Handelspartner. Diese tendenzielle Funktionsweise zugunsten von starken Wirtschaftssubjekten ist einer der Hauptgründe für die Akkumulation von Kapital und so in der längeren Frist auch für Ungleichheit und für Ungerechtigkeit.

Bei ökonomischen Aktivitäten sucht meistens jeder Partner seinen eigenen maximalen Vorteil. Doch eine Regulierung durch den Staat ist deswegen nur beschränkt wirksam, weil durch unterschiedliche Konditionen in verschiedenen Ländern der Markt auf ein anderes Land verlagert werden kann, wo eine andere, für den stärkeren Handelspartner günstigere Regulierung existiert. Es können eine niedrigere Steuerbelastung sein, niedrigere Umweltstandards oder allgemein weniger restriktive Vorschriften.

So ist wirtschaftliche Stärke mit Macht gleichzusetzen und Macht generiert wiederum wirtschaftliche Möglichkeiten und weitere Gewinne. Das Gleiche gilt auch umgekehrt: Die einfache Bevölkerung hat in einem nicht ausreichend regulierten System von Macht und Kapitalakkumulation immer weniger übrig und wird zunehmend verarmen. Die soziale Schere zwischen wohlhabenden und armen Individuen klafft immer weiter auseinander, der Druck und die Spannungen innerhalb der Gesellschaft wachsen dann stetig.

Langfristig gesehen ist deswegen ein völlig freies und unreguliertes System auch ein instabiles System, welches tendenziell dazu neigt, nach bestimmter Zeit zu kollabieren. So können immer wieder im Laufe der Zeit die Systeme weiterentwickelt oder modifiziert werden oder ganz neue Systeme aufgebaut und erprobt werden. Diese Charakteristik des regelmäßigen Entstehens und Vergehens oder Kollabierens ähnelt langfristig einem pulsierenden System.

Weil der Mensch wirtschaften muss, um zu überleben, und nach Sicherheit strebt, wird zwangsläufig nach jedem Zusammenbruch immer wieder ein neues System aufgebaut.

Die militärische Stärke des Landes ist deshalb auch ein signifikanter Faktor für die wirtschaftliche Stärke und für die Sicherung und Durchsetzung von eigenen Vorteilen und Interessen. Denn militärische Stärke hilft und sichert die Durchsetzung von eigenen Interessen, wirtschaftliche, politische und natürlich auch militärische. Kriege finden daher überwiegend aus machtpolitischen, aus wirtschaftlich-strategischen und aus Gründen der Sicherung von Ressourcen und der eigenen Macht statt.

Durch Kriege und militärische Auseinandersetzungen werden große Teile des Kapitalstocks der beteiligten Parteien zerstört. Durch bewaffnete Konflikte und Kriege können bestehende Ordnungen leicht verändert, abgeschafft oder neue aufgebaut werden. Eine ähnliche Wirkung haben auch Krisen oder Schocks in der Wirtschaft und in der Gesellschaft. Beispielsweise können Schocks von Naturkatastrophen, Pandemien, Revolutionen oder Kriegen ausgelöst werden. Diese Ereignisse, die immer wieder auftreten können, schaffen neue Wirklichkeiten und neue Verhältnisse in der Wirtschaft und Gesellschaft.

10.5   Ressourcenallokation vs. Ressourcendistribution

Wo, wie, welche Ressourcen im ökonomischen Prozess eingesetzt werden und für was, das sind ganz entscheidende Fragen für die Funktionsweise des ganzen ökonomischen Systems. Von diesen Fragestellungen und dem Ergebnis hängt direkt der ökonomische Output ab, also die Leistungsfähigkeit der ganzen Gesellschaft. Da Ressourcen wertvoll sind, ist ihr effektiver Einsatz von entscheidender Bedeutung.

Als knappe und äußerst wertvolle Ressource muss auch die menschliche Arbeit angesehen werden. Daher ist auch die Allokation von menschlicher Arbeit von entscheidender Bedeutung. Diese wird naturgemäß so eingesetzt, dass der Output maximiert wird. Und diese Frage wiederum hängt vom Zustand und Entwicklungsgrad der Gesellschaft ab. Folgendes Beispiel verdeutlicht diesen Zusammenhang:

Ist die Gesellschaft kaum entwickelt und kämpft damit, alle Mitglieder gerade so satt zu bekommen, dann wird jede mögliche Ressource (Arbeitskraft, Boden, Kapital) so eingesetzt, um die benötigte Nahrung zu produzieren (in der Regel Getreide). Es entstehen überall, wo fruchtbarer Boden und das entsprechende Wetter ist, Felder mit Getreide.

Ist die Gesellschaft höher entwickelt und hat keine Nahrungsprobleme, dann wird sie die Ressourcen möglicherweise anders einsetzen und wird an geeigneten Flächen z. B. Wein anbauen anstatt Getreide oder Kartoffeln. Dort, wo es möglich sein wird, entstehen dann Weinberge.

Was also determiniert, ob Wein oder Weizen angebaut wird? Es ist der aktuelle Zustand kombiniert mit dem Entwicklungsgrad der Gesellschaft: Wenn diese ums Überleben kämpft und Menschen hungern, dann werden Weizen/Kartoffeln eher nachgefragt und die Gesellschaft (das System) reagiert automatisch entsprechend darauf. Jeder will satt werden und überleben. Am Wein besteht in einer solchen Situation kein Interesse, denn zuerst muss man überleben. Erst wenn es den Menschen gut geht, werden sie Wein anbauen, weil dann Wein höher bewertet wird als Getreide und sie mit ihrem Einsatz an Produktionsfaktoren mehr und bessere Erträge erwirtschaften können. Wein wird höher geschätzt als Weizen und erzielt so für die Produzenten höhere Erträge für ihre eingesetzten Ressourcen. Ist die Gesellschaft noch mehr entwickelt und entsteht beispielsweise Tourismus, dann werden die Weinproduzenten umsteigen und, anstatt Wein zu produzieren, Lokale eröffnen und Hotels, um die Erträge für ihre Arbeit noch weiter zu steigern. Wo zuvor noch Weinanbau vorherrschte, werden zunehmend Stuben, Restaurants und Hotels entstehen. Das ist auf den ersten Blick nachvollziehbar, logisch und die Mechanismen hinter dieser Entwicklung sind sehr klar. Die ökonomische Theorie bildet diese Mechanismen auch mathematisch exakt ab.

Auch wenn dieses Beispiel sehr anschaulich und logisch aussieht, so ist es aber trotzdem nicht die ganze Realität: Denn auch wenn die Tendenz dieser Entwicklung und Prozesse unstrittig ist, so darf man trotzdem keine Verallgemeinerungen und Generalisierungen anstellen! Der Grund dafür ist der Mensch, der im Zentrum dieser Problematik der Ressourcenallokation steht und der durch seine Entscheidungen und Handlungen das System und die Funktionsweise des Systems bildet. Und der Mensch hat unzählige Motive und Beweggründe, um individuell zu entscheiden, und das tut er in der Realität auch. Konkret bedeutet es, um bei dem obigen Beispiel zu bleiben, dass in der Realität selbstverständlich nicht alle Weinproduzenten auf die höher profitable Gastronomie und Hotellerie umsteigen. Die Gründe hierfür liegen nicht in der ökonomischen Natur. Es sind Gründe, wie beispielsweise die Berufung für etwas zu empfinden, die Tradition fortzuführen oder schlicht und einfach glücklich und genügsam zu sein mit dem, was man hat und was man macht. Dies sind „weiche" Faktoren, die aber in der Realität eine enorme Auswirkung und Tragweite haben und die Realität so prägen. Diese signifikanten Faktoren werden jedoch durch die ökonomische Standardtheorie nicht berücksichtigt, weil sie durch die gemachten Grundannahmen über das menschliche Verhalten komplett eliminiert werden. Die neue ökonomische Theorie muss über verhaltensökonomische Erkenntnisse diesen Fehler korrigieren.

10.5.1 Das Problem der optimalen Ressourcenallokation in der Ökonomie

Unter Ressourcenallokation oder auch Faktorallokation versteht man die Zuordnung und Verteilung knapper Ressourcen. Es können Arbeit, Kapital, Boden oder auch Rohstoffe zur Produktion von Gütern oder Dienstleistungen sein. Von der Frage der Allokation dieser Ressourcen zu unterscheiden ist die Frage der Verteilung (Distribution) der produzierten Güter auf Individuen oder auf gesellschaftliche Gruppen (siehe auch unter Abschn. 10.5).

Der Ausdruck „Allokationsproblem" betrifft in der Ökonomie die Frage, wie die knappen Güter verwendet werden, damit ein möglichst effizientes Wohlfahrtsergebnis erzielt wird (oft wird auch vom Lenkungsproblem gesprochen).

In jeder Volkswirtschaft gibt es einen bestimmten Bestand an Produktionsfaktoren, die zur Verfügung stehen. Diese beschränkten Faktoren stehen jedoch unbeschränkten Bedürfnissen der Individuen gegenüber. Aus dieser Diskrepanz ergibt sich die Frage, welche Bedürfnisse mit den vorhandenen Ressourcen vorrangig befriedigt werden sollen. Dies ist dann das Allokationsproblem in der Ökonomie.

Lösungen des Allokationsproblems sind sogenannte Pareto-effiziente Allokationen. Sie zeichnen sich dadurch aus, dass es nicht möglich ist, jemanden besser zu stellen, ohne jemand anderen schlechter zu stellen

Theoretische Lösung der Ressourcenallokation durch das System des Marktmechanismus:

> „Ein Markt kann auch als ein Verfahren bezeichnet werden, bei dem durch das Zusammenwirken von Käufern und Verkäufern eines Gutes Entscheidungen über dessen Preis und Menge getroffen werden."

So bietet der Marktmechanismus gegenüber anderen möglichen Koordinationsmechanismen zahlreiche Vorteile: Beispielsweise führt ein funktionierender Marktmechanismus zu sehr guter Allokationseffizienz. Das hat zur Folge, dass die Nachfrager die Güter bekommen, die sie haben wollen und bezahlen können. Die Allokationseffizienz ist hierbei dadurch gegeben, indem die Grenzkosten der Produktion dem Grenznutzen der Nachfrager entsprechen. Durch jede andere Gütermenge würde hierbei die Wohlfahrt sinken, weil dann die Grenzkosten nicht mehr dem Grenznutzen entsprechen und somit zu einem neuen Optimum führen.

Darüber hinaus führt der Marktmechanismus in der Theorie auch zu Produktionseffizienz. Er hat eine Motivationsfunktion und fördert den technischen Fortschritt. Diese Vorteile können aber nur dann realisiert werden, wenn es einen funktionierenden echten Wettbewerb gibt und der Markt auch wirklich alle Bedürfnisse optimal befriedigen kann. Liegen diese Faktoren nicht vor, kann es zu Marktversagen führen. Die Markteffizienzhypothese von Kapitalmärkten ist ein finanzwissenschaftliches Pendant hierzu.

Als Fehlallokation in der Ökonomie wird die Abweichung von der optimalen Allokation durch ineffiziente Verwendung von Produktionsfaktoren bezeichnet. Diese Fehlallokation findet regelmäßig in der Realität statt, wenn beispielsweise Berechnungen nach der Standardtheorie die weichen Faktoren der Entscheidungsfindung nicht berücksichtigen und Bedürfnisse von Menschen nicht nach ihrem echten „Bedürfnis" bewertet werden, sondern nach dem ökonomisch definierten Grenznutzen. Dieser Fehler verursacht in der realen Ökonomie unvorstellbar große Diskrepanzen und Friktionen.

Knappheit (englisch auch als Scarcity bezeichnet) ist in der Volkswirtschaftslehre das Missverhältnis zwischen den unbegrenzten Bedürfnissen der Menschen und den zu ihrer Bedürfnisbefriedigung begrenzt zur Verfügung stehenden Gütern und Dienstleistungen. Die Funktion einer möglichen Sättigungsgrenze und des abnehmbaren Grenznutzens müsste jedoch bei dieser Definition genauer untersucht werden. Somit sollte diese Definition in der neuen ökonomischen Theorie nicht ungeprüft so übernommen werden. Vielmehr sollte daher überlegt werden, ob nicht für die ökonomische Realität der Grenznutzen und Nutzen nicht durch Grenzanreiz und Anreiz ersetzt werden sollten. In der ökonomischen Theorie würde man dann nicht von der Grenznutzentheorie sprechen, sondern von der Grenzanreiztheorie, was vielmehr die Realität beschreibt.

In der ökonomischen Standardtheorie wird Knappheit als Grundlage des wirtschaftlichen Handelns angesehen, denn die klassische Wirtschaftswissenschaft interessiert sich für das menschliche Verhalten als Beziehung zwischen Zielen und knappen Mitteln mit alternativen Verwendungsmöglichkeiten. Demnach kann jeder Mensch so viele Einheiten eines Gutes konsumieren, wie er will beziehungsweise bis seine Sättigungsmenge erreicht ist.

Für die Frage der Knappheit ist jedoch in Wirklichkeit nicht die objektive Begrenztheit der Güter von primärer Bedeutung, sondern dass diese im Verhältnis zum Umfang der Bedürfnisse zu gering sind. Knappheit liegt also immer vor, wenn die Nachfrage größer ist als das Angebot, oder noch genauer ausgedrückt, wenn der Glaube und die Erwartung der Knappheit vorliegen. Dann tritt sie ein! Die Relevanz der Medien und Kommunikation in diesem Zusammenhang hat eine signifikante Rolle und greift so in die Ökonomie hinein. Somit ist diese Problematik offensichtlich teils einer psychologischen und teils einer ökonomischen Natur, bei der auch nichtökonomische Faktoren berücksichtigt werden müssen.

Im ungünstigsten Fall ist bei gegebener Nachfrage das Angebot „null". Dann ist die Knappheit am größten. Ist hingegen die Nachfrage „null" und das Angebot „null", dann besteht logischerweise keine Knappheit. Die Knappheit kann daher sowohl durch die Angebots- als auch die Nachfrageseite ausgelöst oder beseitigt werden.

Durch diese Abhängigkeiten zwischen Angebot und Nachfrage kann man verstehen, warum durch eine entsprechende Manipulation der Nachfrage (also Manipulation des Menschen) signifikant in ökonomische und soziale Prozesse eingegriffen werden kann.

Die Gesetzmäßigkeiten aus der Verhaltensökonomie hinsichtlich der Wahrnehmung des Menschen und seiner Bias, wie beispielsweise Framing, Anchoring, Herdeneffekt oder durch Erwartung ausgelöste Handlungen, können signifikante Änderungen der Nachfrage herbeiführen und somit auch Veränderungen der Knappheit!

10.5.2 Das Problem der optimalen Verteilung (Distribution) in der Ökonomie

Die Verteilung wird in der Wirtschaftswissenschaft als Distribution bezeichnet. Ein Problem der Allokation, wie auch der Distribution entsteht nur dann, wenn Knappheit vorliegt. Ohne Knappheit gibt es kein Verteilungsproblem, denn in diesem Fall kann der Bedarf für jedermann jederzeit gedeckt werden. Alle Verteilungsprobleme sind mit der Knappheit von Gütern verbunden. Alle Güter sind endlich, aber nicht alle Güter sind knapp. Zugriffsentscheidungen oder Verteilungsentscheidungen der Gesellschaft betreffen nur die knappen Güter. Die Märkte erbringen eine Verteilung dieser Güter nach den Prinzipien des Marktes. Im freiheitlichen Sozialstaat gewährt Knappheit daher als solche kein Eingriffsrecht des Staates, denn über das Existenzminimum hinaus hat verfassungsrechtlich niemand einen Anspruch auf einen konkreten Anteil an der Gütermenge. Der Staat ist nur bei der sekundären Güterverteilung (Umverteilung/Distribution) befugt, die Markergebnisse der primären Güterverteilung zu korrigieren. Der Staat würde zum totalitären Versorgungsstaat, übernähme er für alle ungleich verteilten knappen Güter eine Verteilungsfunktion.

Ein Verteilungskonflikt (englisch: Distributional Conflict) ist ein Kampf darum, wie viel von einer begrenzten Menge an positiv oder negativ bewerteten Objekten jede einzelne Konfliktpartei erhalten soll.

Jede Partei versucht dabei den Anteil zu erhalten, den sie für „gerecht" hält. Durch die so entstandene interessengeleitete Wahrnehmungsverzerrung der Konfliktparteien definiert jede den Begriff „gerecht" in unterschiedlicher Weise.

> **Fazit**
> Das Distributionsproblem in der Ökonomie ist eher eine Frage der Gerechtigkeit, während das Allokationsproblem eine Frage der Knappheit ist.

Ein klassischer Verteilungskonflikt in der ökonomischen Theorie und Praxis ist derjenige um die Aufteilung des Volkseinkommens auf Arbeitseinkommen und Gewinneinkommen, wie er sich in der Bewegung der Lohnquote oder ihrem Gegenstück, der Gewinnquote, widerspiegelt.

Im Zuge der voraussehbaren Entwicklung der Bevölkerungspyramide ist beispielsweise ein Verteilungskonflikt vorprogrammiert zwischen denjenigen, die in die Rentenversicherung einzahlen, und denjenigen, die ihr Rentenanrecht ausüben. Ebenso ist die Frage der Höhe der Altersrente umstritten. Sollte jeder Rentner gleich viel bekommen oder sollten kinderlose Rentner weniger bekommen?

Die reale Funktionsweise der Ökonomie

Das ökonomische Grundprinzip besteht aus einem Kreislauf über die drei Hauptbereiche der Ökonomie: **Produktion**, **Verteilung** und **Verbrauch** von Gütern.

Der „Treibstoff" für diesen Prozess ist das durch die Natur gegebene „Pain-and-Pleasure-Prinzip" des Menschen. Er will überleben, seine Situation verbessern (Pleasure) und Schmerzen/Gefahren abwenden (Pain). Nur deswegen wird er in der Form aktiv, dass er seine Intelligenz, Arbeit und ggf. Boden (= die vorhandenen Produktionsfaktoren) einsetzt, um den gegebenen Zustand und seine individuelle Lage zu verbessern – um Sicherheit zu erzielen. Reduziert betrachtet kann auch konstatiert werden: Der Mensch unternimmt (geistige und körperliche) Anstrengungen (= Arbeit), um zu überleben oder um seine Lage zu verbessern (um Sicherheit zu haben).

Auch die Wirtschaftsfaktoren/Produktionsfaktoren Arbeit, Ressourcen, Kapital/Geld, Produkte/Werkzeuge bilden ein Kreislaufsystem, in welchem ihre jeweilige Form, Güte und Menge ständig verändert werden.

Durch den Einsatz von Intelligenz werden eine höhere Effektivität und Effizienz des Produktionsprozesses erreicht. So entstehen Arbeitsteilung und Spezialisierung. Die Folge und zugleich Notwendigkeit der Arbeitsteilung sind Tauschwirtschaft und so die Entstehung von Märkten, von Handel und von Dienstleistungen sowie von Tauschmitteln (Geld).

Das erfordert wiederum Spielregeln, also einen rechtlichen Rahmen mit allgemeingültigen und verbindlichen Regelwerken und Durchsetzbarkeit der Regeln.

Dies spiegelt prinzipiell den grundlegenden Rahmen der heutigen Ökonomie wider.

V. von Holle, *Neue ökonomische Theorie*, https://doi.org/10.1007/978-3-658-42058-1_11

11.1   Ausgangspunkt der ökonomischen Tätigkeit

Es ist sinnlos zu diskutieren, ob etwas deswegen produziert wird, weil der produzierende Mensch sich selbst mit der Produktion verwirklichen möchte, oder ob der Grund der Produktion eine Notwendigkeit fürs Überleben ist. Beide Gründe sind durchaus valide und sicherlich auch in der Realität gegeben. Ob der eine oder der andere Grund überwiegt, liegt logischerweise in dem jeweiligen Kontext und der jeweiligen Situation. Tatsache ist, dass ein Gut oder ein Produkt nur durch menschliche Arbeit entsteht.

Das hergestellte Produkt kann nach der Produktion entweder konsumiert (Befriedigung der eigenen Bedürfnisse) oder investiert werden. Investieren bedeutet, dass es verwendet wird, um für den Besitzer zukünftig zu „dienen", das bedeutet: Vorteile zu generieren. Konkret heißt das, dass es beispielsweise

1) gegen etwas anderes eingetauscht wird, was man benötigt. So generiert es ein neues Produkt (= Bedürfnisbefriedigung oder Sicherheit).
2) Es kann auch gespart/gelagert werden, um zukünftig aufgebraucht zu werden. So generiert es Sicherheit.
3) Es kann aber auch verkauft werden, um Gewinn zu machen, was nichts anderes bedeutet als das Produzieren oder Herstellen von Sicherheit heute oder Bedürfnisbefriedigung in der Zukunft.
4) Das Produkt kann schließlich aber auch investiert werden, um andere, neue Güter damit zu erstellen. So generiert es unter Risiko des Verlustes einen zukünftigen Gewinn (= Sicherheit).

11.2   Die Rolle und die Grundfunktion des Geldes

Durch die Arbeitsteilung, Spezialisierung und den damit einhergehenden Handel wird Geld als ein allgemein anerkanntes Tauschmittel eingesetzt, um den Handel und Tausch effizienter zu gestalten. Wird Geld als ein allgemein anerkanntes Tauschmittel angesehen, so gewinnt es dadurch automatisch auch die Funktion der Wertaufbewahrung. Das ist eine sehr wichtige ökonomische Funktion.

Beispiel

Wenn eine Geldeinheit den Wert von 50 kg Getreide hat, dann müssen nicht 50 kg Getreide gelagert werden, um Sicherheit in der Zukunft zu haben, sondern nur diese Geldeinheit. Dadurch können Kosten (Lagerkosten) und Risiken des Verlustes des Guts Getreide (z. B. durch Diebstahl, Fäulnis, Feuer oder Ungeziefer) signifikant reduziert werden. Diese Kosten- und Risikoreduktion lässt sich wiederum im Wert von anderen Gütern ausdrücken (z. B. 5 kg Getreide). Dieser Wert muss dem Wert des Geldes zugerechnet werden, weil es objektiv für seinen Besitzer diese besagten Vorteile bringt. ◄

Das Geld besitzt somit gleich mehrere Funktionen:

1) Tauschmittelfunktion,
2) Wertaufbewahrungsfunktion,
3) Effizienzfunktion gegenüber von realen Gütern,
4) Sicherheitsfunktion.

Geld ist ein Tauschmittel und Wertaufbewahrungsmittel mit einem bestimmten Marktwert.

Geld wird zum Kapital in dem Moment, wenn es die Bestimmung für Investitionen bekommt, also wenn es für die Produktion von neuen Gütern eingesetzt wird.

Kapital kann investiert, desinvestiert oder zerstört werden.

Geld kann gespart, als Kapital investiert oder für Produkte und Dienstleistungen ausgegeben werden.

11.3   Kreislaufcharakteristik des gesamtökonomischen Prozesses

Einfache Kreislaufdarstellung des Produktionsprozesses (= gesamtwirtschaftliche Produktion von Gütern und Dienstleistungen):

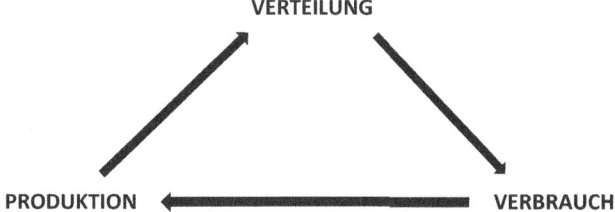

Einfache Kreislaufdarstellung der Produktionsfaktoren:

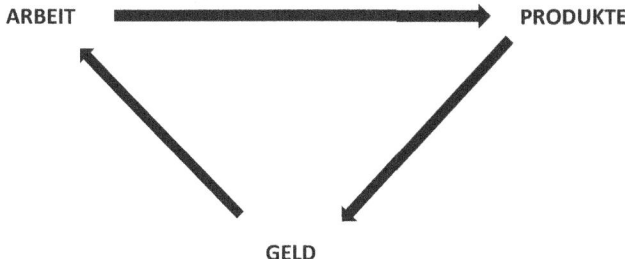

Erweiterte Kreislaufdarstellung:

WIRKUNG	„TRANSFORMATOR"	URSACHE
UNTERNEHMEN	MÄRKTE/STAAT	HAUSHALTE
Ressourcenallokation	Ressourcendistribution	Ressourcenkonsumption
Kapitalakkumulation	Umverteilung	Sparen
PROZESS	ORGANISATION	MENSCH

Die Güterwege sind:

Arbeit, Boden, Kapital <-> Güter (Produkte), Dienstleistungen

Die Geldwege sind:

Konsumausgaben <-> Löhne <-> Sparen sowie Investitionen <-> Renditen

Die Märkte sind:

- Arbeitsmarkt
- Gütermarkt
- Geldmarkt
- Wertpapiermarkt

Die **Produktion** ist der Ort der Entstehung von Produkten. Es sind physische Produkte und Dienstleistungsprodukte.

Die **Verteilung** ist der Ort des Marktes, Handels, der Logistik, Distribution, Lagerung usw.

Der **Verbrauch** ist der Ort, an dem die Produkte verbraucht werden, unabhängig davon, ob es sich um Dienstleistungen oder um physische Produkte handelt. Es spielt auch keine Rolle, ob der Verbrauch als reiner Konsum für Bedürfnisbefriedigung erfolgt oder als Investition zur Produktion von neuen Gütern oder als Vorratshaltung zur Absicherung.

Die Produktion ist nur unter dem Einsatz von Produktionsfaktoren (z. B. Arbeit/Wissen/Kapital/Boden) möglich.

Die Verteilung der Güter erfolgt mithilfe der Funktion der Märkte. Der Handel auf den Märkten wird mithilfe des Tauschmittels Geld effektiv ermöglicht und durchgeführt.

Der Verbrauch von Gütern dient letztendlich der Bedürfnisbefriedigung und des Sicherheitsbedürfnisses der Individuen.

Der Faktor „Sicherheit" kann materieller und immaterieller Natur sein (z. B. in Form von Vorräten oder in Form von sozialem Status oder in Form von physischer Sicherheit).

Innerhalb dieses Kreislaufs findet das Sparen auf der Seite der Haushalte statt. Demgegenüber finden auf der Seite der Unternehmen das Investieren und die Akkumulation von Gewinnen und Kapital statt.

Die ökonomischen Funktionen Produktion, Verteilung und Verbrauch bilden so einen Kreislauf. Dieser ökonomischen Funktion zugeordnete Faktoren Arbeit, Geld und Sicherheit bilden ihrerseits auch einen Kreislauf. Aus Komplexitätsgründen wird in der Darstellung nicht zwischen Geld und Kapital, zwischen Produktion und Arbeit sowie zwischen immaterieller Sicherheit und materiellen Gütern unterschieden.

Fügt man beide Kreisläufe zusammen, bekommt man ein Modell der ökonomischen Realität, welches komplexreduziert ihre Grundstruktur, Funktionsweise und Zusammenhänge realitätsnah wiedergibt.

11.4   Zusammenhang zwischen Inflation und Arbeitslosigkeit

Es gibt einen empirisch belegbaren Zusammenhang zwischen der Inflation und Arbeitslosigkeit. Dieser Zusammenhang wird in der ökonomischen Theorie auch mathematisch durch die Phillipskurve dargestellt, aber durch die unterschiedlichen ökonomischen Lehrmeinungen auch entsprechend unterschiedlich interpretiert. Die Grundlage jedoch ist immer der Zusammenhang zwischen den Lohnveränderungen (bzw. Preisniveauänderungen) auf der einen und der Arbeitslosenquote auf der anderen Seite.

Der Zusammenhang und Mechanismus zwischen der Arbeitslosigkeit und der Veränderung der Inflationsrate werden so erklärt, dass mit einem Anstieg der Arbeitslosigkeit die Nominallohnsteigerungen sinken, was zum Rückgang der Inflation führt, und umgekehrt.

Die Hypothese besagt, dass Arbeitnehmer bei einem hohen Beschäftigungsstand eine größere Verhandlungsmacht haben und dadurch auch höhere Löhne durchsetzen können. Diese Schlussfolgerung folgt aus dem modellhaft angenommenen Profitprinzip des Arbeiters, gemäß dem er seinen Lohn maximieren will, und dem Minimalprinzip des Unternehmers, demgemäß er in Konkurrenz zu anderen Wettbewerbern die Lohnkosten senken muss. Die Nachfrage nach Arbeitskräften bei fallendem Angebot (weniger arbeitsuchende Arbeitslose) führt demnach zur Lohnsteigerung, weil die Arbeiter wissen, dass der Arbeitgeber für sie keinen billigeren Ersatz finden kann bzw. der Arbeitgeber zur Anwerbung einer zusätzlichen Arbeitskraft von einer anderen Firma, zur Aktivierung der stillen Reserve oder zur Motivation eines Arbeitslosen einen höheren Preis für die Arbeit bezahlen muss als den vorher ausreichenden.

Die Lohnerhöhungsquote wurde dann durch die Inflationsrate ersetzt und eine feste gleichgerichtete Beziehung zwischen Nominallohn- und Preisniveauänderungen unterstellt. Dieser Ersetzung der Lohnsteigerung durch die Geldentwertung liegt die theoretische Annahme zugrunde, dass Unternehmer die zu zahlenden höheren Löhne durch

Preiserhöhung ihrer Produkte an die Kunden weitergeben (Lohn-Preis-Spirale). Dadurch führt ein höheres Lohnniveau mittelfristig automatisch zu einem höheren Preisniveau (soweit nicht Produktivitätssteigerungen die Produktion verbilligen können). Das Geld verliert also durch die Preissteigerung an Wert (Inflation), was wieder zu neuen Forderungen nach weiteren Lohnerhöhungen führt.

Die neue ökonomische Theorie bestreitet zwar diesen Zusammenhang nicht. Dieser wird vielmehr zu sehr komplexreduziert, zu mechanisch, starr und daher als zu realitätsfern betrachtet. Ein Hauptgrund dafür ist die Nichtberücksichtigung des Cantillon-Effekts durch die Standardökonomie sowie menschlicher Präferenzen und Entscheidungsfindung, die in der Realität sehr oft nicht auf monetären Gründen basiert.

In Wirklichkeit hat Inflation immer mehrere Ursachen. Eine Hauptursache ist neben den Lohnsteigerungen für Arbeit die Ausweitung der Geldmenge durch die Zentralbank, um positive Impulse für ein ökonomisches Wachstum zu geben. Bei dieser Neuschaffung des Geldes kommt es zu Verzögerungen seines Ausweitens innerhalb der Gesellschaft. Die Arbeiter und Angestellten bekommen in der Regel als Letzte das neu geschaffene Geld. Während alle anderen bereits in den Genuss der neuen Liquidität kommen und entsprechend davon profitieren können, bekommen Arbeiter und Angestellte am längsten die „alten" Löhne, müssen jedoch bereits die neuen, höheren Preise bezahlen, die aufgrund der Liquiditätserhöhung entstanden sind. Das Nichtankommen – oder das späte Ankommen – des neuen Geldes ist ein Grund für die niedrige Arbeitslosigkeit (weil Löhne immer noch niedrig sind, gibt es eine relativ hohe Nachfrage nach Arbeit) und für einen Anstieg der Inflation. Denn die neue Liquidität hat die anderen Gesellschaftsschichten bereits erreicht und dort dadurch Preisanstiege ausgelöst. Die Kausalität dabei besteht also zwischen der Armut der Arbeiter und der unteren gesellschaftlichen Schichten, verursacht durch das Nichtankommen des neuen Geldes der Zentralbank und der entstehenden und steigenden Inflation bei den oberen Gesellschaftsschichten, welche das neue Zentralbankgeld (also die neu geschaffene Liquidität) am schnellsten erhalten, ausgeben und so für die Inflationstendenz sorgen.

Aufgrund dieser Zusammenhänge haben Existenzangst bei den Arbeitslosen und Armut bei den Arbeitern die entsprechende Signalwirkung auf die Gesellschaft und schützen so in gewissen Maßen gegen inflationäre Tendenzen. Aus diesem Grund kann auch eine bestimmte Arbeitslosenquote als „Gespenst" für die Gesellschaft wichtig sein, um die Stabilität des Geldes (Schutz vor Inflation) zu wahren (was wiederum die Absicherung der Renten und Ersparnisse gewährleistet) und um die Anstrengung und den Fleiß der Bevölkerung aufrechtzuerhalten. Überspitzt könnte man also daraus folgern, dass der beste Inflationsschutz der ist, möglichst große Gesellschaftsteile möglichst arm zu halten.

11.5 Wechselwirkung zwischen Geld und Arbeit

Eintauschbarkeit von Geld und Arbeit

Arbeit ist das eigentliche Tauschgut, das gehandelt wird, denn Arbeit wird immer gebraucht, und Arbeit ist immer vorhanden und kann nicht verloren gehen solange Menschen leben. Der Faktor Arbeit ist immer die Referenz, der Bezugspunkt für die anderen Faktoren, wie Kapital/Geld und Boden/Werte. Daher ist Arbeit der wichtigste und ursprünglichste Produktionsfaktor in der Ökonomie, von dem sich alles Weitere ableitet.

Geld ist ein Äquivalent für Arbeit, und zwar Arbeit im Sinne von erbrachter Leistung. Dies kann eine bereits in der Vergangenheit erbrachte Arbeit sein, also wie Karl Marx es bezeichnete: „tote" Arbeit, oder es kann auch aktuelle Arbeitsleistung in der Gegenwart sein, „lebendige" Arbeit. So sind auch Substitute von Geld, wie es beispielsweise Gold, Silber und andere Edelmetalle sind, auch nur Äquivalente für Arbeit.

Geld zirkuliert in der Ökonomie und diese Tatsache ist für jeden ganz nachvollziehbar, sichtbar und unstrittig. Aber genauso zirkuliert auch Arbeit, und zwar unabhängig, ob aktuell, „lebendige" Arbeit oder bereits „investierte", also „tote" Arbeit. Dies ist beispielsweise immer dann der Fall, wenn bereits produzierte Güter, in deren Produktion früher Arbeit hineingeflossen ist, gebraucht, getauscht, gehandelt oder verbraucht werden.

Dies kann am folgenden Beispiel verdeutlicht werden:

Investiert man z. B. 1000 Arbeitsstunden in die Herstellung einer Maschine oder eines Fahrzeugs, dann wird die aktuelle Arbeit bei der Herstellung in Form des Lohns der Arbeiter und Ingenieure repräsentiert (z. B. durch 50.000,- US$). Das bezahlte Geld als Lohn in Höhe von 50.000,- US$ ist das Äquivalent für die erbrachte Arbeit/Leistung der Arbeiter und Ingenieure von den 1000 Arbeitsstunden. Für den Produzenten ist das Geld Investment in das hergestellte Produkt, welches am Markt gegen (normalerweise) noch mehr Geld (als Äquivalent für 1000 Arbeitsstunden) eingetauscht/verkauft wird. Für den Käufer dieses Produkts ist die Bezahlung der Tausch seiner eigenen Arbeit, die er zuvor erbracht hat und für die er selber bezahlt wurde, gegen das neue gekaufte Gut (Fahrzeug, Maschine etc.). Doch damit ist dieser Kreislauf noch nicht zu Ende. Denn in dem Fahrzeug steckt die bezahlte Arbeit der Arbeiter und Ingenieure, die zwar schon vergangen, also investiert bzw. „tot" ist, aber durch die Nutzung dieses Produktes, in welches die Arbeit eingegangen ist, wird die Arbeit indirekt immer wieder „lebendig". Denn das Produkt dient dem Käufer und solange er das Produkt/das Fahrzeug benutzt, solange zieht er einen Nutzen aus der in das Fahrzeug investierten Arbeit – und solange macht er also diese investierte Arbeit zu seinen Gunsten immer wieder lebendig. Somit setzt sich der wirtschaftliche Kreislauf der Arbeit fort, wie auch der Kreislauf der hergestellten Produkte, die weiter gehandelt oder genutzt werden. Und damit setzt sich auch der wirtschaftliche Kreislauf des Geldes/des Tauschmittels, der Materialen und der Ressourcen, welche in das Produkt eingeflossen sind, fort und so entstehen entsprechend permanent immer neue Werte und immer neue Zahlungsströme, Dienstleistungen (= Arbeit) und Kreisläufe.

Mit der Zeit vergehen aber auch Werte, wenn es zu Zerstörung oder zu Unfällen mit dem jeweiligen Gut kommt. Je mehr und je länger ein Produkt, als Träger von investierter Arbeit, Energie, Ressourcen und Kapital, genutzt wird, umso mehr Werte werden über den gesamten Lebenszyklus des Produktes generiert. Der Wert steigt also mit der Gebrauchs-zeit und der Gebrauchsintensität des Produktes relativ zu dem dafür bezahlten Preis.

Bei dieser Betrachtung wird auch der Unterschied zwischen *Wert* und *Preis* deutlich:

> *„Wert ist, was man bekommt, und Preis ist, was man zahlt. In der Realität gibt es zwischen diesen beiden Einheiten exorbitante Unterschiede und diese Tatsache muss jede ökonomische Theorie berücksichtigen, wenn sie nicht als realitätsfremd gelten möchte!"*

Arbeit ist die einzige wirklich „harte" Währung. Denn Arbeit wird immer gebraucht. Sie ist die Referenz, an der sich alles misst und orientiert. Alles andere, was als Tauschmittel genutzt wird, ist mehr oder weniger nutzlos und ist im Endeffekt wirklich nur Tausch-mittel, dessen Wert von der Akzeptanz der Akteure abhängt. Alle Tausch- und Zahlungs-mittel gehen letztendlich auf die menschliche Arbeit zurück.

Die „Verdienstmöglichkeit" (im Sinne von Eintauschbarkeit von Geld und Arbeit) als signifikante ökonomische Kennzahl, welche in der Theorie der Arbeit berücksichtigt werden muss

Das Verhältnis zwischen Geld und Arbeit ist in der Ökonomie sehr wichtig. Es definiert den Wert des Geldes (= „Härte" der Währung) und zugleich den Preis für Arbeit. Im Wirt-schaftsleben verdienen Menschen Geld für ihre Arbeit und geben dann dieses Geld aus für Produkte und Dienstleistungen, die sie brauchen und die wiederum durch andere Men-schen und deren Arbeit erschaffen wurden. So müssen Geld und Arbeit als direkt ein-tauschbar angesehen werden.

In der Realität werden aber Geld und Arbeit unterschiedlich geschätzt und auch unter-schiedlich bewertet. Am folgenden Beispiel soll verdeutlicht werden, welche Diskrepanz es zwischen der Wertigkeit von Geld und Arbeit gibt:

Beispiel

Jeder Mensch ist normalerweise immer gerne bereit, beispielsweise bei seinem Nach-barn zu helfen, wenn dieser Hilfe benötigt, beispielsweise wenn dieser einen Reifen-schaden, Wasserschaden usw. erleidet. Man packt mit an, wo es geht, und investiert seine Zeit und auch Arbeit, um zu helfen. Dies macht man umsonst, denn niemand würde auf die Idee kommen, nach 15 min oder 1,5 h Nachbarschaftshilfe dem Nach-barn eine Rechnung für diese Hilfe zu stellen. Auch wenn diese Hilfe selbstverständlich einen bestimmten Wert hat und genau quantifizierbar ist. Selbst dann, wenn man genau in dieser Zeit, wo man dem Nachbarn geholfen hat, gearbeitet hätte und einen be-stimmten Betrag Geld verdient hätte, würde man nicht auf die Idee kommen, diesen Betrag als entgangenen Gewinn dem Nachbarn in Rechnung zu stellen.

Ganz anders würde sich die gleiche Angelegenheit gestalten, würde der Nachbar an der Tür klingeln und um einen bestimmten Geldbetrag bitten für die Behebung seines Problems. In diesem Fall würden die wenigsten ganz selbstverständlich entgegen-kommend das Geld dem Nachbarn geben. ◄

Jeder hilft gern und investiert Zeit und Arbeit, niemand gibt aber leicht Geld. Warum ist dem so? Obwohl es eigentlich das Gleiche ist: Durch Arbeit verdient man Geld. Warum also „gibt man Arbeit" gerne her, Geld aber nicht?

Einerseits liegt der Grund sicherlich in der Psychologie. Andererseits gibt es aber auch das ökonomische Problem der Eintauschbarkeit der Arbeit gegen das Geld. Diese Eintauschbarkeit ist umso schwerer, je höher die Arbeitslosigkeit ist, je schwerer es ist, Arbeit zu finden, und je umständlicher und komplizierter das System ist, in dem man lebt, also der Prozess aus Arbeit, Geld zu bekommen. Dies sind die Determinanten dafür, aus geleisteter Arbeit tatsächlich Geld zu machen. Ist das schwer, aus Arbeit Geld zu machen (Geld zu verdienen), dann fällt es den Menschen auch schwerer, Geld auszugeben oder zu investieren. Für was auch immer die Ausgabe sein mag. Je schwerer das Geldverdienen ist, desto höher wird der Wert des Geldes seitens der Menschen eingeschätzt und desto schlechter wird der „Tauschkurs" Geld versus Arbeit. Ist es aber im umgekehrten Fall sehr einfach, schnell und unproblematisch eine Arbeit zu finden und leicht Geld zu verdienen, dann wird auch Geld entsprechend weniger wertvoll angesehen und es fällt leichter und schneller, es auszugeben.

Genau aus diesem Grund stellt die „Verdienstmöglichkeit" (gemeint ist die Eintauschbarkeit zwischen Arbeit und Geld) eine wichtige Kennzahl bzw. einen wichtigen ökonomischen Indikator dar.

Die Eintauschbarkeit zwischen Geld und Arbeit spielt für die Wirtschaft eine wichtige Rolle. Eine möglichst gute und schnelle, unkomplizierte Eintauschbarkeit muss die Gesellschaft für eine gut funktionierende Wirtschaft schaffen. Die Politik hat bei dieser Aufgabe eine Schlüsselfunktion.

Dieser Zusammenhang, wie leicht oder wie schwer Geld gegen Arbeit eingetauscht werden kann, stellt eine sehr wichtige ökonomische Kenngröße dar, wird aber in der heutigen ökonomischen Theorie nicht in der entsprechenden Signifikanz bewertet.

Der Zusammenhang zwischen Leistung und „Happiness" (im Sinne von Zufriedenheit oder Lebensglück)

Arbeit macht Menschen glücklich und zufrieden, Arbeit und Aufgaben werden daher als Therapie bei Depressionen eingesetzt. Das ist eine sehr alte Erkenntnis und sie wird empirisch immer wieder belegt. Freilich muss die Art der Arbeit auch zu der jeweiligen Person passen genauso wie auch die Umstände, unter welchen gearbeitet wird. Bauen, etwas kreativ herstellen und Neues zu erschaffen generiert Erfolgserlebnisse, Freude und Glück.

Leistung und Bessersein als andere bringt Genugtuung, daher gibt es auch Wettbewerb und Spiele! Wer mehr und Besseres leistet, ist begehrter und angesehener (siehe Sportler, Künstler, Wissenschaftler usw.). Anerkennung bringt Selbstbestätigung, Status und Genugtuung. Leistung ist begehrt und jeder versucht auch sich selber etwas zu beweisen – also Leistung zu erbringen.

In der Psychologie und in der Verhaltensökonomie sind diese Zusammenhänge ausgiebig erforscht und bekannt. In seinen Experimenten mit Lego-Steinen, als Probanden bestimmte Figuren bauen sollten, wies der Verhaltensökonom Daniel Arialy von der Duke University in den USA nach: Wer Leistung bringt, erwartet Anerkennung und ist glücklich.

Wenn Anerkennung nach erbrachter Leistung ausbleibt, werden Enttäuschung und Frust generiert! Grund ist die allgemeine Erwartungshaltung für Anerkennung nach Leistung, was als normal angesehen wird. Daher wird es erwartet. Und daher werden Frust und Enttäuschung generiert, wenn Anerkennung ausbleibt. Es gibt also einen direkten Zusammenhang zwischen Leistung und Glück und daher auch einen zwischen Frust/Enttäuschung und Absenz von Anerkennung. Dies ist auch die Begründung für Motivation und Demotivation und sehr wichtig für die Theorie der Arbeit. Geld ist nämlich nur dann ein Motivator, wenn es als Anerkennung für eine Leistung gesehen wird. Wird hingegen Geld betrachtet als Bezahlung für Zeit oder für eine Tätigkeit, dann verliert es komplett den Motivationscharakter. Bleibt Arbeit ohne Erfolg und Leistung, dann entsteht auch kein Glück. Leistung ist der Schlüssel und Anerkennung macht glücklich. Das ist auch der Zusammenhang zwischen Geld, Glück, Motivation und Leistung.

In der ökonomischen Theorie wird menschliche Arbeit angeboten nur aus dem Zwang heraus, Geld für das Überleben zu verdienen. Somit verkommt die menschliche Arbeit zu einer käuflichen Ware. Der Mensch würde nicht arbeiten, wenn er nicht müsste und wenn er nicht gezwungen wäre durch seine Arbeit Geld zum Überleben zu verdienen.

In der Realität jedoch arbeiten sehr oft Menschen aus Gründen der Selbstverwirklichung, aus Spaß an der Sache, sehr oft aus Passion oder auch aus der Überzeugung heraus, etwas erreichen zu wollen, oder beispielsweise, weil sie einen gesellschaftlichen Status erreichen wollen, oder einfach nur, weil sie kreativ sein wollen. Dies alles sind Beispiele, wo Menschen nicht aus dem Zwang heraus und aus der Notwendigkeit heraus arbeiten, nur um Geld verdienen zu müssen. Aus der täglichen eigenen Erfahrung wissen wir sehr gut, dass eine innere Überzeugung ein sehr großer Motivator ist, etwas zu tun, und daher arbeiten auch sehr viele Menschen nur aus ihrer inneren Überzeugung heraus sehr viel, was komplett diametral ist zu den Annahmen der ökonomischen Standardtheorie und dem Verhalten des Homo oeconomicus.

Diese Erkenntnis hat in der ökonomischen Theorie weitreichende Folgen: Die Arbeitsmarkttheorie kann nicht stimmen: Sie geht davon aus, dass Menschen ohne Bezahlung nicht arbeiten und dass die Bezahlung der Motivator für Arbeit ist. Die Motivationstheorie kann auch nicht stimmen: Denn die besagt, dass mit zunehmender Bezahlung die Leistung/Motivation zunimmt. Dass dies nicht der Fall ist, ist längst bekannt.

11.6   Neue Arbeitsmarkttheorie

Um die Welt zu einem besseren Ort für ihre Bewohner zu machen und um die Gesellschaft gut und vernünftig zu gestalten, bedarf es zahlreicher Faktoren und Voraussetzungen, die vorliegen müssen. Der Mensch muss im Mittelpunkt stehen und seine Bedürfnisse müssen primär berücksichtigt werden. Hierbei spielt die ökonomische Theorie eine entscheidende Rolle: Denn die Ökonomie bildet den Rahmen einer Gesellschaft, in dem die Arbeit, die Produktion der zum Überleben notwendigen Güter und auch die Zurverfügungstellung aller notwendigen Gebrauchs- und Konsumgüter stattfindet. Auch der Alltag der meisten

Menschen findet größtenteils in der Arbeitswelt statt. Sehr viel von ihrer Lebenszeit und somit auch von dem allgemein empfundenen Wohlergehen der Menschen hängt also ganz direkt mit der Organisation, der Funktionsweise und dem Setup der Arbeitswelt zusammen.

Welche verheerenden Folgen auf ganze Länder, Gesellschaften, Völker und sogar Kontinente falsche oder falsch verstandene, falsch umgesetzte oder falsch interpretierte ökonomische Theorien haben können, zeigt am eindrucksvollsten das Beispiel des nach 70 Jahren gescheiterten „kommunistischen Experiments" im vergangenem Jahrhundert.

Umso mehr muss also darauf geachtet werden, dass eine ökonomische Theorie nicht zu viele schwer zu erfüllende oder gar realitätsferne (oder gar utopische) Voraussetzungen und Annahmen beinhaltet und als Folge dessen in der Realität Schäden, Unglück, Ungerechtigkeiten und Armut verursacht. Sehr sorgfältig sind auch „weiche Faktoren" zu berücksichtigen und wichtige Zusammenhänge dürfen nicht vernachlässigt oder verharmlost werden. Je besser einzelne Aspekte der Theorie experimentell oder empirisch beantwortbar, überprüfbar und belegbar sind, desto höher ist dann auch die Wahrscheinlichkeit, dass die Theorie die Realität richtig beschreibt, valide Erklärungen liefert und somit auch umsetzbar ist und in der Realität funktioniert.

Nur so kann die Welt sukzessive nachhaltig verbessert werden, die weit weg ist von einem Zustand der akzeptablen Funktionalität, in der der Wohlstand und das Glücksempfinden für die Menschen tatsächlich auch verbessert, geschweige denn maximiert werden.

Wie zuvor erklärt, ist dabei die Arbeit der Menschen in ihrem Alltag und in ihrem Leben ein wichtiger Aspekt. Die richtige Arbeitsmarkttheorie ist deswegen die Voraussetzung für das Funktionieren des Gesamtsystems der Ökonomie und der Gesellschaft. Die aktuelle Arbeitsmarkttheorie der ökonomischen Standardtheorie hat, wie unter Abschn. 5.1 beschrieben und analysiert wurde, signifikante Mängel und bildet die Realität nicht ausreichend ab. Durch neue Erkenntnisse aus der verhaltensökonomischen Forschung, durch zahllose wissenschaftliche Experimente, durch empirische Analysen und durch die Unfähigkeit, wichtige Fragen beantworten oder abbilden zu können, wurde die Insuffizienz der aktuellen Arbeitsmarkttheorie deutlich und ihre Überarbeitung notwendig.

Die hier vorgestellte neue Arbeitsmarkttheorie bietet eine Lösung an, denn sie beinhaltet alle notwendigen Faktoren und erklärt die einzelnen Zusammenhänge wie im ökonomischen so auch im sozialen Kontext. Sie ist als Theorie in sich schlüssig, ihre Bestandteile lassen sich experimentell wie auch empirisch verifizieren und sie berücksichtigt die wichtigen Rahmenbedingungen und Faktoren, mit welchen in der Realität der Arbeitsmarkt in Interaktion und/oder Abhängigkeit steht.

11.7 Die Signifikanz von Rahmenbedingungen

Die Funktionsweise jedes Systems (strenggenommen auch der Welt, in der wir leben) hängt direkt zusammen mit seinem organisatorischen Setup, also mit seinem systematischen Aufbau und seiner Organisationsstruktur. Diese ist der Hauptfaktor, der die generelle Funktionsweise des Systems determiniert. Dabei können die Funktionsweise und das

Optimum des Systems stabil oder instabil sein. Die Welt und die Natur durchliefen eine Evolution, die Jahrmillionen gedauert hat, und während dieser Zeit konnten durch „trial and error" immer bessere Lösungen (Funktionsweisen) und stabilere Optima entstehen.

Eine soziale oder ökonomische Organisationsstruktur bildet sich nicht von selbst durch die Natur, sondern wird durch Planung und Konsens der Beteiligten und durch deren Entscheidung festgelegt. Dabei müssen Abwägungen zwischen verschiedenen Parametern gemacht werden. Diese werden nach ihrer Signifikanz durch die Gesellschaftsmitglieder priorisiert: Beispielsweise werden bei der Festlegung des gesellschaftlichen Systems Parameter/Anforderungen wie Produktionsfähigkeit, Output-Möglichkeiten, Wohlstand, Freiheit, Sicherheit, Gerechtigkeit, Verteilung, Sozialwesen, Stabilität und Robustheit des Systems gewichtet, priorisiert und zwischen ihrem gewünschten Mix abgewogen. Daraus ist ersichtlich, dass je nach Zielsetzung manche Organisationsstrukturen günstiger oder passender sind als andere. Und das ist auch der Grund dafür, dass es auf der Welt dieunterschiedlichsten Gesellschaftssysteme und Wirtschaftssysteme gibt. Sie führen auf unterschiedliche Präferenzen und Gewichtungen der jeweiligen Faktoren zurück.

Wie entwickeln sich „optimale" Organisationsstrukturen und wie unterscheiden sie sich von „schlechten" Organisationsstrukturen?

Auch das ist eine Folge der gemachten Ziel-Zweck-Abwägungen, der Festlegung der Prioritäten, der Analyse der Akzeptanz der betroffenen Menschen und letztendlich auch der tatsächlichen Umsetzbarkeit – also der Implementierung der Organisationsstruktur – und ihrer Stabilität. Die Geschichte und Kultur spielen hier eine nicht zu unterschätzende Rolle.

Das Wesen von Organisationsstrukturen muss deshalb auch ein wichtiger Faktor einer realitätsnahen ökonomischen Theorie sein. Denn Organisationsstrukturen sind von Menschen gemacht, sie sind veränderbar und nahezu beliebig wählbar und sie haben signifikante Auswirkungen auf die ökonomischen und sozialen Ergebnisse.

Neben dem organisatorischen Rahmen spielen auch die Rahmenbedingungen und Rahmenfaktoren eine sehr wichtige Rolle. Dies ist beispielsweise der rechtliche Rahmen inklusive der Durchsetzbarkeit des Rechts, es ist der steuerrechtliche Komplex, der die Ökonomie und die Gesellschaft direkt und teils massiv beeinflusst, es sind aber auch die Umwelt und ihre Schönheit und Intaktheit, welche sich direkt auf die Lebensqualität der Gesellschaft und auf das Lebensglückt auswirken – allesamt Faktoren, die für eine gute Leistungsfähigkeit und Wohlstand unabdingbar sind. Daneben gibt es das durch die Natur gegebene Klima, welches nicht nur auf die Landwirtschaft, sondern auf die ganze Gesellschaft und die Ökonomie direkte Auswirkungen hat.

Diese breite Skala der unterschiedlichsten Rahmenbedingungen wirkt sich nicht nur auf die staatliche Organisation, auf die Regierungsform, auf Firmen, Fabriken und ihre Produktionsprozesse aus. Sie wirkt sich auch aus auf die Ökonomie. Die Systemstruktur, die Rahmenbedingungen und die die Umwelt- und sozialen Faktoren sind die Hauptdeterminanten. Auch bei diesen wird der Kreislaufcharakter der gegenseitigen Abhängigkeiten sehr deutlich.

Als hervorragendes historisches Beispiel kann hier der Vergleich der beiden deutschen Staaten bis zur Wiedervereinigung herangezogen werden.

Es standen sich zwei Systeme, zwei Organisationsstrukturen bei sehr ähnlichen (um nicht zu sagen identischen) Voraussetzungen und Ausgangslagen gegenüber. Bei gleichen Ressourcen, bei gleicher Kultur, bei gleichem Bildungsstand und bei gleicher Bevölkerungsabstammung gab es trotzdem fast diametral verschiedene Ergebnisse im Lebensstandard, im ökonomischen Output, im Wohlstand, in der Produktion, im Freiheitsgrad usw. Organisation ist daher ganz offensichtlich auch ein wichtiger Bestandteil der Ökonomie, bei der Produktion, Verteilung und beim Verbrauch, bei den Unternehmen, in den Haushalten im privaten Sektor und auch beim Staat.

11.7.1 Die performancebestimmenden Faktoren von Organisationssystemen

Ein Aspekt, der nicht wichtig genug ästimiert werden kann und der in der ökonomischen Analyse wie auch in der ökonomischen Theorie viel zu wenig Berücksichtigung findet, ist das generelle Thema der Organisation des „Systems Ökonomie", hier im Sinne der Volkswirtschaft. Jedes System hat bestimmte endogene Gesetzmäßigkeiten, unter welchen es nach bestimmten Regeln und Gesetzen so funktioniert, wie es funktioniert, wie es sich unter bestimmten Bedingungen verhält und so ganz bestimmte, spezifische Leistungen und Ergebnisse erbringt, ganz egal, wie oder welche Leistung gemessen wird, und ganz egal, ob die internen Gesetzmäßigkeiten bekannt sind oder nicht.

Verändert man die Organisationsstruktur und belässt alle anderen Konstanten gleich, verändern sich die internen Prozesse automatisch, damit die Arbeitsweise des ganzen Systems und in den meisten Fällen auch der Output – also die Gesamtperformance.

Versteht man diese Gesetzmäßigkeit, dann stellt sich folglich immer die Frage nach dem besten organisatorischen Setup, um die Leistungsfähigkeit eines Systems zu verbessern oder nach den gewünschten Kriterien zu optimieren. Die richtige Auswahl dieser Kriterien ist entscheidend.

Grundlage jeder Organisationsstruktur sind immer die Regeln und Gesetze, nach welchen die Menschen in dieser Organisation agieren. Dabei sind hier alle Regeln und Gesetze inkludiert, also auch die, welche beispielsweise innerhalb einer Organisation/Gesellschaft nicht nur das geschriebene Gesetz repräsentieren, sondern auch in anderen Formen existieren können. Dies können beispielsweise kulturelle Gepflogenheiten sein, religiöse Vorstellungen, ungeschriebene Verhaltensformen, Etikette, Sozialnormen, Anstandsregeln oder auch von Natur den Menschen gegebene Veranlagungen, wie beispielsweise Triebe. Alle diese Faktoren in einer Gesamtkonstellation ergeben dann das „wirkliche" Setup, nach welchem eine Organisation/Gesellschaft/Ökonomie funktioniert.

Verhaltensforscher haben herausgefunden, dass es bei gesetzeswidrigen Vereinigungen, wie beispielsweise Kartellen, oder sogar bei kriminellen Gruppen wie der Mafia seitens deren Mitglieder eine teilweise sehr stark ausgeprägte Präferenz gibt, sich an gegebene

Regeln zu halten. Diese Erkenntnis wird durch die Theorie gestützt, welche besagt, dass jede erdenkliche Organisationsform nur dann gut funktionieren kann, wenn sie klare Regeln hat und diese auch von den Mitgliedern dieser Organisation getragen, also eingehalten werden. Somit gibt es auch eine Art Kodex, Gesetz oder Verhaltensregeln, auch wenn bei diesen gesetzeswidrigen Gruppierungen diese Verhaltensregeln im Widerspruch zur Jurisdiktion des Landes stehen.

Der springende Punkt dabei ist, dass das Einhalten von beispielsweise gesetzeswidrigen Absprachen eines Kartells und gleichzeitig das faire Verhalten und Handeln untereinander nicht immer zum Wohle der Gesellschaft führen. Es führt aber immer nur zum Wohle der jeweiligen kleinen Gruppe innerhalb der Gesellschaft.

Ein sehr ähnlicher und bekannter Effekt ist das sehr strikte und strenge Einhalten von internen Regeln bei kriminellen und mafiaähnlichen Gruppierungen. Hier gibt es klare Regeln, klare Strukturen, klare Befehlshierarchien – und diese werden hoch respektiert und strikt eingehalten.

Somit muss man zwangsläufig aus dieser Erkenntnis den Schluss ziehen, dass Mitglieder von gesetzeswidrigen und illegalen Gruppierungen durchaus in der Lage sind und auch die Motivation und Präferenz haben, Regeln, Gesetze und Vorschriften zu respektieren und einzuhalten. Auch wenn diese Regeln nicht die eines Staates oder eines Landes sind, sondern die einer nicht-staatlichen Organisationsstruktur.

An der Tatsache selbst, dass es trotzdem immer Beweggründe/Motive für Menschen zur Einhaltung bestimmter sozialer Normen gibt, ändert dies jedoch nichts.

Akzeptiert man dieses Ergebnis, dann muss man die Frage stellen, warum Menschen manchmal die sozialen Normen von nicht-staatlichen Gruppierungen befolgen und nicht die des Staates? Warum präferieren sie Gesetze und Normen von nicht-staatlichen Organisationen gegenüber denen des Staates? Es muss ganz klare und starke Motive und Gründe geben, welche diese Menschen haben, damit sie ihre Präferenzen so setzen oder verändern, dass sie es selbst unter dem Risiko, bestraft zu werden, vorziehen, die Normen einer nicht-staatlichen Gruppierung zu befolgen anstatt die Gesetze und Normen des Staates.

Der Mensch ist ein nach Glück und Zufriedenheit strebendes Wesen. Sein Zugehörigkeitsgefühl zu einer Gemeinschaft und auch das Ansehen in der Gesellschaft sind für ihn wichtige Glück bringende Faktoren. Es liegt daher nahe zu vermuten, dass dieses Zugehörigkeitsgefühl das ausschlaggebende Kriterium dafür ist, für welche Gesellschaftsordnung oder für welche Organisationsstruktur sich ein Individuum entscheidet. Diejenige Gruppe/Organisation also, in der sich das Individuum am besten aufgehoben fühlt, zu der es sich hingezogen fühlt, die ihm das meiste bietet und in der es anerkannt werden möchte, bringt subjektiv durch Anerkennung die größte Genugtuung für ihn. Dafür entscheidet sich das Individuum. Als Konsequenz dessen befolgt es dann auch die Regeln dieser Gruppe/Organisation und präferiert diese Regeln vor denen der anderen Gesellschaftsordnung/Organisation.

Auf diese Art und Weise können ganze Parallelgesellschaften und Schattenwirtschaften in der realen Welt entstehen.

Kleinere Organisationsstrukturen verstehen es außerdem hervorragend, ihre Mitglieder sehr gut, sehr schnell und sehr effektiv zu integrieren. Die Integration bei großen staatlichen Organisationen ist hingegen weitaus schlechter und langwieriger.

Eine der Hauptursachen für die aktuell vorliegenden gesellschaftlichen Probleme in der westlichen Welt ist genau diese nicht gelungene oder generell nicht gut funktionierende Integration.

Die Art der Organisation und die Organisationsform spielen auch in der Ökonomie eine wichtige Rolle. Jede Organisation muss an bestimmte Ziele ausgerichtet sein und interne Abläufe und Prozesse müssen zur vorhandenen Organisation passen. Die Menschen und die Abläufe müssen sich ergänzen und den Zielen der Organisation optimal dienen. Somit sind die richtige Zielsetzung und der optimale Einsatz des Menschen und seiner Fähigkeiten (inklusive der Technologie) die wichtigsten Faktoren für die Funktionsweise von Organisationen. Als Zielsetzung können Organisationen beispielsweise haben: Gewinnmaximierung, gute und soziale gesellschaftliche Funktion, Maximierung von Shareholder Value, Verbesserung vom Image oder von Qualität, Sicherung oder Erweiterung von Arbeitsplätzen, Wohlstandsgenerierung innerhalb der Gesellschaft, Verbesserung der Versorgungsfunktion, Wohltätigkeit, Armutsbekämpfung, Entwicklungshilfe usw.

Je nach Zielsetzung muss die entsprechend optimale Organisationsform implementiert werden und ihre Abläufe müssen an die herrschenden Gegebenheiten angepasst werden. Nach den Abläufen sind die passendsten Positionen, Menschen und Personal zu wählen, die dann die entsprechende Kultur bilden und Kommunikation untereinander und nach außen führen. Dies bildet eine ganze Kette (oder noch besser ausgedrückt einen Kreislauf) von kausal miteinander zusammenhängenden Faktoren, von welchen jeder einzelne sehr komplex und hoch veränderbar ist:

So bestimmen die Ziele die Möglichkeiten der unterschiedlichen Organisationsformen. Diese determinieren dann die infrage kommenden Prozesse und Abläufe, welche durch Menschen und ihr Handeln und Verhalten gelebt werden. So entsteht eine ganz bestimmte gelebte reale Kultur mit sozialen Interaktionen und Kommunikation. Die so erzielten Ergebnisse (Output der Organisation) werden evaluiert und evtl. modifiziert oder optimiert, je nachdem, wie die Zielsetzung ist und sich mit der Zeit entwickelt. Das ergibt dann einen sich ständig wiederholenden Kreislauf. Ändert sich die Zielsetzung aus externen Gründen oder weil der Output nicht passt, dann verändern sich analog dazu alle anderen Faktoren auch. So bleibt alles im ständigen Wandel, weil alles miteinander im direkten Zusammenhang steht und weil es eine ständige Interaktion mit der Außenwelt gibt. Daher gibt es auch eine ständige Entwicklung, Änderung, Verbesserung und Anpassung. Es ist der Gang der Evolution. Es ist zugleich auch das Grundprinzip der Evolution. Auch diese Gesetzmäßigkeiten werden durch die ökonomische Standardtheorie nicht ausreichend abgebildet und berücksichtigt.

11.7.2 Der Zusammenhang zwischen Organisationsstruktur und ökonomischer Leistungsfähigkeit am Beispiel von Produktion und Wohlstand in der DDR und BRD

Empirisch kann man eindeutig belegen, dass Menschen sich trotz identischen „Hintergrunds" – also Abstammung, Kultur, Entwicklung, Geschichte, Normen, Erziehung, genetischer Disposition, geografischer Gegebenheiten usw. – komplett unterschiedlich verhalten, wenn sie in unterschiedlichen Systemen oder Gesellschaftsorganisationen leben.

Das anschaulichste Beispiel hierfür ist in der jüngeren Geschichte in Deutschland bis zur Wiedervereinigung zu sehen. Wie zuvor bereits kurz erwähnt, handelt es sich um komplett die gleichen Familien, die gleichen Menschen und die gleichen Voraussetzungen. Einzig allein die Gesellschaftsform, in der diese Menschen lebten, war verschieden mit unterschiedlichen Werten und Regeln: Egal, was man betrachtet, das Verhalten selbst, die jeweiligen Entscheidungen oder der sogenannte Zeitgeist in der entsprechenden Zeit und Gesellschaftsform, alles hat sich praktisch diametral in Bezug auf das Verhalten der Menschen unterschieden: während der Zeit der Nationalsozialisten in Deutschland, während der Zeit der Kommunisten in Deutschland (DDR), während der konservativen 1950er-Jahre, während der Zeit des Aufbegehrens in den 1970er-Jahren oder während der 1980er-Jahre beim Leben im Überfluss. Nichts ist so aussagekräftig über das menschliche Verhalten und Handeln, die Beweggründe, Motive und Werte bei der Präferenzsetzung und beim Herausbilden von Entscheidungen und den anschließenden Handlungen, die immer im Zusammenhang mit dem jeweiligen Umfeld und den Rahmenbedingungen zu sehen sind, unter welchen diese stattfanden. Bei diesem Beispiel von zwei Systemen in einem Land handelt es sich um das gleiche Volk, es sind die gleichen Gene (also die gleiche menschliche Disposition („Hardware"), die gleiche Kultur, Geschichte usw. und trotzdem waren das Verhalten und die Verhaltensformen komplett unterschiedlich. Ein anderes anschauliches Beispiel dafür, wie wichtig das Organisationssystem ist, in welchem Menschen leben, und wie sich dieses System auf ihr Verhalten und ihre Präferenzsetzung und letztendlich auch auf ihre ökonomische Leistungsfähigkeit auswirkt, ist in Korea zu sehen. Ein Volk, zwei unterschiedliche Organisationssysteme und völlig unterschiedliche Resultate und Outputs.

11.7.3 Wettbewerb der Wirtschafts- und Organisationssysteme

Das kapitalistische System produziert großes Vermögen, hat hohe Produktivität und hohe Freiheitsgrade, besitzt aber das Problem der extremen Kapitalakkumulation, der ungenügenden Verteilung der Einkommen und des Wohlstands und – wenn nicht reguliert – auch der sozialen „Kälte".

Das kommunistische System produziert hingegen meistens nur Armut und Elend. Der Grund hierfür ist das angeborene menschliche Verhalten. Das Eigeninteresse des Menschen steht im Kommunismus im Konflikt mit der eigentlichen Idee des Kommunismus.

Freiheit in einem kommunistischen System ist undenkbar, weil die Menschen mit staatlichen Maßnahmen (die für sie unangenehm sind) gezwungen werden müssen, gegen ihre Eigeninteressen zu handeln. Somit ist dieses System für Normalbürger (die keine Idealmenschen sind) ein völliger Konstruktionsfehler.

Die soziale Marktwirtschaft könnte auch als eine Art Zwischenlösung angesehen werden, die versucht, die Vorteile beider Systeme miteinander zu vereinen. Das Problem bei der sozialen Markwirtschaft ist ihre ständige Bedrohung von außen, weil zwangsläufig immer ein bestimmter Prozentsatz des Kapitals abfließt in Länder, die freier und kapitalistischer sind, denn dort kann es sich besser vermehren. Außerdem zieht es durch das gute und großzügige soziale System Armut und Zuwanderung an. Dadurch entsteht langfristig eine Instabilität.

Wie in der Gesellschaft so sind auch in der Ökonomie Nachhaltigkeit und Langfristigkeit essenziell. Insbesondere große und strategische Vorhaben lassen sich meistens nur über einen längeren Zeitraum realisieren. Bedenkt man, dass Wahlen alle 4 bis 5 Jahre stattfinden, verbunden mit mindestens einem halben Jahr Wahlkampf und mindestens genau so langer Regierungsbildung nach den Wahlen, so wird deutlich, wie viel Zeit zur Verfügung steht, um wichtige strategische Vorhaben zu verwirklichen.

Ist hingegen die Regierung, wie beispielsweise in China, von dieser „Kurzatmigkeit" befreit, hat man mehr Zeit, mehr Ruhe und auch mehr Möglichkeiten, die gewünschte Politik zu gestalten. Ökonomisch schlägt sich dies positiv nieder, auch wenn die Freiheit unstrittig in bestimmtem Maß beschnitten wird. Die ökonomischen Vorteile scheinen in der Zukunft schwerer zu wiegen. So wird die Zukunft mehrerer Länder möglicherweise so aussehen, dass es punktuell Regionen und Sonderwirtschaftszonen geben wird, in welchen andere Gesetze und Regeln gelten als im Rest des Landes, und wo Staatsoberhäupter de facto auf Lebenszeit installiert werden und Wahlen nur eine staatliche und gesellschaftliche Nebenrolle einnehmen. Die Menschen leben in einer für sie scheinbar noch gerade so hinnehmbaren Freiheit und können sich dank der Ausnahmeregelung in den Sonderwirtschaftszonen auch auf Geschäfte konzentrieren.

Die Organisationsstruktur, also das System einer Gesellschaft, hat direkte Auswirkung auf das Vertrauen der Bürger. Wenn jeder weiß, dass jeder in dem existierenden System klaut und sich bereichert, dann hat dies verheerende Auswirkungen auf das Vertrauen, dementsprechend auf die Erwartungen der Bürger und folglich auf ihre eigenen Entscheidungen und Handlungen. Wie am Beispiel des Experiments von Dan Ariely (siehe unter Abschn. 4.1.7, Die Signifikanz des Faktors „Vertrauen" in der ökonomischen Theorie) eindeutig gezeigt und wissenschaftlich belegt, steigt Unehrlichkeit sprunghaft an, wenn Unehrlichkeit antizipiert wird. Das Vertrauen, welches auch im ökonomischen Sinne einen Wert darstellt, sinkt dann rapide und der Wert, welchen dieses Vertrauen darstellt, ist zerstört. Das System kann unter diesen Umständen bei Weitem nicht mehr effektiv und effizient funktionieren, was im Umkehrschluss nichts anderes bedeutet als eine Absenkung aller ökonomischen Parameter: Leistungsfähigkeit, Output, Lebensstandard, Lebensqualität usw. Daher sind Organisationsstrukturen so wichtig und müssen in der ökonomischen Theorie entsprechend berücksichtigt werden.

Eine gegebene Organisationsstruktur ist nichts Gottgegebenes und nichts Unveränderbares. Sie ist durch Menschen gemacht und kann auch durch Menschen verändert werden. Die Komplexität in einem Systemwechsel liegt in der Regel in der Dauer der Transformationsphase, in der viel Chaos herrscht, und in den damit verbundenen Risiken des Scheiterns. Dabei ist zu bedenken, dass ein einfaches Kopieren eines anderen, an anderer Stelle möglicherweise gut funktionierenden Systems in den allermeisten Fällen nicht gut funktioniert, weil jedes System ganz spezifisch auf die jeweiligen Gegebenheiten justiert und angepasst ist.

11.7.4 Änderung von Organisationsstrukturen – Wie Transformationen funktionieren

Transformationen können auf verschiedene Weisen zustande kommen:

a) durch stille, langsame und schleichende kontinuierliche Änderung,
b) durch eine „Revolution" und schnellen, schmerzhaften Umbruch,
c) durch Versuch-und-Irrtum-Vorgehen der Akteure,
d) durch „Befehl"-Verordnung „von oben",
e) durch permanenten Druck „von unten" (gute Argumente notwendig),
f) durch eine unausweichliche Notwendigkeit und entsprechenden Fokus.

Eine Extremform der Änderung einer Organisationsstruktur oder der Transformation sind Revolutionen. Sie können betrachtet werden als die extremste Ausprägung von Ausgleichsprozessen bei ökonomischen und gesellschaftlichen Friktionen, die möglicherweise mit anderen Mitteln unüberwindbar wären.

Change-System-Funktion: Durch entsprechenden Reiz (= Wahrnehmung) entsteht eine Information. Diese führt zu der dazu passenden Emotion und die führt zu einer bestimmten Reaktion. Die Reaktionen als Summe ergeben dann das Verhalten, welches zu einem bestimmten Resultat führt.

Dabei ist zu bedenken, dass Angst ein extrem wirksamer und einfach zu erzielender Reiz ist. Insbesondere in Verbindung mit Ungewissheit, Verlustangst, Gefahr, Tot, Lebensbedrohung usw.

Manipulation: Angst ist ein extrem effektives Instrument zur Manipulation und zur Erlangung von Kontrolle! Gute Beispiele hierfür sind:

• Pandemien (beispielsweise Corona): Regierungen verbreiten Angst, um Menschen zu manipulieren und um Vorschriften durchzusetzen, welche unter normalen Umständen nicht durchsetzbar wären. Daraus entstehen zahlreiche Vorteile: Schwächung der Opposition, Stärkung der Regierung, besondere Machtbefugnisse, Erfolgsmeldungen, Beliebtheit der Regierung, „Durchregieren" wird er leichtert, Wiederwahl wird wahrscheinlicher, Erfolge werden als eigene Leistung verbucht und Misserfolge werden anderen zugeschrieben.

- Ökonomische Krisen: Hier sind die Mechanismen ähnlich wie im Krieg: Inflationsrate sinkt, Umverteilung wird einfacher und mit weniger Widerständen möglich, Liquiditätsentzug, Staatsausweitung der Kontrolle der Wirtschaft und Bürger, Sonderbefugnisse der Regierung.
- Naturkatastrophen: Ablenkung von eigentlichen Problemen, Rechtfertigung von Sonderausgaben, Eingriffe ins Sozialleben, in die Ökonomie und in Gesellschaftsstrukturen.
- Militärische Konflikte: Steuerung von Kapitalströmen, Durchgriffe in Ökonomie und Gesellschaft, Ablenkung von anderen Problemen.

Generell kann man feststellen, dass durch Angst Manipulation in allen existierenden Bereichen des Lebens möglich und sehr wirkungsvoll ist. Somit ist sie ein Mittel zur Führung und Steuerung der Gesellschaft (Ökonomie, Politik, Religion, Gesundheit, Schulwesen …).

Krisenmanagement: Es hat sich immer wieder gezeigt, dass Krisen äußerst effektiv dadurch bekämpft werden können, indem man frisches Geld in die Ökonomie durch die Zentralbank pumpt und somit das entstandene jeweilige Problem behebt. Dabei ist in diesem Zusammenhang zu verstehen, dass diese „Probleme" immer mit ökonomischen Verwerfungen zu tun haben (Pleiten, Finanzengpässe, Liquiditätsabflüsse). Der „Preis" für diese Hilfsmaßnahme ist eine erweiterte Geldmenge in der Ökonomie verbunden mit einem Anstieg der Inflationsrate. Zwischen der Ausweitung der Liquidität und der Inflationsrate gibt es jedoch keine „starre" Abhängigkeit. Hier beschreibt der Cantillon-Effekt den tatsächlichen Zusammenhang. Durch eine Instrumentalisierung dieses Cantillon-Effekts kann man aber den „Preis" für die Rettungsmaßnahme (= Inflation verursacht durch Pumpen vom frischen Geld in die Wirtschaft durch die Zentralbank) minimieren.

Beeinflussung der Inflation durch Beeinflussung/Instrumentalisierung des Cantillon-Effekts: Steuerung der Inflation durch Instrumentalisierung des Cantillon-Effekts ist innerhalb von gewissen Grenzen möglich. Insbesondere durch die Vermeidung, dass frisches Geld nach „unten durch die Gesellschaft durchsickert". Dadurch bleibt genügend Liquidität im Umlauf, um Krisen durch die Regierung zu bekämpfen, und trotzdem bleiben Preise lange Zeit stabil, weil „das Volk" nicht mehr Geld zur Verfügung hat.

Anpassungen, Veränderungsprozesse und Changes

Die Wahrnehmungen im täglichen Leben kann man auch mit einem Duft beschreiben: Man nimmt etwas (z. B. einen Duft) wahr, jedoch tritt ein sehr schneller Gewöhnungseffekt ein. Man gewöhnt sich also sehr schnell an diesen Duft und merkt ihn nach einer gewissen Zeit nicht mehr. Identisch verhält es sich mit allen anderen Reizen und Wahrnehmungen im Leben. Der Mensch nimmt am deutlichsten nur die Veränderungen wahr, die sich von einer bestimmten Situation in der Vergangenheit unterscheiden. Mit der Zeit werden diese Veränderungen verinnerlicht und werden nicht mehr bemerkt. Das ist auch die Begründung dafür, dass jeder Widerstand gegen etwas stabil Gleichbleibendes (d. h.

gegen etwas, was nicht mit der Zeit noch schlechter wird) im Laufe der Zeit immer geringer wird. Man kann es auch als eine Art Gewöhnung bezeichnen.

Gründe, warum Reformen in den allermeisten Fällen so schlecht funktionieren (die inhärente Tendenz zum Widerstand)

Es gibt bei jeder Veränderung und Reform immer Gewinner und Verlierer. Aus der Verhaltensforschung und Psychologie wissen wir, dass Verluste wesentlich schwerer wiegen als Gewinne. Das hat zur Folge, dass die durch eine Veränderung entstandenen Vorteile und Gewinne wesentlich niedriger bewertet werden als die dadurch entstandenen Nachteile und Verluste. Zudem kämpfen Menschen erfahrungsgemäß mehr, länger und verbissener gegen Verluste, als sie es für Gewinne im gleicher Höhe tun würden. Folglich wird auch immer mehr gegen Reformen als für Reformen gekämpft.

Ein weiterer Grund, warum Reformen oft scheitern, liegt in der Unsicherheit über das, was kommt. Menschen hassen Unsicherheit. Und deshalb ziehen sie sehr oft einen Zustand vor, der vielleicht nicht gerade der beste ist, den sie aber schon kennen und wo sie keine Unsicherheit erfahren müssen.

Menschen haben außerdem Angst, zu den Verlierern der Reformen und Veränderungen zu gehören, und sie haben Angst, dass die neue Situation schlimmer sein wird, als es die alte war. Deswegen sind sie sehr oft generell gegen Veränderungen und Reformen.

Bereits im Jahr 1980 wurde der Endowment-Effekt von Richard Thaler publiziert.

Dieser besagt, dass Individuen Dinge, die sie kennen und die ihnen gehören, deutlich höher wertschätzen als Dinge, die ihnen nicht gehören oder ihnen fremd sind. Menschen schätzen daher generell das, was sie besitzen, unverhältnismäßig hoch ein.

In der Verhaltensökonomie wurde beispielsweise eindeutig belegt, dass es eine Diskrepanz gibt zwischen der Wertschätzung von Gütern, die man besitzt, und denen, die man nicht besitzt. Dies scheint ein natürliches und angeborenes Bedürfnis zu sein, denn das, woran einem am meisten liegt, das beschützt man auch am meisten. Möglicherweise ist das durch die Evolutionsgeschichte gegeben und für das Überleben der Spezies wichtig (Vorräte bilden und verteidigen, Revier behalten und verteidigen, Familie behalten und beschützen etc.). Man darf angeborene Bedürfnisse nicht ignorieren oder unterschätzen. Diese Motive sind emotional tief in den Menschen verankert und haben einen sehr großen Einfluss auf ihr Verhalten. Rationalität spielt darin sehr oft nur eine eher untergeordnete Rolle.

Kriterien für eine erfolgreiche Implementierung von Veränderungen

Jeder Veränderungsprozess kann durch drei Ausprägungen klassifiziert werden.

1. Wie groß und schwierig ist die Veränderung gegenüber dem ursprünglichen Zustand, welchen Nachteil bringt die Veränderung mit sich für die Menschen und welche Widerstände sind möglich oder werden befürchtet? Diese Faktoren können verglichen werden mit „Reibung", die entsteht, um etwas nach vorne zu bringen.

2. Welche Motivation gibt es für die Veränderung? Wie stark sind die Vorteile der Veränderungen? Diese Faktoren können verglichen werden mit dem „Treibstoff", der benötigt wird, um etwas nach vorne zu bringen.
3. Wie groß ist die Wichtigkeit der Veränderung, wie hoch ist Betroffenheit bei den Beteiligten? Diese Faktoren können verglichen werden mit dem „Gewicht", welches bewegt werden muss, um etwas nach vorne zu bringen.

Damit ein Veränderungsprozess erfolgreich eingeführt werden kann, müssen diese drei
Faktoren berücksichtigt werden.

Der Mensch ist unendlich anpassungsfähig. Daher hat er in der Evolution überlebt und
sich sogar langfristig durchgesetzt. Doch er hasst Veränderungen. Das ist scheinbar ein
Widerspruch, ist aber die Realität. Diese muss immer berücksichtigt werden.

Krisen, Kriege und Katastrophen als Ursachen von Veränderungsprozessen
Krisen und Katastrophen generieren Angst. Der Mensch in seinem angeborenen Verhalten
sucht im Zustand der Angst automatisch Schutz und Sicherheit in der Gemeinschaft – also
beim starken Staat. Gegenüber dem Staat hegt er unter normalen Umständen manchmal
sogar Misstrauen, bei Gefahr, die er selber nicht kontrollieren kann, nähert er sich jedoch den
staatlichen Institutionen an und baut sogar Vertrauen auf. Diesen Effekt kann man überall auf
der Welt beobachten und ganz deutlich wird er sichtbar, wenn beispielsweise während be-
waffneter Konflikte Wahlen stattfinden. Dieser Effekt wird in der Wissenschaft „Rally-
around-the-flag"-Effekt genannt oder im Deutschen auch „Stunde der Exekutive". Er bezeichnet die erhöhte kurzfristige Unterstützung der aktuellen Regierung mit den politischen
Führern eines Landes durch die Bevölkerung in Krisenzeiten oder während eines Krieges.

Dies wird als Instrument ausgenutzt, um beispielsweise unbeliebte Maßnahmen oder
Ziele umzusetzen, gegen welche es unter normalen Umständen zu viel Widerstand innerhalb der Bevölkerung geben würde. So können beispielsweise nicht beliebte Verteilungs-
projekte, Rüstungsprojekte, Steuer- und Finanzprojekte oder Regulierungsprojekte der
Regierung, die unter dem Vorwand einer angeblichen Gefahr und unter Verängstigung der
Bevölkerung als wichtig und sicherheitsrelevant deklariert werden, schnell und ohne größere Widerstände durchgesetzt werden. Mit der Schaffung von Sicherheit lässt sich sehr
viel rechtfertigen. Wenn parallel dazu noch entsprechend die Angstmacherei und Ein-
schüchterung als „Argumentationshilfen" ins Spiel kommen, dann ist die Einführung bei-
nahe aller Maßnahmen möglich. Das ist Psychologie gepaart mit Politik. In der Ökonomie
müssen diese Strömungen und Entwicklungen erkannt und benannt werden.

Diese Methoden wurden schon seit Menschengedenken von Kaisern, Königen und
Kirchenoberhäuptern durch Kriege und Katastrophen als Instrument genutzt.

Ökonomisch folgt Kriegen, Krisen und Krankheiten immer eine gewisse Erholungs-
phase, Aufbau und wirtschaftlicher Aufschwung. Daher können solche Ereignisse durchaus auch als Veränderungs- und Umverteilungsprozesse angesehen werden, um bestimmte
Zustände zu verbessern oder auch um die eigene Macht zu sichern.

So bekommen gesellschaftliche Großprojekte, die aus ökonomischer Sicht oft jeder Realität und Grundlage entbehren, unter diesem Gesichtspunkt eine ganz andere Bedeutung. Ganz gleich, ob man sich den Pyramidenbau im alten Ägypten anschaut oder den Bau von größenwahnsinnigen Kirchen und Kathedralen, die im tiefsten Mittelalter unter größter Armut und Entbehrung der Bevölkerung entstanden sind: Alle diese Projekte sind als eine enorme gesamtgesellschaftliche Anstrengung und finanzielle Ausgabe zu betrachten, durchaus vergleichbar mit einem geführten Krieg. Nur werden die Mittel und Arbeitskraft nicht in Waffen und Kämpfe gesteckt, sondern in Werkzeuge, Material und Bauarbeiten. Diese Projekte und Vorhaben sind somit im Grunde riesige Umverteilungsprozesse des Vermögens und Konjunkturprogramme in einem. Sie geben Arbeit und generieren Geschäftstätigkeit für viele unterschiedliche Branchen und Menschen, auch für die, die nicht direkt an dem Herstellungsprozess selbst beteiligt sind, ganz gleich, ob der Grund unnötig, überflüssig oder unökonomisch ist, und letztendlich auch unabhängig davon, wie viele Menschen ihr Leben in diesen Projekten verlieren. Es entstehen so Arbeit, Aufbau und ein gewisser Aufschwung mit Wohlstand.

„Natürliche" – weil nicht menschengemachte – Krisen können auch jederzeit quasi aus dem Nichts entstehen. Verursacht beispielsweise durch Naturkatastrophen oder Pandemien. Dies sind externe Faktoren, auf die der Mensch und die Gesellschaft keinen Einfluss haben und wodurch es zu tiefgreifenden Eingriffen und Veränderung in ökonomischen, sozialen und manchmal auch in politischen Systemen kommt. Externe Schocks legen dann gnadenlos Schwachstellen eines Systems offen. In Zeiten guter Prosperität können viele Defizite und Schwachstellen vertuscht, versteckt oder kompensiert werden. Je stärker und je größer ein Unternehmen ist, umso höher ist die Wahrscheinlichkeit, dass es eine solche Krise übersteht – und umgekehrt. Die Tatsache, dass viele Unternehmen Krisen nicht überleben, führt zu dem logischen Schluss, dass diejenigen Unternehmen, welche nach einer Krise weiterhin im Geschäft bleiben, zwangsläufig ihre Marktstellung verbessern. Daraus kann man die generelle Tendenz ableiten, dass Krisen großen und starken Unternehmen in ihrer Marktstellung und in ihrer Dominanz nutzen, während sie den kleineren und ökonomisch schwachen Firmen im Verhältnis wesentlich mehr schaden. Denn wie zuvor erwähnt: Nach jeder Krise kommen Aufbau und Aufschwung und den können nur diejenigen nutzen, die bis dahin durchgehalten und überlebt haben.

Die aus der Pandemie bedingte Krise des Jahres 2020 hat diese Zusammenhänge sehr deutlich gezeigt und offengelegt. Es handelte sich dabei gleichzeitig um einen Angebots- und Nachfrageschock. Denn die Produktion und die Wirtschaft wurden stark gedrosselt und durch die staatlichen Maßnahmen (Schließungen) wurde gleichzeitig auch die Nachfrage sehr stark heruntergefahren. Sehr viele Unternehmen haben diese Krise nicht überlebt und die Zahl der Konkurse stieg weltweit sprunghaft an. Die Erholung trat aber sehr schnell ein. Und auch hier kann man einen deutlichen Unterschied beobachten: Je stärker und größer eine Ökonomie war, umso rascher trat die Erholung ein. Länder wie die USA, China, Japan, Deutschland oder Frankreich haben wesentlich weniger durch diese Krise gelitten als die kleineren Länder in Mittel- und Osteuropa, in Mittelamerika oder in Asien. Insbesondere Deutschland hat durch die vorhandenen Instrumente der sozialen Markwirtschaft (beispielsweise die sogenannte Kurzarbeit) und durch das hohe Wohlstandsniveau besonders flexibel und gut reagieren können.

Nach der Abfolge von gleich mehreren Krisen in den 2000er-Jahren wurde immer wieder die ökonomische Standardtheorie in ihren Aussagen durch die Praxis widerlegt: Zum Beispiel kam es trotz jahrzehntelanger Kapitalflutung der Märkte durch die Zentralbanken zu keiner Inflation. Stattdessen boomten die Wertpapiermärkte und Immobilienmärkte und koppelten sich mit der Zeit von der Realökonomie völlig ab. Gleichgewichte auf Arbeitsmärkten, auf Wertpapiermärkten und Kapitalmärkten existierten nicht.

Zu beobachten war eine Verknappung von Rohstoffen, von Wohnungen und zunehmend auch von Nahrungsmitteln durch Spekulationen, welche die Preisspirale für diese lebensnotwendigen Güter antrieb. Jede Verknappung führt daher zu weiteren Spekulationen, weil dadurch immer wieder neue Gewinne möglich werden. Denn jedes Kapital sucht automatisch nach den besten Anlageformen zu seiner Vermehrung. Je wichtiger die Spekulationsobjekte/Spekulationsgüter für die Gesellschaft sind, umso höher können die Gewinne für die Spekulanten und Verknappung ausfallen. Daher rückten zunehmend wichtige Rohstoffe, Wohnraum, Nahrungsmittel und Pharmaunternehmen in den Fokus. Diese Situation zeigt aktuell sehr anschaulich, wie eine starke Konzentration von Kapital bei den Spekulanten, Börsen und Kapitaleignern entsteht. Die Durchschnittsbevölkerung profitiert von diesem Zustand nicht, sie muss höhere Preise bezahlen bei durchschnittlich gleichbleibenden Realeinkommen. Tendenzen der Kapitalakkumulation in kapitalistischen Gesellschaften sind unvermeidlich und werden immer wieder durch die Realität belegt. Diese Tendenzen werden in der neuen ökonomischen Theorie berücksichtigt. Denn eine langanhaltende Kapitalakkumulation, die Unrecht, Ungleichheit und Spannungen produziert, muss immer und unausweichlich irgendwann zu einem Systemkollaps führen. Auch diesen Fakt bestätigt die Geschichte immer wieder. Dieser Prozess erklärt den wichtigen Zusammenhang zwischen Wirtschaft, Gesellschaft und Politik und zeigt somit, wie wichtig eine ganzheitliche Sicht und daher auch eine ganzheitliche ökonomische Theorie sind. Denn nur eine solche Theorie kann auch diese grundlegenden Eigenschaften des Systems abbilden und erklären.

Durch ihre Flexibilität und damit die Möglichkeit, unerwartete Ereignisse und Schocks abzubilden durch ihren deskriptiven Charakter und damit Irrationalitäten und unberechenbare Ereignisse zu berücksichtigen und durch ihre Ganzheitlichkeit, womit alle für die Ökonomie relevanten Faktoren und Zusammenhänge abgebildet und berücksichtigt werden, hebt sich die neue ökonomische Theorie von der ökonomischen Standardtheorie ab. Sie formuliert probabilistische oder statistische Hypothesen (von der Art: je – desto), arbeitet mit Analogien statt Berechnungen und vermeidet so die mathematische Inkorrektheit und Widersprüche der ökonomischen Standardtheorie.

Zusammenfassung der neuen ökonomischen Theorie

Das wissenschaftliche Vorgehen bisher war,, eine Komplexitätsreduktion zu erreichen durch ein Zerlegen der Materie in kleinere Bestandteile und dann diese kleineren Einheiten zu untersuchen, zu analysieren und so zu verstehen. Dieses Vorgehen wird in allen wissenschaftlichen Disziplinen standardmäßig praktiziert.

Eine große Herausforderung ist es, genau das Gegenteil zu tun: nämlich einzelne Bestandteile zu einer Gesamteinheit zusammenzufügen und diese dann zu analysieren und zu verstehen, wie das Gesamtsystem funktioniert. Ganzheitsbetrachtungen sind die Wissenschaft der Zukunft, weil sehr oft Überraschendes passiert: So entspricht beispielsweise in der Ökonomie die Arbeit von zwei gemeinsam arbeitenden Arbeitern NICHT der Arbeit von einem Arbeiter x2, sondern ist meistens etwas mehr, weil sich beide zusammen gegenseitig helfen können und durch intelligente Aufteilung der Arbeit mehr erzielen konnen oder mehr leisten können, als wenn beide einzeln arbeiten, also jeder alleine für sich. 1 + 1 macht also in diesen Fällen nicht 2, sondern mehr als 2. Dies wird aber erst dann deutlich, wenn auch das Gesamtbild dieser Arbeitskonstellation analysiert wird, und nicht, wenn man eine Einzelanalyse der beiden Arbeiter anfertigt. Die Ökonomie ist ein sehr komplexes Gesamtsystem und Forschungen an komplexen Systemen befinden sich heute immer noch in ihren Anfängen. Genau aus diesem Grund haben wir heute immer noch so wenig Wissen in Bereichen, wie beispielsweise der Funktion des menschlichen Immunsystems, des Gehirns oder des Schwarmverhaltens.

Aus diesem Grund soll in der neuen ökonomischen Theorie ein holistischer, ganzheitlicher Ansatz gewagt werden und das Gesamtsystem in seiner funktionalen Komplexität analysiert und beschrieben werden.

Das Hauptziel der neuen ökonomischen Theorie ist es, die komplexe Realität, inklusive der darin vorkommenden Irrationalitäten, und Abhägigkeiten in einem schlüssigen Modell zu beschreiben und zu erklären.

Die neue ökonomische Theorie unterscheidet sich deutlich von der ökonomischen Standardtheorie.

Sie macht keine Annahmen oder einschränkenden Voraussetzungen, um die Komplexität der Realität zu eliminieren. Sie beschreibt die Realität und bildet diese schematisch mit allen ihren Komplexitäten ab.

Im Zentrum der Theorie steht der Mensch, der durch sein Handeln und Verhalten das System Ökonomie mit allen seinen Ausprägungen und Gesetzmäßigkeiten erschafft. Alles ist eine Folge des menschlichen Handelns und daher muss auch das menschliche Handeln durch die ökonomische Theorie entsprechende Berücksichtigung finden.

Diese basiert auf Kreisläufen (nicht auf Gleichgewichten), bei welchen die mikroökonomische Grundlage das menschliche Verhalten mit seiner Präferenzbildung darstellt mit seinen Einschränkungen und Täuschungen in der Wahrnehmung und oft fehlerhafter Verarbeitung der Informationen.

Sie ist kein Gleichgewichtsmodell, sondern hat einen flexiblen Kreislaufcharakter. Sie ist nicht starr und statisch, sondern flexibel anpassungsfähig auf eintretende Ereignisse. Die zyklische Flexibilität erlaubt es, durch die gegenseitigen Zusammenhänge und Abhängigkeiten der einzelnen Faktoren ausgleichend auf Veränderungen, Entwicklungen und Schocks zu wirken.

Aufgrund der gegenseitigen Abhängigkeit von zahlreichen unterschiedlichen Faktoren erlaubt sie keine Partialanalyse, sondern berücksichtigt alle existierenden Zusammenhänge und kann deshalb nur in der Ganzheitlichkeit als ein Gesamtsystem betrachtet werden. Da aber ein Gesamtsystem mit zahlreichen Abhängigkeiten, wobei viele von ihnen von Zufällen geprägt sind, mathematisch nicht modellierbar ist, hat die neue ökonomische Theorie keinen quantitativen Charakter, sondern einen qualitativ-deskriptiven.

Da der Mensch mit seinem Verhalten im Mittelpunkt der Theorie steht, determiniert das Verhalten von Menschen und von Gruppen von Menschen das Verhalten von Märkten. So wird auch die Relevanz von psychologischen Aspekten, welche die Märkte prägt, in der Wirtschaft und somit auch in der neuen ökonomischen Theorie deutlich. Aus diesen Zusammenhängen wird ersichtlich, dass letztendlich auch die Frage nach der Funktionsweise des menschlichen Verstands signifikant ist: Denn durch die Funktionsweise des menschlichen Verstands wird die Funktionsweise des menschlichen Verhaltensdeterminiert und dadurch die Funktionsweise der Märkte und dadurch wiederumdie Funktionsweise der Wirtschaft. Durch diese Zusammenhänge bekommen Faktoren, welche bisher keine besondere ökonomische Relevanz besaßen, in der Betrachtung der neuen ökonomischen Theorie eine ganz andere Signifikanz. So sind beispielsweise das Vertrauen, der emotionale Zustand oder die menschliche Veranlagung Faktoren, die ökonomisch eine sehr wichtige Rolle spielen. Zugleich zeigen diese Beispiele anschaulich, warum eine quantitative Methode nicht zielführend wäre.

Die Arbeitsmarkttheorie der ökonomischen Standardtheorie wurde widerlegt. Darin gibt es unüberwindbare Widersprüche (beispielsweise Arbeitslosigkeit bei Vollbeschäftigung). Die neue Arbeitsmarkttheorie zeigt die reale Funktionsweise dieses Marktes, der in Wirklichkeit kein Arbeits-Markt ist, sondern ein Markt, an dem nicht nach Arbeit allgemein, sondern nach ganz bestimmten Leistungen nachgefragt wird. Aus diesem Grund sind auch die Mechanismen und Zusammenhänge dieses Marktes ganz andere, als es die Standardtheorie lehrt.

Die klassische Grenznutzentheorie wurde ebenfalls in ihrer allgemeinen Aussage widerlegt, dass der Grenznutzen immer eine sinkende Funktion ist. Es gibt in der Realität Fälle, bei welchen der Grenznutzen anfänglich steigt, bevor er nach der Überwindung eines Maximalwertes erst später beginnt zu sinken.

Der durch die Standardtheorie postulierte Zusammenhang zwischen Zins und Sparen wurde auch widerlegt. Hierzu gibt es auch experimentelle Felduntersuchungen, welche eindeutig zeigen, dass dieser Zusammenhang in dem Maße nicht existiert, wie er durch die Standardtheorie angenommen wird.

Schematisch besteht die neue ökonomische Theorie nicht aus Gleichgewichten, sondern aus

- Kreisläufen, die sich gegenseitig beeinflussen (gegenläufige und sich ergänzende Kreisläufe):
  Kreisläufe mit Geld/Arbeit/Verbrauch und Kreisläufe mit Produkten, mit Gütern, mit Produktion und mit Einkommen.
- Die Ökonomie besteht aus einzelnen Sektoren. Diese sind:
  a) Unternehmen,
  b) Haushalte,
  c) Staat und Märkte,
  d) Soziales und Bildung.
- In den ökonomischen Sektoren gibt es verschiedene Sphären/Bereiche. Diese sind:
  a) Arbeit,
  b) Produktion,
  c) Verteilung,
  d) Konsum,
  e) Finanzierung,
  f) Logistik.

Die jeweiligen Zusammenhänge und Abhängigkeiten in der Ökonomie sind nicht starr oder mathematisch genau vordefiniert. Vielmehr unterliegen sie immer gewissen „Flexibilitäten" bzw. einem gewissen „Schlupf" und Unschärfen. Daher sind Prognosen und Ergebnisse auch nicht mathematisch genau kalkulierbar, sondern haben einen indikativen Charakter bzw. können nur in Wahrscheinlichkeiten angegeben werden (analog zu Unschärfen oder Wahrscheinlichkeiten in der Physik (Quantenphysik)).

12.1 Die neue ökonomische Theorie spiegelt den heutigen Stand der Wissenschaft

Die Lehre ist vielfältig und unterliegt immer dem jeweiligen Zeitgeist, der sie maßgeblich beeinflusst. Die Wahrheit hingegen ist immer einzig. Und allein um das Entdecken und Finden dieser objektiven Wahrheit muss es in allem wissenschaftlichen Streben stets gehen, in naturwissenschaftlichen Disziplinen und auch in den sozialen Wissenschaften, wie beispielsweise in der Wissenschaft der Ökonomik. Denn der Mensch will die Welt um ihn herum (und das Universum, in dem er lebt) verstehen. Richtig verstehen kann er es nur dann, wenn er bereit ist, das, was er sieht, was er erkennt und was objektiv da ist, auch zu akzeptieren. Leider muss man das explizit erwähnen, denn die Geschichte lehrt uns immer wieder, dass diese Selbstverständlichkeit in der Wirklichkeit gar nicht so selbstverständlich ist. Er forscht deshalb, er beobachtet, er experimentiert, er sucht stets nach Antworten auf alle seine Fragen, er stellt Hypothesen auf und testet diese wiederholt auf ihre Konsistenz, auf eventuelle Widersprüche und auf ihre Aussagefähigkeit.

Viele Fragen in den Wissenschaften sind auch heute bei Weitem noch immer nicht final beantwortet oder nicht endgültig geklärt. Vielleicht sogar die meisten Fragen! Deswegen gibt es einen permanenten wissenschaftlichen Diskurs und oft auch Streit unter den Wissenschaftlern – und manchmal auch innerhalb der Gesellschaft – um bestimmte Meinungen, Sichtweisen, Theorien und Glaubenssätze. Die Ergebnisse dieses Diskurses werden von den jeweiligen (oft subjektiven) Ansichten, die dem Zeitgeist (und den jeweiligen Eigeninteressen) unterliegen, stark beeinflusst und sind deshalb innerhalb eines bestimmten Rahmens meistens interpretationsbedürftig. Ganz gleich, ob man das wahrhaben möchte oder nicht – so ist es in der Realität.

Wie in diesem Buch zuvor ausführlich analysiert, unterliegt im besonderen Maße die Disziplin der Ökonomik seit jeher sehr vielen unterschiedlichen Sichtweisen, Glaubenssätzen und verschiedenen Einflüssen des gerade herrschenden Zeitgeistes, der Politik und der jeweiligen Eigeninteressen, mit allen daraus resultierenden Interpretationsmöglichkeiten der ökonomischen Fakten und empirischen Erkenntnissen aus der Wissenschaft und Forschung. Die Politik und das gesellschaftliche System spielen hier eine nicht unerhebliche Rolle. Diese Faktoren und alle ihre Zusammenhänge bzw. Abhängigkeiten haben direkte Auswirkungen auf die eine derzeit als allgemein anerkannte und akzeptierte ökonomische Theorie – also auf das, wie die Funktionsweise des ökonomischen Systems heute allgemein interpretiert und verstanden wird.

Mit guten und belegbaren Gründen kann man aber objektiv feststellen, dass die eine allumfassende und allgemeingültige Theorie, welche die Ökonomie in allen ihren Ausprägungen widerspruchsfrei erklärt und beschreibt, bis heute nicht existiert. Man kann sich diesem Zustand nur innerhalb bestimmter Grenzen nähern (z. B. durch die Partialanalyse, um einige Ausschnitte des Ganzen zu erklären), was mal besser oder mal schlechter gelingt, mal einfacher, mal komplexer, mal verständlicher oder logischer und mal komplizierter und weniger verständlich. Trotzdem gibt es viele Widersprüche und nicht zu erklärende Phänomene. Eine schlüssige und allumfassende Theorie haben wir noch nicht, weder in den Naturwissenschaften noch in den Geisteswissenschaften oder den Sozialwissenschaften. Das, was wir heute haben, kann man lediglich als Partialtheorien bezeichnen, welche einen gewissen Abschnitt oder Bereich der ganzen jeweiligen Disziplin abdecken und trotzdem noch viele offene Fragen unbeantwortet lassen.

Dieser Zustand in der Ökonomik wurde exzellent auf den Punkt gebracht im Lehrbuch *Volkswirtschaftslehre* von dem Ökonomie-Nobelpreisträger Paul Krugman und seiner

Frau Robin Wells-Krugman (2017), die feststellten: „Ökonomie ist ein Fach, in dem zwei Forscher den Nobelpreis bekommen, weil sie das genaue Gegenteil herausgefunden haben."

Vor diesem Hintergrund ist es daher enorm wichtig, zu verstehen und zu akzeptieren, dass heute eben nicht „die" eine Theorie die einzig wahre und alles umfassende Theorie, die richtige Theorie sein kann. Und aus diesem Grund darf man nicht andere Sichtweisen, Interpretationen und Argumente ablehnen, verteufeln oder gar aus weltanschaulichen oder politischen Gründen diskreditieren. Der „quasiökonomische Imperialismus" der quantitativen Standardtheorie der vergangenen Jahrzehnte muss daher ernsthaft hinterfragt werden und eine „Entideologisierung" der ökonomischen Wissenschaft muss stattfinden, um neuen Ideen und Theorien eine Chance zu geben, sich zu behaupten. Mit entsprechender wissenschaftlicher Sachlichkeit müssen immer auch alternative ökonomische Sichtweisen, Argumente, Thesen und Theorien berücksichtigt und neue entwickelt werden. Die Zeichen der Zeit für wirklich etwas Neues (insbesondere auch in der Ökonomie) müssen heute endlich erkannt werden und die Notwendigkeit und zugleich Möglichkeit, Neues und Besseres zu schaffen, dürfen nicht durch Ignoranz, Egoismus oder Einzelinteressen vereitelt werden. Denn die Welt steht vor großen Herausforderungen und Problemen und die alte Denkweise, die Instrumente und Handlungsweisen mit den gemachten Fehlern sind die Ursachen dafür, warum der Zustand der Welt mit ihren vielen Krisen, Unruhen, Umwälzungen, Spannungen, Kriegen und Zusammenbrüchen heute so ist, wie er ist.

Die aktuellen Probleme in der Gesellschaft, Politik und der Ökonomie sind unstrittig zu großen Teilen immer wieder auf die gleichen Ursachen und Mechanismen im menschlichen Verhalten zurückzuführen, welche dann in der Folge Verwerfungen, Friktionen und Verzerrungen, Ungleichgewichte, Ungleichheit, Ungerechtigkeit, Armut, Hunger, Leid, Krisen und manchmal auch Kriege – sowie alle damit einhergehende Systemstörungen in der realen Wirtschaft und im Gesellschaftssystem – verursachen. Es ist das bei jedem einzelnen Menschen persönliche Festhalten an nicht hinterfragten, veralteten und oft auch längst widerlegten Glaubenssätzen, die auf nicht realen oder nicht realistischen Annahmen basieren und welche man niemals ernsthaft infrage stellt. Realitätsfremde Annahmen und nicht hinterfragte Dogmen führen zu realitätsfremden Theorien und diese haben wieder realitätsfremde Glaubenssätze zur Folge. Die draus resultierenden Handlungsweisen in der Praxis führen dann zu konkreten Resultaten, die meistens unbefriedigend und suboptimal sind. Die Geschichte der Menschheit ist voll von solchen Beispielen, als man (die Gesellschaft, die Wissenschaft, die Religionen) an offensichtlich etwas Falschem manchmal sogar Jahrhunderte lang um jeden Preis festgehalten hat. Die Erde sei eine Scheibe, die Erde ist der Mittelpunkt des Universums, die Titanic sei unsinkbar usw.

Wir dürfen heute nicht die gleichen Fehler machen!

Oft aus Bequemlichkeit oder manchmal auch aus dem egoistischen Interesse heraus, die eigene und gut etablierte Position im Beruf und/oder in der Gesellschaft aufrechterhalten zu wollen und nicht gegen den Strom des Mainstreams schwimmen zu müssen. Oft ist es auch die Angst vor Neuem und vor Veränderungen, die mit Ungewissheit verbunden ist, sich weiterzubilden und sich weiterzuentwickeln und Neues zu akzeptieren. Oder es ist einfach nur die Faulheit, sich mit neuen Sichtweisen, Argumenten oder Erkenntnissen auseinandersetzen zu müssen. Oder es kann auch nur die Angst sein, mit anderen Menschen oder Kollegen bei unterschiedlichen Sichtweisen nicht anecken oder im Widerspruch stehen zu wollen. Die Gründe, welche zum Ablehnen von neuen Erkenntnissen führen, sind schlicht unzählig.

Die Geschichte der Wissenschaften lehrt uns leider immer wieder diese traurige Lektion des Ablehnens vom neuen Wissen: von den alten Griechen in der Antike (siehe beispielsweise „das Höhlengleichnis" oder den „Schierlingsbecher des Sokrates", der für seine damals neue und für die Gesellschaft zu revolutionären Erkenntnissen zum Tode verurteilt wurde) über die Hexenverfolgung im Mittelalter und deren Ächtung, die Verurteilung, Verbrennung und Hinrichtung von unzähligen unschuldigen Menschen nur aufgrund ihrer Kenntnisse und ihres Wissens, welches sich von dem der Allgemeinheit unterschied, über den Fall Galileo Galilei der aufgrund seiner Erkenntnisse und logischen und korrekten Schlussfolgerungen vor der Inquisition landete, bis hin zum stoischen Festhalten an längst widerlegten und überholten Glaubenssätzen in der heutigen Zeit, wie beispielsweise in der Ökonomie, wo immer noch fälschlicherweise als Voraussetzung für die Gültigkeit der ökonomischen Theorie angenommen wird, dass der Mensch sich ausnahmslos rational verhält, ausnahmslos nur zu seinem eigenen Vorteil handelt und zu jederzeit vollständigen Überblick und Kenntnis über den Markt besitzt. Genau auf diesen belegbar falschen Annahmen basiert die heute aktuelle und allgemein anerkannte ökonomische Standardtheorie und folgt somit der traurigen Lektion des Ablehnens vom neuen Wissen.

Bemerkenswert dabei ist die Tatsache, dass diese Fakten zwar allgemein bekannt sind, sie aber trotzdem akzeptiert werden und nicht ernsthaft infrage gestellt werden – geschweige denn, dass versucht wird, eine neue und bessere Theorie zu entwickeln oder aufzustellen. Dabei ist es naheliegend, dass das Festhalten und Handeln nach einer Theorie, welche offensichtlich nicht der Realität entspricht und daher falsch sein muss, auch nicht zu richtigen Ergebnissen führen kann.

So sind oft Verluste, Verwerfungen, Zusammenbrüche oder handfeste Krisen die Folge von diesen Fehlern, die im historischen Kontext des wissenschaftlichen Versagens sehr zahlreich sind. Die Aktualität und Wichtigkeit dieser Problematik sind deshalb für eine bessere Zukunft und für die Verbesserung der Welt essenziell.

Die Situation der Welt, wie sie sich im Jahr 2023 darstellt, muss man daher sehr wohl auch im geschichtlichen Zusammenhang sehen: 1980er- und 1990er-Jahre: Die sogenannte Deregulierung unter Thatcher und Reagan wurde als Allheilmittel für Wirtschaftswachstum angesehen. Der Zusammenbruch des osteuropäischen und in der Folge des weltweiten kommunistischen Systems erfolgte nach jahrzehntelangem Kampf der beiden Systeme und Weltanschauungen zwischen Kommunismus und Kapitalismus und die neue Weltordnung nach dem Kalten Krieg begann mit viel Hoffnung, Freude und Zuversicht, gefolgt vom extremen und nicht auf realen Daten basierenden Börsenwachstum in den 1990er-Jahren, mit Wirtschaftsdaten, die den Bezug zur realen Ökonomie komplett verloren, die Dotcomkrise, Lehman-Pleite, Sub-prime-Krise in den USA und zuletzt die damit verursachte Weltwirtschaftskrise mit zahlreichen aufeinanderfolgenden Finanzkrisen, Zusammenbrüchen und Kriegen nach der Jahrtausendwende mit anhaltenden Verwerfungen und zunehmender politisch-ökonomischen Instabilität, wie der Griechenlandkrise, Eurokrise, Destabilisierung im Nahen Osten im Irak, in Nordafrika, dem arabischen Frühling bis hin zum Krieg in der Ukraine und später in Israel/Palästina und der damit verbundenen direkten Konfrontation der Weltmächte. Diese Entwicklungen und Zusammenhänge mit der Folge von direkten und indirekten Ereignissen machen auf eine drastische Art und Weise deutlich, dass Glaubenssätze, Weltanschauung, Ökonomie und Politik immer im direkten Zusammenhang stehen und die Realität, in der wir alle leben, maßgeblich bestimmen.

Die Ökonomie und die Politik sind in der Realität sehr eng und direkt miteinander verbunden und falsche Entscheidungen begünstigt (oder sogar verursacht) durch falsche Theorien können gigantische Auswirkungen auf die ganze Menschheit haben.

Möchte man also den aktuellen unbefriedigenden Zustand nicht mehr weiter akzeptieren, möchte man die Situation von Grund auf verändern und verbessern, dann muss man bereit sein, ganz neuen Ansätzen zu folgen. Man muss die eigene Denk- und Sichtweise gründlich und objektiv überprüfen und bereit bzw. offen sein nicht nur für neue Erkenntnisse, sondern auch für die aus ihnen resultierenden Folgen und Konsequenzen: Es reicht nicht aus, immer nur punktuell (analog der Partialanalyse in der Theorie) an einzelnen Problemen zu arbeiten. Denn dadurch erzeugt man oft nur neue, andere Probleme, weil man die Abhängigkeiten und die Zusammenhänge des Ganzen nicht versteht und somit nicht berücksichtigt. Deshalb müssen eine Veränderung und Verbesserung des Gesamtsystems erfolgen, keine Partialanalyse mit abgeleiteten Handlungsempfehlungen, sondern ein holistischer Ansatz mit der Identifikation und Analyse der Abhängigkeiten und Zusammenhänge und somit dem Verständnis der grundlegenden Funktionsweise des Gesamtsystems.

12.2 Die Basis der neuen ökonomischen Theorie

Die hier vorgestellte ökonomische Theorie basiert auf realen, überprüfbaren und unstrittigen Fakten sowie auf durch die Natur und das Universum vorgegebenen Gesetzmäßigkeiten. Das ökonomische Prinzip ist alles, was langfristig funktioniert und was immer durch seine innere universale Logik funktionieren muss. Man kann viele von diesen grundlegenden ökonomischen Prinzipien auch in der Natur erkennen: So müssen beispielsweise Pflanzen mit Wasser sehr genau haushalten, um zu überleben und um sich langfristig vermehren zu können, die Jagd von Raubtieren darf durchschnittlich nicht mehr Ressourcen (Energie) kosten, als ihnen die Beute aus der Jagd bringen wird. Für das Überleben der Raubtiere müssen genügend Beutetiere erlegt werden und diese müssen daher auch in entsprechend ausreichender Menge vorhanden sein. Damit die langsamsten Jagdtiere überleben können, müssen sie schneller sein als die langsamsten Beutetiere und diese wiederum müssen langfristig genügend Gras, Nahrung und Pflanzen vorfinden, um auch in ausreichender Anzahl zu überleben. Die Energieaufnahme der Tiere muss gleich oder größer sein als ihr Bedarf und sie müssen ggf. Vorräte bilden, um beispielsweise Winter, Dürren oder nahrungsarme Zeitperioden zu überleben. Sind die notwendigen (und logischen) Bedingungen nicht erfüllt, kann die Pflanze, das Tier oder der Mensch in einer bestimmten vorliegenden Situation nicht überleben. Das sind alles ganz einfache, verständliche und universelle Gesetze, die nicht bestritten werden können.

Es gibt das ökonomische Minimalprinzip und das Maximalprinzip. Diese bilden die beiden ökonomischen Grundprinzipien. Die meisten Tiere nutzen das Minimalprinzip, denn sie nehmen nur gerade so viel von der Natur (von ihrer unmittelbaren Umgebung), wie viel sie gerade zum Leben brauchen, und sichern so auch das langfristige Überleben ihrer Spezies. Es entsteht ein Kreislauf von Wachstum, Verbrauch und Rückführung. Infolgedessen pendelt sich langfristig ein natürliches ökonomisches Gleichgewicht in der Natur ein: zwischen den Kreisläufen von Nahrungszufuhr und Nahrungsverbrauch (also zwischen Energiezufuhr und Energieverbrauch), zwischen der Anzahl von Raubtieren und den Beutetieren, zwischen Pflanzenfressern, Aasfressern und Fleischfressern oder auch zwischen der Verteilung von Alt- und Jungtieren (also zwischen den neu geborenen und den sterbenden Tieren) usw.

Um dieses universelle ökonomische Gesetz zu erfüllen und um zu überleben, teilen beispielsweise Fledermäuse sogar ihre erbeutete und bereits verzehrte Nahrung mit den eigenen Artgenossen, die bei der Jagd nicht erfolgreich waren, und sichern so langfristig durch ihr soziales Verhalten ihren gesamten Bestand. Sie optimieren so die zur Verfügung stehende lebensnotwendige Energie (Nahrung), indem sie diese in einem Akt der sozialen Fürsorge unter den Artgenossen aufteilen.

Überall, wo man in der realen Welt hinsieht, erkennt man dieses Gesetz. Sei es beim Haushalten mit Nahrung, Wasser, Energie und Wärme, bei Tieren, Pflanzen und Menschen. Sei es in der Physik beim Energieerhaltungssatz: Es ist schlicht nicht möglich, in einem funktionierenden System langfristig mehr zu verbrauchen als generiert werden kann. Um zeitlich eine gewisse Flexibilität zwischen Akkumulation und Verbrauch zu gewinnen, gibt es die Möglichkeit des Haushaltens mit den verfügbaren Ressourcen, um die Zeitpunkte ihrer Gewinnung und ihres Verbrauchs zu trennen. Doch das funktioniert immer nur innerhalb von bestimmten engen zeitlichen Grenzen und ist nicht beliebig ausdehnbar.

In der praktischen Ökonomie nimmt das Thema des Produzierens, des Haushaltens, des Verbrauchs, des Lagerns, des sich Leihens und des Tauschens/Handelns einen wichtigen Bereich ein. Sei es mit Ressourcen (wie Nahrung, Rohstoffen, Energie …), mit Geld (Währungen, Devisen, Derivaten), mit Waren, mit der menschlichen Arbeit oder sei es mit der Versorgung, der Distribution, der Sicherheit oder dem Handel mit Wertpapieren an den Börsen selbst. Dass aber hinter jedem Wachstum langfristig auch reale Substanz stehen muss und dass grenzenloses, kontinuierliches Wachstum in einem endlichen und begrenzten System nicht möglich sein kann, ist ein Naturgesetz, über das man sich nicht hinwegsetzen kann.

Auch in der Pflanzenwelt können wir beobachten, dass beispielsweise mit Ressourcen (mit Nährstoffen oder Wasser) die Pflanzen möglichst ökonomisch umgehen und nichts verschwenden. Sie speichern Wasser und Nährstoffe, welche sie in günstigen Zeiten aufnehmen, um Dürre und ungünstige Zeiten zu überbrücken, um so langfristig überleben zu können. Denn oft regnet es monatelang nicht. So wird durch Pflanzen bei Regen nicht unendlich viel Wasser aufgenommen, sondern nur gerade so viel, wie gebraucht wird, um bis zum nächsten Regen zu überleben. Dadurch finden Pflanzen das ideale Optimum, um nicht zu viel speichern zu müssen (was unwirtschaftlich wäre), und so haben gleichzeitig dann andere Pflanzen und Tiere auch ausreichend Wasser und können ebenfalls überleben. Die Balance der Ökonomie in der Natur ist sehr genau austariert und ist faszinierend zu beobachten. Mit veränderten klimatischen Bedingungen sieht man ganz deutlich auch entsprechende Veränderungen an Fauna und Flora, weil sich die Balance der Kreisläufe von Ressourcen verschiebt oder verändert. Sei es geografisch, klimatisch oder meteorologisch bedingt. Das natürliche Gleichgewicht wird auf eine selbstregelnde und logische Art und Weise immer aufrechterhalten und Pflanzen oder Tiere, die beispielsweise in für sie zu trockenen oder zu kalten Regionen mit ihren Ressourcen nicht mehr auskommen können, werden in diesen Regionen nicht zu finden sein und müssen anderen weichen, welche besser für diese spezifischen Voraussetzungen geschaffen sind. Dieses selbstregelnde und logische Prinzip ist allgegenwärtig.

Der Mensch nutzt im Gegensatz zu den Tieren meistens nicht das Minimalprinzip. Er nutzt vermehrt das Maximalprinzip und nimmt meistens das Maximum dessen, was er bekommt oder was er unter Einsatz von Wissen und/oder Energie bekommen kann. Dadurch erzeugt er ein Ungleichgewicht in der Natur/im System der Natur oder letztendlich auch im System der Erde, auf der er lebt. Denn alle verfügbaren Ressourcen sind begrenzt, in der Natur wie auch im System der Ökonomie. Die Funktionsweise der Ökonomie ist vom Prinzip her der Funktionsweise der Natur sehr ähnlich: Beide sind endliche, in sich geschlossene Systeme mit logischen Gesetzmäßigkeiten und Prinzipien und in beiden Systemen bewegt sich der Mensch und braucht und verbraucht Ressourcen. Und das hat Folgen:

Es ist daher sehr wichtig, die Zusammenhänge, die Abhängigkeiten und die generelle Funktionsweise des „Systems Ökonomie" (oder auch des „Systems Ökologie") zu kennen und zu verstehen. Deshalb ist es essenziell, genauso die „Funktionsweise" des Menschen selbst, der in dem jeweiligen System lebt und mit dem System ununterbrochen interagiert, zu verstehen. Das heißt ganz konkret, die Funktionsweise seines Verhaltens zu verstehen, denn das Verhalten resultiert in Handlungen und Handlungen haben Auswirkungen und Folgen im System und auf das System.

Daher ist es beispielsweise auch nicht möglich, das Verhalten von Märkten oder Börsen zu studieren oder zu analysieren, ohne das Verhalten des Menschen zu verstehen und entsprechend mit zu berücksichtigen, denn sein Verhalten hat das der Börsen oder der Märkte erst zur Folge. In der Chemie, Mathematik oder Physik verhalten sich die Dinge unabhängig vom Menschen, in der Ökonomie und den sozialen Wissenschaften ist dem nicht so. In diesen Disziplinen bestimmt das Verhalten des Menschen das Verhalten der Systeme.

Relevante sozioökonomische Zusammenhänge und Effekte können daher in einer „guten" Theorie nur dann beschrieben und erklärt werden, wenn die Theorie das reale menschliche Verhalten auch entsprechend objektiv berücksichtigt und abbildet.

Genau das ist bei der ökonomischen Standardtheorie nicht der Fall. Denn diese nimmt als Grundvoraussetzung/Grundannahme an, dass der Mensch immer rational und immer nur im Eigeninteresse handelt, wobei als Eigeninteresse das eigennützige ökonomische

Interesse angenommen wird und zugleich, dass der Mensch immer eine komplette Übersicht und Kenntnis besitzt über alle Märkte, in welchen er interagiert. Es ist nicht nur offensichtlich und unstrittig, dass diese gemachten Annahmen in der Wirklichkeit nicht zutreffen: Weder die komplette Kenntnis der Märkte noch die objektive Rationalität des menschlichen Handelns und schon gar nicht sein ausschließliches ökonomisch eigennütziges Handeln entsprechen der Wirklichkeit. Denn es gibt je nach Motiv und Intention unterschiedliche Auslegungsmöglichkeiten des Begriffs „Rationalität". Am besten ist die Rationalität in Bezug auf das Handeln des Menschen so definiert, dass diejenige Handlung als rational betrachtet werden muss, welche das Individuum am besten zum Erreichen seines Ziels bringt, und zwar unabhängig davon, ob seine Ziele und Beweggründe objektiv oder subjektiv rational, plausibel oder vernünftig sind. Dieses ist eine sehr wichtige Voraussetzung und ein sehr wichtiger Zusammenhang und Argumentation, um die Funktionsweise der realen Ökonomie (bzw. der neuen ökonomischen Theorie) und vieler sozioökonomischer Prozesse zu verstehen.

Zugleich macht dies auch deutlich, warum die Standardtheorie nicht funktionieren kann. So spielen die Motive des menschlichen Handelns in der Realität eine enorm wichtige Rolle, also das wahre Interesse des Menschen und seine Motivationen, die ihn letztendlich zu einer bestimmten Handlung bewegen. Im Gegenteil dazu macht es sich die Standardtheorie mit diesen so wichtigen Zusammenhängen sehr einfach, indem sie viel zu komplexitätsreduziert und realitätsfremd postuliert, der Mensch möchte immer nur seine Gewinne maximieren. Das sei sein einziges Motiv und er tut immer alles, was rational ist, nur um diese Gewinne zu maximieren.

Durch diese Grundannahmen wird das menschliche Verhalten (welches zugleich für das Verhalten des Systems „Ökonomie" ursächlich ist und somit der entscheidende Faktor ist) als Faktor komplett eliminiert.

Diese Tatsache ist extrem relevant! Denn eine Eliminierung des Haupteinflussfaktors – also seine Nichtberücksichtigung in der Theorie – entwertet diese Theorie.

Wie kann also eine Theorie den Anspruch auf Validität erheben, wenn der entscheidende Faktor des Systems, welches diese Theorie beschreibt, nicht berücksichtigt wird?

Auf eine wissenschaftliche Widerlegung bzw. auf Plausibilitätsprüfung der Grundvoraussetzungen wird hier verzichtet.

12.3 Die Signifikanz der neuesten sozioökonomischen und behavioristischen Erkenntnisse für die neue Theorie

Der Mensch handelt aus Motiven heraus. Die Motive sind extrem unterschiedlich und bei Weitem nicht einheitlich. Am meisten werden die Motive von der jeweiligen Situation, in der sich das menschliche Individuum zum Zeitpunkt der Entscheidungsfindung befindet, beeinflusst. Das ist naheliegend: Ist beispielsweise jemand gerade in der Wüste und dem Verdursten nahe, so ist seine Hauptmotivation, Wasser zu finden. Ist ein Individuum in der Natur ausgesetzt mit ausreichender Grundversorgung von Essen und Trinken, sind damit seine physiologischen Bedürfnisse gesichert, so ist dann seine Hauptmotivation, Unterschlupf und Sicherheit zu finden – also die Befriedigung der Sicherheitsbedürfnisse. Sind irgendwann alle Sicherheitsbedürfnisse des Menschen erfüllt, so besteht der Wunsch (das Ziel/die Motivation) zur Erfüllung seiner sozialen Bedürfnisse und sein Handeln und seine Beweggründe werden überwiegend bestimmt von Motiven, seine soziale Stellung zu sichern oder zu verbessern. Erst danach gewinnen Motive im Zusammenhang von individuellen Bedürfnissen und Selbstverwirklichungszielen an Bedeutung.

Diese stufenähnliche Hierarchie von den verschiedenen Arten/Ebenen von Bedürfnissen und somit auch Motiven zu Handlungen stimmt prinzipiell mit der Bedürfnispyramide von Maslow überein. In der Ökonomie gibt es kein Argument, das dagegenspricht, um diese Hierarche/Abstufung/Pyramide der menschlichen Bedürfnisse infrage zu stellen. Die menschlichen Bedürfnisse, seine Motivation und sein Handeln (auch in ökonomischen Fragen und Zusammenhängen) folgen eindeutig diesem Abstufungsmuster. Genau das ist dann auch der Grund und die Erklärung dafür, weshalb das Konsumentenverhalten z. B. in Haiti ein anderes ist als in Frankreich und hier auch ein anderes ist als in Monaco. Obwohl in allen drei Regionen Französisch gesprochen wird und der französische Einfluss unübersehbar ist, sind die Bedürfnisse, die Lebensverhältnisse, der Entwicklungsstand und der Wohlstand der Bevölkerung extrem unterschiedlich. Und das spiegelt sich natürlich auch letztendlich in der Präferenzsetzung und Entscheidungsfindung, also auch im Konsumverhalten bzw. in der Ökonomie wider.

Glaubt man also der Wissenschaft und der Abstufung der menschlichen Bedürfnisse nach Maslow, dann muss man auch folgerichtig diese Fakten in der Ökonomie berücksichtigen (und in der ökonomischen Theorie). Daher verbietet es sich generell anzunehmen (und zwar auch aus wissenschaftlicher Sicht), dass der Mensch nur einzig allein dadurch motiviert ist, seine Gewinne zu maximieren, und das vollkommen unabhängig von seiner jeweiligen Situation. Denn genau das behauptet die ökonomische Theorie und macht dies sogar zu einer der Grundannahmen/Voraussetzung der Theorie. Man muss unbedingt die jeweilige Situation zum Zeitpunkt der Entscheidung berücksichtigen und man muss feststellen, dass der Mensch bestrebt/motiviert ist, sein gerade im Zeitpunkt der Entscheidung aktuelles Bedürfnis zu befriedigen.

Der Mensch entscheidet und handelt in jeder Situation und auf jeder Bedürfnishierarchieebene womöglich aus seiner subjektiven Sicht rational. Er versucht so zu handeln, dass seine Bedürfnisse (welche es im Augenblick auch sein mögen) befriedigt werden. Und auch da muss man objektiv feststellen, dass die subjektiv rationalen Entscheidungen des Individuums aus objektiver Sicht in der Tat sehr, sehr oft bei Weitem nicht rational sind. Und auch diese Tatsache muss durch die Ökonomie und entsprechend durch die ökonomische Theorie berücksichtigt werden. Aus diesen Gründen kann (oder muss sogar) der Faktor „objektive Rationalität" der menschlichen Handlungen aus der Theorie komplett eliminiert werden.

Nur dann können verschiedene Vorgänge und Effekte in der realen Ökonomie erklärt werden, welche bisher durch die Standardtheorie nicht erklärt werden konnten und die sogar im diametralen Widerspruch zu ihr standen, so beispielsweise die Tatsache, dass

unter bestimmten Bedingungen und Situationen mit steigendem Preis auch die Nachfrage nach dem betreffenden Produkt steigt und nicht sinkt, so wie es der Standardtheorie zufolge sein müsste. Deswegen gehörte bisher der sogenannte Snob-Effekt zu
dem „abnormalen Nachfrageverhalten" in der Ökonomie und konnte durch die Theorie
nicht erklärt werden. Auch wenn dieser Effekt in der Realität gar nicht so abnormal oder
selten ist. Er entsteht immer dann, wenn die Konsumenten den Gütern erst ab einer gewissen Exklusivität und Preisklasse Beachtung schenken und dann stetig mit steigendem Preis die Nachfrage ausweiten und umgekehrt weniger kaufen, je niedriger der
Preis ist (und je größer und einfacher die Verfügbarkeit solcher Güter ist). Die Standardtheorie im Gegensatz zu dieser Realität postuliert „rationales Verhalten" als gewinn-
maximierendes Verhalten: Steigt der Preis, sinkt die Nachfrage und umgekehrt. Das ist
der Grund dafür, dass der Snob-Effekt durch diese Theorie nicht erklärt werden kann
und als „abnormal" klassifiziert wird. Alle sogenannten Abnormalitäten in der ökonomischen Standardtheorie können plausibel erklärt werden, wenn das Festhalten an der
Grundannahme und der realitätsfremden Definition der objektiven Rationalität des
menschlichen Verhaltens aufgehoben wird.

Die neue ökonomische Theorie hingegen basiert auf dem behavioristischen Ansatz und berücksichtigt die Beweggründe und das reale Verhalten der Menschen/der Konsumenten/der
Marktteilnehmer. Somit wird deutlich und auch erklärbar, dass ein Konsument, welcher im
Zeitpunkt der Präferenzbildung soziale Bedürfnisse oder Bedürfnisse nach Wertschätzung
(siehe Maslow'sche Bedürfnispyramide) befriedigen möchte, erst dann als Nachfrager nach
diesem bestimmten Gut auf dem Markt aktiv wird, wenn dort zunehmend exklusive, also
teure Güter angeboten werden. Diesem Konsumenten kommt es folglich weniger auf die
Qualität der Güter an. Er kauft zunehmend teure Waren deshalb, weil er sich von der Masse
der anderen Käufer und Menschen in seinem Umfeld abheben möchte, um seinen sozialen
Status zu dokumentieren oder zu verbessern. Somit handelt er aus seiner ganz subjektiven
Sicht nachvollziehbar und logisch und sein Verhalten wird durch die neue ökonomische Theorie logisch erklärt und muss nicht als „abnormal" klassifiziert werden. Aus der Sichtweise der
ökonomischen Standardtheorie mit ihren realitätsfremden (und falschen) Annahmen hingegen entsteht an dieser Stelle ein Widerspruch zur Realität und diese wird infolge dieser falschen Annahmen als unnatürlich und abnormal klassifiziert (fälschlicherweise).

Ein weiteres Beispiel, wo die ökonomische Standardtheorie ein Verhalten nicht erklären kann, ist das Spenden oder ehrenamtliches Arbeiten für gemeinnützige Einrichtungen oder für gute Zwecke bzw. freiwilliges Verzichten von Konsum zugunsten anderer Menschen. Die neue ökonomische Theorie kann dieses Verhalten sehr gut erklären,
beispielsweise durch die Motivation zur Linderung von Mitleid (Mitgefühl), zur Befriedigung des Bedürfnisses der Selbstverwirklichung, als guter Mensch leben zu wollen,
aus dem Bedürfnis nach Wertschätzung durch andere Menschen oder dem sozialen Bedürfnis (verbunden mit Akzeptanz und Anerkennung) bzw. nach einem sozialen Aufstieg.
So spenden in Wirklichkeit sehr viele Menschen nicht nur aus dem Bedürfnis heraus,
etwas zu verbessern oder zu unterstützen, sondern weil sie von ihren Mitmenschen, Freunden und Kollegen Anerkennung brauchen und soziales Prestige bzw. Aufstieg durch ihre
Wohltätigkeit erlangen wollen.

Durch diese Beispiele wird sehr deutlich, wie die psychologische Präferenzbildung und ökonomische Aktivität der Wirtschaftssubjekte in der Realität funktionieren und direkt zusammenhängen sowie einen direkten Einfluss darauf haben, wie das Gesamtsystem der Ökonomie sich verhält und funktioniert. Deswegen muss zwingend der behavioristische Ansatz in der neuen ökonomischen Theorie die Basis sein, auf der die neue ökonomische Theorie ruht.

Folglich muss bereits bei der eigentlichen Definition, was Ökonomie genau ist und was man darunter versteht, begonnen werden. Nur dann ist es möglich, präzise zu untersuchen, wie sie funktioniert, welche Gesetzmäßigkeiten, Zusammenhänge und Abhängigkeiten es gibt und welche Charakteristik die Gesamtfunktionsweise des Systems „Ökonomie" aufweist.

Um hier einen sauberen Anfang zu machen und sich das Gesamtbild ganz konkret und praktisch vorstellen zu können, sollte man durchaus den Zusammenhang mit der Natur und ihren universellen Gesetzen und Funktionsweisen als Basis heranziehen:

Die Akteure im System „Natur" sind die Tiere (und natürlich auch der Mensch). Vom kleinsten Käfer bis zum größten Wal im Ozean sind es in der Natur die Tiere, die auf der Basis der universellen Naturgesetze durch ihr spezifisches Verhalten direkt mit der vorgegebenen und natürlichen Funktionsweise der Natur interagieren und diese dadurch gleichzeitig prägen. Sei es die Art und Weise der Ameisen, was und wie sie etwas tun, Nester bauen, in einer bestimmten Richtung auf einem scheinbar vorgegebenen Weg laufen, oder das Bauen von Nestern durch Vögel oder Säugetiere, das alljährliche Wandern oder Umherziehen von ganzen Herden von Wandertieren in andere und fremde Regionen oder einfach das hartnäckige Versuchen von Kälbern aufzustehen gleich nach ihrer Geburt. Das anfängliche Zustandekommen des Verhaltens ist immer gleich: Es ist angeboren und es funktioniert automatisch. Erst später erfolgt ein Lernprozess bei den höher entwickelten Tieren. Es ist kein zufälliges Verhalten und es ist ganz bestimmt nicht willkürlich. Es ist ein durch das „System Natur" den Teilnehmern (Tieren) vorgegebenes „Programm", wie sie sich zu verhalten haben und wann und wie sie auf was zu reagieren haben. Es sind Präferenzen und Handlungen, die bestimmte Gründe haben und die genau dazu führen, was wir dann in der Natur beobachten können. Alle Lebewesen haben spezielle Verhaltensweisen, die angeboren sind, die zu den ganz bestimmten und spezifischen Handlungen führen und durch welche sie ganz unbewusst das „System Natur" in einer bestimmten Art und Weise bilden und es so zu einem scheinbar nach unsichtbaren Gesetzen funktionierendem „System" machen. Schaut man genau hin und analysiert dieses wundersam anmutende System der Natur, so muss man feststellen, dass dieses Verhalten der Lebewesen nicht zufällig sein kann, dass es immer einem bestimmten Zweck dient und letztendlich die Natur zu dem funktionierenden Gesamtsystem macht, wie wir e kennen.

Verstehen wir also die universellen Naturgesetze einerseits und auch das Verhalten der Akteure andererseits, so können wir die Funktionsweise und die Gesetzmäßigkeiten des Gesamtsystems erkennen und verstehen.

Dieses Gesamtsystem birgt auch eine nicht zu vernachlässigende ökonomische Komponente in sich. Sie sorgt dafür, dass das System so funktioniert, wie es funktioniert: So ist bei-

spielsweise eine einfache Biene (als ein sehr primitives Wesen) motiviert, Nektar zu suchen.
Für diese Suche nutzt (investiert) sie ihre meiste Energie und Zeit. Sie fliegt den ganzen Tag
von Blüte zu Blüte, um an den Nektar zu gelangen. Die Biene handelt rein aus Eigen-
motivation, die ihr durch die Natur gegeben wurde. Das bestimmt das Dasein, das Tun und die
Aufgabe der Biene. Dass die Biene durch ihr Handeln aber gleichzeitig eine Bestäubungs-
funktion für die Natur übernimmt, ist ihr nicht bewusst und ist auch für sie subjektiv nicht relevant. Es ist aber extrem relevant für die Natur und für das Funktionieren des Gesamtsystems
"Natur". Die ökonomische Komponente, die in diesem Beispiel dahintersteckt, sind die Präferenzierung und Eintauschbarkeit zwischen der „Investition" (Arbeit, Zeit, Anstrengung zu
fliegen), welche die Biene tätigt, und der Belohnung (Nektar), die sie dafür erhält. Es sind zugleich die ökonomischen Produktionsfaktoren, die eingesetzt – oder investiert – werden, und
es kommt dabei etwas zustande (Produktion von Honig und als Nebeneffekt Bestäubung der
Pflanzen und somit Fortbestand des Systems). So muss folgende (rein) ökonomische Bedingung gegeben sein, damit das System logisch und sicher funktioniert:

Die Belohnung (Nektar) muss durch die Biene eine höhere Präferenz aufweisen (höher
bewertet sein) als die Investition, die sie tätigt (aufgewendete Arbeit, Zeit und Anstrengung,
um den Nektar zu sammeln).

Denn nur, wenn diese rein ökonomische Bedingung erfüllt ist, will die Biene losfliegen,
Nektar suchen, so für Bestäubung sorgen, Honig produzieren und dadurch (unbewusst) gewährleisten, dass das „System Natur" langfristig so funktioniert, wie es funktioniert. Es ist
daher ein „gutes Geschäft" (Tausch, Investition) für die Biene und gleichzeitig auch für
Pflanzen und so für die Natur. Abstrakt gesehen handelt es sich also um ein Trade-off zwischen Aufwand und Ertrag oder zwischen Input und Output oder um Präferenzierung und
um eine Win-win-Situation.

Genau so muss man das auch aus der Sicht der Pflanzen betrachten: Diese müssen
durch ihnen zur Verfügung stehende begrenzte Möglichkeiten den Nektar produzieren, mit
welchem sie die Bienen anlocken. Für sie muss sich der Aufwand der Produktion auch
lohnen, das heißt, aus der Sicht der Pflanze muss der Aufwand (Input) kleiner sein als der
Ertrag (Output) bzw. die Belohnung.

Evaluierung und Präferenzierung der eingesetzten Faktoren:

$$\textbf{Input / Investition : Pain} \quad \text{vs.} \quad \textbf{Output / Pleasure}$$
$$\left(\text{Anstrengung/Arbeit/Zeit}\right) \qquad \left(\text{Belohnung}\right)$$

Es muss stets gelten (Conditio sine qua non):

$$\textbf{Output} \quad > \quad \textbf{Input}$$
$$\left(\text{Belohnung/Motivation}\right) \qquad \left(\text{Investition/Arbeit/Anstrengung}\right)$$

=> Die Folge dieser Bedingung und dieses einfachen Zusammenhangs ist das sichtbare
Funktionsprinzip des Gesamtsystems Natur: Es finden auf diese Art und Weise die wich-
tigsten und grundlegendsten Prozesse statt, die die Grundlage sind für den Fortbestand.
Das System reguliert sich selbst und sorgt auch selbst dafür, dass es weiterwächst und

weiterbesteht. Die Systematik der „Verhaltenssteuerung" durch Befriedigung der Bedürfnisse der Akteure ist ein geniales und sehr zuverlässig funktionierendes Konzept. Es funktioniert in der Natur wie auch in der Ökonomie:

Die Befriedigung der Bedürfnisse durch das Setzen von Anreizen ermöglicht eine zu-
verlässige und sichere Bestäubung und resultiert so in einem gegenseitigen „Geschäft"
(oder Vorteil) für die beteiligten Akteure. Damit bildet es ein stabiles Optimum und ein
funktionierendes Gesamtsystem.

Dieses (ökonomische) Prinzip ist die wahre „unsichtbare Hand" (Invisible Hand), welche das Gesamtsystem und seine Funktionsweise regelt und gewährleistet. Genau nach
diesem Prinzip sind in der Natur die Handlungen und Tätigkeiten aller Tiere und Pflanzen
geregelt. Alles in der Natur handelt nach diesem Gesetz. Es ist zugleich ein ökonomisches
Prinzip der Evaluierung zwischen Aufwand und Ertrag, zwischen Input und Output, zwischen Investition und Belohnung. Und dieses ökonomische Prinzip ist verantwortlich
dafür, dass die Natur und die Welt so funktionieren, wie sie funktionieren. Es ist der Treibstoff der Evolution.

Alleine deswegen schon ist das Fach Ökonomik nicht von anderen wissenschaftlichen
Fächern trennbar.

Das System der Natur wie auch das System der Ökonomik unterliegen universellen
Gesetzmäßigkeiten. Das System und die Funktionsweise der Ökonomie werden bestimmt
durch die universellen Naturgesetze einerseits und durch das Verhalten der Akteure andererseits. Der Akteur im ökonomischen System ist der Mensch und so spielen das menschliche
Verhalten und die Funktionsweise seines Verhaltens die entscheidende Rolle und beeinflussen oder bestimmen sogar damit die Funktionsweise des „Systems Ökonomie".

Deshalb ist es für die Analyse und für das Verständnis der Funktionsweise des Systems
„Ökonomie" unumgänglich, das Verhalten des Menschen zu analysieren und zu verstehen.
Denn wie zuvor erörtert, hat das Verhalten des Akteurs Mensch innerhalb des „Systems
Ökonomie" direkte Auswirkungen auf seine Funktionsweise.

Dieser Tatsache muss eine valide ökonomische Theorie Rechnung tragen.

Um menschliches Verhalten generell zu analysieren, muss daher im ersten Schritt überlegt werden, wie Verhalten überhaupt zustande kommt. Was ist Verhalten und wodurch
wird Verhalten initiiert? Versucht man diese Fragen zu beantworten, dann kommt man zu
dem Schluss, dass Verhalten durch Präferenzen und Entscheidungen zustande kommt.
Denn Verhalten ist eine ganz bestimmte Handlungsoption, die gewählt wird innerhalb von
mehreren zur Verfügung stehenden Handlungsalternativen. Das bedeutet konkret, dass
innerhalb einer bestimmten Situation mehrere Handlungsalternativen zur Verfügung stehen und von diesen Alternativen die eine bestimmte gewählt wird.

Somit hat folglich das Verhalten direkt mit Wahlmöglichkeiten/Wahloptionen und mit
Präferenzen zu tun. Denn ohne eine bestimmte Präferenz würde nicht die Wahl auf eine
bestimmte Handlungsoption fallen. Somit muss die Analyse des Verhaltens auf die Präferenzierung und auf Bildung von Präferenzen ausgeweitet werden. Das ist übrigens der Fall
beim menschlichen Verhalten wie auch beim Verhalten der Tiere, ganz unabhängig vom
Grad der Entwicklungsstufe oder der Intelligenz. Die Entscheidung, warum ein Tier bei-

spielsweise nach links läuft und nicht nach rechts, ist eine Entscheidung, welche einen Grund hat. Und dieser Grund ist die Präferenz in der bestimmten Situation. Die Präferenzen lassen Tiere und Menschen Entscheidungen treffen, sich auf bestimmte Weise zu verhalten.

Präferenzen können verschiedene Ursachen und Gründe haben. Sie können angeboren sein, angelernt sein, durch rationale Entscheidungen als Ergebnis kognitiver Prozesse entstanden sein oder durch die Evolution bedingte Belohnungsmechanismen entstehen (beispielsweise durch das Gefühl des Hungers die verursachte Präferenz zur Nahrungsaufnahme gegenüber anderen Handlungsalternativen). Und Präferenzen sind von den jeweiligen Bedürfnissen direkt abhängig, wie zuvor dargelegt (siehe unter Maslow'sche Bedürfnispyramide).

Die Ökonomik kann somit als ein System betrachtet werden, das durch die logischen Gesetzmäßigkeiten und durch bestimmte Handlungsmuster der Akteure entsteht. Handlungen führen zu Interaktionen und dadurch werden konkrete Ergebnisse generiert. Diese können erwünscht, aber auch unerwünscht sein. Und aus der Summe aller Interaktionen bilden sich dann Systeme, wie beispielsweise ein Markt oder eine Produktions- oder Dienstleistungsstätte mit ganz bestimmten eigenen Gesetzmäßigkeiten (z. B. Kreisläufe). Diese so entstandenen Systeme (Märkte, Fabriken, Dienstleistungsunternehmen) bilden dann zusammen das ökonomische System. Wie dieses ökonomische System funktioniert und wie es sich verhält, das beschreibt dann die ökonomische Theorie in der wissenschaftlichen Disziplin der Ökonomik.

Fazit

Der Mensch steht im Mittelpunkt, weil die menschlichen Handlungen das System der Märkte und der Ökonomie kreieren. Je nachdem, wie sich der Mensch verhält, so verhalten sich dann in der Folge auch die Märkte und die Ökonomie.

Für die wissenschaftliche Disziplin der Ökonomik bedeutet dies, dass sie den Menschen und sein Handeln (also sein Verhalten) in ihrer Theorie auch in den Mittelpunkt stellen muss, damit die Theorie eine gute, valide Theorie ist, die entsprechend die Realität korrekt beschreibt.

Der behavioristische Ansatz in der ökonomischen Theorie beschreibt das menschliche Verhalten und stellt dieses in den Mittelpunkt. Das menschliche Verhalten stellt daher die Basis dar für die neue ökonomische Theorie. Das menschliche Verhalten (und mit ihr die Präferenzierung) wird durch viele verschiedene Faktoren bestimmt, die wissenschaftlich bereits untersucht wurden und bekannt sind: Triebtheorie (vom Sigmund Freud), Bedürfnispyramide (von Maslow) und die Evolutionstheorie (von Darwin). Die Bedürfnisse, Triebe und das angeborene Verhalten, um zu überleben, determinieren das Verhalten und die entsprechende Präferenzsetzung und Incentivierung des menschlichen Individuums. Aus ihnen gehen Handlungen hervor. Das ist die Grundlage der behavioristischen ökonomischen Theorie.

12.4 Wie die mikroökonomische Grundlage die makroökonomische Funktionsweise der ökonomischen Theorie determiniert

Ist die Ökonomie ein künstlich geschaffener Mechanismus, der durch seine Regeln und Gesetze seine Funktionsweise ex ante vorgibt, in dem der Mensch nur ein Teilnehmer ist, dessen Handlungen keinerlei Einfluss auf die Funktionsweise dieses Mechanismus haben, oder ist die Ökonomie ein erst durch menschliche Handlungen und menschliche Interaktionen zustande kommendes und funktionierendes System, welches ähnlich einem Organismus flexibel und adaptiv auf die jeweiligen momentan herrschenden Umstände funktioniert?

Um die Ökonomie, ihre Gesetzmäßigkeiten und ihre generelle Funktionsweise zu verstehen, ist es notwendig, sich zu vergegenwärtigen, dass die Ökonomie nicht als ein rigides System (einer Maschine oder einer mathematischen Gleichung ähnlich) und nach irgendwelchen mechanisch-mathematischen Prinzipien funktioniert und der Mensch darin nur teilnimmt und keinen Einfluss hat auf seine (ex ante vorgegebene) Funktionsweise. Genau das Gegenteil ist in Wirklichkeit der Fall: Der Mensch bestimmt maßgeblich durch sein Verhalten und Handeln die Funktionsweise dieses Systems! Es ist daher ein durch menschliche Handlungen gebildeter, geformter und durch die Gesellschaft akzeptierter Mechanismus.

Die Funktionsweise dieses Systems, welches wir als „Ökonomie" bezeichnen, wird einerseits durch die logischen Naturgesetze vorgegeben, welche man nicht ignorieren oder ausheben kann (wie zuvor erklärt), und andererseits durch das Verhalten der Teilnehmer, die in dem System selbst interagieren. Denn das Verhalten der Teilnehmer in einem bestimmten System (z. B. innerhalb einer Gemeinschaft, innerhalb eines Marktes oder innerhalb einer Ökonomie selbst) determiniert zugleich unter Berücksichtigung der allgemeinen Gesetze der Natur das Verhalten und die Funktionsweise des jeweiligen Systems. Wenn man also die Universalgesetze der Mathematik, Physik und der Logik als unveränderbar und gegeben akzeptiert, bleibt nur noch das menschliche Verhalten übrig als der entscheidende Faktor im System der Ökonomie, den es zu analysieren und zu verstehen gilt, um dann infolge die Funktionsweise der Ökonomie selbst zu erkennen und zu verstehen.

Daraus folgt, dass letztendlich über die mikroökonomischen Gesetzmäßigkeiten, Abhängigkeiten und Zusammenhänge die Präferenzsetzung des Individuums einen direkten Einfluss auf die Funktionsweise der Ökonomie als System selbst hat. Der Handel, die Märkte, die Produktion von Waren, das Arbeitsangebot, die Logistik, Lagerung und Distribution, das Angebot und die Erbringung von Dienstleistungen, das Tauschen, Kaufen und Verkaufen von Waren usw., das alles entsteht (oder wird zumindest ganz direkt bestimmt und beeinflusst) durch konkrete Präferenzen, Entscheidungen und daraus resultierende Handlungen der Akteure. Das zeigt eindeutig, dass jede wirtschaftliche Tätigkeit oder Handlung ihren Ursprung hat in der entsprechenden Präferenzsetzung – also im Verhalten.

In der Ökonomie entstehen auf der Basis des Verhaltens ihrer Akteure (Menschen) Ströme und Kreisläufe von Waren, von Geld, von Arbeit und deren Produkten, von Materialien, von Rohstoffen usw. Es werden Produktionsfaktoren eingesetzt, es wird produziert (Waren und Dienstleistungen) und es wird konsumiert und verbraucht. Es müssen immer Produktionsfaktoren eingesetzt werden, um etwas zu erhalten, was konsumiert, gespart oder wieder im Produktionsprozess eingesetzt (investiert oder reinvestiert) wird. Nichts entsteht von alleine oder aus dem Nichts. Die Bedingung für Produktion ist dabei immer die, dass der erwartete Output höher bewertet wird (präferiert wird) als der erwartete Input für die Produktion. Darin zeigt sich die Signifikanz der Erwartungen und die der Präferenzsetzung für ökonomische Prozesse.

Notwendige Bedingung für Produktion:

Erwarteter Output > Erwarteter Input

In jedem produzierten Gut (Produkt) steckt ein Mix aus den eingesetzten Produktionsfaktoren (Arbeit/Know-how, Kapital, Boden). Es gibt aufgrund von menschlichen Nöten, Bedürfnissen und Interessen niemals einen Stillstand, sondern einen steten Kreislauf und Fluss von allen Faktoren: von Ressourcen, von Arbeit, von Produkten und von Kapital. Das Funktionsprinzip dieser Kreisläufe ist in der Realität deutlich sichtbar. Zum Beispiel ist der Geldkreislauf oder Rohstoffkreislauf sehr wichtig und leicht zu verfolgen, weil es sich um materielle Kreisläufe handelt. Immaterielle Kreisläufe, wie beispielsweise die menschliche Arbeit oder Know-how, sind komplexer, weil sie in Dienstleistungen und Produkten eingehen und sich in deren Funktion und Art und Weise manifestieren.

Die jeweiligen Kreisläufe und Flüsse stehen direkt miteinander in Verbindung, hängen voneinander ab oder beeinflussen sich gegenseitig. Sie sind jedoch nicht starr miteinander verbunden oder verzahnt, sondern unterliegen einem gewissen „Schlupf", der ganz unterschiedlich ausfallen kann. Geldkreislauf und Warenkreislauf, Arbeit, Rohstoffe und Investitionsgüter und natürlich auch Wertpapiere (Verträge, Versprechen und Erwartungen). Weil sich einzelne Faktoren und/oder Bedingungen im System dieser Kreisläufe ständig ändern (Preise, Werte, Nachfrage, Qualitäten, die Effizienz und die Effektivität der Inputfaktoren, der technische Fortschritt, Naturbedingungen, politische Bedingungen, rechtliche Rahmenbedingungen, aber auch die Kultur und der Zeitgeist, der die Einstellung und Präferenzbildung der Menschen prägt), werden dadurch logischerweise auch die Kreisläufe selbst direkt oder indirekt beeinflusst. Somit ist nicht nur der „Schlupf" zwischen diesen Kreisläufen variabel, sondern auch die Volumina wie auch die Geschwindigkeit der Flüsse der jeweiligen Faktoren.

Durch diese zahlreichen Variablen (wobei einige von ihnen nicht genau quantifizierbar sind) werden die Kreisläufe im ökonomischen System auf die Art und Weise beeinflusst, dass sich ihre Spezifika, wie beispielsweise Geschwindigkeit/Werte/Volumina/Umfang usw., (und dadurch ihre Einflussgröße auf die anderen Kreisläufe) verändern, also damit auch ihre absolute ökonomische Größe bzw. Signifikanz. Weil die Ökonomie ein höchst komplexes und sehr dynamisches System ist, mit vielen einzelnen Faktoren und

Komponenten, die stetigen Veränderungen unterworfen sind, ist es praktisch unmöglich, ein stabiles Gleichgewicht des Gesamtsystems zu erreichen. Stabile Gleichgewichte sind daher in diesem System nicht herstellbar. Vielmehr muss man deshalb über kontext- und zeitabhängige Optima reden, welche in einzelnen Bereichen des Systems zeitweise möglich sind. Das ist immer dann der Fall, wenn über einen Zeitraum die stetigen Veränderungen kleiner werden oder sich gegenseitig ausgleichen und der jeweilige Bereich sich dadurch zunehmend stabil verhält und ohne größere Ausschläge und Unregelmäßigkeiten funktioniert.

Umgekehrt nimmt mit dem unregelmäßigen Umlauf auch die Dynamik zu, was zunehmend Veränderungen und Einflüsse auf die benachbarten/verwandten Bereiche oder Faktoren mit sich bringt. Genau diese Mechanik kann man beispielsweise sehr gut beobachten beim Arbeitsmarkt und Preisveränderungen für die Arbeit (und für Güter): Ist der Produktionsfaktor Arbeit günstig und einfach zu bekommen, wird eine bestimmte Menge davon nachgefragt. Verteuert sich dieser, werden Substitutionseffekte sichtbar (es wird beispielsweise zunehmend in technischen Fortschritt investiert, um den Faktor Arbeit im Produktionsprozess zu minimieren). Das hat dann direkte Folgen für die Zahlungskreisläufe, die Investitionskreisläufe, das Einkommensniveau, das Preisniveau der Produkte und Güter, die Zinsen und selbstverständlich auch für die anderen Bereiche, die von dieser Entwicklung betroffen sind (z. B. technische Entwicklung, Arbeitslosenquote, Sparquote). Somit verschieben und beeinflussen sich die Gewichte (Volumina, Geschwindigkeit oder Größen) der jeweils betroffenen Kreisläufe und mit entsprechendem Zeitabstand entstehen so ganz neue kontextabhängige Optima. Somit kann man diese kontextabhängigen Optima immer auch als Lösungen der vorgelagerten Asymmetrien betrachten.

Hochsignifikant für die Stabilität dieses Systems ist die Flexibilität der Nachfrage. Denn die Nachfrage kann das System sehr gut stabilisieren oder auch schnell destabilisieren, je nachdem, wie sensitiv diese auf Veränderungen reagiert – also wie flexibel die Nachfrage ist. Bei guter Flexibilität gleicht die Nachfrage sehr gut die Schwankungen aus und hat so eine gute stabilisierende Funktion. Im umgekehrten Fall jedoch, bei nicht vorhandener oder geringer Flexibilität der Nachfrage, verstärkt diese die Asymmetrien und verursacht Friktionen. Dann können auch relativ kleine Asymmetrien in beispielsweise lebenswichtigen Märkten (wie Wohnraum, Energie, Nahrung) eine sehr große Asymmetrie in Preisen, in Handlungen und in Machtverhältnissen bewirken (Bsp. 10 Wohnungen und 11 Nachfrager vs. 11 Wohnungen und 10 Nachfrager oder als Extrembeispiel 10 Fallschirme und 11 Passagiere im abstürzenden Flugzeug vs. 11 Fallschirme und 10 Passagiere). Die so entstehenden extremen Friktionen/Ungleichgewichte des Systems führen zu unverhältnismäßigen Reaktionen und Verhalten der Teilnehmer und des Systems.

Die Lösungen solcher Fragen sind durchaus gesellschaftsrelevant, weil ein System, in welchem die Relation der Auswirkung von kleinen Ungleichgewichten zu unverhältnismäßigen oder inakzeptablen Zuständen und Verhältnissen führen kann, ganz offensichtlich einen gewissen Rahmen benötigt, innerhalb dessen die entstehenden Extreme wie Unrecht, Gewalt, Unterdrückung, unmoralisches Handeln oder Exzesse limitiert werden.

Um den richtigen Rahmen und die passenden Instrumente für die Limitierung dieser Ausschläge des Systems zu finden, ist es unumgänglich, dass das System selbst (und seine prinzipielle Funktionsweise) verstanden wird. Schon aus diesem Grund allein ist eine Theorie notwendig, welche das System „Ökonomie" und ihre Funktionsweise korrekt und vollumfänglich beschreibt und das menschliche Verhalten bzw. den Faktor „Mensch" mitberücksichtigt.

Eine hoch variable Komponente unter vielen anderen Komponenten in diesem komplexen System (Ökonomie) ist das Verhalten der Marktteilnehmer (Menschen), welches stetigen und unberechenbaren Präferenzveränderungen unterliegt. Die natürliche menschliche Präferenzbildung ist stets kontextabhängig, kulturabhängig, frameabhängig und emotionsabhängig. Somit ist sie nicht berechenbar und muss seitens der ökonomischen Theorie (aus mathematischer Sicht) als willkürlich angesehen werden. Weitere Variablen und schwer berechenbare Komponenten im System sind beispielsweise der Zeitgeist, die politische und/oder gesellschaftliche Situation, die allgemeine Stimmung bzw. ökonomische Bedingungen, oft auch das Klima oder das Wetter, die wahrgenommene Inflationsrate. Alle diese Faktoren sprechen deshalb dagegen, dass es ein universelles Gleichgewicht oder Optimum in einem so komplexen und hoch volatilen System, wie es die Ökonomie es ist, geben kann.

Die ökonomische Standardtheorie hat durch ihre Annahmen und starr formulierten Voraussetzungen,

a) der Mensch sei nur an der Maximierung seiner Gewinne interessiert,
b) er würde immer nur logisch handeln und entscheiden, um dieses Ziel zu erreichen, und
c) er würde alle Informationen über alle Märkte haben,

alle die zuvor genannten komplexen und volatilen Faktoren eliminiert. Mit dieser so erreichten Komplexitätsreduktion wurden dann Gleichgewichtsfunktionen postuliert. Mathematisch ist dies freilich korrekt. Doch wie zuvor ausführlich dargelegt, ist es fernab jeder Realität und daher auch nur bedingt in der ökonomischen Realität nutzbar und in der realen Welt einsetzbar.

Eine neue und bessere ökonomische Theorie muss daher die Realität erkennen, muss sie so akzeptieren, wie sie tatsächlich ist, und muss diese Realität entsprechend genau beschreiben. Folglich ist es notwendig, von der Ökonomie der Standardtheorie (die eine reine Gleichgewichtsökonomie von Produkten, Finanzen und des Kapitals ist) zu einer flexiblen Kreislaufökonomie zu kommen, mit gegenseitigen Wechselbeziehungen und Transaktionen, unter Berücksichtigung der wahren Einflussfaktoren.

Veränderungen und Einflüsse innerhalb des ökonomischen Systems können sich vielfältig und unterschiedlich manifestieren: durch die Dynamik oder die Trägheit des Systems, durch die Veränderung der Größe/der Volumina einzelner Faktoren, durch externe Schocks/unerwartete Ereignisse, durch Veränderung oder langsame Entwicklung kleinerer untergeordneter Faktoren, durch Veränderung der Rahmenbedingungen, durch technologischen Fortschritt, durch Erfahrung und Optimierung (Lernprozesse), durch gesellschaftliche oder politische Entwicklungen (z. B. Demografie, Pandemie oder Kriege) usw. All das sind nur einige wenige Beispiele, die direkte Auswirkung auf das ökonomische System haben.

Die Veränderungen können extern erfolgen (z. B. durch Naturkatastrophen). Ihre Auswirkungen auf die Funktionsweise des ökonomischen Systems erfolgen aber immer nur über die Handlungen des Menschen, also durch sein Verhalten. Denn es sind das Verhalten der Menschen und somit ihre Handlungen (z. B. aufgrund der externen Veränderungen (Naturkatastrophen, Änderungen in der politischen Situation, des Wetters, des Klimas, des technischen Fortschritts usw.)), die sich verändern. Und erst durch die Änderung der menschlichen Handlungen kommt es zu einer Veränderung innerhalb des Systems „Ökonomie" (z. B. zu Preisveränderungen, Angebotsveränderung, Zinsveränderung, Inflation, Nachfrageänderung).

Und so schließt sich erneut der Kreis und man stellt fest, dass die Analyse der Funktionsweise des ökonomischen Systems beim Faktor „Mensch" (bei seiner Präferenzierung, Motivation, Verhalten) anfängt und endet.

Daraus lässt sich schlussfolgern, dass durch das Setzen entsprechender Anreize das Verhalten von Menschen gezielt gesteuert werden kann und dadurch die Möglichkeit besteht, auch auf das System selbst direkten Einfluss auszuüben.

12.5 Steuerungsmechanismen und Steuerungsinstrumente

12.5.1 Wichtige Zusammenhänge und gegenseitige Abhängigkeiten

Man stellt fest, dass alle Instrumente, die das menschliche Verhalten zu steuern oder zu beeinflussen imstande sind, mittelbar auch Instrumente darstellen zur Steuerung des ökonomischen Systems. Der Grund hierfür liegt in dem direkten Zusammenhang zwischen dem menschlichen Verhalten und den menschlichen Handlungen und dem Verhalten des Systems, welches aus den Handlungen entsteht. So können rein ökonomische Effekte und Vorgänge, wie beispielsweise die Inflation, Nachfrage, Angebot, Zinssatz, Arbeitslosenquote, Preisniveau, direkt über das menschliche Verhalten beeinflusst und auch gesteuert werden.

Mögliche Steuerungsmechanismen funktionieren leicht verständlich und nachvollziehbar beispielsweise über die emotionale Ebene der Marktteilnehmer und ökonomischer Subjekte in Form von Erwartungen, Angst, Gier, Wut und ähnlichen emotionalen Zuständen. Diese Zustände können sehr schnell und sehr einfach beispielsweise über entsprechende medial konzipierte Maßnahmen erfolgen und resultieren dann im gewünschten Ergebnis, also im gewünschten Verhalten der Betroffenen und deren Handlungen, welche den gewünschten Zustand zur Folge haben. Ähnlich funktioniert auch Werbung.

Hinzu kann durch entsprechendes „Nudging" die Wirkung noch subtil präzisiert, intensiviert und die Effekte verstärkt werden.

Die Ursachen und die Funktionsweise des menschlichen Verhaltens wurden zuvor analysiert und beschrieben. Ein wichtiger Bestandteil sind dabei die bekannten „kognitiven

Fehler" oder Trugschlüsse, die man auch Bias nennt. Sie können sehr einfach für Manipulationszwecke instrumentalisiert werden. Sie alle basieren auf dem menschlichen (nicht rationalen) Verhalten.

Es sind beispielsweise:

- Verlustaversion
- Endowment-Effekte
- Priming
- Framing
- Ankereffekte (verursacht durch Medien oder Gesellschaft (gewollt und ungewollt))
- Falsche Entscheidungen im „heißen" emotionalen Zustand (Unkontrollierbarkeit, trieb-bedingte Affekthandlungen)
- Schönreden von eigenen Entscheidungen (unangemessene Reaktionen und Fehlent-scheidungen)
- Herdentrieb (Verstärkung von Trends, Limitierung von eigenen Entscheidungen)
- Überbewertung von zeitlich nahen und irrelevanten Ereignissen gegenüber von zeitlich entfernteren, aber relevanten Ereignissen
- Nicht-wahrhaben-Wollen von negativen Tatsachen
- Aufschiebung von Pflichten und unangenehmen, aber wichtigen Dingen (Nichtaus-nutzung von besseren Alternativen durch Aufschub der Handlung)
- U. v. m.

Aber auch Erwartungen haben einen gewichtigen Einfluss auf das Verhalten von Men-schen. Und auch Erwartungen sind sehr einfach zu steuern. Man kann Erwartungen bei Menschen fast beliebig erzeugen oder auch zunichtemachen. Und auch wenn sich alle an-deren Faktoren nicht geändert haben, so wird das Verhalten eines Menschen ganz unter-schiedlich sein, je nachdem, ob bestimmte Erwartungen existieren oder nicht.

Erwartungen haben eine nicht zu unterschätzende Wirkung auf das menschliche Ver-halten und dadurch auch auf die Ergebnisse. Somit können das Verhalten und infolge-dessen auch die Ergebnisse durch das gezielte Erzeugen von bestimmten Erwartungen ge-steuert werden. Der Placebo-Effekt in der Medizin ist ein gutes Beispiel, wie Erwartungen erzeugt werden und welche signifikanten Auswirkungen sie auf die Ergebnisse haben. Das Erzeugen von Meinungen und somit auch von Erwartungen erfolgt heutzutage zu großen Teilen über die Medien und verdeutlicht somit ihre gesellschaftliche, politische und öko-nomische Relevanz.

12.5.2 Die Rolle und Auswirkungen von Medien

Dabei ist die Funktionsweise der Medien sehr einfach. Alles dreht sich um die Aufmerk-samkeit, die um jeden Preis gewonnen werden muss. Von der Aufmerksamkeit leben die Medien. Dementsprechend aggressiv und intensiv sind das Vorgehen und das Agieren der Medien. Durch die erzielte (oft auch manipulierte) Aufmerksamkeit wird die Meinung der

Medienkonsumenten beeinflusst und bestimmte Erwartungen werden dadurch automatisch generiert. Wie zuvor beschrieben, folgen aus den erzeugten Erwartungen immer ganz bestimmte Verhaltensweisen und Handlungen, welche wiederum zu bestimmten Ergebnissen führen. Dieser Mechanismus funktioniert sehr zuverlässig und ist extrem effektiv. Besonders deutlich wird dieser Mechanismus der Beeinflussung bei der Werbung. Das macht die Medien zu einer systemrelevanten Komponente, denn sie üben einen direkten Einfluss auf das Verhalten der Akteure aus.

Das oft gefährliche Spiel der Medien mit der Aufmerksamkeit und den Erwartungen kann leicht zur Instrumentalisierung und zur Manipulation eingesetzt werden. Warum sind Boxkämpfe, Hahnenkämpfe, Stierkämpfe, Gladiatorenkämpfe, gefährliche Abfahrten oder Autorennen spektakulär und ziehen mehr Zuschauer an, als wenn beispielsweise nur eine im Wind wehende Fahne oder im Bach fließendes Wasser gezeigt wäre? Langweiliges ist nicht interessant und niemand kauft ein langweiliges Buch, Zeitschrift oder sieht eine langweilige Sendung. Medien wollen Geld verdienen. Medien leben von Einschaltquoten und von verkauften Exemplaren. Daher ist immer die Tendenz da, das, was Aufmerksamkeit bringt, zu berichten, weil es verkaufsfördernd ist. Und das geschieht sogar auch dann, wenn das Aufmerksamkeitsbringende viel weniger wichtig ist als eventuell etwas Langweiliges, aber Wichtiges. Das bekommt dann nicht die entsprechende Berichterstattung. Die Konsequenz dieses Zusammenhangs ist: permanente Schieflage in der Berichterstattung mit der Folge von dieser Schieflage in der Wahrnehmung der Welt durch die Konsumenten der Medien. Hinzukommt eine dadurch verursachte schleichende Abstumpfung der Konsumenten und ein ständiges Verlangen nach mehr (der Mensch passt sich sehr schnell an die erhöhte Reizschwelle oder gar an eine Reizüberflutung an).

Medien generieren immer Meinungsbildung bei Menschen. Meinung erzeugt immer bestimmtes Verhalten. Meinungsbildung ist daher Verhaltenssteuerung. Verhaltenssteuerung schafft systematisch gesteuerte Ergebnisse (Naturgesetz).

Fazit
Die Rolle der Medien in der Ökonomie ist signifikant. Sie generieren Erwartungen bei den Akteuren und aus Erwartungen folgen direkte Handlungen und Entscheidungen. Somit ist die Rolle der Medien in der Ökonomie ein systemrelevanter Faktor für ihre Funktionsweise.

12.5.3 Der Zusammenhang zwischen menschlichem Verhalten und Systemverhalten

Was genau ein System ist und wie es entsteht und funktioniert, wurde zuvor ausführlich erörtert. Diese Frage lässt sich am besten an einigen Beispielen veranschaulichen: So entsteht beispielsweise der zuvor beschriebene Konzerteffekt durch einen Aufmerksamkeitsreiz (etwas Spektakuläres geschieht auf der Bühne). Eine bestimmte Reaktion tritt infolgedessen ein: Menschen stehen auf, um besser zu sehen. Dadurch werden zunehmend auch andere und mehr Menschen aufmerksam und motiviert mehr zu sehen (Neugierde und Aufmerksamkeit wachsen) und sie werden gezwungen (weil sie sonst nichts mehr sehen würden) auch aufzustehen:

Reiz -> Reaktion Einzelner -> Folge der Reaktion Einzelner ist die Reaktion mehrerer -> infolgedessen sind schließlich alle gezwungen zu handeln -> Ergebnis = 0 (trotz investierten Aufwands)

Ein deutlich sichtbares „System" hat sich gebildet und entsteht auf diese Weise aus dem menschichen Verhalten. Es funktioniert nach wenigen Gesetzmäßigkeiten und Regeln. Das systematische Verhalten der Menschen kann deutlich beobachtet und analysiert werden, welches ganz unsichtbar bestimmten Regeln folgt. Doch allein durch die Beobachtung der Handlungen (das Aufstehen der Menschen) könnte man nur schwerlich die Systematik dahinter erkennen, wenn die Ursache (Aktion auf der Bühne), welche den Anlass der Handlungen darstellt, außer Acht gelassen wird. Nur wenn man die Ursache miteinbezieht, wird man auch die gesamte Systematik und Funktionsweise erkennen und verstehen können.

Aus diesem Grund sind Systeme immer ganzheitlich (holistisch) und auchvon ihrer Ursache/von ihrem Ursprung her zu analysieren.

So wird im Allgemeinen in der Theorie ein System als ein abgrenzbares, natürliches oder künstliches „Gebilde" bezeichnet, das aus vielen verschiedenen Komponenten mit unterschiedlichen Eigenschaften besteht, die aufgrund bestimmter geordneter Beziehungen untereinander als gemeinsames Ganzes betrachtet werden. Es kann auch als Struktur, wie etwas funktioniert, betrachtet werden. So kann beispielsweise auch ein Ordnungsrahmen der Gesellschaft als ein System bezeichnet werden: ein kapitalistisches, kommunistisches, patriarchisches, matriarchalisches, diktatorisches, demokratisches usw. Diese (Ordnungs-)Systeme sind real, aber immateriell. Sie sind künstlich geschaffen durch beschlossene (oder aufgezwungene) Regeln und Gesetze. Somit sind es künstliche Systeme. Auf der anderen Seite gibt es natürliche Systeme. Sie entstehen spontan durch die Natur oder Evolution. So bilden beispielsweise Fischschwärme, Ameisenschwärme oder Vogelschwärme sehr oft natürliche und sehr effektive und effiziente Systeme, um das eigene Überleben zu sichern, um sich zu schützen oder um zu jagen. Durch die Systematisierung entsteht etwas, was viel stärker und größer ist als beispielsweise das einzelne Tier oder Individuum (z. B. die einzelne Ameise).

Natürliche Systeme entstehen aus dem natürlichen (angeborenen) Verhalten von Lebewesen und künstliche Systeme entstehen durch vorgegebene Regeln, Anweisungen, Gesetze, Vorschriften, Befehle usw. durch den Menschen. Gemeinsam ist beiden die Tatsache, dass natürliche wie auch künstliche Systeme erst durch Handlungen und Aktionen manifestiert werden.

Die einzelne Entscheidung und Handlung ist also auch hier die Basis, aus welcher ein ganzes System – wie groß es auch ist – entsteht.

Wie Systeme dann funktionieren, kann man sehr gut beobachten und analysieren. Als sehr gutes und anschauliches Beispiel soll hier das System von Ameisen und ihrem Verhalten veranschaulicht werden. Unter den Ameisen gibt es eine Art, die „Army Ants" genannt wird. Diese Ameisenart baut keine Ameisennester oder Ameisenhaufen, sondern sie zieht umher und vernichtet alles, was im Weg steht. Auch wenn die einzelne Ameise sehr klein und schwach ist, so ist es das System, welches aus dem Verhalten der einzelnen Tiere entsteht, das so stark und gefährlich ist, sogar für Feinde die tausendfach größer und stärker sind als Ameisen. Dieses System hat dafür gesorgt, dass sich diese Ameisenart gut behauptet und über Jahrtausende überlebt hat und sich fortpflanzen konnte. Jedoch gibt es auch eine Gefahr, welche zum Sterben eines ganzen solchen Ameisenvolkes führt: wenn nämlich bei diesem Ameisenzug, der durchaus eine Länge von 10 Metern erreichen kann, die Situation eintritt, dass die Ameisenvorhut dieses Volkes in einer Kurve auf die Ameisennachhut trifft. Dann kommt es zu einer sogenannten Todesspirale, in welcher die Ameisen anfangen im Kreis zu laufen, bis sie verhungern. Das ist tatsächlich der Fall.

Aus der systemischen Sicht, könnte man jetzt argumentieren, dass es sich dabei um einen Systemfehler handelt, wenn so etwas in diesem System vorkommt. Denn es ist das System, was einen vermeintlichen Fehler oder eine Schwachstelle hat., welches sich aus dem angeborenen Verhalten der Tiere seit über über Jahrmillionen als sehr effektiv bewährt hat und welches dafür gesorgt hat, dass diese Spezies überlebt hat. Dieses angeborene Verhalten hat nur jetzt unter einer ganz speziellen Bedingung (wenn die ersten Ameisen im Zug auf die letzten Ameisen im Zug treffen) zum Tod führt. Somit führt dieses so effektive und bewährte System in diesem einen ganz speziellen Fall zum Untergang der ganzen Ameisenkolonie. Und auch hier muss man die „Schuld", den Defekt oder den vermeintlichen Fehler für dieses Ereignis nicht im System suchen, sondern im Verhalten der Tiere, aus welchem sich das System bildet. Denn wenn es dem Tier durch sein Verhalten möglich wäre, nach einigen Runden im Kreis zu erkennen, dass die Reise nirgendwo hinführt, um dann die Richtung zu wechseln, dann gäbe es diese Problematik nicht. Somit wird an diesem Beispiel deutlich, wie ein Systemfehler auf ein Fehler im Verhalten/Handeln zurückzuführen ist.

Für die ökonomische Theorie ist die systemische Sicht nicht ganz irrelevant: Denn wie zuvor dargelegt, ist auch die Ökonomie ein System und besteht nur deshalb, weil Menschen nach bestimmten Mustern handeln und interagieren (analog zu den Ameisen). Das ökonomische System wird also aus Handlungsmustern von Menschen, den Marktteilnehmern erzeugt. Die quantitative Standardtheorie postuliert aber ganz genau, wie der Mensch sich zu verhalten und zu interagieren hat. Sie definiert damit de facto künstlich voraus, wie der einzelne Marktteilnehmer agieren wird und daher auch infolgedessen, wie das ökonomische System im Großen und Ganzen sich verhalten wird. Dadurch postuliert die Theorie ein nach bestimmten Regeln funktionierendes System, in welchem der Mensch nur eine untergeordnete Rolle einnimmt. Er ist nur ein Bestandteil dieses dieses Systems das nach exakt vorgegebenen Regeln und Gesetzmäßigkeiten funktioniert und wo diese exakt vorgegebene Arbeitsweise durch den Menschen in keinerlei Hinsicht beeinflussbar ist.

Nachdem wir nun wissen, dass die Grundannahmen der Standardtheorie nicht mit der Realität übereinstimmen und dass sich in Wirklichkeit Marktteilnehmer anders verhalten, als es die ökonomische Definition vorgibt, entsteht eine Situation, in der ein System (die Ökonomie) existiert, deren Gesetze mathematisch genau berechenbar und logisch erklärbar sind, jedoch die Realität nicht wiedergeben. Die Realität basiert auf realem, schwer berechenbaren menschlichen Verhalten und daraus entsteht ein komplett unterschiedliches ökonomisches System von dem theoretischen, das auf den künstlichen Annahmen basiert.

Friktionen und Fehlentscheidungen sind die Folge. Diese zeigen sich dann deutlich an einigen Beispielen, wie zuvor gezeigt: wenn die Standardtheorie postuliert, dass immer mit steigendem Preis die Nachfrage sinken muss, jedoch in der Realität diese Aussage widerlegt wird. Die Theorie erklärt diese Beispiele dann als Ausnahmen oder mit irrationalem oder unnatürlichem Handeln der Subjekte, obwohl dieses Handeln weder irrational noch unnatürlich ist. Es ist sogar sehr natürlich und sehr real. Unnatürlich und realitätsfremd sind die Annahmen der Standardtheorie.

Analog zu dem zuvor genannten Beispiel mit den Ameisen, kann man auch nicht argumentieren, dass die Ameisen unnatürlich oder irrational handeln, wenn sie sich in die Kreisbewegung begeben. Sie handeln sehr natürlich so, wie es ihnen die Natur vorgegeben hat und was sich über Jahrmillionen bewährt hat. Auch wenn diese Methode, dieses System in einem ganz bestimmten Fall nicht das optimale Ergebnis generiert, so ist es die Realität des Daseins und die Wirklichkeit.

Würde man den Ameisen helfen wollen und würde Regeln aufstellen, dass sie nach einer vorgegebenen Zeit oder Anzahl von Runden eine andere Richtung einschlagen sollen, dann würde man möglicherweise theoretisch Abhilfe für dieses Problem künstlich schaffen. Ändern würde es jedoch nichts, weil solche Tiere keine Regeln befolgen und nur ihren Instinkten folgen – unabhängig davon, ob es Regeln gibt oder nicht. Daher ist es nicht möglich, ihr natürliches System durch ein künstliches zu ersetzen. Der Mensch hingegen ist ein intelligentes Wesen und erkennt sehr wohl, wenn ein System, in welchem er sich befindet Fehler oder Schwachstellen aufweist. Daher sind beispielsweise unethische menschliche Handlungen in totalitären Systemen nicht durch das System oder seine Funktionsweise zu rechtfertigen oder zu entschuldigen. Das System entsteht und existiert immer durch die Handlungen des Menschen und dieser trägt auf Grund seiner Intelligenz die Verantwortung.

Der Mensch kann im Gegensatz zum Tier sehr wohl Regeln befolgen, erkennen und auch verstehen. Was jedoch viel zu sehr unterschätzt wird, ist die Tatsache, dass auch der Mensch angeborene und angelernte Instinkte und Verhaltensweisen hat und er sich manchmal schwertut, Regeln und Gesetzen zu folgen, welche diesen Instinkten widersprechen. Das ist eine weitere Erklärung dafür, warum sehr oft gut gemeinte Regeln, Vorschriften und Gesetze nicht greifen. Das ist die Diskrepanz zwischen der natürlichen Realität (natürliches System) und der künstlich durch den Menschen gestalteten und veränderten/optimierten Welt (künstliches System). Wenn das künstliche System (Standardtheorie) auf das natürliche System (verhaltensbasierte Ökonomie) der Wirklichkeit trifft, entstehen durch die vorhandenen Differenzen Fehler, Friktionen und Ungereimtheiten. Künstliches System mit natürlichem Verhalten erzeugt Friktionen!

In der ökonomischen Realität sorgen diese Friktionen für sehr hohe Verluste durch Fehlkalkulationen, Fehlinvestitionen, Fehlplanungen, Verschwendung, Arbeitslosigkeit und Ineffizienz. Um dies aber verbessern zu können, müssen sich die Menschen als Erstes von ihrer vorgegebenen Denkweise und dem Befolgen von alten Mustern lösen. So wie die Ameisen, die für einen außenstehenden Betrachter in einer Todesspirale gefangen sind und sich völlig sinnlos im Kreis zu Tode laufen, genauso sind auch die Menschen in ihren alten Denkmustern gefangen, von welchen sie sich nicht lösen können und deshalb Fehler machen.

So ist systemisch bedingt die einzige Möglichkeit, die gegebene Situation (oder auch die Welt) zu verbessern, die, nicht automatisch den vorgegebenen Verhaltensmustern zu folgen, sondern immer wieder auch mal etwas Neues und Anderes auszuprobieren, zu testen, neue Wege zu gehen, die Grenzen auszuloten und den Mut aufzubringen, auch mal gegen den Strom zu schwimmen, anstatt immer nur mit der Herde zu laufen, vor allem aber anderen Menschen, die genau das versuchen, nicht im Wege zu stehen, sie nicht zu kritisieren und zu entmutigen, sondern sie zu unterstützen und offen zu sein und zu helfen. Indem man direkt seinen Mitmenschen hilft, die Hilfe brauchen, verbessert man immer die gegebene Situation. Denn dadurch macht man die Geholfenen zu zukünftigen Helfern und durch eine einzige gute Tat (des Helfens) hat man möglicherweise eine systematische Spirale verursacht von guten Taten und gegenseitiger Hilfe- eine Art von Kettenreaktion des Guten, was möglicherweise zur Systemänderung des Ganzen führen kann.

12.5.4 Das Entstehen und Steuern von Veränderungen eines Systems

Die schnellsten und effektivsten Veränderungen des Status quo eines Systems werden durch Schocks verursacht, herbeigeführt durch externe wie auch interne Einflüsse (z. B. durch Natur oder durch Aufstand, Streiks, Krieg). Unkontrollierbare Ereignisse erzeugen in der Regel Angst. Menschen reagieren und handeln im Zustand von Angst ganz anders als üblich und sehr oft sogar extrem irrational. Unter Angst überbewerten Menschen im Allgemeinen den Faktor Sicherheit. Dies nutzen Unternehmen, Regierungen, staatliche Organisationen und Versicherungen aus und profitieren so überproportional in unsicheren Zeiten. Die menschliche Angst ist deshalb ein starker Faktor, um Menschen zu Veränderungen zu bewegen.

In Krisenzeiten verändert sich die Machtverteilung in Systemen und die Machtsicherung verschiebt sich zur höheren Priorität. Auch die Ordnungserhaltung und die Durchsetzung von Maßnahmen rücken mehr in den Vordergrund, um die Funktionalität von Gesellschaft und Wirtschaft zu sichern. Die Generierung von Gewinnen verändert sich auch sehr stark, da sich die Prioritäten der Menschen verändern. Die Versorgung, Sicherheit und Vermögenssicherung rücken in den Vordergrund und auch die Erwartungen der Menschen für die Zukunft verändern sich. In Krisenzeiten profitieren von der instabilen Situation nicht nur amtierende Regierungen, Staatskonzerne, Staatsapparate, sondern natürlich auch das Militär, welches der letzte staatliche Garant in einer subjektiv unsicheren Welt ist. Je stärker das Militär ist, umso höher wird die Sicherheit des gesamten Gesellschaftssystems empfunden.

Zentrale Fragen, die man sich stellen muss, sind die, wie die jeweilige Krise entstanden ist (Ursprung und Plausibilität), wer Interesse an einer Krise hat (wer erzielt Vorteile) und wer am meisten aus der Krise profitiert (wer erzielt Gewinne)? Denn Krisen können sehr gut genutzt werden, um Veränderungsprozesse zu starten oder um Transformationen durchzuführen, die in normalen Zeiten nicht möglich oder undurchführbar wären. In Krisenzeiten hingegen können sogar ganze Systeme schnell und mit geringerem Widerstand verändert werden (genauso wie auch ein bestehendes System zu zementieren, durch Maßnahmen, die unter normalen Umständen nicht durchsetzbar wären).

12.5.5 Das Entstehen und Managen von Krisen

Auch die Diskrepanz zwischen der Realität und der Theorie hat Verwerfungen, Friktionen und immer wieder auch entstehende Krisen zur Folge. Doch was genau ist eine Krise? Eine Krise ist die menschliche Angst und die Übertragung von durch diese Angst verursachten Verhaltensänderungen auf das System. Somit gibt es keine Krisen in Systemen, sondern nur in der menschlichen Wahrnehmung und in menschlichen Handlungen. Und diese haben freilich Auswirkungen auf das System. (Zum Beispiel entsteht ein Börsencrash, wenn alle Angst haben und beginnen Aktien zu verkaufen: Das „System" Börse reagiert ganz normal auf die steigenden Verkäufe, indem die Preise für Wertpapiere fallen. Dies erzeugt weitere und neue Angst bis zur Panik bei den Anlegern, was zu irrationalen Handlungen führt und zu weiterem Kursverfall.)

Bei Schocks und in Krisenzeiten werden Fehler und Schwachstellen in Systemen besonders deutlich, die in guten und stabilen Zeiten mit Wachstum und Wohlstand nicht so sichtbar wären. Diese nun sichtbaren Schwachstellen gilt es zu beseitigen, um die Situation für die Akteure vermeintlich zu stabilisieren.

Die Zusammenhänge zwischen Ökonomie, Politik und Justiz (oft auch Militär) sind in Krisenzeiten sichtbarer und wirken sich viel stärker und direkter aus als in normalen Zeiten. Angstbedingt können so Aktionen und Maßnahmen durchgeführt werden, die in normalen Zeiten undenkbar wären (z. B. Ausnahmeregelungen). Sehr oft kommt es zum Einsatz von besonderen institutionellen Instrumenten. Diese können ökonomischer, fiskaler, rechtlicher, sozialer oder auch militärischer Natur sein. Dabei sind große Unternehmen und Konzerne im Vorteil gegenüber kleinen und mittelständischen Unternehmen (weil sie systemrelevant sind), wie auch die Unternehmen im Vorteil mit Nähe zu staatlichen Institutionen und mit Staatsaufträgen – also Wirtschaftssubjekte mit einer gewissen Nähe zur Systemführung. In diesen Situationen müssen immer die Anreize, Interessen und die Motivation der Regierung unbedingt berücksichtigt werden. Denn für die Regierung ergeben sich nach den erfolgten Maßnahmen, angestoßenen Veränderungen oder der Transformation der Ökonomie oder Gesellschaft immer Vorteile.

Bei Angst präferieren Menschen während Krisenzeiten das scheinbar Sichere und Bewährte. Der Staat und die Regierung gewinnt zusätzlich an Macht und kann mit weniger Widerstand regieren, steuern und Maßnahmen umsetzen. In der Wirtschaft behaupten sich durch die Konsolidierungsmaßnahmen in der Krise die großen und starken Player gegenüber den kleinen und schwachen. Eine Modifikation des Systems mit direkterem Zugriff der Regierung ist meistens die Folge.

Literatur

Krugman, P., & Wells-Krugman, R. (2017). *Volkswirtschaftslehre* (2. Aufl., Bd. 288). Schäffer-Poeschel.

Zeit für eine Neuordnung der Gesellschaft 13

Warum ist die Zeit für eine Neuordnung der Gesellschaft gerade jetzt gekommen? Weil neue Erkenntnisse und neues Wissen durch jahrzehntelange empirische und experimentelle Forschung entstanden sind und weil die Funktionsweise der alten Systemtheorie mit ihren unübersehbaren Defiziten an die Grenzen gestoßen ist und sich in einer Sackgasse befindet. Es ist offensichtlich, dass es höchste Zeit ist, aus den gemachten Fehlern zu lernen, Dinge besser zu machen, bessere Entscheidungen zu treffen, bessere Instrumente einzusetzen, besseres und genaueres Verständnis zu haben für die Ursachen der gemachten Fehler und so zukünftig bessere und nachhaltigere Resultate zu erzielen. Dadurch können mehr Output und mehr Leistung aus den eingesetzten Ressourcen für alle generiert werden mit mehr Gerechtigkeit und mehr Zufriedenheit mit einer besseren Lebensqualität und mehr Glück. Eine insgesamt bessere Welt kann so für alle entstehen! Ökonomisch, politisch und gesellschaftlich.

So eine sozioökonomische Evolution käme dann einer Revolution gleich, die das Alte beendet und etwas Neues und Besseres bringt.

> **Learnings**
> - Ökonomie ist sehr viel mehr als nur Märkte, Handel, Produktion und Finanzwesen
> - In der Ökonomie herrschen universale Gesetze wie auch in der Natur
> - Ökonomisches System entsteht aus dem Verhalten von Menschen. Wie sich der Mensch verhält, so verhält sich das System Ökonomie
> - Alles in der Ökonomie hat die Ursache im Menschen und in seinen Handlungen, wobei diese die Folge von seinem Denken und seinen Präferenzen ist. Deshalb muss auch der Mensch im Zentrum der ökonomischen Theorie stehen

© Der/die Autor(en), exklusiv lizenziert an Springer Fachmedien Wiesbaden GmbH, ein Teil von Springer Nature 2023
V. von Holle, *Neue ökonomische Theorie*, https://doi.org/10.1007/978-3-658-42058-1_13

- Die Vergangenheit bestimmt die Gegenwart und somit auch das Verhalten des Menschen und in dessen Folge auch die Funktionsweise der Ökonomie
- In der realen Ökonomie herrschen Kreisläufe und nicht Gleichgewichte
- Asymmetrie und Friktion am Arbeitsmarkt werden verursacht durch die Diskrepanz von dem, was auf diesem Markt angeboten und was dort nachgefragt wird: Es ist nicht Geld gegen Arbeit, sondern es ist Geld gegen ein bestimmtes Ergebnis/Leistung
- Unendliches Wachstum in einem begrenzten System (wie beispielsweise in der Ökonomie) ist nicht möglich. Das muss jede ernstzunehmende Theorie berücksichtigen
- Eine gute Theorie muss die Realität so, wie sie ist, akzeptieren und darf sie nicht durch realitätsfremde komplexitätsreduzierende Annahmen verfälschen
- Eine valide ökonomische Theorie muss nicht zwingend mathematischer Natur sein
- Eine gute Theorie muss die Gesamtheit der Problemstellung erklären (holistische Analyse) und nicht nur bestimmte, ausgewählte Teile (Partialanalyse)
- Inflation führt immer zur Verarmung der Bevölkerung und zur Umverteilung von unten nach oben. Aber sie eignet sich hervorragend, um Schulden zu eliminieren! Deshalb muss Inflation als ein Instrument zur Steuerung der Wirtschaft und Gesellschaft betrachtet werden

In Tab. 13.1 sind die Hauptunterschiede und Gegensätze zwischen der ökonomischen Standardtheorie und der neuen ökonomischen Theorie verdeutlicht gegenübergestellt.

Zukunftsrelevanz der neuen ökonomischen Theorie
Nach der neuen ökonomischen Theorie bildet sich das System der Ökonomie aus dem menschlichen Verhalten, welches wiederum aus der Präferenzsetzung der Menschen herrührt. Präferenzen führen zu Handlungen und diese sind Interaktionen mit anderen Menschen. Viele Interaktionen resultieren in Transaktionen, also in ökonomischen Handlungen. Diese sind die Basis des Systems.

Doch man kann es auch anders herum betrachten: Außerhalb von Interaktion gibt es keine Ökonomie, keine Ökonomik und wahrscheinlich gibt es außerhalb von Interaktion auch kein wirkliches Leben. Kein pflanzliches, kein tierisches und auch kein menschliches. Menschen erleben, ganz nüchtern und unwissenschaftlich betrachtet, viele Arten von Interaktionen. Zum einen gibt es Interaktionen mit Dingen (z. B. die Interaktion mit einem schönen Sonnenuntergang, von dem man sich verzaubern lässt und für welchen man gerne auch eine mehr oder weniger lange Anreise in Kauf nimmt, oder die Interaktion mit der heißen Herdplatte). Und es gibt Interaktionen mit Lebewesen, vor allem mit anderen Menschen. In der Ökonomie werden zwischenmenschliche Interaktionen betrachtet.

Tab. 13.1 Vergleichsübersicht ökonomische Standardtheorie vs. neue ökonomische Theorie

Ökonomische Standardtheorie	Neue ökonomische Theorie
Basiert auf Annahmen	Basiert auf Realität (realen Handlungen)
Theoretisch	Praktisch
Basiert auf Gleichgewichten	Basiert auf Kreisläufen
Das System selbst steht im Zentrum der Theorie	Der Mensch steht im Zentrum der Theorie
Hat durch definierte Voraussetzungen genau vordefinierte und vorgegebene Funktionsweise	Funktionsweise leitet sich vom menschlichen Verhalten ab. Das basiert auf dem behavioristischen Ansatz und determiniert die Funktionsweise der Ökonomie
Geht von direkten und miteinander fest „verzahnten" Ursachen, Folgen und Zusammenhängen aus	Geht von Zusammenhängen, Auswirkungen und Folgen aus, die nicht fest miteinander „verzahnt" sind, sondern einen gewissen „Schlupf"/ Unschärfe aufweisen. Dieser Schlupf und seine Größe hängen von verwandten/benachbarten Faktoren ab
Systemfunktionalität vergleichbar mit der einer Maschine	Systemfunktionalität vergleichbar mit der eines Organismus
Betrachtet die Ökonomie als ein durch mathematische Gleichungen ex ante vorgegebenes starres System, in welchem der Mensch nur ein Teilnehmer ist und in dem er auf das System keinen Einfluss hat	Betrachtet die Ökonomie als ein System, welches aus den menschlichen Handlungen und Interaktionen entsteht und wo der Mensch im Zentrum und als Kreator fungiert und welches dadurch flexibel und adaptiv ist
Ist quantitativ und somit exakt mathematisch berechenbar	Ist qualitativ und indikativ und somit mathematisch nicht exakt berechenbar – vielmehr können eher Wahrscheinlichkeiten als genaue Zahlen angegeben werden
Mathematische Validierung; keine empirische oder experimentelle Validierung	Empirisch und experimentell getestet; mathematisch nicht immer abbildbar
Mathematik	Chaostheorie
Kann viele reale Situationen nicht erklären (z. B. Arbeitslosigkeit bei Vollbeschäftigung, Snob-Effekt, Spendenverhalten …)	Kann alle Situationen und Zustände erklären (weil ihre Basis auf empirischen, experimentellen und logischen Beobachtungen, Zusammenhängen und Ergebnissen beruht)
Ist fokussiert auf die Schlüssigkeit und Logik der Funktionsweise von einzelnen separaten Fragestellungen (Partialanalyse)	Die Funktionsweise ist ganzheitlich (holistisch) in ihrer Komplexität erklärbar und empirisch testbar und verifizierbar
Partielle Sichtweise	Ganzheitliche (holistische) Sichtweise
Einzelne Teile und Bereiche separierbar und separat analysierbar	Immer eingebunden im Gesamtkontext
Ist nicht limitiert (z. B. grenzenloses Wachstum möglich)	Geht von natürlichen Grenzen und Gesetzmäßigkeiten aus
Marktwirtschaftliches System ist abhängig vom Markt, Angebot/Nachfrage (und Preisen)	Transaktionales System ist abhängig von menschlichen Beziehungen, Interaktionen/ Verhalten (und Werten)

Woran denkt man meistens, wenn man ganz allgemein an Interaktionen mit Mitmenschen denkt? Möglicherweise an ein gemeinsames Mittagessen im Kreis der Familie, an ein berufliches Meeting, eine Verabredung mit Kollegen, Freunden, Partnern oder an die sexuelle Interaktion mit einem geliebten Menschen. Dies sind Interaktionen, an die man sich häufig gut erinnern kann – wenn es besondere Momente waren, die uns emotional berührt haben, häufig sogar ein Leben lang.

Daneben gibt es eine Vielzahl an weiteren Interaktionen. Menschen interagieren permanent miteinander, auch unbewusst und ungewollt: beim Einkaufen, in den öffentlichen Verkehrsmitteln, im Straßenverkehr, bei Sportveranstaltungen oder im Konzert, beim Kinobesuch, im Restaurant usw. In der Regel jedoch kommt man nicht auf die Idee, diese Interaktionen als solche bzw. als soziale Kontakte zu betrachten. Man blendet das im Alltag aus, geht seinen Beschäftigungen nach und freut sich, wenn man bei seinen Aufgaben und Besorgungen möglichst wenig gestört wird.

Nur wenn etwas Unerwartetes passiert (z. B. wenn man plötzlich ein bekanntes Gesicht ausmacht oder wenn ein fremder Mensch die unsichtbare soziale Grenze nicht einhält), nehmen wir auf einmal den Kontakt bewusst wahr und reagieren darauf, z. B. mit einem Lächeln, einem Hallo, einem kurzen Gespräch oder auch mit Wut oder einem Beklemmungsgefühl in der Magengegend.

Unabhängig, um welche Art von Interaktion es sich handelt, ist unser Nervensystem permanent damit beschäftigt, die Umgebung zu scannen nach Sicherheit und Gefahr, nach angenehmen und unangenehmen Signalen. Und wie eine Interaktion letzten Endes verarbeitet und „interpretiert" wird, hängt ganz maßgeblich von den Erfahrungen ab, die wir bis dahin in unserem Leben gemacht haben und die uns bis heute auf eine ganz bestimmte Art geprägt haben. Die Vergangenheit und ihre Auswirkung sind daher immer und überall gegenwärtig und beeinflussen (oder sogar bestimmen) auf diese Weise die Gegenwart. Denn das „Jetzt" ist nichts anderes als das Ergebnis der gesamten Vergangenheit.

Es gilt inzwischen als gesichert, dass das menschliche Gehirn in besonderem Maße darauf eingerichtet ist, auf Interaktionserfahrungen zu reagieren und diese abzuspeichern. Das beginnt bereits im Mutterleib, nach der Geburt ist es in den ersten Monaten fast ausschließlich damit beschäftigt. Erst viel später entwickeln sich sogenannte kognitive Fähigkeiten. Heute weiß man auch, dass beispielsweise Neugeborene ohne Beziehungserfahrungen, also ohne Interaktionen, nicht lebensfähig sind. In den sozialwissenschaftlichen Disziplinen muss dieser Tatsache daher adäquat Rechnung getragen werden.

Man könnte etwas überspitzt sagen: Der Mensch besteht aus Biologie (Körperzellen und Stoffwechsel) und verinnerlichten Interaktionserfahrungen (aus gespeicherter Vergangenheit). Das gesamte Erleben, insbesondere die Wahrnehmung und Interpretation von Handlungen und Aussagen des sozialen Gegenübers, ist maßgeblich von früheren Beziehungserfahrungen geprägt. Und auch die Reaktionen darauf in der Gegenwart folgen dem Muster aus der Vergangenheit, das der Mensch einmal als für diesen Beziehungskontext angemessen gelernt habt. Dabei gilt: Je bedeutsamer die Person ist, mit der man eine konkrete Interaktionserfahrung macht, desto mehr wird sie auf die Waagschale gelegt (Präferenzierung) – also umso mehr prägt und beeinflusst sie einen. Wenn man also beispielsweise von einer fremden Person einen Rüffel kriegt, kann man das meistens recht schnell verdauen. Wenn der Rüffel aber von einer sehr nahestehenden Person kommt, wirkt es gleich viel bedrohlicher, manchmal so, als ob die Welt zusammenbricht. Und warum ist das so? Zum einen sind wichtige Bezugspersonen (vor allem Mutter, Vater, Partnerin oder Partner) diejenigen Menschen, die einem das Gefühl der Sicherheit vermitteln. Wenn das in einer konkreten Situation nicht der Fall ist, wirkt das sogleich sehr bedrohlich. Zum anderen werden in bedeutsamen aktuellen Interaktionen weniger gut gelungene frühere Interaktionserfahrungen stärker getriggert mit der Folge, dass man in seinem Erleben in die „alte" Interaktionserfahrung rutscht mit all den Emotionen, die früher damit verbunden waren.

Diese Prozesse sind in der Psychologie längst bekannt und laufen in der Regel unbewusst und automatisch ab und fühlen sich absolut stimmig in der konkreten Situation an. Im Nachhinein erkennt der Mensch manchmal, dass seine Reaktion nicht zur auslösenden Situation passt und inadäquat ist. Das ist dann ein Hinweis darauf, dass entweder ein grundlegendes menschliches Bedürfnis missachtet wurde oder dass der betreffende Mensch in eine frühere Interaktionserfahrung gerutscht ist.

Und was bedeutet das für den Alltag der Menschen und für die Ökonomik?
Alles, was ein Mensch in einem bestimmten Augenblick erlebt, ist geprägt von seinen früheren, zuvor gemachten Interaktionserfahrungen. Weil einzig und allein die Vergangenheit die Gegenwart determiniert und somit auch die Präferenzierung und die Entscheidungen in der Gegenwart. Wäre dem nicht so, dann müsste der Mensch jeden Morgen wie ein unbeschriebenes Blatt Papier frei von allen Erfahrungen und Erinnerungen aufwachen und alle seine Präferenzen neu lernen, neu setzen und Entscheidungen neu und objektiv machen, so wie ein aus dem Koma aufgewachter Patient, der seine gesamte Vergangenheit vergessen hat. Und das ist unmöglich. Daher ist die Vergangenheit mit allen gemachten Erfahrungen, Lehren und Ereignissen sehr wichtig und prägend und muss mit ihrer Signifikanz entsprechend akzeptiert und berücksichtigt werden. Genau aus diesem Grund sind auch beispielsweise in der Ökonomie Sunk Costs nicht als solche zu betrachten und zu verbuchen! Auch wenn diese Kosten nicht zu dem gewünschten Ergebnis/Return of Investment geführt haben, darf man sie nicht einfach außer Acht lassen – so wie es durch die „Fallacy oft the Sunk Costs" in der ökonomischen Theorie gelehrt wird. Denn mit der Berücksichtigung der Tatsache, dass die Vergangenheit die Gegenwart determiniert, sind diese Sunk Costs nichts anderes als Invested Costs – sie wurden für einen bestimmten Zweck investiert, auch wenn das Investment sich nicht ausbezahlt, aber es hat zu der Situation geführt, in der man sich gerade befindet. Und das ist im Endeffekt nichts anderes als eine weitere „Lehre" aus der Vergangenheit, die genau zu der Situation geführt hat, die in der Gegenwart herrscht. Somit sind die in der Vergangenheit gemachten Investitionen auch subjektiv betrachtet mal gut, mal schlecht, mal profitabel und mal verlustreich, aber sie haben immer einen Impact auf die Gegenwart.

Man kann sogar direkt zeigen, dass sich die Vergangenheit durch menschliche Gewohnheiten und Kultur immer wieder neu in die Gegenwart und damit sogar in die Zukunft „fortpflanzt". Denn Gewohnheiten und Kultur haben ihre Wurzeln in der Vergangenheit. Durch das Praktizieren von kulturellen Handlungen oder durch Gewohnheiten wird Vergangenes zu einem Ereignis in der Gegenwart. Die Art, zu leben mit den kulturellen Spezifikationen und Gewohnheiten, prägt die Menschen und ihr Verhalten mit Erwartungen und Wünschen in der Gegenwart und erzeugt bzw. bestätigt immer wieder neu die Kultur, die Verhaltensmuster und die Gewohnheiten. Somit gibt es einen sich ewig wiederholenden Kreislauf von Gewohnheiten, Kultur, Art und Weise zu leben, Prägung von Menschen und Erzeugung von Verhaltensmustern, Gewohnheiten, Kultur usw. Die Vergangenheit lässt sich niemals ausradieren.

Auch wenn es im Universum möglicherweise objektive Wahrheiten gibt, können sich Menschen diesen im besten Fall nur annähern. Für das jeweilige menschliche Leben ist entscheidender das, was konkret in einer bestimmten Situation wirkt und Spuren verursacht. Die subjektiv empfundene „Wirklichkeit" ist immer eine Mischung aus den eigenen verinnerlichten Erfahrungen und dem, was von außen an einen herangetragen wird und deshalb auch rein subjektiv wahrgenommen wird. Es ist daher immer Vorsicht geboten, wenn man meint, richtig zu entscheiden, Recht zu haben, oder wenn Menschen die unumstößliche Gewissheit haben, dass sie schlecht behandelt wurden. Hier ist ein wesentlich differenzierter Blick notwendig als nur eine vereinfachte, subjektive und oberflächliche Sichtweise.

Wenn die Menschen mit ihrer Wirklichkeit nicht zufrieden sind, ist es sehr gewinnbringend, die in der Vergangenheit gemachten Interaktionserfahrungen zu analysieren. Werden diese nach und nach identifiziert und wird verstanden, wie sie in dem aktuellen Leben wirken, dann hat der betreffende Mensch die Chance auf Veränderung in eine positive Richtung. Er kann seine Präferenzen, seine Entscheidungen und sein Verhalten anpassen. Und in der Ökonomie verhält es sich entsprechend.

Der Mensch formt immer seine Interaktionen und Beziehungen (Verhalten), egal, ob ihm dies bewusst ist oder nicht. Das heißt ganz konkret, wie er „da" ist und mit seinem Gegenüber in Kontakt tritt (wie er seine Präferenzen setzt und handelt), hat Einfluss auf sein Gegenüber und gleichzeitig auch auf ihn. Das ist so angeboren und durch die Natur des Menschen – durch die Evolution – vorgegeben. Wenn wir uns also dessen bewusst sind, dann sollten wir aktiv unsere Interaktionen gestalten, statt passiv zuzulassen, dass diese gestaltet werden. Denn es ist durch den Menschen nicht möglich, Interaktion zu vermeiden.

Die Interaktionen bilden immer und unausweichlich ein Interaktionssystem, welches dann ganz eigene Dynamik und Gesetzmäßigkeiten aufweist. Sobald also mehrere oder viele Menschen zusammen sind, entsteht immer ein Interaktionssystem. Dies geschieht völlig unabhängig von der Sprache, Kultur, vom Wissensstand oder Entwicklungsgrad der Menschen. Gewollt oder ungewollt. Aus Interaktionen entstehen dann Transaktionen und somit Handel. Die Ökonomie ist ein solches Interaktionssystem und die Ökonomie ist ein wichtiges Interaktionssystem, weil sie direkt mit den menschlichen Bedürfnissen – also letztendlich mit dem menschlichen Überleben – im Zusammenhang steht. Denn in der

Ökonomie geht es um die Befriedigung der menschlichen Bedürfnisse und auch der Grund-bedürfnisse. Deshalb ist das Verständnis von menschlichen Bedürfnissen, vom mensch-lichen Verhalten und von der menschlichen Präferenzbildung für die Ökonomik so essen-ziell. Und deshalb ist auch die Ökonomik ein Fachgebiet, welches sich quer durch Psycho-logie und die gesamten sozialwissenschaftlichen Fachrichtungen zieht. In der Realität findet immer die Bildung einer Form des Interaktionssystems statt. Mit der Funktions-weise und dem Wesen dieses durch Menschen gebildeten Systems beschäftigen sich die Sozialwissenschaften, wozu auch die Ökonomik zählen muss.

Die Ökonomie entsteht als System durch Interaktion von Menschen (Marktteilnehmern/ ökonomischen Subjekten). Und jede Interaktion hängt immer mit der Motivation, der Präferenzbildung und Präferenzsetzung des Menschen direkt zusammen. Wie sich das System der Interaktionen verhält, so verhält sich entsprechend dann auch das System der Ökonomie.

Aus diesen Gründen muss die wirtschaftstheoretische Sichtweise angepasst werden und muss berücksichtigen, dass Leben (und damit auch die Ökonomie) Interaktion ist und diese aus Präferenzen und deren Priorisierung hervorgeht.

Die hier vorgestellte neue ökonomische Theorie basiert deshalb genau auf diesen natür-lichen und logischen Zusammenhängen und nicht auf künstlich gemachten und realitäts-fremden Annahmen.

Nach dem Philosophen Karl Popper ist jede wissenschaftliche Theorie nur so gut, wie das beste Gegenargument. Sie kann nur so lange wahr sein, bis sie widerlegt wird. Die quantitative ökonomische Standardtheorie des Mainstreams ist längst und unbestreitbar widerlegt. Wie zuvor mehrfach dargelegt, beinhaltet sie zu viele Widersprüche, Gegen-argumente und Ungereimtheiten. Vor allem aber berücksichtigt sie nicht den wichtigsten Faktor in der Ökonomie, nämlich das menschliche Verhalten. Das ist ein Fakt. Trotzdem ist es der heutige Stand der ökonomischen Theorie.

Niemand darf sich einbilden, die (absolute) Wahrheit zu kennen. Selbst die Wissen-schaft heute ist bestenfalls eine Annäherung an die Wahrheit und steht unter dem Damokles-schwert der Falsifizierung.

Die hier vorgestellte neue ökonomische Theorie mit ihren Grundlagen, Mechanismen und Zusammenhängen soll einen Beitrag leisten, um zukünftig allgemein bessere, ver-nünftigere und nachhaltigere Ergebnisse zum Wohle aller Menschen und zum Wohle der ganzen Gesellschaft zu erzielen. Die neuesten Erkenntnisse aus der Forschung und die da-raus resultierende neue ökonomische Theorie widersprechen diametral der aktuellen Lehr-meinung, also der quantitativen ökonomischen Standardtheorie des Mainstreams. Sie ist „contra receptam opinionem" (gegen die vorherrschende Meinung).

Wann und vor allem wie sich schließlich diese neue (und bessere) Theorie durchsetzt, das muss noch abgewartet werden. Auf jeden Fall steht unstrittig fest, dass man so wie bis-her nicht weitermachen kann, ohne dass die Gesellschaft und Umwelt zerstört werden.

Ähnliche radikale Entwicklungen sind nicht neu in der Wissenschaft. Es hat sie immer gegeben. Das Akzeptanzproblem von neuem Wissen und die Durchsetzung von neuen Theorien waren schon immer ein sehr sensibles Thema.

„Eine neue wissenschaftliche Wahrheit pflegt sich nicht in der Weise durchzusetzen, dass ihre Gegner überzeugt werden und sich als belehrt erklären, sondern daß ihre Gegner allmählich aussterben und dass die heranwachsende Generation von vornherein mit der Wahrheit vertraut gemacht ist" (Planck, 1948).

Bei einer genaueren Betrachtung gibt es heute diesbezüglich eine geradezu frappierende Analogie zur Vergangenheit, weil es in Zeiten der großen Umbrüche auffallend oft auch gleichzeitig zu signifikanten Veränderungen in der Denkweise, in der Lehre und in den allgemeinen Anschauungen kam:

Nach dem Ausklingen des Mittelalters und dem Übergang zur Renaissance, dem Zeitalter der Aufklärung und der Hinterfragung des alten Wissens, als die ersten Universitäten gegründet wurden und Forschung eine ganz neue Richtung einnahm, wurde der modernde Buchdruck mit beweglichen Lettern erfunden und neues Wissen konnte sich in nie dagewesener Geschwindigkeit verbreiten. Kurz darauf folgte die Reformation als tiefgreifende gesellschaftliche Veränderung. Nach diesen turbulenten Zeiten wurde durch Adam Smith (1723–1790) die erste ökonomische Theorie entwickelt (Smith, 1778).

Später dann beim Übergang vom Agrarzeitalter ins Industriezeitalter, als erneut große Umbrüche innerhalb der Wirtschaft und Gesellschaft stattfanden, wurde eine weitere ökonomische Theorie durch Karl Marx (1818–1883) entwickelt (Marx, 1867).

Zwischen der Weltwirtschaftskrise Ende der 1920er-Jahre und dem Zweiten Weltkrieg wurde durch John Maynard Keynes (1883–1946) die als Keynesianismus bekannte Denkschule begründet. Sie löste eine Revolution des ökonomischen Denkens aus und seine radikal neuen Gedanken haben die Theorie und Praxis der Ökonomie wie auch die Wirtschaftspolitik von Regierungen grundlegend verändert.

In der heutigen Übergangsphase vom Industriezeitalter zum digitalen Zeitalter und einem erneuten großen Umbruch innerhalb der gesellschaftlichen Systeme und den radikalen Änderungen in allen Lebensbereichen wird deutlich, dass die alten Lehrsätze und Theorien der quantitativen ökonomischen Theorie nicht funktionieren und überholt sind. Somit muss eine neue ökonomische Theorie entwickelt werden, welche die Anforderungen an die Realität erfüllt und die Entwicklungen in der Wirtschaft, Politik und Gesellschaft schlüssig und widerspruchsfrei erklärt.

Deshalb muss diese neue Theorie einen ganzheitlichen, also holistischen Charakter haben und auch benachbarte Disziplinen wie die Psychologie, Soziologie oder auch die Politik berücksichtigen. Denn der Wandel macht vor keiner Disziplin Halt und Veränderungen auf einem Gebiet haben immer auch Auswirkungen auf alle anderen verwandten Disziplinen. So kann man beispielsweise sehr gut beobachten, dass eine Optimierung/Verbesserung der Funktionsweise des gesellschaftlichen Systems nur dann möglich ist und langfristig funktioniert, wenn auch das sozio-politisch-ökonomische Umfeld mit einbezogen wird.

So muss die Politik gewährleisten, dass beste Bedingungen vorherrschen und dass entsprechende soziale, rechtliche und ökonomische Rahmenbedingungen eingehalten und permanent den Anforderungen entsprechend weiterentwickelt werden. Stabilität für langfristige Planungen und damit Planungssicherheit und Verlässlichkeit sind wichtige Faktoren und Voraussetzungen für eine anhaltende wirtschaftliche Prosperität, an der alle Mitglieder der Gesellschaft entsprechend ihrer Möglichkeiten und ihres Beitrags partizipieren und von der sie auch profitieren sollten. Die Gewährleistung bester Bedingungen und Durchsetzung von (vernünftigen!) Vorschriften und Regeln sowie deren Einhaltung sollte die Aufgabe der Politik sein, jedoch ohne ein Eingreifen in das System selbst! Politisch motivierte Eingriffe in ökonomische Prozesse haben sich bisher immer als katastrophal erwiesen.

Bedingt durch Lehren aus der Vergangenheit entwickelt eine Gesellschaft mit der Zeit bestimmte soziale Normen und Werte, welche eine regulierende Funktion haben. Diese als Social Norm bekannte Regulierungsfunktion ergänzt in der Realität das rechtliche System des Staates, welches mit den Mitteln von Drohung und Strafen die Einhaltung der Gesetze und Vorschriften durchsetzt.

Ein libertäres sozioökonomisches System, das auf den besten und klügsten Köpfen der Gesellschaft basiert und dafür sorgt, dass die Ressourcenallokation optimal funktioniert und zugleich die Verteilungsfrage gerecht und effektiv gelöst ist, wäre wünschenswert.

Die Gefahr und das Risiko in der Praxis sind und bleiben natürlich immer die Frage, wer darüber bestimmt (und auf welcher Grundlage), was gut ist, wer die besten Köpfe sind und was gerecht und was ungerecht ist …

„Eine Politik, die gegen ökonomische Gesetze und damit gegen menschliche Grundbedürfnisse regiert, zieht immer den Kürzeren" (Eugen von Böhm-Bawerk (1851–1914), Lehrer von Friedrich August von Hayek, in seinem Essay „Macht oder ökonomisches Gesetz?", vgl. von Böhm-Bawerk, 1914).

Literatur

von Böhm-Bawerk, E. (1914). Macht oder Ökonomisches Gesetz? *Zeitschrift für Volkswirtschaft, Sozialpolitik und Verwaltung, XXIII*, 205–271.

Marx, K. (1867). *Das Kapital.* Kritik der politischen Ökonomie.

Planck, M. (1948). *Wissenschaftliche Selbstbiographie* (S. 22). Johann Ambrosius Barth.

Smith, A. (1778). *An inquiry into the nature and causes of the wealth of nations.* W. Strahan; T. Cadell.

Glossar

Ankereffekt Der Ankereffekt ist ein Begriff aus der Kognitionspsychologie und beschreibt das Phänomen, dass Menschen von vorhandenen Umgebungsinformationen beeinflusst werden, wenn sie Wahlen treffen, und zwar ohne dass ihnen dieser Einfluss bewusst ist. Die Umgebungsinformationen haben selbst dann einen Einfluss, wenn sie für die zu treffende Entscheidung eigentlich irrelevant sind. Der Anker ist in der Regel eine bestimmte Information, wobei der Betreffende die Information selbst aus den Umständen bilden oder aber von einer anderen Person erhalten kann. Häufig ist sie aber rein zufällig vorhanden. Diese Information ist dann beim Einschätzen einer Situation und beim Treffen der Entscheidung ausschlaggebend. Dabei spielt es keine Rolle, ob diese Information für die zu treffende rationale Entscheidung tatsächlich relevant und nützlich ist. Es handelt sich also um eine Urteilsheuristik, bei der sich das Urteil an einem willkürlichen Anker orientiert, bzw. um eine systematische Verzerrung in Richtung dieses Ankers.

Cantillon-Effekt Der Cantillon-Effekt bezeichnet in der Ökonomie den Effekt, dass sich eine Erhöhung der Geldmenge nicht automatisch gleichmäßig auf alle Bereiche einer Volkswirtschaft verteilt, sondern in Stufen, wobei manche Bereiche (insbesondere der Banksektor, staatsnahe Firmen, der Unternehmersektor und politisch begünstigte Gruppen) zuerst profitieren, während der Rest der Volkswirtschaft später folgt oder gar nicht von der Geldschöpfung profitiert. Verlierer im Prozess der Geldschöpfung sind diejenigen, bei denen das Geld gar nicht landet, die aber dennoch die wegen der kreditschöpfungsbedingten Inflation gestiegenen Preise zahlen müssen.

Endowment-Effekt Auf Deutsch wird dieser Effekt auch als der Besitztumseffekt bezeichnet und ist eine Hypothese aus der Verhaltensökonomik. Sie besagt, dass Menschen dazu tendieren, ein Gut wertvoller einzuschätzen, wenn sie es besitzen. Diese Hypothese geht zurück auf den US-amerikanischen Ökonomen und Wirtschaftsnobelpreisträger Richard Thaler. Er hat dem Besitztumseffekt seinen Namen gegeben. Für die neue ökonomische Theorie hat dieser Effekt deshalb eine große Bedeutung, weil er zeigt, dass die Zahlungsbereitschaft eines Individuums und die Bereitschaft zum Verkauf für ein und dasselbe Gut auseinanderfallen können. Damit widerspricht diese

Hypothese der grundlegenden Annahme der neoklassischen Standardtheorie, dass Menschen Entscheidungen aufgrund rationaler Präferenzen treffen.

Externalität Differenz zwischen den gesellschaftlichen und den privaten Erträgen (= positive Externalitäten) bzw. Differenz zwischen den gesellschaftlichen und privaten Aufwänden (= negative Externalitäten).

Framing Framing oder Framing-Effekt bedeutet, dass unterschiedliche Formulierungen einer Botschaft – bei gleichem Inhalt – das Verhalten des Empfängers unterschiedlich beeinflussen. Dieser Effekt lässt sich nicht mit der Theorie der rationalen Entscheidung erklären.

Geldillusion Psychologisch begründete Einstellung zum Geldwert mit besonderem Vertrauen in seine (scheinbar) objektive Gegebenheit und Stabilität, d. h. Vertrauen der Wirtschaftssubjekte zum umlaufenden Geld. Dahinter steht das Vertrauen der Bevölkerung in die durch den Staat geschaffene und durch seine Autorität (scheinbar) abgesicherte Geldordnung. Geldillusion liegt z. B. dann vor, wenn bei Inflation Nominaleinkommenssteigerungen (irrtümlich) mit Realeinkommenserhöhungen gleichgesetzt werden. Dies kann dann zu einem anderen Ausgabenverhalten führen als bei fehlender Geldillusion.

Grenznutzen Nutzenzuwachs (Nutzen) aus der jeweils letzten konsumierten Einheit eines Gutes.

Gossensche Gesetze Grenznutzen ist der Nutzen, den die letzte verbrauchte Einheit eines Gutes stiftet. Problem: Der Grenznutzen kann positiv, gleich null oder negativ sein und hängt von der bisherigen Verbrauchsmenge ab. So wird ein durstiger Zecher dem ersten Bier einen hohen positiven Grenznutzen zumessen, dem fünften gleichgültig gegenüberstehen (Grenznutzen gleich null) und nach dem zehnten unangenehme Folgewirkungen (Grenznutzen negativ) spüren.

Herdentrieb Der Herdentrieb wird oft auch als Mitläufereffekt bezeichnet. Er beschreibt ein häufiges Verhalten, bei dem Menschen ihre Handlungen denen der Gruppe anschließen, ohne sich eine eigene unabhängige Meinung zu bilden. An Börsen lässt sich der Herdentrieb häufig in der Form von Panikkäufen oder Panikverkäufen beobachten, was in der Folge zu einer Preisblase oder einem Börsencrash führen. Die Begründung dieser Käufe oder Verkäufe liegt hierbei nicht in einer eigenen Analyse, sondern in den Handlungen anderer Anleger. Dieser Effekt lässt sich nicht mit der Theorie der rationalen Entscheidung erklären.

Homo oeconomicus Modell eines ausschließlich „wirtschaftlich" denkenden Menschen, das den Analysen der klassischen und neoklassischen Wirtschaftstheorie zugrunde liegt. Hauptmerkmal des Homo oeconomicus ist seine Fähigkeit zu uneingeschränktem rationalen Verhalten. Handlungsbestimmend ist das Streben nach Nutzenmaximierung, die für Konsumenten, oder nach Gewinnmaximierung, die für Produzenten angenommen wird. Zusätzliche charakteristische Annahmen: lückenlose Information über sämtliche Entscheidungsalternativen und deren Konsequenzen, vollkommene Markttransparenz.

Influencer Als Influencer (deutsch: Beeinflusser, Meinungsmacher) werden Menschen bezeichnet, die durch ihre gute Vernetzung eine hohe Reichweite haben, um andere Menschen in ihrer Gruppe zu beeinflussen. Durch ihre hohe Reichweite, hohes Ansehen und eine starke Präsenz haben sie einen großen Einfluss auf ihre Follower.

Invisible Hand (unsichtbare Hand) Bezeichnung für die Selbststeuerung der Wirtschaft über Angebot und Nachfrage auf dem Markt, die auf den englischen Nationalökonomen Adam Smith (* 1723, † 1790) zurückgeht. Nach diesem Grundbegriff der klassischen Schule der Nationalökonomie ist das Marktgeschehen eine ordnende und regulierende Kraft, die den Einzelnen automatisch dazu bringt, seine wirtschaftlichen Interessen nach bestmöglicher Bedürfnisbefriedigung zu verfolgen und dabei gleichzeitig dem Interesse der Gesellschaft nach bestmöglicher Güterversorgung zu dienen.

Keynes-Modell Das Modell wurde von dem Ökonom John Maynard Keynes entwickelt. Der daraus entstandene Keynesianismus (oder auch Fiskalismus) hatte die zentrale Idee darin, dass der Staat antizyklisch zum Konjunkturzyklus in die Marktwirtschaft eingreifen soll, um wirtschaftliche Stabilität zu erzeugen. Der Staat soll also direkt in die Marktwirtschaft eingreifen und mit entsprechenden Maßnahmen die Konjunkturschwankungen abfangen. Es ist somit eine Denkrichtung innerhalb der Volkswirtschaftslehre, die sich aus der Wirtschaftslehre der an der Neoklassik geübten Kritik entwickelt hat. Der Begriff wird häufig auch synonym für eine interventionistische, primär am Ziel der Sicherung von Vollbeschäftigung orientierte staatliche Wirtschaftspolitik verwendet.

Kommunismus Kommunismus ist ein um 1840 in Frankreich entstandener politisch-ideologischer Begriff mit mehreren Bedeutungen: Er bezeichnet erstens gesellschaftstheoretische Utopien, beruhend auf Ideen sozialer Gleichheit und Freiheit aller Gesellschaftsmitglieder, auf der Basis von Gemeineigentum und kollektiver Problemlösung. Zweitens steht der Begriff – im Wesentlichen gestützt auf die Theorien von Karl Marx, Friedrich Engels und Wladimir Iljitsch Lenin – für ökonomische und politische Lehren mit dem Ziel, eine herrschaftsfreie und klassenlose Gesellschaft zu errichten. Drittens werden damit Bewegungen und politische Parteien bezeichnet, die das Ziel verfolgen, Gesellschaften zum Kommunismus zu überführen bzw. solche Lehren praktisch umzusetzen. Viertens bezeichnet der Begriff daraus hervorgegangene Herrschaftssysteme.

Konzertparadoxon Das Konzertparadoxon bezeichnet eine Situation, in der Menschen durch eine erhöhte Anstrengung versuchen, einen individuellen Vorteil zu erzielen, wobei durch die zusätzlich unternommene Anstrengung aller kein Vorteil für irgendjemanden aus der Gruppe erzielbar ist. Das Endergebnis gleicht dem Anfangszustand, nur mit dem Unterschied, dass sich alle anstrengen müssen, um den Status (Output) zu halten.

Maslow'sche Bedürfnispyramide Die Bedürfnispyramide nach Abraham Maslow ist ein Modell aus der Motivationstheorie. Sie teilt menschliche Bedürfnisse in fünf aufeinander aufbauende Stufen ein. Diese wiederum werden zwei Gruppen zugeordnet. Das Modell geht davon aus, dass die Bedürfnisse eines Menschen zuerst auf einer unteren Stufe weitestgehend befriedigt sein müssen, bevor die der nächsten Stufe für ihn wichtig werden und ihn motivieren.

Mundell-Fleming-Modell Das Mundell-Fleming-Modell ist ein keynesianisches Fixpreismodell für kleine offene Volkswirtschaften, das das traditionelle IS-LM-Modell um internationale Güter- und Kapitaltransaktionen erweitert. Dabei zeigt sich, dass die Wirksamkeit von geld- und fiskalpolitischen Maßnahmen maßgeblich vom zugrunde gelegten Wechselkurssystem und vom Grad der internationalen Kapitalmobilität abhängig ist. Geldpolitik ist bei festen Wechselkursen unwirksam und bei flexiblen wirksam, während für die Fiskalpolitik bei Zugrundelegung von perfekter Kapitalmobilität sowie statischen Wechselkurserwartungen genau das Gegenteil gilt.

Natürliche Arbeitslosenrate (Natural Rate of Unemployment) Form der Arbeitslosigkeit, die auch unter bestmöglichen Bedingungen normalerweise vorhanden ist, da z. B. immer eine gewisse Anzahl von Arbeitnehmern gerade auf der Suche nach einem neuen Arbeitsplatz sind (friktionelle Arbeitslosigkeit) und auch eine Bodensatzarbeitslosigkeit besteht.

Neoklassische ökonomische Theorie Unter neoklassischer Theorie oder Neoklassik versteht man eine wirtschaftswissenschaftliche Richtung, die in der zweiten Hälfte des 19. Jahrhunderts begründet wurde und die klassische Nationalökonomie ablöste. Charakterisiert wird die Neoklassik nicht durch bestimmte Lehrsätze, sondern durch ihre Methode, insbesondere das Marginalprinzip, das in Begriffen wie Grenzkosten oder Grenzerlös zum Ausdruck kommt. Die Neoklassik beherrscht die Wirtschaftswissenschaft – mit Unterbrechung durch den Keynesianismus – bis heute.

Opportunitätskosten Opportunitätskosten bezeichnen den Nutzen oder Erlös einer alternativen Handlung zugunsten einer anderen Handlungsalternative. Andere Begriffe für Opportunitätskosten können auch Verzichtskosten oder Alternativkosten sein. Opportunitätskosten entstehen dadurch, dass eine zweite Möglichkeit nicht genutzt werden konnte, da man sich für die erste Möglichkeit entschieden hat. Diese Kosten des Verzichts müssen bei den Gesamtkosten ebenfalls berücksichtigt werden. Der Begriff ist sowohl in der Betriebswirtschaftslehre als auch in der Volkswirtschaftslehre zu finden.

Paretoeffizienz Eine Situation, ein Zustand oder ein Markt sind paretoeffizient, wenn es keine Möglichkeit gibt, jemanden besser zu stellen, ohne jemand anderen dadurch schlechter zu stellen.

Ist dies nicht der Fall, kann durch Transaktionen (z. B. einen Tausch) eine Paretoverbesserung herbeigeführt werden, d. h., mindestens eine Person verbessert sich durch die Transaktion, ohne dass sich die anderen dadurch verschlechtern.

Paretooptimum Gesellschaftliche Situation, in der es nicht möglich ist, die Wohlfahrt eines Individuums durch eine Reallokation der Ressourcen zu erhöhen, ohne gleichzeitig die eines anderen Individuums zu verringern. Anders formuliert: Eine Situation, in der Person A bessergestellt werden kann und B nicht gleichzeitig schlechter gestellt werden muss, zeigt, dass sich das System noch nicht im Optimum befindet.

Peergroup Soziale Gruppe von gleichaltrigen Jugendlichen, in der das Individuum soziale Orientierung sucht und die ihm als Bezugsgruppe dient. Peergroups haben eigene Werte, Einstellungen und Verhaltensweisen, die durch Unabhängigkeit von den Werten und Erwartungen der Erwachsenen geprägt sind. Peergroups weisen jedoch eine starke Konformität gegenüber den Verhaltensnormen der eigenen Gruppe auf und akzeptieren die Führungsrolle von Meinungsführern. Die Zugehörigkeit zu Peergroups bestimmt entscheidend das Konsumverhalten der Jugendlichen.

Phillips-Kurve Diese Kurve beschreibt grafisch einen hypothetischen Zusammenhang zwischen Lohnänderungen bzw. Preisniveauänderungen auf der einen und der Arbeitslosenquote auf der anderen Seite. Die erste Variante der Phillips-Kurve wurde 1958 vom englischen Statistiker und Ökonomen Alban William Housego Phillips entwickelt. Sie ist seitdem mehrfach modifiziert worden, zur sogenannten erweiterten Phillips-Kurve, welche heute gemeint ist, wenn von „der" Phillips-Kurve gesprochen wird. Diese stellt einen Zusammenhang zwischen Arbeitslosigkeit und der Inflationsrate her. In der Literatur gibt es weitere Definitionen und Erweiterungen der Phillips-Kurve. Aufgrund ihrer zu starken Vereinfachung werden wirtschaftspolitische Empfehlungen auf der Basis der Phillips-Kurve heute sehr kritisch beurteilt.

Placebo Ein Placebo ist im engeren Sinn ein Scheinarzneimittel, welches keinen Arzneistoff enthält und somit auch keine durch einen solchen Stoff verursachte pharmakologische Wirkung haben kann. Im erweiterten Sinn werden auch andere medizinische Scheininterventionen als Placebo bezeichnet, beispielsweise Scheinoperationen. Placebo-Effekte sind positive Veränderungen des subjektiven Befindens und von objektiv messbaren körperlichen Funktionen, die der symbolischen Bedeutung einer Behandlung zugeschrieben werden. Sie können bei jeder Art von Behandlung auftreten, also nicht nur bei Scheinbehandlungen.

Priming Beim Priming wird eine Person einem bestimmten Vorbereitungsreiz (Prime) ausgesetzt. Dieser kann dann die Reaktion auf einen späteren Reiz beeinflussen. Das Priming kann aber kein Bedürfnis an sich auslösen. Ein Grundbedürfnis muss bereits vorhanden sein und kann durch Priming nur entsprechend gelenkt werden. Der Begriff Priming (deutsch Bahnung) bezeichnet in der Psychologie die Beeinflussung der Verarbeitung eines Reizes dadurch, dass ein vorangegangener Reiz implizite Gedächtnisinhalte aktiviert hat.

Prinzipal-Agent-Theorie Die Prinzipal-Agent-Theorie beschreibt Wirtschaftsbeziehungen, in denen ein Geschäftspartner Informationsvorsprünge gegenüber den anderen hat. Dabei bezeichnet Prinzipal den Auftraggeber und Agent den Beauftragten. Letzterer besitzt dabei normalerweise einen Wissensvorsprung (Informationsasymmetrie), der in unterschiedlicher Weise entweder zugunsten oder zuungunsten des Prinzipals eingesetzt werden kann. Des Weiteren wird davon ausgegangen, dass die Interessen von Prinzipal und Agent nicht deckungsgleich sind. Die Theorie bietet ein Modell, um das Handeln von Menschen in einer Hierarchie zu erklären. Diese Informationsasymmetrien bewirken Ineffizienzen bei der Vertragsbildung oder Vertragsdurchführung und führen unter Umständen zu Marktversagen, können jedoch durch geeignete Formen der Vertragsgestaltung zumindest partiell überwunden werden.

Produktionsfaktoren Güter, die bei der Produktion eingesetzt werden. Aus wirtschaftstheoretischer Sicht unterscheidet man zwischen den Produktionsfaktoren Arbeit, Boden und Kapital. Produktionsfaktoren können im Produktionsprozess entweder in einem substitutiven (gegeneinander austauschbaren) oder in einem komplementären Einsatzverhältnis zueinander stehen.

Public Goods Public Goods, auch öffentliche Güter genannt, sind eine Gütergruppe in den Wirtschaftswissenschaften und gehören zu den Gemeingütern. Rein öffentliche Güter zeichnen sich im Konsum durch die Eigenschaften Nicht-Ausschließbarkeit und Nicht-Rivalität aus.

Pygmalion-Effekt Siehe unter Versuchsleiter-Erwartungseffekt.

Rally around the Flag Der Rally-'round-the-Flag-Effekt wird im Deutschen auch Stunde der Exekutive genannt. Er bezeichnet in der Politikwissenschaft die erhöhte kurzfristige Unterstützung der gesamten Regierung oder der politischen Führer eines Landes durch die Bevölkerung in Krisenzeiten oder während eines Krieges.

Rosenthal-Effekt Siehe unter Versuchsleiter-Erwartungseffekt.

Sherman Act Ein US-amerikanisches Gesetz gegen Kartelle und den Missbrauch von Monopolstellungen im Wirtschaftsleben aus dem Jahr 1890, das von Senator Sherman eingebracht und nach ihm benannt wurde. Es führte zu teilweise spektakulären Entflechtungen, z. B. bei General Electric und Standard Oil. Der Zweck waren der Schutz der in der amerikanischen Verfassung garantierten individuellen Freiheitsrechte und die Bewahrung des freien Wettbewerbs.

Social Proof Dieser englische Begriff bedeutet im Deutschen etwa: sozialer Nachweis. Es handelt sich dabei um ein psychologisches Phänomen, bei dem Menschen die Handlungen anderer unter der Annahme übernehmen, dass diese Handlungen ein der Situation angemessenes Verhalten widerspiegeln. Bei dieser Anpassung werden die Handlungen anderer zwar rational in eine Entscheidung miteinbezogen, allerdings kann die Konzentration auf diese Gruppe von Menschen und deren Handlungen für den Einzelnen auch nachteilig sein. Es gibt verschiedene Ausformungen des Social Proof, sodass bei einer Entscheidung die Meinung der Masse ebenso als Referenz genommen werden kann wie die einer einzelnen Autorität: Für erstere Kategorie gelten große Massen oder Freundesgruppen als Faktor, für letztere können das einzelne Freunde sein, Fachexperten, Berühmtheiten etc.

Snobeffekt Der Snobeffekt ist ein Mengeneffekt bei der Nachfrage von Gütern und gehört zu den Abnormen des Nachfrageverhaltens. Dieser Effekt entsteht immer dann, wenn die Konsumenten den Gütern erst ab einer gewissen Exklusivität Beachtung schenken und zusätzlich davon ausgehen, dass das Gut von einer breiten Schicht von Konsumenten nicht erworben wird. Somit steigt die Nachfrage nach diesen Gütern dann, wenn der Preis steigt, und umgekehrt. Dieser Effekt widerspricht den Gesetzen des ökonomischen Standardmodells.

Sunk Costs Der englische Begriff Sunk Costs bezeichnet bereits angefallene Kosten, die bei einer anstehenden Entscheidung, z. B. über die Weiterführung eines Projekts, nicht berücksichtigt werden sollten. Mit anderen Worten: Ist eine Entscheidung zu treffen, sind nur die zukünftigen Erträge und Kosten zu berücksichtigen – die Sunk Costs sind eben auf jeden Fall „versenkt" und sollten die Entscheidung nicht beeinflussen. Der natürliche Instinkt ist jedoch eher, Sunk Costs einzubeziehen.

Trittbrettfahrerproblem Das Trittbrettfahrerproblem (engl. „free rider problem") bezeichnet ein Problem kollektiven Handelns, das bei der Nutzung von Gemeingütern auftreten kann, wenn Wirtschaftssubjekte den Nutzen eines Gutes ohne Gegenleistung erlangen.

Utilitarismus Der Utilitarismus ist eine Form der zweckorientierten Ethik, die in verschiedenen Varianten auftritt. Auf eine klassische Grundformel reduziert besagt er, dass eine Handlung genau dann richtig ist, wenn sie den aggregierten Gesamtnutzen, d. h. die Summe des Wohlergehens aller Betroffenen, maximiert. Es existieren verschiedene Formen des Utilitarismus, die abhängig von weiteren Annahmen sind. Der hedonistische Utilitarismus etwa setzt das menschliche Wohlergehen dem Empfinden von Lust und Freude und der Abwesenheit von Schmerz und Leid gleich, während andere Formen von Utilitarismus die Erfüllung von individuellen Präferenzen fordern. Der Handlungsutilitarismus beurteilt Handlungen einzeln nach ihrer Tendenz, gute Folgen zu bewirken, während der Regelutilitarismus das Befolgen von Regeln in den Mittelpunkt stellt. Alle Formen des Utilitarismus haben aber gemein, dass sie das einzige Kriterium für mögliche Folgen und reale Wirkungen moralischer Beurteilung darstellen. Ferner handelt es sich um eine altruistische und universalistische Moraltheorie, denn der Utilitarismus propagiert eine Vergrößerung des Gemeinwohls. Dabei vertritt er politisch die Vision des Wohlfahrtsstaates, dessen Gesetze „das größtmögliche Glück für die größtmögliche Zahl" gewährleisten.

Verlustaversion Verlustaversion bezeichnet in der Psychologie und Ökonomie die Tendenz, Verluste höher zu gewichten als Gewinne. Die Verlustaversion ist ein Bestandteil der Prospect Theory, die 1979 von Kahneman und Tversky aufgestellt wurde. Dieser Effekt lässt sich nicht mit der Theorie der rationalen Entscheidung erklären.

Versuchsleiter-Erwartungseffekt Der Versuchsleiter-Erwartungseffekt (oder auch Pygmalion-Effekt) besagt, dass sich gewisse Erwartungen in Bezug auf das Verhalten von Menschen tatsächlich auf deren Leistungen und Entwicklungen auswirken können. Es handelt sich dabei um eine sich selbst erfüllende Prophezeiung.

Weiße Elefanten Als „weiße Elefanten" bezeichnet man Dinge, die viel kosten, ohne Nutzen zu haben.

Wiener Schule Auch als österreichische Schule oder österreichische Grenznutzenschule bezeichnet, vertritt die Wiener Schule eine heterodoxe Lehrmeinung in der Volkswirtschaftslehre. Zentral ist die Idee der evolutorisch Schöpfung von Wissen durch den Unternehmer und die Betrachtung der dynamischen Unsicherheit wirtschaftlicher Abläufe. Die Schule betont die Bedeutung der einzelnen Menschen und deren individueller Vorlieben für die wirtschaftlichen Prozesse (Subjektivismus, methodologischer Individualismus). Hinzu kommt eine Abneigung gegenüber der mathematischen Darstellungsform volkswirtschaftlicher Zusammenhänge in der Mainstream-Ökonomik mit ihren mathematisch formulierten Gleichgewichtsmodellen (neoklassische Theorie).

Yerkes-Dodson-Experimente Diese Experimente sind nach den Psychologen Robert Yerkes und John D. Dodson benannt. Sie beschreiben den Zusammenhang von Erregungs- und Aktionszuständen bei Menschen. Aus den Erkenntnissen dieser Experimente wurden Gesetze abgeleitet, die als Aktivationsmodell bezeichnet werden.

Zinseszins Wiederverzinsung auflaufender Zinsen, die dem Kapital zugeschlagen werden.

Weiterführende Literatur

von Böhm-Bawerk, E. (1896). *Zum Abschluss des Marxschen Systems*. O. Haering.

von Böhm-Bawerk, E. (1912). *Kapital und Kapitalzins*. Wagner.

Brosnan, S., & de Waal Frans, B. M. (2003). Monkeys reject unequal pay. *Nature International Journal of Science, 425*, 297–299.

Gilovich, T., Griffin, D., & Kahneman, D. (2002). *Heuristics and Biases: The psychology of intuitive judgment*. Cambridge University Press.

von Hayek, F. A. (1931). *Preise und Produktion*. Schäffer Poesche.

von Hayek, F. A. (1941). *The pure theory of capital*. Lawrence H. White.

von Hayek, F. A. (1943). *Der Weg zur Knechtschaft*. Olzog.

von Hayek, F. A. (1952a). *The counter-revolution of science*. Liberty Fund.

von Hayek, F. A. (1952b). *Die sensorische Ordnung*. Eine Untersuchung der Grundlagen der theoretischen Psychologie. Mohr-Siebeck.

von Hayek, F. A. (1960). *Why I am not a conservative*. The University of Chicago Press.

von Hayek, F. A. (1978). *Die Entstaatlichung des Geldes*. Mohr Siebeck.

von Hayek, F. A. (1988). *Die verhängnisvolle Anmaßung. Die Irrtümer des Sozialismus*. Mohr-Siebeck.

von Hayek, F. A. (1991). *The trend of economic thinking: essays on political economists and economic thinking*. Routledke.

von Hayek, F. A. (2003). *Gesetz und Freiheit*. Mohr-Siebeck.

von Hayek, F. A. (2010). *The intellectuals and socialism*. Kessinger Pub Co.

Janner, J. (2017). *World happiness report 2017*. Sustainable Development Solutions.

Kahneman, D., & Tversky, A. (2000). *Choices, values, and frames*. Amos Tversky Editor.

Kahneman, D. (2011). *Schnelles Denken, langsames Denken*. Siedler.

Keynes, J. M. (1932). *Vom Gelde*. Duncker & Humblot.

Krugman, P., & Wells, R. (2010). *Volkswirtschaftslehre*. Schäffer-Poeschel.

Marx, K. (1867). *Das Kapital*. Otto Meisner.

Maslow, A. (1943). *A theory of human motivation*. Midwest Journal Press.

Maslow, A. (1962). *Toward a psychology of being*. Start Publishing LLC.

Maslow, A. (1991). *Emotion Motivation und Persönlichkeit*. Rowohlt.

Menger, C. (1883). *Untersuchungen über die Methode der Socialwissenschaften und der Politischen Oekonomie insbesondere*. Duncker & Humblot.

Menger, C. (1884). *Die Irrthümer des Historismus in der deutschen Nationalökonomie*. Hölder.

Menger, C. (1923). *Grundsätze der Volkswirtschaftslehre*. Hölder, Pichler, Tempsky.

Peter, L. J. (2014). *The Peter principle*. Harper Collins.

Rawls, J. (1971). *A theory of justice*. Harvard University Press.

Smith, A. (1776). *Wealth of nations*. William Strahan.

Stiglitz, J. (2012). *Der Preis der Ungleichheit*. Pantheon.

Thaler, R. (2008). *Nudges*. Yale University Press.

Thaler, R. (2015). *Misbehaving: Was uns die Verhaltensökonomik über unsere Entscheidungen verrät*. Siedler.

de Vaal, F. (2016). *Are we smart enough to know how smart animals are?* W.W. Norten & Company.

GPSR Compliance

The European Union's (EU) General Product Safety Regulation (GPSR) is a set of rules that requires consumer products to be safe and our obligations to ensure this.

If you have any concerns about our products, you can contact us on ProductSafety@springernature.com

In case Publisher is established outside the EU, the EU authorized representative is:

Springer Nature Customer Service Center GmbH
Europaplatz 3
69115 Heidelberg, Germany

The manufacturer's authorised representative in the EU is Springer
Nature Customer Service Centre GmbH, Europaplatz 3, 69115 Heidelberg,
Germany. If you have any concerns regarding our products, please
contact ProductSafety@springernature.com

Printed and bound by CPI Group (UK) Ltd, Croydon, CR0 4YY
28/04/2026
02098510-0006